전남대학교 철학연구교육센터 근대호남유학연구 총서 3

노사학파 문인들의 삶과 사유 2

| 직전 제자를 중심으로 |

전남대학교 철학연구교육센터 근대호남유학연구 총서 ❸

노사학과 문인들의 삶과 사유 2

| 직전 제자를 중심으로 |

근대호남유학연구단

박학래 · 이향준 · 조우진 · 김새미오 · 양순자 · 이형성 공저

전남대학교출판문화원

전남대학교 철학연구교육센터는 2019년부터 한국연구재단 인문사회연구소 사업에 선정되어 노사(蘆沙) 기정진(奇正鎭, 1798~1879) 선생의 철학을 중심으로 노사학파 연구를 진행하고 있습니다. 기정진 선생은 「외필(猥筆)」, 「납량사의(納凉私議)」 등을 통해 독창적인 이기론(理氣論)을 주장한 호남의 거유(巨儒)이며, 노사학파는 직전, 재전, 삼전, 사전 제자를 포함해 8천여 명으로 구성된 거대한 지적 공동체입니다. 따라서 노사학파는 근대 호남 유학의 실체를 규명하기 위해서 반드시 거쳐 가야 할 관문이라고 할 수 있습니다.

노사학파는 성리학에 대한 이론적 탐구는 물론 조선 말기 국운이 기우는 상황에서 호남 의병 운동 확산에 주도적인 역할을 함으로써 진정한 유학자로서의 삶을 보여주는 사표(師表)입니다. 하지만 그들의 삶은 근대 사회에 유학의 쇠락을 보여주는 지표(指標)이기도 합니다. 유학과 삶의 관계를 고민하는 현재의 우리들에게 노사학파는 지적 탐구의 대상이자 지역사회 문화콘텐츠 개발의 대상이라고도 할 수 있습니다. 이에 노사학파가 지역사회에 남긴 유·무형의 문화유산에 대한 실태조사를 진행하고 있습니다.

철학연구교육센터는 기정진의 철학사상을 비롯하여 노사학파에 대한 체계적인 연구를 위해 직전, 재전, 삼전, 사전 문인의 저서 유무 조사를 통해 목차 정리 및 해제 작업을 진행하고 있고, 또한 노사학 관련 자료를 선별하고 번역하여 자료집으로 편찬하고 있습니다. 본 사업에 참여하신 공동연구원 교수님들과 학술연구 교수님들이 중심이 되어 근대호남유학총서를 출판하고 있습니다만, 연구 협업의 차원에서 학계의 우수한 논문을 포함하기도 합니다.

본 사업단의 매년 근대호남유학총서 시리즈는 노사학파에 대한 광범위하고 체계적인 연구가 부족한 상황에서 좋은 길잡이가 될 것이고, 호남유학의 문화적 유산을 되새겨보는 기회가 될 것입니다. 금년 총서에 원고를 주신 박학래 교수님과 김새미오 교수님, 그리고 본 사업단 학술 교수님들께 깊은 감사의 말씀을 드립니다. 감사합니다.

2022년 6월 3일에

철학연구교육센터 센터장 양순자

■ 해제

1.

이 책은 전남대학교 철학연구교육센터의 '근대호남유학연구단'에서 발간하는 근대호남유학연구 총서 3으로서 노사학 계승성을 연구한 논문을 모은 것이다. 본 연구단은 2019년 9월부터 한국연구재단의 지원을 받아 근대호남유학을 대표하는 19세기 대표적인 성리학자 노사(蘆沙) 기정진(奇正鎭, 1798~1879)과 그의 학문을 계승한 직전, 삼전, 사전의 문도 8천여 명으로 구성된 노사학파를 체계적으로 탐구하고 있다.

노사학파에 대한 연구가 부재한 상태에서 출발했기 때문에 제일 먼저 선택한 작업은 인물 연구와 저술 정리였다. 인물 연구는 기정진을 비롯한 노사학파 전체가 그 대상이고, 저술 정리는 학파의 문인들이 남긴 유·무형의 문화유산 정리 및 문집 해제이다. 이러한 연구의 결과물로서 2021년에 총서 2권과 저·역서라는 2권이 각각 간행되었다. 이러한 정신적 유산 정리는 광복 이후 유교, 또는 유학자의 학문 곧 성리학에 대한 현대인들의 부정적 인식을 불식시키는 계기가 될 것으로 사료되기에 꾸준히 진행할 것이다.

2.

본 연구단에서 기간행한 총서 1은 『노사 기정진의 철학사상』이고, 총서 2는 『노사학파 문인들의 삶과 사유』이다. 제목에서 알 수 있듯이 기정진과 그의 문인들을 탐구한 것이다. 이 책은 『노사학파 문인들의 삶과 사유』를 이어 노사학파에서 7인의 직전 문인 및 지역사회에서의 노사학 계승성을 탐구한 연구 논문을 모은 것이다. 수록된 직전문인은 각각 야은(野隱) 박정규(朴廷奎, 1829~1898), 월고(月皐) 조성가(趙性家, 1824~1903), 소백(小栢) 안달삼(安達三, 1837~1886), 송사(松沙) 기우만(奇宇萬, 1846~1916), 율수재(聿修齋) 박해량(朴海量, 1850~1886), 보산(普山) 기우승(奇宇承, 1858~1907) 등이다. 이 책에 수록된 순서에 따라 논문의 출처를 소개하면 아래와 같다.

1 박학래, 「송사(松沙) 기우만(奇宇萬)의 강학 활동과 노사학파(蘆沙學派)의 확대」, 『동양고전연구』 권84호, 동양고전학회, 2021년.

2 이향준, 「기우승(奇宇承)의 「외필문목(猥筆問目)」 비판 ―「박외필문목변(駁猥筆問目辨)」을 중심으로―」, 『율곡학연구』 권47호, 율곡학회, 2022년.

3 조우진, 「야은(野隱) 박정규(朴廷奎)의 삶과 도설(圖說)로 보는 가정교육」, 『호남학』 권70호, 호남학연구원, 2021년.

4 이향준, 「노사(蘆沙)와 화서(華西)의 만남 ― 박해량(朴海量)의 「해상일기(海上日記)」를 중심으로 ―」, 『한국철학논집』 권72호, 한국철학사연구회, 2022년.

5 김새미오, 「소백(小栢) 안달삼(安達三)의 교유와 그 의미」, 『탐라문화』 권51호, 탐라문화연구원, 2016년.

6 조우진, 「난와(難窩) 오계수(吳繼洙)의 성리설과 실천적 의리정신」, 『동양고전연구』 권86호, 동양고전학회, 2022년.

7 양순자, 「외필(猥筆)」의 사상적 단초를 찾아서―기정진(奇正鎭)과 조성가(趙性家)의 문답을 중심으로―」, 『공자학』 권43호, 한국공자학회, 2021년.

8 이형성, 「순창지역의 노사학파(蘆沙學派) 문인 조사와 계승성 고찰」, 『동양문화연구』 제36집, 영산대학교 동양문화연구원, 2022년.

첫 번째에서 일곱 번째까지 논문은 기정진의 직전 문인을 다루고 있고 마지막 논문은 전북 순창에 분포된 노사학파 문인 및 계승성에 관한 것이다. 직전 문인의 서술은 따로 생몰순서에 의거하지 않았고, 논문의 내용들은 일관된 편집 원칙에 의거해서 일원화하는 과정에서 부분적으로 수정되었다. 본문은 모두 한글 표기를 원칙으로 하되 한자어가 필요한 경우에는 괄호나 꺽쇠를 통해 병기했다. 글의 제목이나 인명의 표기는 가급적이면 본명으로 통일하였다. 이 때문에 원래 논문의 제목에 포함된 호는 이 책의 장과 절에서는 대부분 삭제되었고, 본문의 경우에도 마찬가지이다. 다만 부득이한 경우에는 그대로 둔 경우도 더러 있다. 이런 부분을 제외하고는 최대한 원문의 표기법을 존중했다. 각 장의 내용을 개략적으로 소개하면 다음과 같다.

3.

첫 번째 글은 기정진의 손자인 기우만(奇宇萬)의 강학 활동과 그의 문하에서 배출된 직전(直傳) 제자들의 규모 및 활동을 종합적으로 분석 정리한 것이다. 기우만은 세 번에 걸친 『노사집(蘆沙集)』 간행 등을 주도하며 노사학의 체계화와 이에 대한 계승 및 확산을 위한 기반을 마련하였으며, 영호남 지역에 산재한 동문과의 지속적인 교유와 강학 등을 통해 노사학파 문인 간의 결속 및 학문적 일체성 조성을 위해 전방위적으로 노력했다. 그의 학문 활동에서 특히 주목되는 것은 지속적인 강학 활동을 전개하여 기정진의 직전 제자 가운데 가장 많은 문인을 가장 넓은 지역에서 배출하였다는 점이다. 이 글은 기우만의 노사학파 내 위상과 역할을 검토하였고, 이를 기반으로 그의 문하에서 배출된 직전 제자들이 펼친 다양한 학문 활동을 개괄적으로 정리했다. 1천 5백여 명을 상회하는 그의 직전 제자들은 암울한 근현대기를 지나며 호남을 중심으로 한 여러 지역에서 유교 전통의 명맥을 이어가는 인적 자산으로서 다양한 학문 활동을 전개하며 영호남에 유교 전통을 부식하는 데 기여했음을 확인했다.

두 번째 글은 기우승과 그의 저술인 「박외필문목변(駁猥筆問目辨)」을 다루었다. 기정진의 「외필(猥筆)」 – 저자를 알 수 없는 영남 노론계의 저술인 「외필문목(猥筆問目)」 – 기우승의 「박외필문목변」으로 이어지는 외필논쟁의 한 갈래를 발굴해서 정리했다. 현존 여부를 확인할 수 없는 「외필문목」에 영향을 받아 저술된 것으로 추정되는 한유(韓愉, 1858~1911)와 하우식(河祐植, 1875~1943)의 「독기노사외필(讀奇蘆沙猥筆)」 두 편을 경유해서 기우승의 「외필문목」 비판에 논의의 초점을 맞추고 있다. 이를 통해 외필논쟁 과정에서 기우승의 존재와 그의 학술적 기여를 확인시키고, 그다음으로 지금껏 알려지지 않았던 외필논쟁의 초창기 양상을 좀 더 섬세하게 파악할 수 있을 것이다.

세 번째 글은 박정규의 안빈낙도(安貧樂道)의 삶과 그의 가정교육의 내용을 고찰한 것이다. 박정규는 구한말 호남 담양의 유학자이자, 기정진의 직전 제자로, 초야에 은둔하여 산천을 유람하면서도 스승 노사를 비롯한 당시 지식인들과 인적 관계망을 형성했다. 그는 후학양성보다는 인(仁)을 실천하는 근본인 '효제(孝悌)'를 중심으로 가정교육을 중시했는데, 특히 『격몽요결(擊蒙要訣)』을 중시했다. 그는 『격몽요결』의 내용을 요약한 「약선율옹요결십조면아자(約選栗翁要訣十條勉兒子)」를 저술해서 자손들에게 힘쓰도록 가르쳤을 뿐만 아니라, 「지신도설(持身圖說)」과 「완심도설(玩心圖說)」을 통해 독창적인 수양론을 전개했다. 이 글은 여태껏 언급되지 않았던 기정진의 직전 문인으로서 박정규를 주제화한 최초의 연구이다.

4.

네 번째 글은 박해량(朴海量)의 「해상일기(海上日記)」를 중심으로 기정진과 이항로(李恒老)의 학문적 만남을 서술했다. 기정진과 이항로의 사상적 근친성에 대한 언급은 흔하지만, 구체적으로 기정진의 성리학과 이항로의 성리학이 어떻게 만나서 상호 작용을 하게 되었는지에 대한 연구는 드문 편이다. 이 글은 노사학파의 경우 호남과 제주 사이에 안달삼(安達三)이 있었고, 화서학파의 경우에는 경기도 가평과 제주도 사이에 최익현(崔益鉉)이 있었으며, 기정진과 최익현을 꼭짓점에 두고 제주도와 흑산도, 경기도 가평과 장성을 오간 사람은 또 한 사람의 젊은 유학자 박해량이었다는 점을 보여주고 있다. 「해상일기」는 광주 출신의 박해량이 화서학파의 자장 안에서 최익현과 토론하고 학습했던 내용들을 담고 있고, 박해량과 기정진이 주고받은 편지들은 이것이 노사학파 내부로 전이되어 차이와 반복을 통해 담론을 재생산하고 있었다는 점을 보여준다. 이 글은 박해량의 지성사적 의의를 기정진과 이항로의 학술적 만남이 가능하도록 만들었던 가교로서 주제화한 최초의 연구이다.

다섯 번째 글은 제주도 출신으로서 기정진의 직전 문인인 안달삼의 삶과 교유관계에 대한 고찰을 통해 그의 학술적 좌표를 살펴본 것이다. 안달삼은 제주도 조천 출신으로 문헌상으로 그는 모두 3차례 기정진을 만났다. 그는 스승을 찾아 바다를 건넌 최초의 제주도 인물이었다. 동시에 그는 제주도로 유배 온 최익현을 만나, 기정진의 학술 사상을 그에게 전달하는 역할을 수행했다. 이를 통해 노사학파와 화서학파의 교류가 시작되었고, 이후 교유는 점진적으로 확대되어 간다. 이 글은 노사학파와 화서학파의 교류의 시작으로서 안달삼의 지성사적 위상을 발굴하고 있는 최초의 연구이다.

여섯 번째 글은 오계수(吳繼洙)의 삶과 의리정신을 다룬 것이다. 오계수는 구한말 호남 나주의 성리학자이자 항일의사이다. 그는 가학의 전통을 이어받아 아버지의 권유로 기정진(奇正鎭)에게 리(理) 중심의 성리학을 10년 동안 수학했다. 오계수는 기정진의 성리학과 위정척사사상을 철저하게 계승하고, 강학과 의병 활동을 전개하여 노사학파의 위상을 높였으며, 국가가 멸망해가는 과정에서 일제에 저항하는 의리정신을 실천하였다. 그의 항일의지는 훗날 독립운동으로 발전하는 중추적인 계기가 되었으며, 현실문제에 대응하는 지식인의 태도와 신념을 보여준 것이다. 이 연구는 나주지역에서 노사학파 지식인들의 사회적 관계망 및 호남의 의병 활동뿐만 아니라, 근현대의 사상적 흐름을 파악하는 데 도움이 될 것이다.

일곱 번째 논문은 기정진의 대표적 제자 가운데 한 사람인 조성가(趙性家)와 기정진의 서신 연락을 통해 「외필(猥筆)」의 사상적 단서를 추론한 것이다. 조성가는 기정진의 곁에 가장 가까이 머물면서 학문적 질정을 거듭하였고, 기정진이 애써 드러내지 않았던 그의 학문적 입장을 이끌어 내는 성과를 거두었다. 기정진은 조성가의 질문에 자극을 받아 리(理)의 기(氣)에 대한 주재를 강화하는 방향으로 나아갔고, 그것은 그의 대표적 저술인 「외필」에 분명하게 반영되어 있다. 이 글은 조성가의 학술적 자극과 기정진의 반응이 어우러져 어떻게 리 중심적인 문제적 저술로서 「외필」과 그 안에 담긴 주리적인 철학적 사유가 어떻게 형성되었는지를 보여주고 있다.

5.

여덟 번째 글은 19세기 전라도 장성에서 활약한 기정진(奇正鎭)의 학문을 이은 순창지역의 노사학파의 직전과 재전·삼전·사전 문인 조사와 그 계승성을 고찰한 것이다. 순창지역의 노사학파 문인은 『노사선생연원록(蘆沙先生淵源錄)』과 『순창군지』, 그리고 조사 자료 문집에 수록된 문인록에 의거하면 총 265명에 이른다. 이들은 직간접으로 학파의 영향을 받아 순창지역에서 서로의 결속과 유대를 통해 외세에 대응하여 국가의 위기를 극복하고자 하였다. 더욱이 향촌사회의 질서를 모색하며 전통 유교를 수호하고 유교의 자취와 문화 재건에도 노력하며 학파의 명맥을 이어나갔다. 1971년에 완공된 순창의 무양서원은 기정진과 기우만(奇宇萬), 그리고 기우만의 문인 강대일(姜大一)을 배향하여 유교와 노사학파의 학통을 향촌사회에 보급하였다. 순창지역에서 직전과 재전·삼전·사전으로 이어지는 노사학파는 그저 이념에 머물지 않고 위기의 시대에 춘추의리를 지향하며 전통 유교를 지키고자 하였기에 그 후학들이 꾸준히 이어졌음을 알 수 있다.

6.

전남대학교 근대호남유학연구단은 노사학파에 대한 원만한 연구와 심화를 도모하기 위해 총서를 매년 준비하고 있다. 연구단에서 기획한 '노사학파 문인들의 삶과 사유'가 원만하게 꾸준히 이루어진다면, 적어도 후속 연구자 또는 지역사회에서 노사학파에 관심 있는 분들에게 적지 않은 도움을 줄 것이다. 특히 지역사회에서 강학한 노사학파의 인물 조사와 그 문인들의 사유세계에 대한 체계적 연구는 전통 유학의 전개 양상을 엿볼 수 있는 기회가 될 것이다. 연구자들의 다양한 관점으로 인하여 연구를 진행하는 과정에서 일관된 맥락의 설정과 구조화에 몇몇 어색함이 발견되는 점은 부정할 수 없다. 앞으로 더 나은 관점과 탐구의 일관성을 갖도록 조심스럽게 전망하는 바이다.

이 책은 연구단을 구성하는 모든 사람들의 신뢰를 바탕으로 이루어졌다. 특히 연구단의 실무를 보면서 교열의 수고를 마다하지 않은 김형, 조현일, 임영애 세 분의 간사에게 감사하는 바이다. 끝으로 노사학파의 연구를 위한 포괄적 접근 기회를 제공한 한국연구재단의 지원에 감사드린다.

2022년 6월

저자 일동

■ 차 례

송사(松沙) 기우만(奇宇萬)의 강학 활동과 노사학파(蘆沙學派)의 확대*

박 학 래

(군산대학교 역사철학부 교수)

들어가는 말

노사(蘆沙) 기정진(奇正眞, 1798~1879)으로부터 연원하는 노사학파(蘆沙學派)는 19세기 중반부터 20세기를 관통하며 근현대 호남 유학의 중심을 이룬 문인집단이었다. 근대 이행기를 거치면서 유학의 영향력이 급격히 약화하는 가운데 호남을 넘어 서부 경남 지역에까지 다수의 문인을 배출하며 그 학파적 외연을 확대한 노사학파의 문인들은 기정진 생전에 이미 위정척사 운동을 주도하며 실천 지향적 면모를 보여주었을 뿐만 아니라 기정진 사후에 펼쳐진 의병 활동과 항일운동 과정에서도 주도적 역할을 담당하

* 이 글은 2021년 9월에 간행된 『동양고전연구』 권84호[동양고전학회]에 수록되었다. 일부 내용을 수정하였다.

며 의리 실천에 대한 강한 신념을 현실화하였다. 또한 이들은 20세기 초반에 불거진 기정진의 성리설과 관련한 기호학계의 논쟁 과정에서 타 학파 학자들의 비판에 맞서 반비판을 전개하며 노사학에 대한 계승 의식을 뚜렷하게 부각하는 한편, 다른 학파에서 드러나는 분열적 면모와는 달리 학문적 일체성을 유지하며 학파 내부의 결집을 도모하였다. 이에 더하여 노사학파 문인들은 유교 문화에 대한 수호 및 계승 의식을 뚜렷이 하며 호남과 서부 경남지역을 중심으로 유교 문화의 부식과 유교 정신의 확산에 앞장섰다.[1)]

근 1백여 년간 지속된 노사학파의 전개 과정에서 가장 비중이 컸던 직전(直傳) 제자 중 한 사람은 기정진의 손자이자 대표 문인으로 평가받은 송사(松沙) 기우만(奇宇萬, 1846~1916)이었다. 기정진 사후에 문인 내부에서 노사학파의 적전(嫡傳)으로 인정받았던 그는 호남 지역에서 최초로 의병 활동을 전개하여 호남 유림을 대표하는 상징적인 인물로 평가받았다. 세 번에 걸쳐 진행된 『노사집(蘆沙集)』과 두 차례의 『답문류편(答問類編)』 간행을 주도하며 노사학의 체계화와 이에 대한 계승 및 확산을 위한 기반을 마련하는 데 결정적인 역할을 담당한 그는 영호남 지역의 동문과의 지속적인 교유와 강학 활동 등을 통해 노사학파 문인 간의 단합과 학문적 일체성 조성에 핵심적인 역할을 담당하였다. 특히 그는 지속적인 강학 활동을 통해 노사학파 직전 제자 가운데 가장 넓은 지역에서 가장 많은 문인을 배출하며 노사학파의 지역적 외

1) 노사학파 직전 제자들의 대체적인 활동에 대해서는 박학래, 「蘆沙學派의 형성과 蘆沙學의 계승」, 『東洋古典硏究』 80, 2020 참조.

연 확대에 기여하며 학문적 영향력을 발휘하였다. 이렇듯 기우만은 기정진 사후에 문인 내부에서 가장 비중이 컸으며, 학문적 영향력도 크고 지속적이었다고 할 수 있다.

그동안 기우만의 강학 활동과 그의 문하에서 배출된 문인에 대한 학계의 관심은 상대적으로 크지 않았다.[2] 대체로 기우만에 관한 기존의 연구는 그의 의병 활동과 문학에 초점이 맞추어졌기 때문에 노사학파 내에서 그가 차지하는 위상과 활동, 특히 노사학파 문인 가운데 가장 많은 문인의 배출로 연결된 그의 강학 활동에 대해서는 구체적인 검토가 이루어지지 않았다. 『노사선생연원록(蘆沙先生淵源錄)』(1960)에 수록된 기우만의 직전 제자를 거주지와 성관(姓貫)에 유의하여 그의 문인 분포를 검토한 논문이 제출되기는 하였지만,[3] 그의 강학 활동 및 배출 문인에 대한 구체적인 검토는 진행되지 않았다.

하지만 기우만은 기정진 생전에 이미 기정진의 강학처를 찾았던 노사학파 동문과 학문 연찬을 진행하며 이후에 자신이 펼치게 될 강학 활동의 기초를 마련하였다. 그리고 기정진 사후에는 본

---

2) 기우만과 관련한 대표적인 선행연구는 다음과 같다. 권수용, 「기우만(奇宇萬)의 수신간찰(受信簡札)과 교유의 성격」, 『嶺南學』 24, 2013.; 김기림, 「송사 기우만의 시세계 고찰」, 『東洋學』 60, 2015.; 조일형, 「송사(松沙) 기우만(奇宇萬)의 위정척사사상과 의병정신 – 상소문과 담판문을 중심으로」, 『용봉인문논총』 52, 2018.; 유영봉, 「'유학(儒學) 종자(種子)' 보전(保全)을 위한 송사(松沙) 기우만(奇宇萬)의 문학적 활용 – 자사(字辭)와 묘갈명(墓碣銘)을 중심으로」, 『漢文學報』 43, 2020.; 김근호, 「송사 기우만의 심학(心學)과 부정척사(扶正斥邪)」, 『한국 철학논집』 68, 2021.; 박학래, 「松沙 奇宇萬의 학문 활동과 蘆沙 性理說의 계승」, 『남명학연구』 71, 2021.

3) 김봉곤, 『蘆沙學派의 형성과 활동』, 한국학중앙연구원 박사학위논문, 2007, 121~125쪽.

격적으로 강학 활동을 전개하여 1천여 명을 상회하는 직전 제자를 배출하였다. 더구나 그의 학문적 영향력은 호남을 넘어 다른 지역으로까지 확대되어 기정진의 직전 제자 중 가장 넓은 지역에서 가장 많은 문인을 배출하였다. 그리고 그의 문하에서 배출된 문인들도 일제 강점기라는 암울한 시대 상황에서 지속적인 강학 활동을 전개하였고, 기우만을 통해 이어진 노사학파 학맥은 20세기 중후반까지 이어나갔다.

이렇듯 노사학파 내부에서 가장 학문적 영향력이 컸던 기우만의 강학 활동과 이에 따라 배출된 문인들에 주목하여 본고에서는 그 내용을 구체적으로 정리하여 노사학파 내에서 기우만이 차지하는 위상과 역할을 구체적으로 검토하고자 한다. 이를 위해 먼저 기우만이 펼쳤던 강학 활동의 구체적인 내용과 그의 문하에서 배출된 직전 제자들의 현황을 정리 분석하여 기정진 사후에 기우만이 가졌던 노사학파 내 위상을 확인하고자 한다. 그리고 그의 문하에서 배출된 직전 제자들이 펼친 여러 학문 활동을 개괄적으로 정리하여 기우만 이후 노사학파 문인들의 노사학 계승 면모를 확인하고자 한다.[4] 기우만의 강학 활동을 중심으로 그의 문하에서 배출된 문인들에 대한 정리 및 분석은 호남 지역을 중심으로 펼쳐진 노사 학맥 계승의 면모를 구체적으로 확인하는 것이자 근현대 시기에 펼쳐진 호남 지역에서의 유교 문화 계승과 수호의

4) 기우만 직전 제자의 학문 활동 중 두드러진 면모는 강학 활동이며, 이를 통해 노사 학맥은 재전 및 삼전 제자로 이어졌다. 본고에서는 기우만의 강학 활동을 통해 배출된 직전 제자들에게 초점을 맞추어 이들의 다양한 활동을 정리하였고, 기우만으로부터 연원하는 노사학파의 삼전 및 사전 제자들의 면모에 대해서는 다루지 않았다.

면모를 확인하는 명증한 사례라는 측면에서 의미를 가질 수 있을 것이다.

지속적인 강학 활동과 直傳 제자의 배출

독서종자(讀書種子) 양성을 위한 강학 활동의 전개

어려서부터 기정진으로부터 학문적 자질을 인정받았던 기우만은 병환으로 인해 활동에 제약을 받았던 부친 기만연(奇晚衍, 1819~1876)과 두 형인 기우기(奇宇夔, 1839~1867)와 기우번(奇宇蕃, 1842~1872)의 잇따른 사망으로 인해 20대 후반부터 가문 내에서 기정진의 학문을 이어나갈 재목으로 평가받았다. 10대 후반부터 기정진을 배종(陪從)하며 착실하게 학문을 익힌 그는 30세를 전후한 시기에 당시 기호학계의 중심 학사였던 최익현(崔益鉉, 1833~1906), 임헌회(任憲晦, 1811~1876) 등과 교유하며 학자적 위상을 확인하며 향후 학문적 영향력을 확대할 기반을 마련하였다. 그리고 기정진의 명에 따라 노사학파의 학문적 근거지가 된 담대헌(澹對軒) 신축을 주도하는 등 노사학파 내에서 비중 있는 문인으로 성장하였다.[5]

1879년에 이르러 김석구(金錫龜, 1835~1885), 정재규(鄭載圭, 1843~1911), 정의림(鄭義林, 1845~1910) 등 노문삼자(蘆門三子)가 기정진으로부터 노사학의 핵심이 담긴 「납량사의(納凉私議)」, 「외필(猥

5) 『松沙先生拾遺』 卷2, 7b, 「年譜」, '32歲條'.

筆)」을 전수받고, 이에 대해 기정진과 강론을 진행한 후 기우만을 찾아 함께 이에 대해 강론할 정도로 문인 내부에서 기우만의 위상은 상당하였다. 아울러 담대헌 준공 이후 기정진의 문하를 찾은 문인들을 대상으로 상읍례(相揖禮)를 주도할 정도로 기우만은 기정진 생전에 이미 노사학파를 이끌어 나갈 재목으로 평가받았다.[6] 이러한 상황에서 기우만은 기정진이 사망하자 어린 조카를 대신해 장례를 주관했고, 장례를 마친 후 곧바로 가장초고(家藏草稿)를 수습하여 문집 간행 작업에 착수하여 1883년에 첫『노사집(蘆沙集)』을 간행하는 등 노사학파의 적전다운 면모를 보여주었다.

기정진 생전에 이미 노사학파의 핵심 문인으로 성장하였고, 기정진 사후에는 노사학의 체계화를 주도하였던 기우만은 40대부터 강학 활동을 본격화하여 사망할 때까지 근 30여 년간 문인 양성을 위한 학문 활동을 지속하였다.([표 1] 참조) 그리고 그가 펼친 강학 활동은 침체한 호남 지역의 유풍을 진작시키고자 하는 의도[7]와 함께 노사학의 계승과 확산하는 데 초점이 맞추어진 것이었다.

기정진 사후에 문인들이 중심이 되어 담대헌에서 진행된 크고 작은 강회(講會)[8]에 참여하던 기우만은 1880년대 중반부터 영호남을 유력하며 해당 지역의 동문 및 동문 문하의 문인들과

6)『松沙先生拾遺』 卷2, 9a~b,「年譜」, '34歲條'.

7) 호남 지역의 유풍 진작을 위한 기우만의 대표적인 강학 활동으로는 1888년 나주 초지에서 지역의 학동을 위해 月講을 설치하여 운영한 것을 들 수 있다.『松沙先生拾遺』 卷3, 3b,「行狀」.

8)『松沙先生文集』 卷15, 6b~7a,「澹對軒小會序」 참조.

[표 1] 기우만의 주요 강학 활동

시기	나이	장소	내 용
1879년 1월	34	長城 澹對軒	金錫龜(1835~1885), 鄭載圭(1843~1911), 鄭義林(1845~1910) 등과 「納凉私議」와 「猥筆」 강론
1879년	34	長城 澹對軒	기정진 문인, 즉 동문을 대상으로 退溪가 정한 相揖禮 실시
1884년 12월	39	長城 澹對軒	金平默(1819~1891)과 講談
1885년 2월	40	山淸 新安精舍 등	三嘉의 鄭載圭 방문 후 新安精舍에서 강회 실시, 이후 동문과 함께 晉州의 趙性家 방문 후 지리산, 가야산 등 遊歷.
1888년	43	羅州 草枝	羅州의 草枝로 이거 후 나주 지역의 塾舍에서 月講 실시
1889년 가을	44	綾州 詠歸亭	鄭義林 및 그의 문인들과 綾州 詠歸亭 등에서 講會 실시
1890년 8월	45	羅州 草枝	鄕飮酒禮 실시
1892년 가을	47	同福, 順天	同門 및 자신의 문인들과 同福의 勿染亭과 赤壁, 순천의 松廣寺 등 遊歷
1894년 12월	49	古珍原 中興洞	鄕會를 열고 東學徒를 물리칠 방도 모색
1896년 9월	51	長城 三山齋	澹對軒이 바라보이는 三聖山 정상에 三山齋를 짓고 은거. 이곳에서 문인들을 대상으로 한 강학 활동 본격화
1897년 봄	52	長城 三山齋	「三山書室課程箴」 게시 후 체계적 강학 전개
1904년 11월	59	光州 朱興洞	光州의 朱興洞으로 이거 후 寒泉精舍를 경영하며 강학 활동 전개
1905년 10월	60	光州 朱興洞	乙巳勒約에 따라 寒泉精舍 폐쇄
1911년 3월	66	南原 沙村	庚戌國恥 후 賤人을 자처하며 南原으로 이거. 찾아오는 문인들을 대상으로 강학 지속

강회를 갖고 노사학의 계승과 확산에 주력하였다. 1885년 2월에 삼가(三嘉)에서 활동하던 정재규를 찾은 그는 산청의 신안정사(新安精舍)에서 수백 명이 참석한 가운데 강회를 진행하였고, 강회를 마친 후 강회에 참석한 동문과 함께 기정진의 행장을 찬술하고 있던 선배 문인인 조성가(趙性家, 1824~1904)를 방문하는 등 영남 지역의 노사학 확산에 관심을 기울였다.[9] 영남 지역에 대한 유력 이후 그는 1889년 가을에 이르러 능주(綾州)에서 강학 활동을 펼치고 있던 정의림을 찾아 그의 강학처인 영귀정(詠歸亭)에서 강론을 전개하였고, 1892년 가을에는 호남 지역 동문과 함께 동복과 순천을 유력하며 호남 지역 동문과의 유대를 강화하는 등 호남 지역에서의 노사학파 문인 결속과 노사학 확산에 주력하였다.[10]

50대에 접어든 기우만은 1896년부터 자신 문하에 입문한 문인들을 대상으로 강학 활동을 본격화하였다.[11] 이전에도 문인 교육을 전혀 진행하지 않은 것은 아니었지만, 기우만은 이때부터 본격적인 강학 활동을 전개한 것이다. 이 시기에 기우만이 강학을 본격화한 것은 당시 그가 기정진의 적전으로 평가받았을 뿐만 아니라 의병 활동 과정에서 호남의 상징적인 유학자로 부상하였기 때문에 그를 찾는 호남 지역 내 젊은 유림이 증가하였던 현실적

9) 『松沙先生拾遺』 卷2, 11b, 「年譜」, '40歲條'. 이 강회에 참석한 후 기우만은 그 소회를 담은 「新安精舍講錄小序」를 작성하였다. 『松沙先生文集』 卷15, 7b~8a 참조.

10) 『松沙先生拾遺』 卷2, 13a, 「年譜」, '44歲條'.

11) 『松沙先生文集』 卷8, 40a, 「答安仲述」, "萬有十數諸生挾書相過, 以今時義, 讀書之名爲至貴, 故隨至而受, 傍側不甚寂."; 『松沙先生文集』 卷3, 14b, 「答鄭伯彦」(丁酉), "挾書相隨, 果有數十君子, 而顧無可補益者, 慙靦而已."

이유도 있지만, '독서종자(讀書種子)'를 본격적으로 양성해야 할 필요성을 느꼈기 때문이었다고 할 수 있다. 그는 비록 호남에서 처음으로 전개했던 의병 활동이 조정에서의 의병 해산 명령과 선유사(宣諭使)의 설득에 따라 무위로 돌아가고 나라의 치욕을 갚지 못한 것이 안타깝지만, 향후 유학의 맥을 이끌어 유교 전통을 수호하고 나라의 명맥을 이어나갈 '독서종자'를 키워 가야 한다고 판단하였고, 이를 강학을 통한 문인 양성으로 구체화하고자 하였던 것이라 할 수 있다.[12)]

독서종자의 양성을 통해 유학 전통의 계승과 내우외환의 현실을 타개할 대책을 모색한 그는 노사학의 계승 및 확산도 동시에 이루어가고자 담대헌이 바라다보이는 곳에 삼산재(三山齋)를 짓고 문인 교육을 체계적으로 진행하기 시작하였다.[13)] 이 시기 기우만의 문하에 입문한 문인들은 대체로 삼산재에 일정 기간 머물며

---

12) 『松沙集』에는 '讀書種子'에 대한 언급이 총 12번 나오는 것으로 확인된다. 그는 동문인 鄭學源(1848~?)에게 보낸 편지에서 "문하에 찾아온 자들이 광범위하여 독서종자가 세상에서 끊어지지 않게 한다면 세상을 구제할 계책이 어찌 여기에 있지 않다고 하겠습니까?"(『松沙先生文集』 卷5, 24a, 「答鄭達洙 學源」)라고 하여 '독서종자'의 양성을 통해 유학 전통의 扶持뿐만 아니라 현실 타개책을 모색하였다. 독서종자의 양성은 19세기 후반 이후 기우만뿐만 아니라 정재규를 비롯하여 노사학파 문인들의 대체적인 인식이었고 실천 방향이었다. 최석기, 「老柏軒 鄭載圭의 學問精神과 『대학』 해석」, 『남명학연구』 29, 2010, 117~122쪽 참조.

13) 삼산재를 신축한 후 기우만은 朱子가 武夷精舍를 지은 후 지은 「武夷棹歌」에 빗대어 시를 지었다. 그는 삼산재가 그의 거처와 천 팔백 걸음 떨어진 곳이었고, 이백 걸음마다 시 한 수를 지어 자신의 은거와 강학에 대한 뜻을 주자의 심정에 빗대어 드러낸 것이다. 그만큼 그의 강학은 성리학 전통에 대한 계승 의식과 더불어 유학의 정맥을 수호하고자 하는 것이었다고 할 수 있다. 『松沙先生文集』 卷1, 13a~14a, 「三山新築家距千八百步, 每二百步作一回, 凡九回, 每回賦一絕, 略倣武夷櫂歌云」.

학문을 익혔다. 그리고 기우만은 삼산재에 기거하며 학문을 익히는 문인들을 위해 「삼산서실과정잠(三山書室課程箴)」을 지어 하루 동안의 일과를 구체적으로 제시하는 한편, 글쓰기와 독서 등 해야 할 내용을 제시하였다. 그는 "날마다 일과를 정해 반복해서 그치지 않고 잊지도 조장하지 않는 것이 배우는 법[學則]"임을 강조하였으며, 하루 날씨를 비롯하여 오가는 손님, 문장의 뜻, 강설한 내용, 주고받은 말 등 일상에서 일어나는 모든 일을 기록할 것을 요구하였다.[14] 특히 그는 문인들에게 행동거지의 조심스러움과 공손함, 그리고 언행의 과묵함 등을 강조하며 지속적으로 공부를 이루어야 할 것을 제시하였다.[15]

매일 반복되는 삼산재에서의 생활 속에서 문인들의 독서, 기우만의 성리(性理)에 대한 강론 등이 진행되었고, 독서와 강론 내용에 대한 의문점과 관련한 문답이 이어졌으며, 이때 강학 내용은 노사학과 정주학(程朱學)이 준칙이었다.[16] 특히 기우만은 학문하는 방법에 대해 "위기지학(爲己之學)과 위인지학(爲人之學), 공(公)과 사(私), 의(義)와 이(利)의 털끝만 한 사이를 구분하는 것"이라고 강조하여 개인의 도덕적 수양과 함께 사회적으로 의리의 실천을 지향해야 한다고 역설하였다.[17]

---

14) 『松沙先生文集』 卷23, 3a, 「三山書室課程箴」, "課日爲程, 循環不息, 勿忘勿助, 是謂學則. 逐日記事, 自朝至夕, 陰晴風雨, 往來賓客, 文義講說, 言語酬酌, 此於日用, 不少爲益."

15) 『松沙先生文集』 卷23, 3a, 「三山書室課程箴」, "凡厥動止, 小心翼翼, 行步安詳, 出言寡默, 由此做去, 庶乎不忒."

16) 『松沙先生文集拾遺』 卷3, 16b, 「行狀」, "亦嘗標榜講學, 以談論性理爲事, 或因問辨而發之, 惟祖述家學, 以程朱爲準則."

17) 『松沙先生文集』 卷6, 38a, 「答曺德瑞 昌燁」(丁酉, 1897), "大抵爲學之方, 先

독서의 차제에 대해 기우만은 먼저 『소학(小學)』을 읽어야 하고, 이어 사서(四書)와 『심경(心經)』, 『근사록(近思錄)』 등 여러 성리서(性理書)가 뒷따라야 하며, 다음으로 육경(六經)과 『사기(史記)』를 읽어야 한다고 제시하였다.[18] 그는 이단과 방외의 책을 읽는 것을 허락하지 않았으며, 혹시라도 그러한 책을 읽는 것을 보면 "정견(定見)이 서지 않았는데 박잡(博雜)한 것에 힘쓰는 것은 불가하다."라고 지적하였고, 그러한 책을 읽으면 정력(精力)만 나누어질 뿐이라고 경계하였다.[19]

그는 독서의 차제를 통해 제시된 서책 이외에 문인들의 관심에 따라 『주역(周易)』을 비롯하여 여러 경전을 읽도록 권면하였다. 그리고 문인들에게 독서의 방법과 관련하여 다음과 같이 자신의 구체적인 입장을 제시하였다.

> 무릇 책을 볼 때는 먼저 본문을 따르고, 구절과 단락을 좇아 자세히 이해한 뒤, 비로소 집주(集註)를 가져다 참고해서 보고, 집주에 별다른 차이가 없으면 소주(小註)를 가져다 자세히 점검해야 합니다. 본문을 이해하지 못했는데, 먼저 소주를 가져다 집주를 점검한다면 크게 득력하지 못할 것입니다. 선유(先儒)가 "모래가 있으면 물이 맑은데, 모래가 많으면 도리어 물이 거칠어진다고."라고 하였는데, 이는 소주가 경(經)을 풀이한 것인데, 註가 많으면 또한 도리어 헷갈리게 됨을 말한 것입니다.[20]

分爲己爲人, 公私義利毫忽之間."

18) 『松沙先生文集拾遺』 卷3, 18a, 「行狀」, "讀書次第, 先之以小學, 繼以四子·心近性理群書, 次六經以及史記."

19) 『松沙先生文集拾遺』 卷3, 18a~b, 「行狀」, "異端方外之書不許, 寓目曰, 定見未立, 不可騖於博雜, 非但精力之分而已."

이처럼 기우만은 경전의 본의가 담긴 본문에 대한 이해가 우선되어야 함을 강조하며 독서 방법에 대해 구체적으로 자신의 견해를 제시하였다. 그리고 기정진이 제시했던 독서법과 관련한 저술을 문인들에게 안내하며 체계적인 독서를 강조하였다.[21]

근 10년에 이르는 기간 동안 삼산재에서 강학 활동을 전개하던 기우만은 1904년 11월에 이르러 광주 주흥동(朱興洞)으로 이거한 후, 그곳에서 새로운 강학처인 한천정사(寒泉精舍)를 경영하였다. 그가 강학처를 옮긴 이유는 명확하지 않지만, 삼산재가 지리적으로 문인들을 수용하기에 적합하지 않았기 때문이 아닌가 추정된다.[22] 하지만 삼산재에서나 한천정사에서의 생활은 기우만에게는 여전히 곤궁한 삶의 연속이었다.[23] 그래서 한천정사는 문

---

20) 『松沙先生文集』 卷8, 25a~b, 「答金景儒 別紙」(戊戌), "凡看書, 先從本文, 逐句逐段, 仔細理會, 始將集註來, 參互看過, 集註有未另別, 更將小註細檢. 不理會本文, 而先將集註檢本文. 不理會集註, 而先將小註檢集註, 大小大不得力. 先儒有言有沙則水淸, 而沙多亦反滾水, 蓋言小註所以解經, 而註多亦反迷亂云爾."

21) 기정진은 문인 孟希顔에게 『大學』을 읽고 이해하는 것과 관련하여 독서법을 제시하였는데(『蘆沙先生文集』 卷16, 42b~44a, 「書示孟景淵」), 기우만은 이것을 거론하여 독서 방법에 대해 숙고할 것을 권면하였다. 이러한 측면에서 기우만은 독서 방법을 비롯하여 강학 전반에 걸쳐 기정진의 그것을 계승하였다고 할 수 있다. 『松沙先生文集』 卷8, 25b, 「答金景儒 別紙」(戊戌) 참조.

22) 기우만은 「寒泉齋開基祝文」을 통해 "땅의 형세가 마땅치 않아 寒泉齋를 개축하였다."라고 한 점에서 이러한 추정이 가능하다.(『松沙先生文集』 卷23, 32b, 「寒泉齋開基祝文」 참조) 한천정사도 삼산재와 마찬가지로 고요하고 외진 장소였고, 당시 기우만의 경제적 사정도 여의치 않았던 것으로 보인다.

23) 『松沙先生文集』 卷5, 45a, 「答李子瑜 瑾善」(甲辰, 1904), "弟寓味去益辛酸. 但此處靜僻, 不減三山, 差可安心, 而破壁風牕, 突煙不給, 呵手擁爐, 窮狀自露, 還可笑也."

인들이 주도하여 건물을 짓고 제단(祭壇)을 마련하였으며, 이에 대해 당시 기우만은 가난한 사우들의 노력과 시세를 들어 우려의 뜻을 표명하기도 하였다.[24)]

기우만은 한천정사의 터를 마련하면서 「한천재개기축문(寒泉齋開基祝文)」을 통해 이단(異端)이 극에 달하고 유학의 도가 약화하던 당시 현실을 타개하기 위해서는 유학의 부흥이 필요하다고 강조하였다. 그리고 '한천(寒泉)'이라는 서실명(齋室名)은 주자가 여조겸(呂祖謙)과 함께 『근사록(近思錄)』을 편찬했던 정사(精舍)와 이름이 같고, 정사가 위치한 '주흥(朱興)'이라는 지명도 주자의 도를 부흥하는 것과 결부되는 것임을 거론하며 "하늘의 뜻이 묵묵히 도와 사문(斯文)을 없애려 하지 않으시리라."라며 강학을 통한 유학 부흥에 대한 기대를 숨기지 않았다.[25)] 삼산재에서와 마찬가지로 기우만은 이곳에서 문인들에 대한 강학뿐만 아니라 석채례(釋菜禮)를 행하며 유학 선통을 부식하기 위한 노력을 이어나갔다.[26)]

한천정사에서의 강학은 길게 이어지지 않았다. 초기에는 삼산재에서 학문을 익히던 기존 문인들이 출입하고 새로운 문인들이

24) 『松沙先生文集』 卷5, 27a, 「答李道觀」(乙巳), "生徒又營寒泉講齋, 作壇享地云, 而顧今時勢, 殆非當務. 況借貧士友綿力, 豈能如意, 祇添一層苦惱耳."

25) 『松沙先生文集』 卷23, 32b, 「寒泉齋開基祝文」, "式究異熾, 由吾道孤, 強此弱彼, 日有興儒. (…) 寒泉維好, 名不偶然, 晦翁攸居, 百世顧名. 齋趾東南, 里曰朱興, 孰興朱道, 待我後人, 天意默相, 不喪斯文."

26) 기우만은 1899년 3월에 삼산재 북쪽에 祭壇을 마련하고 孔子를 비롯한 五賢과 周子 등 宋朝 四賢, 그리고 先師인 奇正鎭에 대한 釋菜禮를 매년 봄가을로 시행하였다.(『松沙先生拾遺』 卷2, 26b, 「年譜」, '54歲條'.) 그리고 한천정사에서도 이 석채례를 지속하였다.

유입되며 강학이 이어졌다.[27] 하지만 1년도 지나지 않아 을사늑약(乙巳勒約, 1905)이 체결되자 기우만은 그해 10월에 주저 없이 한천정사를 폐쇄하였다.[28] 그리고 이때부터 명시적으로 그의 강학 활동은 중단되었다.

한천정사 폐쇄 이후 기우만은 급변하는 위기의 시대 상황에서 을사오적(乙巳五賊)의 처단을 요구하는 상소를 올리는 한편, 호남 지역 내 인사들에게 편지를 보내어 궐기할 것을 촉구하였다.[29] 1906년에 곡성의 도동사(道東祠)에서 회합을 가질 계획을 세웠으나 일제의 감시 등으로 인해 무위로 돌아갔지만, 이후 기우만은 청나라로의 출국을 시도하였고, 이마저도 일제의 감시로 인해 실패로 돌아갔다. 그리고 그해 10월에 광주 경무소에 수감되었다가 풀려난 것을 시작으로 이듬해 의병 활동의 주역으로 활약한 문인들과의 회합으로 인해 다시 구금되는 등 고난의 시간이 이어졌다.

을사늑약으로 인해 강학 활동을 중단하고 시대적 위난을 타개하기 위한 행보를 이어나간 기우만은 1909년부터 「호남의사열전(湖南義士列傳)」을 집필하기 시작하였다. 생존 여부와 상관없이 당시 호남 지역의 의병을 이끈 주요 인물에 대한 전기를 집필하던 그는 경술국치(庚戌國恥, 1910)를 당하자 종유하던 문인들에게 "살아서는 이씨의 신하가 되고, 죽어서도 이씨의 귀신이 된다[生

27) 『松沙先生文集』 卷18, 38a, 「龔巖記」, "君送子正模, 丱角從余, 自三山至寒泉, 已有年所."

28) 『松沙先生拾遺』 卷2, 31a~b, 「年譜」, '60歲條'.

29) 『松沙先生文集』 卷10, 10b~11b, 「告列邑諸章甫」(乙巳十二月).

爲李氏臣, 死爲李氏鬼]는 이 10자를 마음속의 큰 부절(符節)로 삼는다면 살고 죽음이 두 갈래가 아닐 것"[30]이라며 비장한 자신의 뜻을 전하기도 하였다.

이듬해인 1911년 3월에 남원의 사촌(沙村)으로 이거한 기우만은 병세가 완연한 가운데에서도 그곳을 찾는 원근의 학자들에게 학문을 강론하면서 이교(異敎)에 대한 비판과 유학의 수호에 관한 입장을 분명히 확인하였다.[31] 그리고 이곳저곳에서 요청하는 각종 기문(記文)과 서발문(序跋文) 등을 저술하며 생의 마지막을 보냈다. 한천정사 폐쇄 이후 명시적으로 강학 활동을 중단하였지만, 기우만은 그의 거처를 찾는 문인에게 강학을 이어나갔고,[32] 1916년 10월 문인들이 지켜보는 가운데 파란만장한 71세의 생을 마감하였다.

자유로운 강학 분위기와 학파 결집 주도

기우만을 비롯하여 노사학파 직전 제자들의 강학 활동에서 주

30) 『松沙先生文集』 卷10, 12a, 「寄從遊諸君」(庚戌十月), "以生爲李氏臣, 死爲李氏鬼, 爲方寸上十字元符, 則生死非二致."

31) 『松沙先生文集拾遺』 卷3, 14b, 「行狀」, "辛亥移寓南原之沙村, 杜門滅跡, 遠近學子, 日就問業, 先生以爲日月晦蝕, 而異敎不可不斥, 宗社顚覆而聖學不可不明, 爲治一舍而處之, 誨諭不倦." 남원 이거 당시에 기우만 뿐만 아니라 그를 따르며 수학하던 奇老章 등 집안의 후손들도 함께 이거하였다. 디지털남원문화대전(http://namwon.grandculture.net)에 따르면, 기우만이 사촌에 이거한 후 그의 처소 인근에 松沙齋라는 강학소가 마련되어 지속적으로 문인 교육이 이루어졌다.

32) 명시적으로 기우만의 강학은 한천정사가 마지막이었으나, 한천정사 폐쇄 이후에도 그의 문하를 찾는 문인들을 받아들여 지속적으로 강학을 전개하였다.

목되는 특징 중 하나는 개별 문인들의 제자들이 자신의 스승 문하에 한정하지 않고 자유로운 분위기 속에서 다른 문인의 문하를 넘나들며 학문을 익혔다는 점이다. 여러 스승을 넘나들며 자유롭게 학문을 익히는 분위기는 기정진 생전 당시부터 문인 내부에서 이루어진 강학 분위기가 이어진 결과로 이해할 수 있다.

기정진 생전에 제자들 사이에 펼쳐졌던 강론[33]은 기정진 사후에도 그 전통이 이어져 여러 문인이 참석하는 대규모 강회로 구체화 되기도 하였고,[34] 때로는 뜻 맞는 동문이 중심이 된 계회(契會)의 결성과 이를 통한 강습으로 이어지기도 하였다.[35] 기정진 생전에 이미 조성되었던 직전 제자들의 활발한 학문 교류가 기정진 사후에 이들을 중심으로 펼쳐진 강학으로 연결되어 각 문하의 제자 문인들이 여러 선배 문인의 문하를 자유롭게 넘나드는 분위기로 이어졌고, 이에 따라 자유로운 강학 분위기가 학파 내부에 조성되었던 것이다. 이렇듯 기정진 사후에 펼쳐진 노사학파 직전

33) 金錫龜의 『大谷遺稿』에는 김석구를 비롯하여 鄭載圭, 鄭義林, 鄭時林, 鄭禧源 등 기정진 직전 제자 간의 강론 내용이 수록되어 있다. 이들은 기정진으로부터 수학한 내용 및 저술을 대상으로 서로 문답을 나누며 노사학에 대한 이해를 도모하였다. 『大谷遺稿』 卷5, 1a~22a, 「知舊問答」 참조.

34) 대표적으로 1891년 8월에 구례 화엄사에서 영호남 문인 다수 참석한 가운데 '鍾山講會'를 들 수 있다. 이 강회에 관한 자세한 내용은 박학래, 「鄭載圭의 講學 活動과 蘆沙學의 계승」, 『남명학연구』 68, 2020, 208~210쪽 참조.

35) 기정진 문하에서 함께 학문을 익힌 金翼中(1851~1907), 朴魯述(1851~1917), 朴魯冕(1860~1913) 등이 봄가을로 모여 강론하는 모임인 '春秋會'에 대해 격려하는 글을 지어주는 등 기정진 직전 제자들의 강학에 관심을 기울였다. 이들이 기우만에게 이 모임의 서문을 요청한 것은 그만큼 기우만이 노사학파 내에서 갖는 비중이 남달랐기 때문이라 할 수 있다. 『松沙先生文集』 卷16, 20a~b, 「春秋會案序」 참조.

제자들 사이의 자유로운 강학 분위기에 대해 기우만은 아래와 같이 서술하였다.

> 내가 선자(先子, 奇正鎭)의 슬하에서 모실 때에 문하에서 강습하고 서면으로 끊임없이 담론하기로는 김석구(金錫龜)와 삼정(三鄭)인 정시림(鄭時林), 정재규(鄭載圭), 정의림(鄭義林)이 가장 부지런하였다. 이들은 선자가 돌아가시자 행장을 꾸려 물러나 뜻있는 후학들과 더불어 각자의 고을에서 강습(講習)을 하였다. 김석구가 이미 고인이 되었을 때 삼정의 문도들이 가장 성대하였는데, 그 가운데 학문이 깊은 빼어난 인재가 많았다. 또 그 스승을 사사로이 하지 않고 서로 왕래하며 가르침을 청하여 이 경계 저 경계할 것 없이 울타리를 없애는 대가(大家)의 기상이 있었다.36)

위 인용문에서 확인되듯이, 기정진 사후에 노사학파 직전 제자들은 각자의 근거지를 중심으로 강학 활동을 펼치며 많은 문인을 배출하였고, 이들 문하의 문인들은 학파 내부의 여러 선배 문인의 문하를 넘나들며 학문을 익혔다. 이렇듯 노사학파 내의 자유로운 강학 분위기는 학파 내부의 일체감과 학문적 동질성을 확보하는 기반이 되었고, 이러한 분위기 조성의 중심 역할을 담당한 문인 중 한 사람이 기우만이었다고 할 수 있다.

---

36) 『松沙先生文集』 卷22, 18a～b, 「書講習契後」, “宇萬侍先子膝下, 門下講習, 書面娓娓, 金大谷, 三鄭月波, 艾山, 日新爲益勤. 及乎山頹, 治任退, 與有志後生, 講習於其鄕. 大谷已故, 三鄭之徒最盛, 其中多邃學秀才, 而又不私其師, 互相往來請益, 無此疆爾界, 有剖破藩籬大家氣象.” 윗글은 정시림의 문하에서 수학한 문인 가운데 기우만의 문하를 출입하던 李龍鎬와 安極 등이 동문들과 조직하여 운영한 ‘講習契’의 契案 뒤에 쓴 글이다.

앞서 살펴본 바와 같이 기우만은 40대부터 호남을 비롯하여 영남 지역에서 활발한 강학 활동을 전개하던 여러 동문의 근거지를 방문하여 이들과 함께 강론을 전개하며 학파 내부의 자유로운 강학 분위기를 조성하였다. 그리고 이를 바탕으로 50대 이후부터 자신의 문인을 배출하는 본격적인 강학 활동을 전개하였다. 그가 중심이 되어 지역을 넘나들며 전개한 강학 활동은 학파 내부의 결속은 물론, 학파 내부의 개방적인 강학 분위기를 조성하는 기반이 되었다.

노사학파 내부에 조성된 자유로운 강학 분위기 속에서 기우만의 문하에도 적지 않은 문인이 다른 노사학파 문인의 문하에서 학문을 익힌 문인이었다. 심지어 기정진의 말년 제자들도 기우만의 문하에 입문하였고, 기우만보다 한 세대 선배에 해당하는 초기 문인들 문하에서 학문을 익힌 문인들도 그의 문하에서 학문을 익혔다. 그뿐만 아니라 정재규와 정의림 등 기우만과 동년배인 주요 동문이 사망한 이후에는 그의 문인들 가운데 기우만의 문하를 찾는 문인이 이어졌으며, 이러한 문인들의 입문에 대해 기우만은 적극적으로 반대하지 않고 자신의 문하로 받아들였다. 하지만 기우만은 다른 동문을 배려하여 그를 찾는 문인들에게 근거지의 동문에게서 학문을 익힐 것을 권유하기도 하였다.[37]

37) 자신의 문인인 安昌燮에게 자신을 찾기보다는 거주지인 능주에서 강학 활동을 전개하는 정의림의 문하에서 나아가 학문을 익힐 것을 권면하였고,(『松沙先生文集』 卷8, 28a, 「答安慶伯 昌燮」) 정재규의 문인인 鄭琯民에게 정재규 사후에 강우 지역에서 강학 활동을 전개하던 鄭冕奎를 따라 학문을 익힐 것을 권유하는 등 호남 및 영남 지역에서 자신을 찾는 문인들에게 각 지역의 동문들에게 나아가 수학할 것을 권유하였다.(『松沙先生文

기우만은 자신과 동문의 문하에 출입하던 문인들이 타 학파 학자의 문하에 나아가는 것에 대해 부정적인 태도를 보이지 않고 오히려 권면하는 등 개방적인 자세를 보여주었다. 평소 교유하던 최경렬(崔景烈)에게 보낸 편지에서 그는 "그대 아들이 면옹[崔益鉉]을 따라 배울 줄 아니 매우 좋습니다."라고 격려의 뜻을 구체적으로 표명하였으며,[38] 송병선(宋秉璿)의 강학처로 나가고자 하는 뜻을 알린 문창규(文昌圭)에게 "원계(遠溪)로 가는 일은 참 좋으니, 선비가 한 모퉁이에 체류해서는 안 됩니다. 하물며 명성과 실상이 모두 성대하여 사방에서 의지하고 우러르는 데에 있어서겠습니까?"라고 격려하였다.[39]

이렇듯 노사학파 내부에 조성된 자유로운 강학 분위기와 더불어 타 학파를 넘나드는 강학 풍토는 기우만을 위시하여 당시 노사학파 문인들이 가졌던 유학 전통에 대한 계승 및 확산 의지가 반영된 결과라 이해할 수 있다. 그리고 이러한 학문 풍토는 이후 기정진의 성리설을 둘러싼 논란 과정에서 학파의 결집과 학문적 일체감을 이끄는 기반이 되었으며, 최익현을 비롯하여 타 학파 문인들과 연대하여 의병 활동을 전개하는 기초가 되었다고 할 수 있다.

40대에 대체로 자유로운 강학 분위기를 조성하는 데 관심을 기울인 기우만은 앞서 살펴본 바와 같이 51세 때 삼산재에 은거

集』 卷9, 36a, 「答鄭聲叔 琯民」)

38) 『松沙先生文集』 卷8, 62b, 「答崔致瑞 景烈」, "胤君知從勉翁遊甚善."

39) 『松沙先生文集』 卷7, 24a, 「答文斗一」(丁酉, 1897), "遠溪行甚善, 士不當滯於一隅, 況此名實俱茂, 爲四方依仰."

한 이후 강학을 통한 문인 교육을 본격화하였다. 삼산재를 비롯하여 광주의 한천정사, 남원의 사촌 등으로 이어진 그의 강학처를 찾는 문인들은 기우만과 함께 생활하며 학문을 익혔고, 이때 기우만은 문하의 문인들에게 자설(字說)를 지어주고,[40] 강학처를 떠나는 문인에게 석별의 정을 나누는 글을 지어주는 등 각별한 관심을 기울였다. 이에 따라 고향으로 돌아간 문인들은 이후에도 수시로 기우만에게 편지를 보내 학문을 질정하는 한편, 뜻맞는 문인들이 계회(契會)를 결성하여 정기적으로 강론을 펼쳐나가는 등 구체적인 학문 활동을 전개하였다.[41]

기우만은 문인들에게 학문에 힘쓰는 것은 문인 자신에게 달려있음을 강조하면서 자신의 문인뿐만 아니라 교유하는 인사들에게 적극적인 학문적 노력을 주문하였다.[42] 그리고 동문 사이에서 펼쳐진 강론을 비롯하여 동문 문하 문인의 질정, 자신 문인의 문하에서 배출된 문인들이 펼친 계회[43] 등 노사학파 내부에서 펼쳐진

40) 『松沙先生文集』의 卷11에는 문인들에게 지어준 書贈과 字說 등 1백여 편이 수록되어 있다.

41) 호남에서는 金珍鉉(1878～1966), 李啓萬(1880～?), 安圭冕(1880～?)이 중심이 되어 '三同契'가 결성되어 매년 봄가을 강독이 실시되었고, 이에 대해 기우만은 「三同契序」를 지어 격려하였다. 『松沙先生文集』 卷16, 6a～b, 「三同契序」 참조. 이밖에 영남에서는 權雲煥(1853～1918)의 주도로 '會稽講社'가 결성되어 강회가 펼쳐졌다. 『溪南集』 卷23, 4b～5a, 「觀善稧修案序」 참조.

42) 『松沙先生文集』 卷8, 59a, 「答高聲余 玎柱」, "務學在我不在人, 在我者, 豈以人言之有無而務不務也."

43) 대표적으로 자신의 문인인 白弘認(1874～1952)의 문하에서 배출된 문인들이 중심이 되어 보성과 장흥 지역을 중심으로 조직되어 펼쳐진 '一鑑契'의 활동에 대해서도 격려의 뜻을 표시하였다. 『松沙先生文集』 卷16, 45a, 「一鑑契序」 참조.

다양한 학문 활동에 대해 깊은 관심을 기울이며 노사학파 전체의 학문적 결속과 동질성을 이끄는 데 주력하였다.[44]

전방위적으로 펼쳐진 그의 강학 활동은 호남 전 지역에 걸친 유력으로 이어지기도 하였다.[45] 그리고 이러한 그의 활동은 유교의 영향력이 약화하는 가운데에서도 노사학파 문인을 중심으로 호남 지역의 유풍이 지속되는 밑거름이 되었고, 의병 활동을 비롯하여 20세기 전반기에 호남 지역에서 펼쳐진 항일운동의 중심에서 그와 직간접적으로 관련된 문인이 주목할 만한 역할을 담당하는 기반이 되었다.[46]

---

44) 기우만은 능주에서 강학하던 吳在東(1881~1918)이 黃澈源(1878~1932) 등과 旬講을 진행하는 것에 대해 격려의 뜻을 전하였으며, 보성과 장흥을 중심으로 강학 활동을 전개한 白弘寅(1874~1952)의 문인들이 계회를 조직하자 계회명을 '一鑑'으로 지어주면서 학문을 권면하였다. 『松沙先生文集』 卷8, 39b, 「答吳陽路」(庚戌).; 『松沙先生文集』 卷16, 45a, 「一鑑契序」.

45) 일례로 기우만은 곡성에서 강학하던 동문 張喆洙(1832~?)의 강학처인 道東齋를 자주 찾았고, 이곳의 講案에 서문을 작성하기도 하였다. 『松沙先生文集』 卷16, 51b~52a, 「道東齋講案序」.

46) 기우만은 강학하는 과정에서 문인들에게 "화이의 구분과 사정의 분변에 있어 단칼로 두 동강을 내듯 이 마음을 세워서 엄격하게 제한한다면 온갖 일과 온갖 변화가 어찌 한 터럭만큼이라도 나를 움직이게 할 수 있겠는가?"라고 하여 의리에 대한 이해와 실천을 강조하였다.(『松沙先生文集』 卷8, 54b, 「答金有一 永悳」, "且於華夷之分, 邪正之辨, 如一刀兩段, 立定此心, 以作鐵限, 則萬事萬變, 豈足以動吾一髮.") 그리고 이러한 그의 태도는 그의 문인들이 실천 지향적 면모를 드러내는 밑거름이 되었다고 할 수 있다.

기정진의 직전 제자 중 최대 문인의 배출

근 30여 년에 걸쳐 진행된 강학 활동에 따라 기우만의 문하에서는 노사학파 직전 제자 가운데 가장 많은 문인이 배출되었다. 기정진의 손자였던 만큼 기정진을 배행하며 학파 내의 대소사를 관장한 기우만은 기정진 사후에 그의 인적 관계망을 고스란히 이어받았다. 이에 더하여 자신이 조성한 다양한 사회 관계망을 바탕으로 호남 유림을 대표하는 상징적인 인물로 평가받았던 만큼 그의 문하에서 가장 많은 문인이 배출된 것은 당연한 결과였다고 할 수 있다.

그의 문인 현황을 살필 수 있는 자료는 1948년 담대헌(澹對軒)에서 2권 1책으로 간행한 『사상문인록(沙上門人錄)』(이하 '문인록'으로 약칭) 하권(下卷)의 「송사선생문인편(松沙先生門人編)」과 1960년에 6권 2책으로 간행된 『노사선생연원록』(이하 '연원록'으로 약칭) 권4의 「기송사우만문인(奇松沙宇萬門人)」이다. 『문인록』은 누가 편집과 간행을 담당했는지 확인할 수 없지만, 해방 이후 기우만의 직전 제자들이 중심이 되어 기정진의 직전 제자와 그를 이어 강학을 전개한 기우만 문인들의 이름, 자, 호, 생년, 본관, 거주지 등을 연령순으로 정리한 것이다. 문인록을 간행할 당시에는 기우만 직전 제자 상당수가 생존해 있었고, 이들에 의해 문인록 간행이 추진되었을 것으로 추정되는 만큼, 이 문인록에 수록된 내용은 신뢰할 만하다고 할 수 있다.[47] 『연원록』은 1950년대 후반에

47) 『사상문인록』에는 기우만의 직전 제자들에 관한 내용만 수록되어 있고, 재전 및 삼전 제자와 관련한 내용이 수록되지 않아 기우만을 통한 노사 학맥

기우만의 적전 중 한 사람인 양회갑(梁會甲, 1884~1961)을 비롯하여 기우만의 종손인 기노장(奇老章, 1904~1970) 등이 중심이 되어 재전(再傳) 제자인 변시연(邊時淵, 1922~2006) 등 당시로서는 젊은 문인의 적극적인 동참을 기반으로 영호남에 산재한 문인들과 그들의 후손들에게 통문을 돌려 노사학파 전체 문인을 망라한 문인록을 편집하여 1960년 봄에 인행한 것이다.[48] 『연원록』에는 기정진의 직전 제자를 비롯하여 재전 및 삼전(三傳) 제자들의 성명, 자, 호, 생년, 본관, 선조, 거주지 등이 기재되어 있으며, 기우만을 포함한 직전 제자 및 재전, 삼전 제자의 명부가 모두 실려 있어 노사학파 전체 규모를 확인할 수 있는 자료이다.[49]

두 자료를 통해 확인되는 기우만의 직전 제자는 총 1,567명이다. 『문인록』에 등재된 문인은 755명이고, 『연원록』에 등재된 문인은 1,238명이지만, 『문인록』과 『연원록』 양 자료에 모두 등재된 문인이 426명, 『문인록』과 『연원록』 각각의 자료에만 등재된 문인은 각기 329명, 812명으로 확인되어 실제 기우만의 문인으로 확인되는 수는 1,567명이다.[50]

의 계승에 관한 전체 내용을 확인할 수 없다.

48) 『연원록』 간행을 위해 각 문인과 그들의 후손들에게 보낸 통문의 실재는 노사학파 문인들의 문집에 수록된 편지에서 확인할 수 있다. 『金璣柱, 『敬齋遺稿』 卷2, 5a~b, 「答澹對軒簡通」 등 참조.

49) 학계 일각에서 이 자료에 대한 신뢰성에 의문을 제기하기도 하지만, 『연원록』이 간행될 당시에 기정진의 주요 재전 제자들이 생존하며 활동하고 있었다는 점에서 『연원록』의 신뢰성도 일정 정도 인정된다고 할 수 있다.

50) 『문인록』이 간행될 당시는 해방 이후 혼란한 시기였을 뿐만 아니라 통신과 교통의 미비로 인해 문인들에 관한 내용을 온전히 정리하지 못했을 가능성이 크다. 하지만 『연원록』이 간행될 때는 이전에 미처 등재하지 못한 문인에 관한 내용이 추가 확인되어 그 수가 증가했을 것으로 짐작된다.

[표 2] 기우만 문인들의 연령별 분포 (『沙上門人錄』 및 『蘆沙先生淵源錄』)

生年	1853~1860	1861~1870	1871~1880	1881~1890	1891~1900	1901~1904	미상	합계
문인수 (명, %)	86 (5.5%)	260 (16.6%)	412 (26.3%)	456 (29.1%)	296 (18.9%)	40 (2.5%)	17 (1.1%)	1,567 (100%)

1천 5백여 명을 상회하는 기우만 직전 제자들의 생년 분포를 정리하면 [표 2]와 같다. 기정진의 문하에서 학문을 익힌 후 기우만의 문하에 입문한 초기 문인인 이희용(李熙容, 1853~1940)을 비롯하여 기정진의 현손(玄孫)인 기노장(奇老章, 1904~1970)에 이르기까지 기우만의 문인은 1853년생부터 1904년생까지 50여 년에 걸쳐 있음을 확인할 수 있다. 대체로 20세를 전후한 시기에 스승의 문하에 입문하는 것이 상례임을 고려할 때, 1870년대생 문인이 26.3%(412명), 1880년대생 문인이 29.1%(456명) 등 50% 이상을 상회하는 868명이 분포하는 것에 비추어 1890년대 중반 이후 기우만이 삼산재에 은거하며 강학을 본격화하면서 많은 문인이 그의 문하에 입문하였음을 확인할 수 있다.

앞서 살펴본 바와 같이 자유로운 강학 분위기가 조성되었던 학파 내부 분위기가 반영되어 기우만의 문인 가운데에는 다른 노사학파 직전 제자의 문하에서 학문을 익힌 문인이 적지 않은 것으로 확인된다. 이희용의 경우는 기정진의 문하에서 학문을 익혔을 뿐만 아니라 고산서원에 배향된 기정진의 초기 제자인 김녹휴(金祿休, 1827~1899)의 문하에서도 학문을 익혀 『연원록』에 기우만 뿐만 아니라 김녹휴의 문인으로도 등재되어 있으며, 이희석(李僖錫, 1804~1889)의 문인으로도 등재된 김방권(金邦權, 1865~?)을 비롯하여 정의림의 문인으로도 등재된 김두옥(金斗玉, 1861~?), 박노삼(朴魯三, 1867~?) 등 십수 명의 문인들이 기우만 이외에 다른 노사학파 내 직전 제자의 문인으로 등재되어 있다.

뿐만 아니라 기우만의 문인 가운데는 기호 계열의 다른 학파 문인으로 등재된 문인도 적지 않다. 그의 문인 가운데 최기성(崔基性, 1863~1931), 조인석(趙寅錫, 1863~?), 박승재(朴丞載, 1863~1943), 박임상(朴琳相, 1864~1944) 등은 최익현의 문인록인 『채미연원록(茝薇淵源錄)』에 그의 문인으로 등재되어 있으며, 위계룡(魏啓龍, 1870~1948), 나상일(羅相一, 1871~1940), 이수혁(李洙爀, 1878~1952) 등은 송병선(宋秉璿)의 문인록인 『계산연원록(溪山淵源錄)』에 그의 문인으로 등재되어 있다. 이 밖에 송국진(宋國鎭, 1864~?)은 전우(田愚)의 문하에 나아가 학문을 익힌 것으로 확인되는 등 기우만의 문인들은 자유롭게 타 학파의 문하를 넘나들며 학문을 익혔고, 그 결과 다른 학파 문인록에도 문인으로 등재되었다.[51] 이러한 기우만 직전 제자들의 면모는 기우만을 포함한 노사학파의 강학 분위기는 자유롭고 개방적이었음을 보여주는 것이며, 이러한 개방적 강학 분위기가 노사학파를 넘어 기호학계 전반에까지 펼쳐졌음을 보여주는 것이라 할 수 있다.

기우만 문인들의 지역적 분포는 [표 3]과 같다. 다른 동문의 문하에서 배출된 문인들의 거주지에 관한 지리적 분포를 확인하면,

51) 기우만을 비롯한 노사학파 문인들의 면암학파 및 연재학파 문인 중복에 관한 내용에 대해서는 박학래, 「淵齋學派의 형성과 전개 - 『溪山淵源錄』을 중심으로」, 『儒學研究』 50, 2020, 135쪽.; 「勉菴 崔益鉉의 문인 집단 형성과 전개 - 『茝薇淵源錄』을 중심으로」, 『한국철학논집』 64, 2020, 169~170쪽 참조.

[표 3] 기우만 문인들의 지역별 분포 (『沙上門人錄』 및 『蘆沙先生淵源錄』)

거주지: 광역시	거주지: 시군		문인수 (명)	
서울(1명, 0.1%)	서울		1	
충북(1명, 0.1%)	보은		1	
전북 (269명, 17.1%)	순창		93	
	고창	무장	37	77
		고창	36	
		흥덕	4	
	남원		48	
	임실		12	
	정읍		9	
	김제		9	
	부안		8	
	익산		4	
	전주		3	
	용담		2	
	군산	군산	1	2
		옥구	1	
	태인		1	
	장수		1	
광주 (213명, 13.6%)	광주		213	
전남 (1,066명, 68.1%)	장성		158	
	담양	담양	137	157
		창평	20	
	화순	능주	136	146
		화순	8	
		동복	2	
전남 (1,066명, 68.0%)	무안		131	
	곡성	곡성	98	115
		옥과	17	
	고흥		83	
	장흥		61	
	나주	나주	19	38
		남평	19	
	함평		35	
	순천	순천	30	32
		낙안	2	
	보성		23	
	영광		21	
	영암		21	
	구례		20	
	강진		12	
	여천		7	
	영광		3	
	해남		2	
	광양		1	
경남 (17명, 1.1%)	산청		7	
	하동		4	
	진주		3	
	사천		1	
	함양		1	
	합천		1	
합계			1,567명 (100%)	

대체로 그들의 강학처가 소재한 근거지를 중심으로 제한적이었던 것과 달리, 기우만의 경우는 기정진과 마찬가지로 호남 지역을 넘어 영남 지역에까지 폭넓게 문인이 분포하는 것을 확인할 수 있다.[52] 기정진과 마찬가지로 기우만 문하에서도 다수의 문인이 강학처가 소재하였던 장성을 중심으로 분포하는 것으로 확인된다. 본격적인 강학을 전개한 장성의 삼산재, 광주의 한천정사 등이 소재한 광주 및 전남 지역의 문인이 전체 문인의 80%을 상회하는 1,279명에 달한다는 점에서 기우만의 학문적 영향권의 중심은 광주 및 전남 지역이었다고 할 수 있다. 그리고 장성과 인접한 고창 지역과 선대로부터 인연이 깊었던 순창 지역, 그리고 만년에 은거한 남원을 중심으로 한 전북 지역에서도 20%에 육박하는 269명의 문인이 배출된 것을 통해 볼 때, 전북 지역도 제한적이지만 남부 지역을 중심으로 기우만의 학문적 영향력이 작지 않았음이 확인된다고 할 수 있나.

기우만은 앞서 지적한 대로 40대 중반 이후 호남 이외에 영남 지역을 유력하며 강학 활동을 전개하였고, 1900년대 초반에 『노사집』 목판본 간행을 위해 삼가에 머물며 문집 간행을 주도하였다. 그리고 이 과정을 통해 영남 지역 동문과 깊이 있는 유대 관

52) 일례로 기정진 사후에 광범위하면서도 지속적으로 강학 활동을 전개하며 적지 않은 문인을 배출한 정재규 문하의 문인들은 정재규의 근거지인 삼가를 중심으로 한 경남지역에서 다수의 문인을 배출하고, 제한적으로 전남에서 10여 명의 문인을 배출하였다. 그리고 다른 문인들의 경우는 대체적으로 강학처 인근 지역을 중심으로 제한된 범위에서 문인을 배출한 것으로 확인된다. 박학래, 「鄭載圭의 講學 活動과 蘆沙學의 계승」, 『남명학연구』 68, 2020, 208~210쪽.; 김봉곤, 『蘆沙學派의 형성과 활동』, 한국학중앙연구원 박사학위논문, 2007, 121~125쪽 참조.

계를 이어나갔다. 이러한 그의 학문 활동과 연관하여 많은 수는 아니지만 20명에 육박하는 문인이 영남 지역에서 배출되었다고 할 수 있다.[53)]

기우만 문인들의 지역적 분포에서 주목되는 것 중 하나는 기정진의 문하에서 문인이 배출되지 않았던 호남의 몇몇 지역에서 적지 않은 문인이 배출되었다는 점이다.[54)] 전남 지역의 구례와 여천을 비롯하여 상대적으로 간재학파의 학문적 영향력이 컸던 전북 지역의 익산, 군산 등지에서도 문인이 배출된 것은 기우만의 학문적 영향력이 확대된 것을 보여주는 예라 할 수 있다.

직전 제자의 학문 활동과 노사학의 계승

『송사집』의 간행을 비롯한 현양 사업의 전개

기우만의 문인들은 기우만 생전은 물론 사후에도 학문과 실천 양면에서 두드러진 활동을 전개하며 호남 지역을 중심으로 유교 전통의 부식을 위해 노력하였다. 특히 이들은 기우만을 통해 노사학을 계승하고자 하는 의식을 뚜렷이 하였으며, 이러한 의식은

---

53) 이밖에 서울과 충북 지역에서 각각 1명의 문인이 배출된 것은 그의 학문적 영향력이 그곳에까지 미쳤다기보다는 그의 문인이 그 지역으로 이거한 것으로 추정된다. 그리고 기정진과 달리 제주 지역에서 문인이 배출되지 않은 것은 제주 출신 문인인 安秉宅(1861~1936)이 광주로 이거하였기 때문이다. 안병택이 광주로 이거하여 강학 활동을 전개하여 호남 지역은 물론, 제주 지역 출신 문인을 다수 배출하였다.

54) 기정진 문인의 지역별 분포에 대해서는 박학래, 「蘆沙學派의 형성과 蘆沙學의 계승」, 『東洋古典研究』 80, 2020, 460쪽 참조.

기우만 사후에 『송사집』 간행을 통해 구체화 되었다.

기우만은 생전에 자신의 저술을 정리해 두고 있었다. 이를 확인한 그의 문인 양회갑(梁會甲)은 이 저술을 편사(編寫)하려는 뜻을 내비쳤지만, 기우만의 허락을 얻지 못하였다. 하지만 양회갑은 기우만의 아들인 기락도(奇洛度, 1880~?) 등의 도움을 얻어 저술 일부를 동문 몇몇과 나누어 정리하는 등 문집 간행을 위한 사전 작업을 진행하였다.[55] 하지만 이러한 작업은 문집 간행을 위한 예비 단계에 머문 것이었고, 문집 간행 작업은 기우만 사후에 본격화되었다.

기우만의 행장을 저술할 정도로 문인 내부에서 신망이 높았던 양회갑은 기우만이 사망한 이듬해인 1917년에 기우만의 저술을 편사하기 시작하였다. 기우만이 남긴 저술의 방대함으로 인해 양회갑은 자신의 거주지인 능주 인근에 별도의 장소를 마련하고 같은 지역의 사우들과 함께 3년에 걸쳐 저술을 옮기는 작업을 진행하였다.[56] 이렇게 완성된 기우만의 저술은 재정적인 문제 등으로 인해 곧바로 간행 작업으로 이어지지 못하였다. 그러다가 1930년 봄에 이르러 담대헌에서 호남 지역의 사림들이 모여 간행 작업에 착수하기로 의견을 모았다. 그리고 영호남에 산재한 문인들에게

55) 梁會甲, 『正齋集』 卷16, 2b, 「家狀」, “丁巳, 編寫松翁遺集.”

56) 『正齋集』 卷16, 2b, 「家狀」, “己未, 以師集移寫, 別設塾于所居之傍, 與同志諸人, 三年畢鈔五十册.” 양회갑에 따르면, 『송사집』 필사에 참여한 능주 지역의 사우는 朴準基, 洪承渙, 曺弼承, 安昌燮 등 20명이었다. 그리고 이들은 기우만의 문인일 뿐만 아니라 정의림의 문인이 다수였다. 이렇듯 능주 지역의 노사학파 문인이 이 작업에 참여한 것은 기우만이 능주를 찾아 강론을 펼친 것 이외에 그의 학파 내 위상이 컸기 때문이라 할 수 있다. 『正齋集』 卷1, 26b~28b, 「謹構短詩謝師集謄草諸公」 참조.

통문을 돌려 문집 간행에 필요한 경비를 포함한 일체 사항을 알리고 도움을 청하였다.[57] 이후 각지 문인들의 협조가 잇달았고, 모친상을 당했던 양회갑은 상중임에도 불구하고 김장생(金長生)의 전례[58]를 들어 문집 간행의 중임을 맡았다.

여러 문인의 적극적인 노력에 힘입어 1931년에 『송사집』 인행 작업을 마무리 지었다.[59] 이때 간행된 『송사집』은 일제의 검열을 피하고자 「호남의사열전」 등이 제외된 채 원집(原集) 50권과 속집(續集) 2권으로 구성되었다. 1920년부터 양회갑이 찬술하기 시작한 「행장」과 문인들이 정리한 「연보」도 실리지 않았다.[60]

해방 후인 1948년에 이르러 담대헌에서 「연보」와 「행장」을 담은 『송사선생부록(松沙先生附錄)』 2권을 간행하였다. 이 부록의 간행 이후, 앞서 지적한 바와 같이 항일 관련 글을 비롯하여 문집에 미처 수록하지 못한 수다한 글을 모아 새로운 문집을 발간해야 한다는 문인 내부의 의론이 제기되었다. 하지만 재정적 문제를 비롯하여 여러 사안이 걸림돌이 되어 초간본 문집 보완 작업

57) 담대헌에 모인 기우만 문인들은 각지의 문인들에게 통문을 보내어 문집 간행에 협력해 줄 것을 요청하였고, 이에 다수의 문인이 참여의 뜻을 밝혔다. 任泰柱, 『誠齋文集』 卷3, 28b～29a, 「答澹對軒簡通」 등 참조.

58) 1584년 1월 율곡이 사망했을 때 김장생은 부친상을 당해 상복을 입고 있었지만, 黃榦이 주자의 상에 복을 입은 제도에 의거하여 상복을 갖추어 입고 매달 초하루와 보름에 곡을 하는 등 스승에 대한 예를 다하였다. 『沙溪全書』 卷43, 8a, 「年譜」, 37歲條

59) 『正齋集』 卷16, 2b, 「家狀」 참조.

60) 양회갑은 기우만의 행장을 1920년에 찬술하기 시작하여 1933년에 완성하였다. 「행장」과 「연보」 등이 『송사집』에 실리지 않은 것은 일제의 감시하에서 간행되는 『송사집』에 「행장」 등을 넣을 경우에 항일 행적을 실을 수 없다는 우려가 작용한 것으로 추정된다.

이 진행되지 못하였다. 그러다가 1980년에 이르러 재전 제자인 홍석희(洪錫憙), 변시연(邊時淵) 등 호남 지역의 재전 문인들은 정부의 재정적 지원을 받아 『송사집』에 미처 싣지 못한 항일 관련 글을 비롯하여 다수의 저술을 모아 『송사선생문집습유(松沙先生文集拾遺)』을 3권 1책으로 편집 간행하였다.[61)]

기우만의 문인들은 그의 사후에 지속적으로 문집 간행을 통해 기우만의 생전 업적을 정리하는 한편, 그의 학덕에 대한 현양 사업도 이어나갔다. 일제 강점기라는 엄혹한 시대 상황이었지만 일제의 감시에 연연하지 않고 양회갑이 주축이 되어 죽림정사(竹林精舍)에 기우만의 영당인 고강사(高岡祠)를 마련하였으며, 고산서원의 배향 인물을 선정할 때도 학파 내 직전 제자 중 한 사람으로 기우만을 포함시켰다.[62)] 그리고 이러한 현양 사업은 해방 이후에도 지속되어 무안의 대표적인 문인 중 한 사람인 박기청(朴淇靑, 1882 1963)의 문인들이 주축이 되어 1976년에 기우만을 주벽으로 하는 양림사(揚林祠)를 창건하여 제향하는 사업 등을 펼쳤다. 이밖에 순창의 문인인 강대일(姜大一, 1871~1950)의 아들 강린(姜璘, 1901~1990)은 기우만이 사망한 후 기우만의 영정을 봉안하고

61) 『松沙先生文集拾遺』의 권1에는 詩(3), 書(21), 雜著(1), 記(2), 祝文(1), 神道碑銘(1), 墓碣銘(2), 行蹟(1), 傳(1) 등이 각각 편차되어 있으며, 부록인 권2에는 「연보」가, 권3에는 「행장」과 李光秀가 지은 墓碣銘, 洪錫憙가 지은 墓表, 呂昌鉉이 지은 墓誌銘 등이 수록되었다. 卷首에는 홍석희가 1975년에 지은 序가, 卷末에는 1979년에 변시연이 지은 年譜跋이 각각 실려 있다. 이 간행 작업은 정부의 보조를 받아 진행되었다.

62) 부친인 安圭容에 이어 기우만의 문인으로 자정한 安鍾基를 비롯하여 여러 문인들은 澹對軒을 重建하고 高山祠를 創建할 때 적극적으로 동참하여 기우만뿐만 아니라 선사인 기정진의 추승 사업에도 참여하였다.

조석으로 정성을 기울이던 부친의 뜻을 받들어 부친의 강학소였던 취암정사(翠庵精舍)에 무양사(武陽祠)를 짓고 기정진과 기우만 그리고 부친 강대일을 배향하기도 하였다.[63)]

한편, 이희용은 「맹자강설(孟子講說)」을 통해 기우만을 배종하며 익힌 내용과 이에 관한 자신의 견해를 정리하는 등 기우만의 학문적 입장을 계승하고자 뜻을 구체화하였으며, 강희진(康熙鎭, 1878~1942)은 삼산재에서 수학한 내용을 일기로 남기기도 하였다.[64)] 이처럼 직전 제자들은 기우만의 학문과 사상을 이어나가고자 하는 뜻을 현실화하였다.

노사학의 계승과 다양한 학문 활동의 전개

기우만의 직전 제자들은 기우만 생전에도 이미 다양한 학문 활동을 전개하였다. 기우만의 강학처에서 생활하며 학문을 익힌 문인들은 자신의 근거지로 돌아가 유학 전통에 대한 계승 의식을 구체화하며 다양한 학문 활동을 펼쳐나갔다. 그리고 기우만 사후에 이들은 다양한 방면에서 유교 전통에 대한 계승 의식을 구체화하는 활동을 이어나갔다.[65)]

---

63) 디지털순창문화대전(http://sunchang.grandculture.net/) 참조. 기우만을 배향하고 있는 사우는 능주 高崗書院, 순창 武陽書院, 곡성 武山書院, 장성 書林書院, 무안 平山祠와 竹林祠, 화순 龜岩祠 등으로 확인되고 있다. 龜岩祠 등 일부 사우는 현재 훼철되어 그 형체를 확인할 수 없다.

64) 康熙鎭, 『止軒遺稿』 卷3, 「三山齋日記」. 그의 문인록에 수록된 행장에는 22세 때 기우만에게 집지한 이후 매년 삼산재에서 독서를 하며 수학을 하였고, 24세 때 「居齋日記」를 저술한 것으로 나타난다. 『止軒先生門人錄』 4a, 「年譜」, 24歲條.

65) 이하 서술하는 기우만 직전 제자들의 다양한 활동에 관해서는 이들이 남긴

직전 제자들은 기우만의 영향을 받아 노사학에 대한 계승 의식이 분명하였다. 특히 이들은 기우만을 도와 신안정사에서 진행된 『노사집』 삼간 작업에 적극적으로 참여하였을 뿐만 아니라[66] 이후 펼쳐진 기정진의 성리설과 관련한 논쟁 과정에서 선배 문인들과 뜻을 함께하며 노사학의 정통성을 확인하였다. 전우(田愚)를 비롯한 기호학계 일부 학자들의 비판에 대해 정재규와 정의림 등 선배 학자들이 논쟁의 주체가 되어 반비판을 전개하는 등 논쟁의 최일선에서 활동하였기 때문에 기우만의 직전 제자들은 논쟁의 일선에서 활동하지는 않았지만, 기우만에게 노사 학설 비판에 대한 반비판서 작성을 요청하는 등 노사학 수호에 앞장서고자 하는 뜻을 분명히 하였다.

기정진 성리설에 대한 논쟁이 어느 정도 수면 아래로 내려간 이후에도 직전 제자들은 기우만으로부터 전수받은 노사학에 대한 체계적인 이해를 도모하며 노사학에 대한 계승 및 수호 의지를 구체화하였다. 직전 제자 중 장성을 중심으로 학문 활동을 전개했던 공학원(孔學源, 1869～1939)은 「변외필변(辨猥筆辨)」을 저술하여 리 중심의 이기론적 입장을 분명히 드러냈으며,[67] 양회갑(梁會

문집 이외에 호남기록유산(memoryhonam.co.kr), 한국학종합DB(db.mkstudy.com), 한국사데이터베이스(db.history.go.kr) 등 기구축된 연구자료를 참고하여 작성하였다. 특별한 경우가 아니면 구체적인 출처는 생략하였음을 밝힌다.

66) 康熙鎭(1878～1942)의 「征南日記」와 「再征嶠南日記」(이상 『止軒遺稿』 卷3), 趙寅錫(1863～1930)도 「丹丘記行」(『石汀集』 卷5) 등은 기우만의 문인들이 산청의 신안정사에서 진행된 『노사집』 중간 작업에 기우만을 배종하여 참여했던 내용을 기록한 일종의 기행문이다. 이렇듯 문인들은 기우만을 배종하여 『노사집』 간행 작업에 직간접적으로 참여하였다.

甲, 1884~1961)도 「변외필후변(辨猥筆後辨)」을 저술하여 노사 이기론에 대한 전우의 비판적 입장이 담긴 일련의 저술에 대해 날 선 비판을 전개하여 리 중심의 이기론이 타당함을 확인하였다.[68] 이밖에 고창 지역의 대표적인 문인인 조덕승(曺悳承, 1873~1960)은 논란이 되었던 기정진의 「납량사의」와 「외필」에 대한 전우의 일련의 비판서 이외에 그의 또 다른 비판서인 「명기설(明氣說)」에 주목하여 그 내용을 비판한 「변명기설(辨明氣說)」을 저술하여 명덕(明德)에 관한 기정진의 입장을 확인하였다.[69]

이처럼 노사학에 대한 계승 의식이 강했던 기우만의 직전 제자들은 노사학에 대한 계승뿐만 아니라 그들의 근거지를 중심으로 유교 문화의 수호 및 확산에도 관심을 기울이며 다양한 활동을 전개하였다. 특히 이들은 16세기에 전성기를 맞이했던 호남의 대표적인 유교 문화 중 하나였던 누정(樓亭) 경영의 전통을 계승하여 각자의 근거지에 누정을 건립하고 이곳을 중심으로 학문 활동을 전개하여 호남 유학의 명맥을 이어나갔다.[70]

직전 제자들 가운데 누정을 경영한 직전 제자는 수다한 것으로

---

67) 孔學源, 『道峰先生遺集』 卷9, 10b~22b, 「辨猥筆辨」. 공학원은 이 저술 이외에 「偶記」(『道峰先生遺集』 卷9, 9b~10b)를 저술하여 리 중심의 이기론이 공자로부터 비롯되어 이어져 온 道를 발명한 것임을 분명히 하였다.

68) 『正齋集』 卷6, 38a~55b, 「辨猥筆後辨」.

69) 曺悳承, 『欽齋文藁』 卷4, 20a~22a, 「辨明氣說」.

70) 권수용의 연구에 따르면, 광주 전남 지역에 세워진 누정은 2천 5백여 개를 상회하고, 특히 1900년을 전후하여 그 수가 대폭 늘어났다. 근현대기에 광주 전남 지역에서 누정 경영이 활성화된 주체는 노사학파 문인들이었으며, 이들을 통해 근대기 호남 지역 누정 문화의 특징이 드러난다. 권수용, 「호남의 근대 누정 작가작품 연구 – 奇宇萬, 吳駿先, 高光善을 중심으로」, 『동방학』 19, 2010, 147~180쪽 참조.

확인되고 있다.[71] 이들은 누정을 근거지로 동문 및 근거지 인근 문인들과 시회(詩會) 등을 열어 유교 전통에 대한 계승 의식 및 시대 인식을 공유하였으며, 정기적으로 강회를 개최하여 노사학을 중심으로 한 유학에 대한 이해를 심화하였다.

누정을 통한 학문 활동은 직전 제자 및 이들 문하의 문인들을 중심으로 결성된 문인계 활동으로 이어지기도 하였다. 장흥에서 활동을 전개하던 이정원(李正遠, 1871～1957)은 지역의 동문들과 '융사계(隆師契)'를 결성하여 활동의 폭을 확대하였으며,[72] 조덕승(曺

71) 현재까지 논자가 확인한 기우만의 직전 제자 가운데 누정을 건립하고 경영한 주요 직전 제자는 다음과 같다. 鄭丙鉉(1854～1921, 三湖亭: 광주), 尹喜聖(1855～?, 晩悟亭: 광주), 金箕行(1856～?, 溪草堂: 고창), 安龍煥(1857～1911, 淸漢堂: 광주), 金興淳(1858～?, 雲南亭: 고창), 鄭壬澈 1858～?, 石溪亭: 영광), 崔榮涉(1860～?, 南岡亭: 고창), 康基泰(1860～1926, 晩稼亭: 고창), 范瀅植(1862～1923, 野翁亭: 광주), 張漢植(1864～?, 晩松亭: 함평), 安秉準(1865～?, 石溪亭: 광주), 鄭珉錫(1866～?, 耕庵亭: 광주), 金相翊(1868～?, 蘆松堂: 영암), 羅相一(1871～1940, 南岡精舍: 고창), 康泳鎭(1871～?, 百忍堂: 고창), 金道鉉(1872～?, 梧石亭: 곡성), 金泰錫(1872～1933, 蘭溪亭: 광주), 朴源東(1873～?, 聿修齋: 광주) 申世均(1873～?, 野隱亭: 광주), 金周鉉(1874～?, 梧石亭: 곡성), 魏淑權(1874～?, 栗里亭: 여수), 林漢周(1876～?, 漁樵亭: 순창), 康基準(1876～1954, 陟岵亭: 고창), 崔仁煥(1878～1958, 守敬亭: 광주), 金永泰(1878～?, 晩守亭: 담양), 李載丁(1878～?, 小亭: 광주), 鄭海鵬(1879～?, 三湖亭: 광주), 李珉永(1879～?, 簣山亭: 남원), 安基駿(1879～?, 存誠齋: 함평), 吳東燮(1880～?, 永樂亭: 능주), 吳用根(1880～?, 四佳亭: 영광), 朴炳海(1880～?, 雙碧亭: 화순), 李孔雨(1882～?, 歲寒亭: 고창), 朴玟容(1883～?, 蓮逸亭: 광산), 裵鍾豊(1888～?, 松波亭: 고창), 金炳庸(1889～?, 獨谷釣臺: 장흥), 劉南局(1890～?, 間驅亭: 순천), 房東源(1899～?, 沙雲精舍: 남원), 奇龍鎬(1899～?, 金蘭亭: 화순). 추후 본격적인 조사 작업이 진행되면 그 누정을 경영한 문인의 수는 늘어날 것으로 예상된다.

72) 隆師契의 회원 명부인 「隆師契員錄」(李正遠, 『樂吾齋遺稿』 卷6)에는 40여 명의 계원 명단이 수록된 것으로 확인된다.

憲承)도 기우만이 사망하자 고창 지역 내의 문생들과 '채약이동이계(採藥二同二契)'를 만들어 기우만의 장례에 힘을 보태는 한편, 『송사집』 간행에 기여하였다.[73] 김진현(金珍鉉, 1878~1966)은 '채국계(採菊契)'를 비롯하여 광주를 중심으로 활동하던 문인들과 여러 문인계를 조직하여 학문을 연찬하는 등 다양한 활동을 전개하였으며,[74] 이재정(李載丁, 1878~?)도 문하 문인 70여 명과 '강의계(講誼契)'를 창계하여 학문 활동을 지속하였다. 이들 이외에 이행근(李行根, 1879~?)은 1924년에 장흥 영모재(永慕齋)에서 '풍영계(風詠契)'를 창계하여 활동하였으며, 강대기(姜大器, 1880~?)도 곡성에서 이교창(李敎昌), 조중태(趙重台)와 '삼일계(三一契)'를 창계하였다.[75] 이렇듯 기우만 직전 제자들이 활발하게 문인계를 결성하여 학문 활동을 지속한 것은 유교에 대한 탄압이 가중되던 일제 강점기의 어려움 속에서 전통 유교의 명맥을 유지하기 위해 지역 유림의 결속을 이끌고자 한 것이었고, 아울러 노사학을 중심으로 유학 전통을 수호하기 위한 문인 내부의 결속을 이끌고자 한 것이었다고 할 수 있다.

73) 『欽齋文藁』 卷9, 9b, 「行狀」. 조덕승은 기우만과 함께 최익현의 倡義에 대한 존숭의 뜻을 계원들과 공유하였다.

74) 김진현의 문집인 『雲坡遺稿』의 부록에는 採菊契와 관련한 「採菊契序」가 수록되어 있으며, 이 문인계 이외에 그가 관여했던 노사학파 문인들의 여러 문인계의 서발문 등이 실려 있다. 『雲坡遺稿』 卷3, 「惟聖契序」; 「三山採藥契序」; 「風俗契序」; 「講誼契序」; 「三益契序」; 「蘭心契序」; 「事一契序」; 「景仰契案跋」; 권5, 「笑蓉山下同心契記念碑」.

75) 기우만 직전 제자들의 문인계 결성은 해방 이후에도 지속되어 李炳旭(1888~1970)은 만년에 李起南, 李環九, 吳基燮, 鄭圭綜, 康漢述, 金相烱, 鄭休峯, 李龍洙 등과 篔松九老契를 창설하여 활동하였다.

직전 제자들의 유학 전통에 대한 계승 의식은 유교 문화의 재건과 일제의 전통 유교의 탄압에 맞서 유교 문화를 수호하는 구체적인 결실로 이어지기도 하였다. 이필순(李弼淳, 1863~?)은 지역 유림과의 협의를 통해 자신의 근거지인 담양의 몽성산(夢聖山) 기슭에 공자(孔子), 주자(朱子), 그리고 정몽주(鄭夢周)를 배향하는 대성사(大成祠)를 건립하는 데 주도적인 역할을 담당하였으며, 조병의(曺秉儀, 1881~1960)는 동복향교가 소실되자 대성전(大成殿)을 중건하여 위패를 봉안하고 묘정비를 세우는 등 문묘 복원에 기여하였다. 안규용(安圭容, 1860~1910)은 일제가 광주향교에 병원을 설치하고자 할 때 분연히 일어나 향교를 지키는 데 앞장섰다. 이처럼 기우만의 직전 제자들은 호남 지역의 유교 전통 수호에 앞장섰다.

또한 직전 제자들의 학문 활동은 지역의 선현 및 자신의 가문 내 선조들의 글과 행적을 담은 문집 간행으로 구체화 되기도 하였다. 기정진의 초기 제자인 조부 강인회(姜寅會, 1807~1881)의 권유로 기우만의 문하에 입문한 강천수(姜天秀, 1863~1951)는 고창의 선현인 강만(姜萬, 1655~1719)의 『치재집(癡齋集)』을 비롯하여 강민저(姜敏著, 1651~1705)의 『모산집(茅山集)』, 강응환(姜膺煥, 1735~1796)의 『물기재집(勿欺齋集)』 등을 교정하는 등 이 문집들의 간행에 주도적인 역할을 담당하였으며, 박창현(朴暢鉉, 1863~1929)은 구례의 선배 학자인 황현(黃玹, 1855~1910)의 『매천집(梅泉集)』 발간을 주관하기도 하였다. 위계룡(魏啓龍, 1870~1948)은 위백규(魏伯珪, 1727~1798)로 대표되는 장흥위씨 가문의 선대 유고를 정리한 『십세세고(十世世稿)』의 간행을 주도하였으며, 송흔섭(宋昕燮,

1876~?)은 정유재란 때 순절한 송대립(宋大立, 1550~1597)을 위시하여 병자호란 때 순절한 송심(宋諶, 1590~1637), 송희립(宋希立, 1553~1623) 등 여산송씨 가문의 충의 행적에 관한 내용을 모은 『송씨충효록(宋氏忠孝錄)』을 중간하였다. 신문성(愼文晟, 1893~?)도 기정진의 문인인 신재철(愼在哲)의 『송암유고(松菴遺稿)』를 간행하였다. 이 밖에 서계수(徐桂洙, 1896~?)는 남평 지역의 충신, 효자, 열녀 등의 행적을 담은 『남평삼강록(南平三綱錄)』(1936) 간행을 주도하였다.

한편, 제주 출신인 안병택(安秉宅, 1861~1936)은 광산(光山)으로 이거하여 학문 활동을 이어나가며 문인 배출에 관심을 기울였으며, 초기 문인인 정병현(鄭丙鉉, 1854~1921)은 광주향교의 전교를 맡아 지역의 유풍 진작을 위해 주력하는 한편, 자신의 거주지인 광주에 삼호정(三湖亭)을 건립하여 학문에 매진하였다.[76]

이처럼 다양한 방면에서 펼쳐진 기우만 직전 제자들의 학문 활동은 그들의 사후에 문집 간행으로 결실을 보았다. [표 4]에서 확인되듯이, 기우만 직전 제자 가운데 문집을 남긴 문인은 136명에 달하는 것으로 확인된다. 전체 문인 가운데 10%에 육박하는 문인들이 문집을 남겼다는 것은 그만큼 이들의 활동이 활발하였다는 것을 의미하고, 나아가 문집 간행이 대체로 후손이나 제자들에 의해 이루어진다는 점에서 이들의 학문 활동의 중심 중 하나가 문인 배출을 위한 강학이었음을 확인할 수 있다.

76) 三湖亭은 당초 초가였지만, 그의 아들 鄭海鵬이 1917년 중건하면서 팔작지붕의 기와로 지어 오늘에 이르고 있다.

[표 4] 기우만 직전 제자들의 문집 현황

연번	성명	생몰년	저작	연번	성명	생몰년	저작
1	李熙容	1853~1931	雙石遺稿	29	柳相基	1867~1945	默齋遺稿
2	鄭昌鎬	1856~1933	竹圃遺稿	30	鄭熙冕	1867~1944	菊史遺稿
3	金　烈	1857~1936	秋山遺稿	31	李　鎰	1868~1927	小峰遺稿
4	魏澤基	1858~1940	桂史遺稿	32	許　幹	1868~1924	蘆西遺稿
5	朴魯冕	1860~1913	上古軒遺稿	33	李鍾澤	1868~1938	復齋遺稿
6	安圭容	1860~1910	瑞軒遺稿	34	崔勝模	1868~1949	田隱私稿
7	康基泰	1860~1926	南坡遺稿	35	孔學源	1869~1939	道峯集
8	安秉宅	1861~1936	浮海漫稿	36	李重權	1869~1932	敦學齋遺稿
9	朴璋鉉	1861~1907	東溪遺稿	37	薛鎭永	1869~1940	南坡實記全
10	文昌洙	1861~?	栢山遺稿	38	金在憲	1869~1940	湖石遺稿
11	吳根厚	1862~1932	道淵遺稿	39	朴重勉	1869~1950	野隱遺稿
12	范玹植	1862~1923	遺稿 有	40	崔基模	1869~1925	山谷遺稿
13	崔珍國	1862~?	文集 有	41	任行宰	1869~1902	訥軒遺稿
14	金燦培	1862~1939	黙庵遺稿	42	林鎬應	1870~?	芳隱遺稿
15	趙寅錫	1863~1930	石汀集	43	魏啓龍	1870~1948	梧軒遺稿
16	姜天秀	1863~1951	巨山遺稿	44	洪坣植	1871~1945	石川遺稿
17	崔基性	1863~1931	朗隱遺稿	45	蔡冕默	1871~1952	後松遺稿
18	朴暢鉉	1863~1929	梅史遺稿	46	許　林	1871~1916	玉圃遺稿
19	宋國鎭	1864~?	遺稿 四卷 有	47	奉洛淳	1871~1947	後齋遺稿
20	朴琳相	1864~1944	敏齋遺稿	48	李正遠	1871~1957	樂吾齋文集
21	宋箕浩	1864~?	耕讀齋遺稿	49	金相嫌	1871~1921	晦谷遺稿
22	李鍾宅	1865~1942	六峯遺集	50	李奎憲	1871~1944	竹下遺稿
23	安久燮	1865~?	蘭谷遺稿	51	洪洋植	1871~1927	南坡遺稿
24	安在熙	1865~1924	小晦遺稿	52	姜大一	1871~1950	翠庵遺稿
25	鄭珉錫	1866~?	遺稿 有	53	羅相一	1871~1940	惺菴遺稿
26	洪寅植	1866~1914	呧軒遺稿	54	鄭休鐸	1872~1915	農山遺稿
27	金志學	1866~1933	頑石遺稿	55	閔魯植	1872~1942	眠山遺稿
28	池應鉉	1867~1957	鵬南實記	56	洪祐鏞	1872~1941	牛山遺稿

연번	성명	생몰년	저작	연번	성명	생몰년	저작
57	李光秀	1873~1953	玉山集	86	金度中	1881~1959	鰲南遺稿
58	曺悳承	1873~1960	欽齋文藁	87	許燮	1881~1946	白齋遺稿
59	卞鍾爀	1873~1949	尼山遺稿	88	安鍾基	1881~1949	述齋遺稿
60	趙熙濟	1873~1938	念齋野錄	89	徐愚植	1881~1952	東山遺稿
61	鄭大鉉	1873~1946	石溪詩稿	90	許炳	1881~1927	直齋遺稿
62	鄭在奎	1873~1930	海山遺稿	91	魏洪良	1881~1961	重窩遺稿
63	鄭時海	1874~1906	一狂集	92	李鶴宰	1881~?	松山遺稿
64	白弘寅	1874~1952	北遊詩集	93	白亨璣	1881~1948	潛溪先生遺稿
65	李度儀	1874~?	文集 有	94	曺秉儀	1881~1960	盤谷遺稿
66	成卿修	1875~1941	晩翠遺稿 晩翠堂唱酬詩錄	95	鄭淳宗	1881~1949	鶴南遺稿
67	金國鏞	1875~?	節菴詩稿	96	朴淇靑	1882~?	竹坡遺稿
68	康基準	1876~1954	蘭坡遺稿	97	許　業	1883~1922	夢晦遺稿
70	林東洙	1877~1951	松谷遺稿	98	柳健永	1883~1940	石田遺稿
71	申文澈	1877~1943	氣齋遺稿	99	李應相	1883~1937	寒松齋遺稿
72	金珍鉉	1878~1966	雲坡遺稿	100	李承燁	1883~1952	景陽齋文集
73	崔仁煥	1878~1958	忍齋遺稿	101	李秉度	1883~?	遺集 有
74	安在昶	1878~?	愼窩遺稿	102	裵炳袠	1883~1967	惺菴遺稿
75	康熙鎭	1878~1942	止軒遺稿	103	梁會甲	1884~1961	正齋集
76	李洙爀	1878~1952	誠菴遺稿	104	魏大良	1884~?	遠遊錄
77	金相臣	1878~1949	誠齋實記	105	吳南洙	1884~1933	石雲遺稿
78	許柱	1879~1952	石堂遺稿	106	金勳錫	1884~1953	忍庵文稿
79	柳寅湜	1879~1951	梧谷遺稿	107	尹璟赫	1885~1966	砥湖遺稿
80	宣泳完	1879~?	東谷遺稿	108	崔洙華	1885~1962	雲坡遺稿
81	金在駿	1879~1947	石齋遺稿	109	朴文采	1885~?	遺稿 有
82	成寅修	1879~1946	鶴山遺稿	110	李宏奎	1886~1952	直軒遺集
83	牟大赫	1879~1950	南堂詩稿	111	林文奎	1886~1964	杏園遺稿
84	金在鍾	1880~1938	晦泉遺稿	112	曺錫日	1886~1969	强齋遺稿
85	吳東燮	1880~?	遺稿 有	113	閔泳祿	1886~?	遺稿 有

연번	성명	생몰년	저작	연번	성명	생몰년	저작
114	尹　準	1887~?	悔亭湖山咳唾稿	126	徐繼洙	1892~?	朝鮮世家譜
115	李玩相	1887~?	克齋遺稿	127	安盛煥	1892~1969	松坡私稿
116	李炳旭	1888~1970	春岡遺稿	128	柳永求	1892~1970	一醒遺稿
117	崔基亮	1888~1943	瑞菴遺稿	129	鄭昌均	1895~?	思軒實記
118	鄭圭綜	1889~1972	松南遺稿	130	奇老善	1895~1937	道南集
119	宋在鶴	1889~?	三岡集	131	金永一	1896~1966	一山遺稿
120	柳鍾茂	1889~1962	南江遺稿	132	呂昌鉉	1897~1975	雲沙遺稿
121	尹榮燮	1889~?	南原尹氏花萼詩集	133	李龍淵	1897~?	敬堂遺稿
122	金洪錫	1890~1968	南隱遺稿	134	邊鎭壽	1900~1939	山水軒實記
123	金相基	1891~1954	石西遺稿	135	鄭喆煥	1901~?	東樵文稿
124	朴炳殷	1891~?	遺稿 有	136	奇老章	1904~1970	莊軒遺稿
125	李熙鐸	1892~1955	松溪遺稿				

의병 및 항일운동으로 이어진 실천 지향적 면모

기우만의 직전 제자들의 두드러진 활동 중 하나는 의병 활동을 비롯하여 항일운동에 적극적으로 참여하였다는 점이다. 호남 지역에서 가장 먼저 의병 활동을 전개한 기우만의 영향을 받아 그의 직전 제자들은 기우만이 일으킨 의병에 참여했을 뿐만 아니라 이후 펼쳐진 최익현의 의병 활동에도 참여하는 등 일찍부터 실천 지향적 면모를 보여주었다.[77] 그리고 을사늑약 이후 일제 강점기에는 대부분의 직전 제자들이 자신의 근거지에서 학문 연구와 강

77) 安圭容, 姜天秀, 朴琳相, 鄭熙冕, 金在憲 등 수많은 제자가 기우만의 의병 활동에 참여하였으며, 최익현의 의병 활동에도 적지 않은 문인이 참여하였다.

학 활동에 몰두하면서 저항적인 항일의 면모를 보였지만, 몇몇 제자들은 항일운동의 전면에서 적극적인 활동을 전개하였다.

초기 제자 중 한 사람인 김열(金烈, 1857~1936)[78]은 1907년에 자신의 근거지를 중심으로 호남 전역에 걸쳐 의병을 일으키기 위해 격문을 돌리는 등 의병 활동으로 인해 옥고를 치렀으며, 서상룡(徐相龍, 1852~1944)은 유인석(柳麟錫, 1842~1915)이 이끄는 제천 의병에 합류하여 활동한 후 중국으로 망명하여 원세개(袁世凱)에게 군사 지원을 요청하는 등 다양한 활동을 펼쳤다.[79]

기우만뿐만 아니라 최익현의 문하에도 입문하였던 박임상(朴琳相, 1864~1944)은 을사늑약 이후 최익현의 의병에 참여하였고, 경술국치 이후에는 울분으로 세월을 보내며 문인 양성에 몰두하였다. 최익현 의병에서 활동한 대표적인 문인으로는 정시해(鄭時海, 1874~1906)를 들 수 있는데, 그는 최익현 의병의 소모장(召募將) 겸 중군장(中軍將)을 맡아 경상도 일대를 누비며 의병 모집에 몰두하였고, 이 과정에서 '나라를 잃은 미친 백성'이란 뜻으로 실국광민(失國狂民)이라 자칭하고, '일광(一狂)'이라고 자호(自號)하였다. 이후 의병 활동의 최전선에서 활약하며 여러 전과를 세웠으나 결국 일제와의 전투에서 목숨을 잃고 말았다.[80]

78) 金烈의 異名은 金雲悳이다. 기우만뿐만 아니라 송병선의 문하에도 나가 학문을 익혔다. 宋炳瓘, 『克齋續集』 卷2, 5b~6a, 「秋山遺稿序」 참조.

79) 徐相龍의 항일 운동을 기려 정부에서는 2000년에 건국 훈장 애족장을 추서하였다.

80) 鄭時海는 공적을 인정받아 1963년에 대통령 표창, 1977년에 건국 포장, 1990년에 애국장이 각각 추서되었다. 그의 고향인 고창 성송면에는 그의 충절을 기리는 「鄭時海 忠孝碑」가 건립되어 있다.

정희면(鄭熙冕, 1867~1944)도 직전 제자 중 대표적인 실천적인 활동가였다. 그는 정의림의 문인이자 기우만의 문하를 출입하던 의병장 김용구(金容球, ?~1918)가 '일심계(一心契)'를 조직하자 이에 동참하였으며, 1907년에는 노사학파 선배 문인이자 의병장 기삼연(奇參衍, 1851~1908)의 휘하에서 들어가 일제와 치열한 전투를 벌이다 피체되어 유형(流刑) 6개월을 선고받아 고초를 겪었다.[81] 성경수(成卿修)의 경우는 기우만의 문하에 입문하기 전에 기삼연으로부터 학문을 익혔고, 기삼연이 거의할 때 나이가 어려 직접 참여하지 못하게 되자, 집안의 재산을 바탕으로 군량을 조달하는 등 의병 활동에 적극 기여하였다.[82] 이밖에 김상익(金相翊, 1868~?)은 1907년 영암(靈岩)에서 의병조직이 결성되자 경제적 지원을 아끼지 않는 등 실천적인 면모를 발휘하였다.

고산서원에 배향될 정도로 기정진의 고제로 평가받은 이최선(李最善, 1825~1883)의 손자인 이광수(李光秀, 1873~1953)는 을사늑약이 체결되자 을사오적을 암살하기 위해 모의하고 이를 실천하다가 일제에 체포되어 진도로 귀양을 가기도 하였다. 보성에서 학문 활동을 전개하던 백홍인(白弘寅, 1874~1952)도 을사늑약이 체결되자 창의격문(倡義檄文)을 작성하여 돌리고 능주 쌍봉사에서 의거를 주도하였으며,[83] 경술국치 이후 의병을 도모하다 실패했

81) 정부에서는 鄭熙冕의 공훈을 기려 1990년에 건국 훈장 애족장을 추서하였다. 그는 자신의 의병 활동과 일제의 잔악상 등을 「南冠日記」로 남기기도 하였다.

82) 성경수의 의병 지원 활동에 대해 기우만은 자신이 집필한 「湖南義士列傳」에 그 내용을 상세히 기술하였다. 『松沙先生拾遺』 卷1, 30a~b, 「湖南義士列傳」 참조.

던 신현중(申鉉中, 1877~1942)은 1919년 파리평화회의에 보내기 위해 쓴 글로 인해 일제에 구금되기도 하였다.

이렇듯 초기 제자들은 을사늑약과 경술국치로 이어지는 위난기를 맞아 의병 활동 등을 통해 의리 실천을 위한 모습을 보여주었다. 그리고 이러한 실천 지향적 면모는 다른 문인들에게도 이어져 다양한 방식의 항일운동으로 이후 문인 내부에서 구체화 되었다.

일제의 침탈에 맞서 죽음으로 항거한 문인이 적지 않았는데, 기우만 의병에 참여하고, 경술국치 이후 자신의 근거지에 서실을 짓고 후진 교육에 매진하던 설진영(薛鎭永, 1869~1940)은 1940년 일제가 창씨개명(創氏改名)을 강요하자 절명시 2편을 남기고 자결하였다. 유건영(柳健永, 1883~1940)도 경술국치 이후 일제의 식민지정책에 맞서 민족의 자주성을 강조하는 데 주력하다가 일제의 창씨개명 강요가 극성하자 그 부당성을 알리는 편지를 총독부에 보내고 스스로 음독 자결하였다. 조희제(趙熙濟, 1873~1938)의 경우는 을미사변(乙未事變) 이후 전개된 절의(節義)에 관한 사실을 정리한 『염재야록(念齋野錄)』을 찬술하였다. 하지만 이 저술이 일제에 알려져 구속되었다가 병보석으로 풀려났고, 이후 일제가 삭발(削髮)을 강요하자 독약을 마시고 자살하였다.

자결로 의리 실천의 면모를 보여준 문인 이외에 저항적인 태도로 일관한 문인도 적지 않았다. 정태현(鄭大鉉, 1873~1946)은 일제

83) 白弘寅의 충의를 기리고자 보성의 유림과 후학들이 국비 지원을 받아 1992년에 慕忠司를 비롯하여 長春濟, 忠崗門 등을 준공하였고, 매년 4월 추모제가 열리고 있다.

의 단발령과 변복에 따르지 않고 죽을 때까지 상투를 틀고 한복을 입는 등 유자로서의 기개를 보여주었고, 조병의(曺秉儀, 1881~1960)의 경우는 경술국치 후 일제의 만행에 격분하여 일경을 구타한 후 만주로 피신하기도 하였지만, 귀국 후 일제의 향교 제기 수탈을 저지하는 데 공헌하며 지사적 면모를 보여주었다.

3·1운동 이후 기우만의 문인들은 만세운동에 참여하여 고초를 겪기도 하였고, 때로는 중국으로 망명하여 항일운동을 전개하는 등 다양하게 저항적 항일운동을 전개하였다. 변순기(邊舜基, 1884~1971)는 1919년 3·1운동 당시에 일반 시민들과 만세운동을 주도하다가 일제에 피체되어 온갖 고문을 받았고, 병보석으로 출감되었다가 다시 재투옥되는 고초를 치렀다.[84] 윤의병(尹誼炳, 1886~?)은 고종이 사망한 1919년 이후 원수를 갚지 못하면 상복을 벗지 말라는 내용을 담은 통문을 전국에 보냈다가 일제에 피체되어 옥고를 치렀으며, 이후 백립(白笠)을 벗지 않았다고 전한다. 이병욱(李炳旭, 1888~1970)은 비록 실패했지만 1920년대 초반에 이완용 암살을 도모하였으며, 정규종(鄭圭綜, 1889~1972)은 3·1운동에 참여한 후 중국으로 망명하여 항일운동을 전개하다 귀국하는 등 다양하게 항일운동을 전개하였다.

한편, 기우만이 「호남의사열전」을 집필하여 당시 항일운동을 주도했던 인사들의 행적을 기록했던 것과 마찬가지로 적지 않은

84) 邊舜基는 출옥 후 1927년에 新幹會에 참여하여 水稅不納運動 등을 전개하였으며, 1929년에는 그의 아들이 광주학생의거의 주모자로 활동하자 배후에서 이를 적극적으로 지원하여 다시 체포되는 등 지속적인 항일 운동을 전개하였다.

그의 문인들도 호남을 중심으로 의리 구현을 위해 힘쓴 인물에 대한 행적을 기록하기도 하였고, 조국을 위해 목숨을 바친 이를 위한 시를 짓기도 하였다. 대표적으로 이광수는 「조의사전(曺義士傳)」(『玉山集』 卷6)을 저술하였고, 강희진은 「등칠의사단(登七義士壇)」, 「애정의사(哀鄭義士)」(『止軒遺稿』 卷1) 등의 시를 지어 국가를 위해 희생한 이들의 충절을 높이 평가하였다.

이처럼 기우만의 직전 제자들은 19세기 말부터 이어진 국가적 위난기를 맞아 기우만의 실천적인 의리 정신과 면모를 계승하여 여러 방면에서 다각적인 항일적인 면모를 보여주었다. 비록 무장투쟁으로 구체화 되지는 않았지만, 이들이 보여준 일제에 대한 저항적인 면모는 위정척사와 의병 활동을 이어 항일운동으로 이어진 지속적인 노사학파의 실천적 면모라 평가할 수 있을 것이다.

맺음말

기정진 사후에 실질적으로 노사학파를 이끈 핵심적인 인물은 기우만이었다. 그는 앞서 살펴본 바와 같이 영호남을 넘나들며 동문과의 연대를 강화하였고, 지속적인 강학을 통해 기정진의 직전 제자 가운데 가장 많은 문인을 배출하며 노사학파의 지역적 외연 확대와 노사학의 계승 및 확산에 이바지하였다. 기정진 생전에 조성된 문인 간의 자발적인 강론을 기정진 사후에 펼쳐진 각 문인의 강학 과정에서 학파 내 여러 문하를 넘나들며 학문을 익히는 자유로운 강학 분위기로 이어가며 노사학파 전체 문인의 결속과 학문적 일체성의 도모로 구체화하였다. 특히 기우만을 비롯한 여러 문인에 의해 조성된 자유로운 강학의 면모는 같은 시기에 활동한 다른 학파의 내부에서 빚어진 갈등과 대립이 적어도 노사학파 내부에서는 발생하지 않는 기반이 되었다고 할 수 있다.

그가 펼친 강학 활동을 통한 문인 배출은 여러 동문에게서도 확인되는 '독서종자'의 양성이라는 문제의식에 기반한 것이었다. 유교의 영향력이 급격히 약화하는 시대적 상황에서 기우만은 독서종자의 양성을 통해 유교 전통의 지속 및 시대 의식의 강화를 도모하였다. 그리고 이를 바탕으로 암울한 근현대기를 지나며 호남을 중심으로 한 여러 지역에서 유교 전통이 이어지는 인적 물적 자산을 구축하였다,

기우만의 문하에서 배출된 그의 직전 제자들은 적어도 20세기 전반기에 호남 유학의 명맥을 이어나가는 핵심 역할을 담당하였다. 이들은 스승인 기우만의 문집인 『송사집』 간행을 비롯하여 여러 현양 사업의 전개를 필두로 노사학 계승 및 확산에 주력하였으며, 선조들의 문집 간행, 유교 문화 유적의 재건 등 다양한 학문 활동을 전개하며 호남 유학의 명맥을 유지하고자 하는 의지를 현실화하였다. 그뿐만 아니라 이들은 기우만의 의병에 참여했던 실천 지향적 면모를 이후에도 지속하며 일제 강점기 내내 저항적 지사의 면모를 보여주었다.

기우만의 직전 제자들이 펼친 다양한 학문 활동에서 중심을 이룬 것은 기우만과 마찬가지로 강학 활동을 통한 유교 전통의 계승이었다고 할 수 있다. 수다한 문인들은 유교의 영향력이 약화

하고, 더구나 일제에 의해 유교 전통이 변질하는 시대적 상황에서 유교 전통의 계승과 지속을 위해 자신의 근거지에서 강학 활동을 전개하여 또 다른 독서종자의 양성에 주력하였다. 근대식 학교 교육이 보편화되는 일제 강점기에 펼쳐진 기우만 직전 제자들의 강학 활동을 통해 배출된 2천 5백여 명을 상회하는 또 다른 문인들은 일제 강점기와 해방 이후 펼쳐진 근대화 과정에서 호남 지역의 유교 전통을 확인하고 계승하는 역할을 담당하였고, 기정진으로부터 비롯된 노사학의 명맥을 이어가는 핵심적인 인적 자산으로 기능하였다.[85] 이러한 점에서 기우만의 지속적인 강학 활동은 20세기를 관통하며 호남 지역을 중심으로 한 여러 지역에 유교 전통을 이어나가는 기반이었다고 평가할 수 있을 것이다.

85) 20세기 전반기 이후 배출된 기우만의 재전 제자 및 삼전 제자에 관한 구체적인 내용과 이들의 활동에 관해서는 「기우만(奇宇萬) 문인들의 강학 활동과 노사 학맥(蘆沙學脈)의 지속」, 『유학연구』 57, 2021 참조.

기우승(奇宇承)의 「외필문목(猥筆問目)」 비판*

— 「박외필문목변(駁猥筆問目辨)」을 중심으로 —

이 향 준

(전남대학교 학술교수)

들어가면서

노사(蘆沙) 기정진(奇正鎭, 1798～1879)의 「외필(猥筆)」은 20세기 초중반 노사학파(蘆沙學派), 연재학파(淵齋學派), 화서학파(華西學派), 간재학파(艮齋學派)를 종횡으로 가로지르는 '외필논쟁(猥筆論爭)'을 낳았다.[1] 이 논쟁은 전남 장성을 주요 근거지로 활동했던 기정진

* 이 글은 2022년 3월에 간행된 『율곡학연구』 권47호[(사)율곡학회]에 수록되었다.

1) 외필논쟁의 개요, 그리고 1902년 당시의 초기 양상 및 문헌들에 대해서는 박학래, 「蘆沙 奇正鎭의 性理說을 둘러싼 기호학계의 논쟁: 「猥筆」을 중심으로」, 『민족문화연구』 48집(고려대 민족문화연구원, 2008), 407～445쪽· 이향준, 「외필(猥筆)」, 1902－외필논쟁(猥筆論爭)의 시작－」, 『범한철학』 100집(범한철학회, 2021), 91～126쪽 참조.

의 성리학적 사유가 경남 산청을 중심으로 하는 영남 우도 지역에서 비판적 검토의 대상으로 떠오르면서 시작되었다. 이 때문에 영남 우도의 「외필」 이해가 어떻게 진행되었고, 그것이 다시 노사학파에서 어떤 반향을 불러일으켰는지를 따져보는 것은 필수적이다.

그러나 현재까지 1902년 즈음에 영남 우도에서 이루어진 「외필」 비판을 구체적인 텍스트에 근거해서 독립적으로 탐구한 것은 「외필약변(猥筆略辨)」을 다룬 경우를 제외하고는 달리 찾아볼 수 없다.[2] 최근 관련된 자료들이 수집되고 정리되면서[3] 영남 우도에서 외필논쟁의 초창기에 이루어진 「외필」 비판의 양상들을 추적할 수 있는 토대가 마련되고 있다. 이 과정에서 발견된 자료 가운데 하나가 1901년 하반기 즈음 영남 노론계에서 「외필」을 비판할 목적으로 만들어낸 것으로 추정되는 「외필문목(猥筆問目, 이하 「문목」)」이다.

「문목」의 존재는 보산(普山) 기우승(奇宇承, 1858～1907)의 「외필문목」의 변론[駁猥筆問目辨」(이하 「문목변」)[4]을 통해 간접적으로

2) 정병련, 「石梧 權鳳熙의 「猥筆」에 대한 분석」, 『퇴계학보』 96집(퇴계학연구원, 1997), 100～134쪽 참조.

3) 『외필논쟁자료집』 1은 1878년부터 1903년까지 생산된 101편의 글을 편집해서 정리하고 있다. 이향준, 『외필논쟁자료집』 1(전남대출판문화원, 2021), 11～12쪽 참조.

4) 기우승은 자신이 비판하는 문헌의 제목을 '박외필문목(駁猥筆問目)'이라고 불렀다. 「문목변」의 본문에서 '박(駁)'이라고 쓴 다음에 「문목」의 내용을 인용하고 있는 데서 이러한 사실을 알 수 있다. 그러나 본문에서 인용하는 것처럼 「문목」의 존재를 처음 보고한 권운환의 편지에서 이미 '외필문목'이라는 표현이 나타났기에 일관성을 위해 「외필문목」으로 단일하게 표현한다.

증명된다. 이에 따르면 「외필」—「문목」—「문목변」으로 이어지는 외필논쟁의 한 고리가 지성사적으로 실재했다. 그러나 「문목」의 존재가 알려진 적이 없었기 때문에, 「문목변」과 그 저자인 기우승 또한 지금껏 학계에서 다루어진 적이 없었다. 이 글은 바로 이 지성사적 맥락을 배경으로 기우승과 「문목변」을 중심으로 「문목」의 등장과 논점, 그리고 기우승의 재비판을 검토함으로써 외필논쟁의 알려지지 않았던 한 양상을 보다 구체적으로 살펴보려고 한다.

문제는 '외필문목'이라는 제목을 가진 문헌이 현재 존재하지 않는다는 것이다. 대신 두 가지 간접 증거를 남기고 있다. 첫째 「문목변」에서 비판을 목적으로 「문목」의 구절들을 18조목에 걸쳐 파편적으로 인용하고 있다. 둘째, 우산(愚山) 한유(韓愉, 1858~1911)와 담산(澹山) 하우식(河祐植, 1875~1943)이 같은 제목으로 남긴 두 편의 글, 즉 「녹기노사외필(讀奇蘆沙猥筆, 이하 「독외필」)」 2편이 「문목」의 내용을 상당 부분 보존하고 있다.[5] 이것은 「문목」이 한쪽으로는 「외필」을 비판하는 「독외필」 1·2의 저술을 자극했고, 또 다른 측면에서는 「문목변」의 저술에 직접적인 영향을 끼쳤을 가능성을 함축한다. 따라서 이 글은 「외필」-「독외필」 1·2-「문목변」으로 이어지는 논쟁의 경로를 따라서 외필논쟁의 진행과 논점들을 검토하려고 한다.

제일 먼저 「문목변」의 저자로서 기우승의 생애와 사승을 개괄하는 데서 출발할 것이다. 둘째 「문목」의 존재가 어떻게 확인되

5) 두 글의 제목이 같이 있기 때문에 아래에서는 한유의 「독기노사외필」은 '「독외필」 1'로, 하우식의 경우는 '「독외필」 2'로 줄여서 표기한다.

었는지를 약술하고, 「독외필」 1·2의 내용을 살펴볼 것이다. 셋째 「문목변」이 인용하는 「문목」의 구절들을 「독외필」 2와 대조함으로써 「문목」의 논지를 재구성할 것이다. 마지막으로 이에 대한 재비판으로서 「문목변」의 견해를 살펴볼 것이다. 이를 통해 두 가지 성과가 도출될 것으로 기대된다. 먼저 외필논쟁 과정에서 기우승의 존재와 그의 학술적 기여를 확인시키고, 그다음으로 지금껏 알려지지 않았던 외필논쟁의 초창기 양상을 좀 더 섬세하게 파악하게 될 것이다.

기우승의 생애와 사승

기우승은 그의 아버지인 백석(柏石) 기양연(奇陽衍, 1827~1895)[6]과 함께 기정진의 직전 문인으로[7], 자는 효술(孝述)이고 호는 보산(普山)이며 본관은 행주(幸州)이다. 행주 기씨라는 사실에서 알 수 있듯이 그는 기정진과 같은 집안이다. 행주 기씨의 선조는 고려 시대의 인물인 기순우(奇純祐)이고, 조선 시대 초기의 현조(顯祖)로는 기건(奇虔, ?~1460)이 있다. 그의 손자인 기찬(奇襸)은 이조좌랑(吏曹佐郎)을 지냈고 아들 다섯을 두었는데, 각각 기형(奇逈)·기원(奇遠)·기괄(奇适)·기진(奇進, 1487~1555)·기준(奇遵, 1492~

6) 기양연의 생애에 대한 개괄은 권수용, 「간찰을 통해 본 長城 유생 奇陽衍의 과거 합격 과정」, 『남도문화연구』 25집(순천대 남도문화연구소, 2013), 147~149쪽 참조.

7) 노사선생문인회, 『蘆沙先生淵源錄』 권3(長城, 澹對軒, 1960), 6후면·23전면 참조.

1521)이다. 그 가운데 다섯째인 기준이 기묘사화의 피해자로서 1521년 세상을 떠났고, 넷째인 기진은 광주 광산구의 임곡으로 낙향했으며, 둘째인 기원은 전남 장성(長城)으로 낙향하면서 행주 기씨들은 호남에 세거하게 되었다. 기진의 아들이 퇴계(退溪) 이황(李滉, 1501~1570)과의 사단칠정론으로 유명한 고봉(高峯) 기대승(奇大升, 1527~1572)이라는 것은 알려진 사실이다.

기원의 후손들로 이루어진 행주 기씨들은 금강종가(錦江宗家)로 불리는 데 그 이유는 기원의 손자인 기효간(奇孝諫, 1530~1593)의 호가 '금강(錦江)'인 데서 유래했다. 그는 기대승·하서(河西) 김인후(金麟厚, 1510~1560)·일재(一齋) 이항(李恒, 1499~1576) 등에게 학문을 익혔고, 임진왜란 시기에 장성에서 의병을 일으키는 데 주도적으로 참여했으며 그 공로로 선무공신(宣武功臣) 3등에 봉해졌다.

기우승과 기성신의 관계는 기정진에게는 증조부에 해당하는 기종상(奇宗相)에게서 출발한다. 즉 기종상의 첫째 아들인 기태온(奇泰溫)에게서 기재의(奇在懿)－기윤진(奇允鎭)－기양연－기우승으로 이어지는 가계가 나타났고, 기종상의 둘째 아들인 기태량(奇太良)이 기재우(奇在祐)－기정진으로 이어졌다. 기종상이 행주 기씨 21세이기 때문에 항렬상으로 기정진은 24세이고 기양연은 25세이며 기우승은 26세이다. 즉, 기정진은 기양연의 7촌 숙부에 해당하고, 기양연의 아들인 기우승은 기정진에게 8촌 손자에 해당하는 것이다.

기양연은 부인이 두 명인데, 첫째 부인은 고흥 유씨(高興柳氏)이고, 둘째 부인은 장택 고씨(長擇高氏)이다. 기우승은 기양연과 장택 고씨 사이에서 태어났다. 1858년 정월 7일 장성군 황룡면 하남에서 태어나, 1907년 4월 30일 세상을 떠났다. 부인인 연일 정씨(延日鄭氏)와의 사이에서 2남 1녀를 두었다.[8] 그의 문집인 『보산선생유고(普山先生遺稿)』는 1956년 목활자본(木活字本) 5권 2책으로 간행되었고, 권5에 그의 전기 자료로서 기재(奇宰, 1854~1921)가 쓴 「보산처사 기군 행장(普山處士奇君行狀)」과 성한수(成漢修)가 쓴 「묘표」가 실려 있다.

아버지가 관원이었던 것과 달리 기우승은 기재의 「행장」 제목이 말해주는 것처럼 '처사(處士)'로서의 삶을 살았다. 아버지가 백석헌(栢石軒)을 짓고 은거했다면, 그는 보산초당(普山草堂)을 짓고 제자들에게 학문을 가르쳤을 뿐, 남다른 행적을 남기지는 않았다. 반면에 그는 영·호남을 통틀어 노사학파 구성원 가운데 유일하게 「문목」을 반박하는 「문목변」을 저술했다. 이런 점에서 「문목변」은 「문목」의 재반박이라는 점 이외에도, 지금은 이름만 남겨졌을 뿐 구체적인 내용이 전해지지 않았던 「문목」의 내용이 무엇인지를 알려주는 학술적 문헌으로서의 의의를 가지고 있다.

기우승은 어떻게 해서 「문목변」을 저술하게 되었는가? 대답의 실마리를 제공해 주는 이는 명호(明湖) 권운환(權雲煥, 1853~1918)이다. 그는 원래 노백헌(老柏軒) 정재규(鄭載圭, 1843~1911)의 대표적 문인이었는데,[9] 1879년 27세의 나이로 정재규를 따라 장성을 방문해서 생애 마지막 해를 보내고 있던 기정진에게 집지한 것이

---

8) 이상의 요약은 奇宇承, 『普山遺稿』 권5, 「普山處士奇君行狀」, 1전~3후면 참조.

9) 鄭載圭, 『老柏軒集·附錄』 권5, 「門人錄」, 1전면 참조.

계기가 되어 『노사선생연원록』에도 직전문인으로 이름이 올랐다.[10] 즉 그는 기정진의 문인이자 동시에 정재규의 문인이었다. '외필문목'이라는 표현은 그가 1902년 일신재(日新齋) 정의림(鄭義林, 1845~1910)에게 보내는 편지에서 처음 등장했다.

> 이곳에는 「외필문목(猥筆問目)」이라는 게 있는데, 또한 저들에게서 나온 것입니다. 제멋대로 날조하고 갖가지 방법으로 우롱하는데, 이것이 가장 지독합니다. 이미 한 부를 송사(松沙: 奇宇萬)가 있는 곳으로 보냈으니, 송사가 틀림없이 형에게 보여줄 것입니다. 이것이 모함하는 글들의 근거이니 연구하고 궁리하는 책임을 맡고 있는 이라면 한 번은 보지 않을 수 없을 것입니다.[11]

권운환의 글에는 매우 의미심장한 표현이 담겨 있다. 그는 「문목」을 '단순히 「외필」을 모함하는 글'이라고 하지 않았다. 오히려 '모함하는 글들의 근거'라고 표현했다. 이것은 「문목」이 단순한 한 편의 글이 아니라, 그 자체가 「외필」을 비판할 뿐만 아니라 다른 글들이 인용해서 동일한 비판을 수행하는 비판의 기저에 텍스트이기도 하다는 점을 가르쳐준다. 한편, 이 편지를 보낸 시점과 상황을 추론할 수 있는 내용은 같은 편지의 앞부분에 서술되어 있다. 그는 『노사집』의 중간본이 완성되었다는 사실과 면암(勉菴) 최익현(崔益鉉, 1833~1906)의 지리산 유람 및 영남 지역 여행

10) 권운환이 정재규와 함께 기정진을 만난 것은 1879년 1월 26일이었다. 이때 주고받은 대화를 그는 「사상지알록」으로 남겼다. 權雲煥, 『明湖文集』 권10, 「沙上贄謁錄」, 1전면~6후면 참조.

11) 권운환, 『명호문집』 권3, 「與鄭季方(義林)」, 12전·후면.

당시의 분위기를 다음과 같이 묘사하고 있다.

> 이곳에서 간행하는 일은 겨우 끝났습니다만, 모함하는 글들이 사방에서 나타나 기세가 불어나고 있습니다. 면옹(勉翁)이 이곳을 지나면서 몸소 그들을 상대했는데 대들면서 수긍하지 않는 이들까지 있었으니 매우 안타깝고 또한 가소롭습니다.[12]

단성의 신안정사(新安精舍)에서 『노사집(蘆沙集)』의 중간 작업이 본격화된 것은 1901년 7월 무렵이었고, 완성된 것은 1902년 4월이었다. 정재규의 「연보」는 "(임인년, 1902) 4월에 간행이 완료되었다. 호남·영남의 여러 사람들이 모여 향음주례를 행했다"[13]라고 기록하고 있고, "5월에 최면암 선생이 신안정사를 방문했다. 함께 두류산을 올랐고, 가야산 및 쌍계사·칠불사에서 남원의 천은사에 이르기까지 두루 돌아본 다음 헤어졌다"[14]라고 기록하고 있다. 이를 근거로 추정하면 이 편지는 1906년 6월에서 7월 즈음에 보낸 것이라고 할 수 있다.[15] 더욱 결정적인 증거는 이 편지에서는 '이미 한 부를 송사가 있는 곳으로 보냈다'라고 말하고 있는 대목이다. 이것은 권운환이 송사(松沙) 기우만(奇宇萬, 1846~1916)에게 보낸 편지의 다음 구절과 정확하게 부합한다.

> 「문목」 한 통은 효술(孝述)이 가지고 가니, 이곳에서의 일은 효술

12) 같은 책, 같은 글, 12전면.
13) 鄭載圭, 『老柏軒集·附錄』 권2, 「年譜」, 6후면.
14) 같은 책, 같은 글 7후면.
15) 이향준, 『외필논쟁자료집』 1, 210쪽 참조.

이 상세히 전할 것입니다. 면옹이 간소(刊所)에서의 느낀 점을 시로 지었기에 보내 드립니다.[16]

당연히 이 편지는 정의림에게 보낸 편지와 비슷한 시기에 보낸 것이다.[17] 권운환은 여기에서 두 가지 사실을 언급하고 있는데, 첫째 '효술'이라 불리는 사람에게 「문목」을 들려서 보낸다는 것인데, 효술은 기우승의 자이다. 둘째 최익현이 신안정사를 방문해서 유숙하면서 지은 시를 함께 보낸다는 내용이다.

『노백헌집(老柏軒集)』에는 「기효술과 함께 박원(璞院)에 가서 선사 문집의 운(韻)을 써서 짓다[同奇孝述過璞院用先師集中韻]」[18]라는 시가 실려 있고, 『농산집(農山集)』에는 「벗인 기효술이 찾아와서 선사 문집의 (운을 써서) 서로 주고받다[奇友孝述見訪先師集中相酬]」[19]라는 시가 실려 있다. 한편, 『계남집(溪南集)』에 실린 시의 주석에서는 "박원(璞院)은 삼가(三嘉) 도굴산(闍崛山) 기슭에 있는데 노사 선생이 여기에서 숙박한 적이 있었다"[20]라고 설명하고 있다. 기우승의 「행장」에는 그가 산청을 다녀왔다는 언급이 없지만, 이들 기록들은 기우승이 경남 산청에 거주하는 기정진의 주요 문인들을 방문해서 함께 교유한 적이 있다는 사실을 증명한다.

문제는 그 시기인데 여기에 대한 단서 또한 인용한 구절 속에

16) 권운환, 『명호문집』 권4, 「與奇會一(壬寅)」, 2후면.
17) 이향준, 『외필논쟁자료집』 1, 254쪽 참조.
18) 정재규, 『노백헌집』 권2, 「同奇孝述(宇承)過璞院用先師集中韻」, 25전면.
19) 鄭冕奎, 『農山集』 권1, 「奇友孝述(宇承)見訪先師集中相酬」, 20전면.
20) 崔琡民, 『溪南集』 권1(역대한국문집총서 vol.501), 「奉讀璞院唱和詩追次寓感」, 111쪽.

담겨 있다. 즉 권운환은 기우만에게 보내는 편지에서 '면옹이 간소에서의 느낀 점을 시로 지었다'라고 말하고 있다. '간소(刊所)'란 『노사집』을 간행한 곳이라는 뜻으로, 곧 단성의 신안정사를 가리키고, 최익현이 지은 시는 현재 『면암집』에는 실려 있지 않지만 『부벽록(扶闢錄)』에 실려 있는 「최면암 단성 신안재 유감시[崔勉庵丹城新安齋有感詩]」를 가리킨다.[21] 정재규의 「연보」는 이 때가 1902년 5월이라는 사실을 알려주고, 최익현의 「연보」는 신안정사를 방문해서 이틀 동안 숙박을 했다고 기록하고 있다. 또한 최익현이 4월에서 8월 사이 영남 지방과 지리산 일대를 여행할 때 "선생이 이르는 곳마다 많은 선비가 구름 모이듯 해서 혹 학문을 강론하고 혹 시율을 읊조렸는데 선비들의 모임이 거의 근고에 없던 일이었다"[22]라고 표현하고 있다.

따라서 권운환의 두 편지와 몇몇 참조 자료들을 토대로 한다면 다음과 같은 추론이 가능하다. 즉, 기우승은 1902년 최익현이 영남 일대를 여행할 때, 경남 산청 등을 방문해서 영남 우도의 동문들과 교유를 나누었고, 이 과정에서 권운환을 만났으며, 권운환은 6월 혹은 7월 즈음에 돌아가는 기우승에게 기우만에게 전해달라는 부탁과 함께 편지 한 통과 필사한 「문목」 한 부를 맡긴 것이다. 그리고 권운환은 「문목」의 존재를 각각 정의림과 기우만에게 편지로 알렸다. 따라서 권운환의 편지를 통해 「문목」의 존재를 파악할 수 있었던 호남의 노사학파는 최소한 세 사람이었

21) 金魯洙 編, 『扶闢錄』(서울대 규장각. 고1360-50. 1909), 「崔勉庵丹城新安齋有感詩」, 71면.

22) 崔益鉉, 『勉菴集·附錄』 권3(표점영인 한국문집총간 vol.326), 「年譜」, 545쪽.

다. 남아있는 문헌학적 증거는 이 세 사람 가운데 「문목」의 내용에 반응해서, 그 논지를 재비판하려고 시도한 사람은 기우승 밖에 없다는 점을 보여준다.[23)]

「독기노사외필」 1·2의 등장

「문목」은 호남에 전해져 기우승의 「문목변」을 낳았지만, 영남에서는 한유와 하우식을 경유해서 「독외필」 1·2를 낳았다. 따라서 「문목변」의 내용에 앞서서 두 편의 「독외필」의 등장과 그 성격을 살펴볼 필요가 있다.

한유는 경상남도 진주 백곡리(栢谷里)[24)]에서 태어났고 본관은 청주(淸州)이다. 하우식은 경상남도 진주시 대곡면 단목리(丹牧里) 출신이었다. 한유는 젊어서 월고(月皐) 조성가(趙性家, 1824~1904)에게 배우기도 했고, 조성가의 동생인 월산(月山) 조성주(趙性宙, 1841~1918)의 딸과 결혼을 했기 때문에 노사학파의 인물들과도 교유 관계가 깊었다. 권운환 또한 각별한 인연을 맺은 사이였는

23) 어째서 정작 '기우만에게는 이런 형태의 저술이 없는가'라는 의문이 있을 수 있다. 여기에 대한 직접적인 해명이라고는 할 수 없지만, 양회갑(梁會甲, 1884~1961)의 다음 진술은 기우만의 외필논쟁에 대한 일반적 태도를 시사하고 있다. "일찍이 어떤 이가 송사선생(松沙先生: 奇宇萬)에게 (외필논쟁과 관련된) 변론을 하나 쓰라고 하자 '이것은 제자가 할 일이다. 나는 도가 물러나면 함께 물러나고, 도가 펼쳐지면 함께 펼칠 뿐이다'라고 했다. 그리고 노백헌(老柏軒)의 두 변론을 보고 '이것으로 이미 다 되었다'라고 했다." 梁會甲, 『正齋集』 권6, 「辨猥筆後辨」, 54전·후면.

24) 진주에 속해 있던 백곡리는 1914년 산청군 단성면으로 편입되었다.

데, 그것은 권운환이 조성가의 또 다른 동생인 조성우(趙性宇)의 딸과 결혼했기 때문이다. 「좌춘록(坐春錄)」은 권운환이 스승인 정재규를 비롯한 주변 사람들과 다양한 성리학적 주제에 관해서 토론한 내용을 기록한 것인데 여기에 등장하는 인물들의 목록에는 박희정(朴熙珵)·이교우(李敎宇)·남정우(南廷瑀)·이정수(李正洙)를 비롯해서 한유의 이름도 들어 있다.[25] 이것은 적어도 영남 우도 지역에서 「외필」이 논쟁의 대상으로 떠오르기 전까지 노사학파의 인물들과 한유 사이에 서로 학문적 토론을 함께할 정도로 우호적인 교유 관계가 있었다는 뜻이다.

한유와 하우식은 사는 곳이 가까웠을 뿐만 아니라, 개인적으로 절친했고, 훗날 함께 전우의 문하에서 수학했으며, 또한 사돈 관계이기도 했다. 한유의 큰아들인 한승(韓昇)이 하우식의 둘째딸과 혼인을 한 것이다. 두 사람의 친밀한 관계와 학문의 대략적 경향은 아래 서술을 통해 잘 알 수 있다.

> 공이 젊었을 때 고을의 선생인 월고(月皐) 조성가(趙性家) 공이 공을 보고 기이하게 여겨 아우 조성주(趙性宙)의 딸을 시집보내고 위기지학 하는 것을 가르쳐 주었다. … 송연재(宋淵齋), 김중암(金重菴), 최면암(崔勉菴), 전간재(田艮齋)를 좇아서 배웠는데, 여러 선생들이 모두 공을 중하게 여겼다. 그 내면 공부의 독실함은 간재 선생에게서 배운 것이 더욱 많았다고 한다.[26]

25) 권운환, 『명호문집』 권10, 「坐春錄」, 6후~13후면 참조.

26) 최석기 외, 『19세기 경상우도 학자들』 하(도서출판 보고사, 2016), 「우산(愚山) 한유(韓愉)의 묘지명 병서」, 120~121쪽.

같은 고을에 우산(愚山) 한유(韓愉) 공이 살고 있었는데, 높은 재주와 박식한 학문으로 알려졌다. 그가 공을 한 번 보고서 서로 마음이 맞아 함께 절차탁마하였다.…한공과 함께 송연재(宋淵齋)·최면암(崔勉菴)·전간재(田艮齋)의 문하에 두루 배알하고서 나아가 학문을 질정하였다. 여러 선생들이 칭찬하고 기특하게 여기면서 쉽게 얻을 수 있는 사람이 아니라고 생각하지 않은 분이 없었는데, 간재옹에 대해서 열복하는 마음이 더욱 깊어 서신으로 질문한 것이 한 해도 거른 적이 없었다.[27]

두 기록을 종합하면 당시 기호학계의 주요 인물 가운데 등장하지 않는 이름이 바로 기정진이다. 이것은 한유와 하우식이 영남 노론 계열의 학자에 속하기는 했지만, 기정진의 성리학에는 거리를 두고 있었다는 추측을 가능하게 만든다. 실제로 이를 증거하는 진술이 존재한다.

평생 율곡(栗谷)·우암(尤菴)으로부터 전해진 지론을 독실하게 지켰다. 당시에 그런 지론과 다른 논의가 한쪽 지역에서 행해지고 있었으니, 사류들 중에는 휩쓸리듯 그 설을 추향하는 자들이 많았으나 공과 우산만은 유독 그 점을 깊이 걱정하며 통렬히 논변하였다.[28]

온건한 어투이지만 '율곡·우암의 지론과 다른 논의가 나타난 한쪽 지역의 사류들'은 호남의 장성과 경남의 산청을 중심으로

27) 같은 책, 「담산(澹山) 하우식(河祐植)의 묘갈명 병서」, 277쪽.
28) 위의 책, 위의 곳.

하는 노사학파의 구성원들을 가리킨다. '하우식과 한유가 통렬히 논변했다'라는 것은 두 편의 「독외필」을 가리킨다고 보아도 문제가 없다. 권명희와 한유 및 하우식 같은 연재학파의 자장에 있던 영남 노론계는 이미 1901년 『노사집』의 중간 작업이 신안정사에서 진행되는 동안 「외필」의 존재와 그 내용의 문제점을 구체적으로 파악하고 있었다. 실제로 한유의 경우가 가장 대표적인데, 그는 이미 1901년 하반기 부근에 훗날 숱하게 반복되는 「외필」 비판의 전형적 논리를 제시하기까지 했다. 즉 그는 송산(松山) 권재규(權在奎, 1870~1952)에게 보내는 편지에서 이렇게 말했다.

> 「외필」 속에서 "헛된 이름만 있고 실제의 사실은 없다"라고 하고 '두 개의 본령'이라고 하며, '기자의 영역'이라고 하고 "결국에는 서로 모순될 것이다"라고 하며, "천명이 이미 그쳐버렸다"라고 하고 "주장도 없고 단락도 없다"라고 한 여러 명목들이 율곡을 언급하려는 것이 아니라고 했습니다. 그러나 "피음사둔과 전도되고 창피함"이라고 한 대목은 근세의 의론을 가리켜서 배척한 것이지만 그 근본을 미루어 보면 율곡이 열어준 것이 아닌 것이 없으니, 이것이 어찌 후학이 감히 말할 만한 것이겠습니까?[29]

한유의 주장은 매우 핵심적인데, 간단하게 요약하자면 그는 "「외필」이 비록 근세 성리학자들의 말폐를 비판하고 있더라도, 그 단서는 율곡이 열어 준 것이기 때문에, 결국에는 율곡을 비난하는 글이라고 주장했다."[30] 그리고 「독외필」 1에서는 이 편지와

29) 韓愉, 『愚山集』 권8(국립중앙도서관, 한古朝46-가635, 전자자료jpg), 「與權君五(辛丑)」, 35~36쪽.

거의 일치하는 근거들을 동원하면서 그는 다시 한번 비판의 수위를 더 높이는 표현을 사용했다.

> 「외필」이란 글이 선생을 꾸짖고 배척하며 이르지 못하는 곳이 없으면서 '헛된 이름뿐 실상이 없다', '큰 뜻을 이미 잃어버렸다', '아, 가련하다!', '그 화가 여기에 이르렀다', '말한 것이 지나치게 통쾌하다', "'기'자의 영역이다', '끝내 모순될 것이다', '천명이 이미 그쳐버렸다', '두 가지 본령이다', '기가 리의 자리를 빼앗았다', '주인을 손님으로 인식한다'고 하더니, 여기에 이르러서는 곧장 '피음사둔'과 '전도되고 창피하다'는 것을 귀결시켰다. 그러나 배척하는 뜻을 파헤쳐보면 어떤 경우에는 선생의 주장으로 선생을 공격하고, 또는 선생의 주장을 이해하지 못하고서 자기의 뜻으로 경솔하게 욕하고 업신여기며, 결국에는 후대의 모든 리를 등지고 기에만 일임하는 주장[背理任氣之說]을 모두 (율곡)선생에게 뿌리를 두고 있다고 추측했다.[31]

한유의 두 진술을 연결하면 기호학파 내부에서 「외필」을 비판하는 매우 핵심적인 두 논지가 뚜렷하게 나타난다는 것을 알 수 있다. 즉 한유에 따르면 「외필」은 율곡(栗谷) 이이(李珥, 1536~1582)를 비판하는 글이며, 그 핵심 내용은 '리를 등지고 기에만 일임하는' 경향의 뿌리, 거칠게 말하자면 이이가 주기론의 선하라고 주장한다는 뜻이다. 그렇다면 이러한 「독외필」 1의 주장은 「문목」의 「외필」 비판과 어떻게 연관되는가?

---

30) 이향준, 「「외필(猥筆)」, 1902－외필논쟁(猥筆論爭)의 시작－」, 『범한철학』 100집, 102쪽.

31) 한유, 『우산집』 권6, 「讀奇蘆沙猥筆」, 11전~11후면.

「독기노사외필」 1·2의 서술 구조

형식적인 면에서 볼 경우 「독외필」 1과 「독외필」 2는 논의의 전개 방식이 일치한다. 두 글은 대체적으로 먼저 이이의 진술, 「외필」의 진술을 인용하고 그다음 필자의 견해를 덧붙이고 있다. 「독외필」 1은 '금안(今案)'이란 표현을 통해서, 「독외필」 2는 '근안(謹案)'이란 표현을 통해서 필자의 견해 부분을 구분하고 있다. 이 형태는 두 편의 「독외필」이 취하는 근본적인 관점을 잘 보여준다. 즉 그들은 이이와 「외필」의 진술을 직접 대조하고 있다. 「외필」이 첫 구절부터 '기자이(機自爾)'와 '비유사지(非有使之)'가 포함된 이이의 발언을 문제 삼고 있기 때문에 일견 이것은 당연한 현상으로 보인다. 그러나 이이와 기정진의 260여 년에 달하는 시대 차이를 고려하면 그 사이에 있었던 사상적 변동상을 도외시할 때에만 가능한 강한 이분법적 대조가 이 글들의 특징이라는 것 또한 짐작할 수 있다.

이처럼 이이와 「외필」의 진술 및 필자의 견해로 이루어진 부분을 하나의 단위로 묶을 경우 「독외필」 1은 6조목으로 이루어져 있고, 「독외필」 2는 5조목으로 이루어져 있다. 또한 「독외필」 1은 「외필」의 경우 필요한 본문 구절 전체를 인용하고 있는 데 반해, 「독외필」 2는 기본적으로 해당 부분의 처음과 끝만을 제시하고, 중간 부분은 생략하는 형식을 취하고 있다. 이를 기준으로 먼저 두 편의 글이 문제 삼는 이이의 발언과 「외필」의 구절을 비교 검토함으로써 그 동질성과 차이를 살펴보자.

[표 1] 「독외필」 1의 인용

조목	이이	「외필」
1	氣發而理乘者…其所以陰靜陽動者理也	陽動陰靜…安能免畢竟乖張乎
2	四七之發…此當活看	一名爲理…大旨已失
3	陽之動則理乘於動…則理乘於靜而非理靜	氣之順理而發者…爲今日學士家一大禁避語
4		我東方說氣說理…其禍乃至於此乎
5	理形而上者也…非理無所發	把理與氣對擧…悲夫
6		前聖苦心血誠…後賢而已.

[표 2] 「독외필」 2의 인용

조목	이이	「외필」
1	氣發而理乘者…其所以陰靜陽動者理也	陽動陰靜…非所以[32]然而何
2	以人乘馬喩之…此可以活看.	貴人之出…嗚呼危哉 乘不作元來小乘…本旨燕越矣
3	陽之動則理乘於動…則理乘於靜而非理靜 無形無爲…爲無形無爲之器者氣也	氣之順理而發者…其禍乃止於此乎
4	發之者…非理無所發	喚作理氣…悲夫
5		凡此所言…曠然一欷也

「독외필」 1이 6조목으로 구성된 것에는 이유가 있다. 『노사집』에 실린 「외필」 원문을 살펴보면 그 자체가 여섯 단락으로 구별되어 있기 때문이다.[33] 「독외필」 1·2의 구조는 앞에서 말한 것

32) 所以: 「외필」의 본문에 의하면 '使之'의 착각이다.

33) 奇正鎭, 『蘆沙集』 권16(표점영인 한국문집총간 vol.310), 「猥筆」, 370~373쪽 참조.

[표 3] 「외필」과 「독외필」 1·2의 체제 비교

「외필」	「독외필」 1	「독외필」 2
1단락	1조목	1조목
2단락	2조목	2조목
3단락	3·4조목	3조목
4단락		2조목
5단락	5조목	4조목
6단락	6조목	5조목

처럼 자신들이 비판하려는 「외필」의 특정 구절을 이이의 발언 뒤에 인용한 다음 필자의 견해를 서술한다. 따라서 이 구절들이 「외필」의 어떤 단락에 속해 있는지를 토대로 「독외필」 1·2의 각 조목과 「외필」의 여섯 단락의 상관관계를 [표 3]과 같이 파악할 수 있다.

「외필」의 여섯 단락은 「독외필」 1의 6조목과 대부분 일치한다. 「외필」의 3단락을 「독외필」 1에서는 3·4 조목에서 나누어 다루고 있고, 「외필」의 4단락을 「독외필」 1에서는 다루지 않는다는 점이 차이일 뿐이다. 「독외필」 2의 경우도 조목과 「외필」의 단락 구분이 대체적으로 일치하는데, 차이점은 「외필」의 2·4단락을 「독외필」 2의 2조목에서 함께 다루고 있다는 것뿐이다. 「독외필」 1·2 모두에서 「외필」의 여섯 단락 체제와 달라지도록 만드는 부분은 「외필」의 4단락이다.

이렇게 볼 때 「독외필」 2의 2조목에서 「외필」의 2단락과 4단락을 함께 다루고 있다는 점은 시사적이다. 「외필」의 2단락과 4단락의 논의가 서로 연관되어 있다는 점을 함축하기 때문이다.

그럴 수밖에 없는 것이 「외필」의 2단락은 사단칠정론에서 인승마(人乘馬) 은유를 포함하는 부분이고, 4단락은 「인승마」 은유의 핵심적 표현인 '승(乘)'자의 의미를 어떻게 보아야 할 것인지의 문제를 다루는 부분이다. 크게 보자면 동일한 주제를 다루고 있는 것이다.

여기에서 「독외필」 1·2의 특징이 눈에 들어온다. 즉, 「독외필」 1의 2조목은 「외필」의 2단락을 다루고서 이미 「외필」 4단락의 내용을 포함시켜 논했기 때문에 「외필」의 4단락을 별도로 다루지 않았다. 대신 「독외필」 1은 「외필」의 3조목을 둘로 나누어 3·4조목으로 다루었기에 최종적으로 6조목으로 구성된 것이다. 한편 「독외필」 2의 경우에는 2조목을 통해 「외필」 2·4단락의 내용을 함께 거론했기 때문에, 「외필」의 여섯 단락을 5조목으로 나누어 비판하는 체제를 갖게 된 것이다.

형식적인 측면에서 보았을 때 「외필」의 여섯 단락 체제는 「독외필」 1·2의 체제 구성에 결정적인 영향력을 미치고 있다. 「독외필」 1·2는 모두 「외필」의 단락 체제를 기준으로 그 앞에는 이와 연관된 이이의 발언을 배치하고, 그 뒤에는 필자의 견해를 덧붙이는 체제로 저술된 것이다.

한유와 하우식의 「외필」 비판

「독외필」 1·2는 모두 1조목에서 이이가 성혼에게 보내는 편지 및 「외필」의 첫째 단락을 인용하고 있다. 그리고 필자의 견해를 표명하는 부분에서 「독외필」 1·2의 첫 문장은 다음과 같다.

> 율곡선생의 이 한 문단은 이기의 불리부잡(不離不雜)을 밝히려는 것이다.…'시킨다[使]'라는 말은 이 사람이 저 사람을 시킨다는 명칭이요, 윗사람이 아랫사람을 시킨다는 말이다. 한 사람은 저기요 한 사람은 여기이니 동쪽과 서쪽의 형상이 되고, 한 사람은 위요 한 사람은 아래이니 계급이 이미 드러난다. 리와 기 사이에 이 한 글자를 쓰게 되면 리와 기는 처음부터 서로 떨어진 것이다.[34]

> 율옹의 이 편지는 불리부잡(不離不雜)의 오묘함을 밝히려는 것이다.…'그렇게 시킨다[使之]'고 하는 것은 이것이 저것을 시킨다는 명칭이다. 이미 이것과 저것이 있다면 두 물건이 서로 떨어져 있다는 뜻이다.[35]

두 사람의 논지는 정확하게 용어와 견해가 일치한다. 율곡이 '기자이'와 '비유사지'를 언급한 편지의 내용을 두 사람은 똑같이 이기의 '불리부잡(不離不雜)'이라는 관점에서 풀이한다. 그리고 이런 관점에서 '소이연으로서의 리'라는 이이의 주장을 확인하고, 다시 여기에 근거해서 「외필」의 첫 구절이 말하는 '사지연으로서의 리'라는 관점이 불리부잡의 관점에 어긋난다는 점을 주장한다. 그다음에 서술된 내용은 이러한 관점의 근원을 주희(朱熹, 1130~1200)에게로 소급해서 주희와 이이의 동질성을 주장하는 것이다. 그리고 「독외필」 1·2 모두 1조목의 마지막 부분에서 글자의 사

34) 한유, 『우산집』 권16, 「독기노사외필」, 5~6쪽.
35) 하우식, 『담산집』 권5, 「독기노사외필」, 24전면.

소한 차이만 있을 뿐 실질적으로 동일한 다음 문장으로 끝을 맺고 있다.

> 옛날 나정암의 문도들이 주자의 떨어지지도 뒤섞이지도 않는다는 주장을 의심하면서 "세상의 만물은 서로 떨어지지 않는다면 틀림없이 서로 뒤섞인다. 서로 뒤섞이지 않는다면 틀림없이 서로 떨어진다. 어떻게 떨어지지도 않고 또 뒤섞이지 않는 것이 있겠는가?"라고 했다. 선유가 이를 반박하면서 "떨어지지 않는 가운데 더욱 뒤섞이지 않음을 볼 수 있고, 뒤섞이지 않는 가운데 더욱 떨어지지 않음을 볼 수 있다"라고 했다. 나도 이렇게 말하고 싶다. "그렇게 시키는 것이 있지 않은 가운데 더욱 소이연을 볼 수 있고, 소이연의 가운데서 더욱 그렇게 시키는 것이 있지 않음을 볼 수 있다."[36)]

「독외필」 1·2의 1소목을 대상으로 비교 검토한 결과는 한유와 하우식이 공통의 방식으로 공통의 관점에서 공통된 내용을 진술하고 있다는 것이다. 이것은 두 사람이 연관된 학술적 문제를 함께 토론했다는 강력한 증거일 뿐만 아니라, 사상적 사유의 방향성이 일치한다는 추론의 증거이기도 하다. 이러한 방향성이 나머지 조목에서도 발견된다면, 이 추론의 설득력은 그들의 토론 배경에 놓인 텍스트의 공통성까지 확장될 수 있을 것이다. 이런 점에서 가장 대표적인 것이 「독외필」 1·2의 2조목이다.

「독외필」 1·2의 2조목은 「외필」의 2단락과 4단락의 문제를

36) 같은 책, 같은 글, 25전면.

다루고 있는데, 그것은 다름 아닌 리와 기의 관계를 사람과 말의 관계에 비유한 「인승마」 은유라고 부르는 것이다. 이 은유를 이용해서 기정진은 「외필」의 4단락에서 '승자를 원래 타고 있는 것으로 보지 않는다면… 큰 뜻을 이미 잃어버린 것'이라고 강조했다. 여기에 대한 한유와 하우식의 비평은 다음과 같다.

> 선생이 '승'자를 과연 기의 힘을 침범하는 것으로 보았고, 말들이 뛰노는 것을 보고서 갑자기 올라탄다고 보았으며, 경우에 따라 갑자기 탄 것으로 보았고, 원래부터 타 있는 것으로 보지 않았다면 「외필」에서 비판하는 것이 타당하고, 또한 율곡선생답지 못하다고도 할 것이다. 그러나 선생이 평생 강론하고 밝힌 것이라고는 '불리부잡'에 불과하니, 「외필」에서 비난하는 말은 또한 선생도 매우 싫어하고 깊이 배척한 것이다.[37)]

> 선생이 '승'자를 정말로 기의 영역을 침범하는 것으로 보았고, 말들이 뛰노는 것을 보고서 갑자기 올라탄다고 보았으며, 경우에 따라 갑자기 탄 것으로 보았고, 원래부터 타 있는 것으로 보지 않았다면 「외필」이 비난하는 것도 당연하다 할 것이다. 그러나 선생이 평소에 강론하며 밝힌 것은 '불리부잡'에 불과하니, 「외필」에서 비난하는 주장은 또한 선생도 매우 싫어하며 깊이 배척한 것이다.[38)]

두 문장의 원문을 비교해 보아도 차이점이라고는 딱 두 가지밖에 없다. 한유의 글에 있는 '또한 율곡선생답지 못하다고 할 것

37) 한유, 『우산집』 권16, 「독기노사외필」, 11쪽.
38) 하우식, 『담산집』 권5, 「독기노사외필」, 25후면.

이다[亦不足爲栗谷先生也]'라는 표현이 하우식의 글에 없다는 것이 첫째이고, 한유가 '외필에서 비난하는 말[猥筆所譏之言]'이 하우식에게서 '외필에서 비난하는 주장[猥筆所譏之說]'으로 되어있어서 글자 하나가 차이가 난다는 것이 둘째이다. 이 사소한 차이를 제외하면 문장의 논지는 한 사람의 입에서 나온 것이나 마찬가지다. 이것은 다시 한 번 두 편의 「독외필」이 한유와 하우식이 참여한 공통의 토론장에서 논의된 내용을 각자 따로 정리한 것이라는 추론을 강하게 뒷받침한다.

이러한 강한 공통점에도 「독외필」 1과 2는 강조하는 논점의 차이를 드러내는 부분이 존재한다. 두 글의 3조목은 「외필」의 3단락을 문제 삼고 있는데, 한유와 하우식은 동일한 부분에 대한 논점의 차이가 드러난다.

> 퇴계선생은 사단을 이발(理發)로 여겼고, 율곡선생은 사단과 칠정이 모두 기발이승(氣發理乘)이라고 여겼다. 두 주장은 모두 주자에 뿌리를 두고 있다.…그러나 사실은 퇴계선생은 곧바로 이발을 말했기에 율곡선생이 기발을 분명하게 말한 것이니, 이것은 염계(濂溪)가 곧바로 태극의 움직임과 고요함을 말했기에 주자가 '소승지기' 네 글자를 붙인 것과 같다.[39]

> 리는 함이 없고 기는 함이 있다. 그러므로 움직이고 고요한 것은 기이고 리가 움직이고 고요할 수 있는 것은 아니다.…리가 기의 주재가 된다는 것은 저절로 그렇다고 말하는 것에 불과할 뿐, 실

39) 한유, 『우산집』 권16, 「독기노사외필」, 13~14쪽.

> 제로 시키거나 조종하는 힘이 있다는 것이 아니다. 선생이 '스스로 그렇지 시키는 것이 있지 않다'라고 한 것은 실은 리와 기의 서로 떨어지지 않는 오묘함을 밝히려는 것이었지, 기가 독자적으로 유행함을 말하는 것이 아니다. 「외필」이 리를 시키고 조종한다는 의미에 귀결시키고, '시키는 것이 있지 않다'라는 것을 매우 배척하는 것은 도체는 함이 없다는 뜻에 어긋나는 점이 없겠는가?40)

한유는 이황의 이발설과 이이의 기발이승일도설을 모두 주희에게 뿌리를 두고 있는 이기론적 주장으로서 "(주자의) 후학으로서 어떻게 하나를 잡고 다른 하나를 공격할 수 있겠습니까?"41)라고 반론하고 있다. 반면에 하우식의 논점은 '리무위'라는 이이 성리학의 기초 위에서 「외필」처럼 '리가 시키고 조종한다'라는 의미로 리를 이해하게 된다면 도체(道體)로서 리의 무위라는 논점에 어긋난다는 점을 강조한다.

그러나 한유와 하우식에게 차이는 오히려 부분적인 것으로 보인다. 「독외필」 1의 5조목과 「독외필」 4조목은 공통적으로 「외필」의 5단락을 다루는데, 여기에서 두 사람은 역시 공통의 논점을 드러낸다.

> '리는 존귀해서 짝할 것이 없다'라고 했는데, 「외필」의 말이 옳다. 그러나 리를 명명하는 의론은 횡간(橫看)·수간(竪看)을 해야 한다. 횡간하면 리는 본래 짝할 것이 없다. 수간하면 리라고 한들 어떻게 짝할 것이 없겠는가?42)

---

40) 하우식, 『담산집』 권5, 「독기노사외필」, 26전·후면.
41) 한유, 『우산집』 권8, 「與權君五(辛丑)」, 35쪽.

'리는 존귀해서 짝할 것이 없다'라고 했는데 「외필」의 말이 옳다. 천하에 리 밖의 물건이란 없으니, 천하의 사물을 든다고 한들 과연 (리와) 짝할 것은 없을 것이다. 그러나 리의 의미에 대한 주장은 횡간·수간해야 한다. 수간하면 리는 본시 짝할 것이 없지만 횡간하면 리에 어떻게 짝이 없겠는가?[43]

리의 우월성에 대한 「외필」의 주장을 일단 수긍하면서도, 그들은 횡간·수간이라는 전형적인 성리학적 독법을 통해 이기 관계를 사유할 필요성이 있다는 점을 되풀이해서 강조하고 있다. 마지막으로 「독외필」 1의 6조목와 「독외필」 2의 5조목은 공통적으로 「외필」의 여섯 번째 단락을 다루면서 「외필」의 내용을 총평하는 결론이 포함되어 있다. 하우식의 총평을 인용하자면 다음과 같다.

「외필」은 제일 먼저 '자이(自爾)', '비사(非使)지'라는 말을 들고, '천명이 이미 그쳤다', '두 가지 본령이다'라고 하고서, 돌고 돌아 "승(乘)' 자가 뜻을 잃었다'라고 하고, '그 화가 여기에 이르러 기가 리의 자리를 빼앗아 모든 일의 본령이 되었다'라고 했으며, 곧바로 '피음사둔'과 '전도되고 창피함'을 말했으며, 마지막으로 '말한 것이 지나치게 통쾌하여 말단의 폐해가 여기에 이르렀다'라고 단정했다. 율옹을 꾸짖고 업신여기는 것이 아니라고 하지만, 나는 믿을 수 없다.[44]

---

42) 한유, 『우산집』 권16, 「독기노사외필」, 17~18쪽.
43) 하우식, 『담산집』 권5, 「독기노사외필」, 27전면.
44) 같은 책, 같은 글, 28전면.

원래 한유의 핵심적 주장은 두 가지로서, “후대의 모든 리를 등지고 기에만 일임하는 주장을 모두 (율곡)선생에게 뿌리를 두고 있다고 추측했다”라는 것과 “「외필」은 하사(下沙)가 한 때의 부질없는 행동에서 나온 것임을 알 수 있다”라고 하는 것이었다. 같은 논점을 하우식은 「외필」이 ‘율옹을 꾸짖고 업신여기는 글’이라는 식으로 표현하고 있다. 하지만 실질적인 비판은 ‘사지연’의 부정과 함께 “리가 기의 주재가 된다는 것은 저절로 그렇다고 말하는 것에 불과할 뿐, 실제로 시키거나 조종하는 힘이 있다는 것이 아니다”라는 것으로 정리될 수 있을 것이다.

이상의 요약은 「외필」의 구성 체제를 따라 「독외필」 1·2가 저술되었다는 형식적인 체제의 공통성, 그리고 실제 논변의 내용에서 한유와 하우식이 공통의 토론을 통해 나타난 결론을 공유하면서 각자 독자적인 저술을 했다는 것, 따라서 두 사람의 글은 제목이 같을 뿐만 아니라, 본문의 내용에서 실질적으로 겹치는 부분들이 상당히 많은 부분이 발견된다는 것이다. 바로 이러한 현상 때문에 두 사람이 토론을 벌였을 때, 공통의 문헌을 근거로 토론을 벌였을 것이라는 추정이 가능한 데, 여기에서 대두하는 것이 「문목」이다. 두 사람이 「문목」이라는 문헌을 토대로 「외필」의 구성 체제를 따라가며 토론을 벌였다면, 그 「문목」의 구체적 형태는 무엇이었는가? 이 지점에서 「문목변」이 인용하는 「문목」의 구절들과 「독외필」 2의 본문이 서로 겹친다는 점에 주목할 필요가 있다.

「외필문목」의 재구성

지금까지의 논의는 기우승이 1902년 산청 일대를 방문했으며, 돌아오는 길에 권운환이 기우만에게 보내는 편지와 「문목」의 사본을 함께 가지고 왔고, 이를 계기로 「문목」의 내용을 파악한 다음 「문목변」을 저술했다는 것이다. 그리고 한유와 하우식은 「문목」을 공유하면서 「외필」의 문제점을 토론했고, 각각 그것을 같은 제목의 글로 저술했다고 가정했다. 이렇게 볼 경우 한유의 글은 하우식에 비해 개인적 의견과 논의 내용이 비교적 풍부한 반면 하우식의 글은 「문목변」이 인용하는 「문목」의 내용과 상당부분이 겹치는 구절들이 발견된다. 이것은 「독외필」 2가 「문목」의 원래 형태에 더 가까운 저술이라는 추론을 함축한다.

「문목변」과 「독외필」 2의 비교를 통해 이런 주장의 사실성을 검토해보자. 기우승은 권운환이 '외필문목'이라고 불렀던 것을 '박외필문목'이라고 불렀기 때문에, 「문목변」은 「문목」의 내용을 인용할 때 첫 인용문의 앞에서 '박(駁)'이란 표현을 사용했고, 그 다음부터는 별도의 표기 없이 한 칸을 낮춰 써서 필자의 견해와 구별하고 있다. 필자의 발언에는 제일 앞에 '근안(謹案)'이라고 표기하고, 인용문보다 한 칸을 높여서 구별하고 있다. 이것을 근거로 인용과 필자의 견해를 하나의 단위로 묶어보면 「문목변」은 모두 19조목으로 이루어져 있는데, 마지막 19조목은 「문목」으로부터의 개별적인 인용을 생략한다는 내용이기 때문에 실제로 「문목」의 본문을 인용하는 것은 18조목에 해당한다. 따라서 「문목」의 내용 가운데 18구절을 인용한 다음, 필자의 비판적 견해를 덧

[표 4] 「문목변」의 인용과 「독외필」 2 비교

조목	인용된 「문목」 구절	「독외필」 2 본문
1	動靜之機, 不犯人力, 而非別有一個物使之動靜也.	動靜之機, 出於自然, 而非別有一個物使之動靜也.
2	此雖非有一箇物使之動靜, 而其所以然之故則理也.	좌동
3	'使之二字與'所以然' 三字, 面目不同.	'使之二字與'所以然' 三字, 語義不同.
4	使之云者, 以此使彼, 以上使下之謂也.	使之云者, 是以此使彼之名也.
5	所以然云者, 非有上下彼此之可言, 而不可分開之中, 自有所以然之故耳.	所以然云者, 卽其不相離之中, 而推原其本然之妙以明理氣之有爲無爲能所之分也.
6	理與氣不離不雜, 一而二, 二而一者也.	좌동
7	一而二, 故日所以然. 二而一, 故日非有使者.	不言非有使之, 則是二而非一, 而無以見不離之實也; 不言所以然, 則是一而非二, 而無以見不雜之妙也.
8	上下兩句, 宛轉成交, 盛水得住, 此先生所以傳不傳之祕者也.	故此二義者, 闕一不可, 而益見先生之洞見於理氣之妙, 其說之盛水得注也.
9	以陽動陰靜謂天命之使之 … 斥之以爲兩個本領.	좌동
10	以陰靜陽動謂天命使然者, 古人亦有此說.	夫天命云者, 古人之意, 亦不過推原其所以然而云矣.
11	然其謂命者, 何嘗別有一物, 獨立於冥漠之間, 以此而使彼, 以上而使下, 色可否 而頤指揮者乎?	何嘗別有一物, 獨立於冥漠之間, 以此而使彼, 若人之命令指揮者乎?
12	朱子日天使云者…豈眞有使之者哉?	좌동
13	是何嘗以命自爲一物, 陰陽自爲一物, 以此一物使此一物乎?	
14	誠如是也, 是理氣似判爲二物, 一在彼一在此; 一出言一受命, 上下相形, 東西相懸, 不復可謂一物矣, 惡乎可哉?	
15	一而二也, 故非有使者而實有所以然; 二而一也, 故實有所以然而非眞有使之者.	
16	嗚呼! 非達於理氣之妙者, 孰能與此哉!	
17	宜乎猥筆之所張皇而攻破也.	
18	昔羅整菴之徒 … 尤見其非有使之也.	좌동
19	駁目自此以下 … 故不復條擧其目.	해당 사항 없음

붙이고 있고, 마지막 19조목에서 총론격의 서술을 하고 있다고 묘사할 수 있다. 인용된 18구절을 「독외필」 2의 내용과 비교 검토해보면 [표 4]와 같다.

18조목 가운데 완전히 일치하는 것이 5조목이고, 표현이 약간씩 다르지만 내용적으로는 그리 큰 차이를 빚지 않는 종류라고 볼 수 있는 것이 8조목이며, 「독외필」 2에서는 발견되지 않는 것이 5조목이다. 「문목변」의 서술 순서를 따라서 살펴보자면 1~12조목까지는 「문목」과 「독외필」 2가 대동소이하다고 볼 수 있는 내용을 공유하고 있고, 13~17조목은 「문목변」에서 인용하는 「문목」에서만 발견될 뿐, 「독외필」 2에서는 발견되지 않는다. 18조목은 「문목변」의 인용과 「독외필」 2의 서술이 완전히 일치할 뿐만 아니라, 「독외필」 1과도 일치한다.

그런데 「독외필」 2와 「문목변」에 인용된 「문목」의 구절을 대조시킬 때 발견되는 가장 중요한 특징은 따로 있다. 그것은 「독외필」 2에서 발견되는-「문목변」의 13~17조목에 인용된 「문목」의 내용을 제외한 나머지-13개의 조목의 인용 구절들은 모두 「독외필」 2의 1조목에서만 발견된다는 점이다. 「문목변」은 「독외필」 2의 1조목에 비판의 초점을 맞추고 있을 뿐, 나머지 조목들에 대해서는 아무런 관심이 없다. 「문목변」의 19조목에서 기우승은 "「문목」에서 (지금까지 인용한) 이 부분 다음부터는 반박하는 것들이 더욱 어긋났고, 이치에 닿지 않는 것을 억지로 떠들어대고 있기에 다시 조목을 거론하지 않는다"라고 말하고 있다. 「문목」에 더 많은 내용이 실려 있지만, 조목별로 비판할 정도의 중요성을 갖고 있지는 않다고 판단한 것이다.

이것은 두 가지 해석 가능성을 포함한다. 첫째 「문목」의 애초 형태가 현재 「독외필」 2의 1조목을 중심으로 구성되었을 가능성이다. 둘째 기우승의 관심이 「독외필」 2의 1조목에 해당하는 부분에 집중되어 있다는 것이다. 둘 가운데 어떤 것이 사실에 가까운지는 불분명하다. 이것은 「문목」의 현존이 확인되고 그 내용이 구체적으로 알려져야만 최종적인 결정이 내려질 수 있기 때문이다.

반면에 기우승이 「독외필」 2의 1조목에 비판의 논점을 맞추고 있다는 사실은 한 가지 면에서는 명백한 의미를 전달한다. 적어도 기우승이 보기에 「독외필」 1·2의 「외필」 비판 가운데 가장 핵심은 1조목에 집중되어 있다는 뜻이기 때문이다. 이러한 사정은 「문목」을 기초로 토론을 진행한 한유와 하우식에게도 마찬가지였다는 점은 그들이 동일한 논지를 담은 내용을 「독외필」 1·2의 1조목에 배치했다는 사실에서 확인할 수 있다. 그러므로 「문목변」이 「독외필」 1·2의 1조목을 어떻게 반박하고 있는가 하는 질문은 사실상 「문목변」이 어떻게 「문목」의 논점을 비판하고 있는가 하는 것과 같은 성격을 갖는다고 해도 지나친 말이 아니다.

기우승의 「외필문목」 비판 1

기우승의 성리학적 입장은 식재(植齋) 기재(奇宰, 1854~1921)가 지은 「행장」과 기우승 자신의 발언을 참조하면 사실 어느 정도 예상할 수 있다.

> 영남·호남의 서인들이 선사의 「외필」에 '선현을 넘보는 어구가 있

다'라고 하면서 글을 돌려 서로 헐뜯어, 재앙의 기미를 헤아리기 어려웠다. 이에 「이기변(理氣辨)」 등의 글을 지었고, '선사의 이기설은 후세의 주자를 기다려야 한다'라고 하면서 스승의 학설을 독실히 믿었다.[45)]

내가 존경하고 독실하게 믿는 이로는 공자 이후로 다만 주자만을 알 뿐이요, 주자의 정법안장을 얻어서 이미 끊어진 단서를 이어받은 이는 주자 이후로 나는 우리 선사의 「외필」과 「납량사의」를 알 뿐이다. 선사의 이 의론을 비난하는 이는 주자의 이 가르침을 배반하는 것이요, 주자를 배반하는 이라면 또 무슨 일인들 어렵겠는가?[46)]

「이기변」이란 글은 현재 그의 문집에 실려 있지 않아 구체적으로 어떤 성격의 저술인지 알 수 없지만, 기재의 말에서 「문목변」이 「문목」을 비판하는 기본적인 관점이 어떤 것인지를 짐작하기에는 충분하다. 기우승은 기정진이 「외필」에서 주장했던 '사지연(使之然)으로서의 리'라는 개념을 「문목」 비판을 위한 가장 중요한 근거로 도입한다.

「문목변」 전체가 「독외필」 2의 1조목에 비판의 초점을 맞추고 있기 때문에 「문목변」이 「문목」을 비판하는 대체적인 얼개는 비교적 단순하다는 것을 알 수 있다. 「문목변」의 1조목은 "움직임과 고요함의 기틀은 인력과 상관없고 따로 움직이고 고요하도록 시키는 한 물건이 있지 않다"라는 「문목」의 구절을 인용하면서

45) 기우승, 『보산유고』 권5, 「행장」, 22전·후면.
46) 기우승, 『보산유고』 권1, 「駁猥筆問目辨」, 59후~60전면.

시작한다. 「독외필」 2의 1조목도 글자 차이만 있을 뿐 거의 대동소이한 진술을 하고 있다. 따라서 이 구절의 의미에 더욱 직접적인 비평이 「독외필」 1에서 발견되는 것은 그렇게 이상한 일이 아니다. 「외필」 비판이라는 점에서 「독외필」 1과 「독외필」 2의 관점 차이는 거의 없다는 것을 이미 앞에서 확인했기 때문이다. 이제 이것을 「문목변」의 진술과 대조시켜 보자.

> '저절로 그렇다'라는 말도 그 기틀이 저절로 주재가 되어 운행하고 멈춘다는 말이 아니다. 사람의 힘이 간섭하지 않아도 저절로 유행한다는 말일 뿐이다. 이 때문에 거듭 풀이해서 '그렇게 시키는 것이 있지 않다'라는 한마디를 한 것일 뿐이다. … 또한 음양의 움직이고 고요함에 정말로 시키는 것이 있다고 여긴다면 이것은 아득한 가운데 따로 (기를) 불러대고 지휘하는 하나의 자리 없는 진인[無位眞人]이 있다는 것이다.[47]

> 나도 진실로 사람의 힘과는 상관이 없다고 생각하고, 따로 어떤 물건이 있지 않다고 생각한다. 그 위에 실제로 존재하는 하나의 '그렇게 시키는 것[使之然]'이란 곧 '천명'이라고 하는 것일 뿐이다. 천명이 그렇게 시키지 않고, '기틀[機]'에만 맡겨둔다면 움직임과 고요함이 어떻게 단서가 없을 것이며, 음과 양이 어떻게 시작이 없겠는가?[48]

한유는 '기자이'의 의미를 두 가지로 제한한다. 첫째 기자이를

47) 한유, 『우산집』 권16, 「독기노사외필」, 8~9쪽.
48) 기우승, 『보산유고』 권1, 「박외필문목변」, 53전·후면.

'기틀[機]의 주재'라는 식으로 이해해서는 안 된다. 둘째 전자를 배경으로 기자이의 의미를 '인력(人力)의 배제'라는 일종의 부정어법을 통해 풀이하려고 한다. 그가 이렇게 신중한 태도를 보이는 것은 「외필」에 리를 지나치게 활동적인 실체로 간주하려는 사고방식, 즉 일종의 의인화에 해당하는 '무위진인(無位眞人)'처럼 이해하는 것을 반대하기 위해서이다. 이 때문에 전자에 대해서는 기우승도 동의한다. 문제는 기기(氣機)의 운동 이면에 천명의 존재를 배제할 수 있느냐 하는 것이다. 사실 질문이 여기까지라면 한유도 기우승의 의견에 동의했을 것이다. 그러나 핵심은 이미 「외필」에서 나타났던 것처럼 그 천명의 규정성을 이이가 그랬던 것처럼 '소이연'이라는 데에만 한정할 것인지, 아니면 여기에서 한 걸음 더 나아가 '사지연'의 의미로 받아들일 것인지의 문제이다. 기우승은 주저없이 「외필」의 방향을 따른다.

「문목변」의 2조목은 바로 여기에서의 논점 차이를 다룬다. 리의 존재성과 '소이연'의 의미를 논하고 있기 때문이다. 「문목」은 "움직이게 고요하게 만드는 것이 있지 않지만, '그 소이연의 까닭'은 곧 리다"라는 이이 성리학의 전형적인 진술을 확인한다. 기우승은 리의 존재성과 '소이연'의 관계를 논하면서 「외필」의 문제의식 속에 담긴 논점을 환기시킨다.[49)]

「외필」을 반박하는 이는 이미 리를 '어떤 물건이 있다'라는 것으

49) 「외필」이 등장하게 된 지성사적 배경으로서 퇴계학파의 율곡 성리학에 대한 누적된 세 가지 비판이 각각 인기위리(認氣爲理), 주기(主氣), 리(理)의 사물화(死物化)라는 지적에 대해서는 이향준, 「외필(猥筆)」의 기원」, 『유학연구』 51집(충남대 유학연구소, 2020), 144~149쪽 참조.

로 간주하지 않으면서 유독 죽은 것[死殺者]으로 간주하는 것은 어째서인가? 소이연이 그렇게 시키는 것이 아니라고 한다면 이것이 죽은 것이 아니라면 무엇인가? 이처럼 풀이하고도 과연 스스로 율옹의 뜻을 바르게 얻었다고 할 수 있겠는가?[50]

기우승은 기정진의 가장 전형적인 논리를 되풀이한다. 즉 소이연으로서의 리 개념은 퇴계학파에서 가해지는 사물화(死物化)된 리(理)라는 공격에 취약하고, 이 때문에 이이의 리 개념의 중심을 '소이연'에서 '사지연'으로 이동시켜야 한다는 것이다. 이런 관점에서 기우승은 사지연의 의미를 리의 실체성과 묘용과 연결시켰다.

그 형체가 없다고 하고, 그 일이 없다고 하는 것은 괜찮지만, 이 리가 없고, 이 묘용이 없다고 해서는 안 된다. 하늘이 싣고 있는 소리도 냄새도 없는 것이 지도리와 뿌리가 되어 이처럼 시키는 실체와 묘용이 있다. 만일 그렇지 않다고 한다면, 내가 보기에는 죽은 지도리와 살아있지 못한 뿌리일 뿐이다.[51]

'사지연'의 의미는 이 구절에 이르러 리의 실체성과 묘용의 긍정으로 재정의된다. 기우승의 주장은 여기에서만 그치는 것은 아니다. 그는 아예 "'사지연'이 곧 '소이연'의 바른 해석이다."[52]라고 주장했다. 같은 논법을 이론의 주장자에게 확장하자면 소이연으

50) 기우승, 『보산유고』 권1, 「박외필문목변」, 54전면.

51) 같은 책, 같은 글, 55전면.

52) 위의 책, 위의 글, 55후면.

로서의 리를 주장한 이이 성리학의 올바른 해석자는 기정진이라는 뜻이다.

반면에 기우승에게 새롭게 나타나는 논변의 한 양상이 있다. 「외필」은 애초에 '기자이'와 '비유사지'가 포함된 이이의 발언을 '사지연으로서의 리'라는 새로운 의미 규정에 근거해서 해석하려고 시도한다. 이런 시도가 '소이연으로서의 리'를 유지하려는 한유와 하우식 같은 이들에 의해 반박을 당했기 때문에 기우승에게는 기정진의 사지연과 이이의 소이연을 정합적으로 만들려는 시도가 나타나는 것이다. 그래서 「문목변」에서 다음과 같은 진술이 발견되는 것이다.

> 원래 리 밖의 기가 없고, 기 밖의 리도 없다. 그러나 리가 기를 제어해야 하고, 리가 기를 이끌어야 하고, 기는 이 리를 싣고서 유행변화하면서 리에서 말미암고, 명령을 듣는다[關聽]. 은미함을 말하자면 이것이 '소이연'이고, 드러남을 말하자면 '사지연'이라고 하는 것이다. 받들어 싣고 있다[承載]는 것만을 알 뿐 처음부터 제어하고 이끄는[御率] 묘용이 없다면 마른 나무나, 식은 재일뿐이니, 어떻게 '리'라고 하기에 충분하겠는가?[53]

기우승은 리와 기의 확고한 통제 관계 속에서, 은미함과 드러남의 두 측면에서 소이연과 사지연을 대비시킨다. 마른 나무와 식은 재는 '사물화된 리'의 다른 표현이다. 기정진에게 이러한 논법이 있었는지를 물어보면 「리는 주인, 기는 종」이라는 확고한

53) 기우승, 『보산유고』 권1, 「박외필문목변」, 58전면.

우열 관계는 기우승에게서 "낳는 이는 아버지이고, 태어난 이는 자식이며, 타는 것은 주인이고, 태우는 것은 종이라는 것은 본래 바꿀 수 없다. 아버지는 자식을 명하고, 주인은 종을 거느리니 그 나뉨은 어지럽힐 수 없다"라는 표현으로 반복된다. '사물화된 리'에 대한 반대는 "리가 기를 제어해야 하고, 리가 기를 이끌어야 한다"라는 표현 속에 담겨 있다. 그러나 소이연과 사지연의 관계를 은미함과 드러남과 같은 명백하게 정이(程頤) '현미무간(顯微無間)'을 연상시키는 성리학적 논법 속에서 파악하려는 시도는 기정진에게서 발견하기 힘들다. 이것은 이미 소이연에 기초한 「외필」 반박을 사지연에 기초한 재반박을 수행하는 과정에서 양자의 연관 관계를 조정하려는 단계에서 나타날 수 있는 어법이기 때문이다.

기우승의 「외필문목」 비판 2

이 때문에 「독외필」 1·2에서 발견되는 주장들은 기우승의 반박과 평행선을 달린다. 애초에 「독외필 1·2를 통해 나타난 비판의 핵심은 결국 그다지 복잡하지 않다. 「독외필」 1은 「외필」이 "결국에는 후대의 모든 리를 등지고 기에만 일임하는 주장을 모두 (율곡)선생에게 뿌리를 두고 있다"라고 주장하고 있다고 간주한다. 「독외필」 2는 「외필」이 "율옹을 꾸짖고 업신여기는 것이 아니라고 하지만, 나는 믿을 수 없다"라고 단언한다. 그런데 「외필」의 저술 동기를 제공했던 조성가의 편지를 살펴보면 이런 비판이 제대로 초점을 맞추고 있는지 의문이 든다.

> 어떤 사람에게 듣기로는 누군가 율곡(栗谷)의 “음양의 움직임과 고요함은 그 기틀[機]이 저절로 그런 것이지 그렇게 시키는 것이 있지 않다”라는 두 구절을 지적하면서 ‘율옹이 이미 주기(主氣)의 폐단을 열었다’라고 했다는데, 생각해보면 그렇지 않은 것 같습니다. 이 말은 그 기틀[機]의 자연스러움을 형용할 뿐이지, 리(理)와 관계가 없다고 말하는 것이 아닙니다. 그렇게 된 까닭을 살펴보면 ‘저절로 그러한 곳[自爾處]’이란 곧 리가 그렇게 시키는 것입니다. (…) 율옹의 평소 의론에 어찌 일찍이 주기의 뜻이 있었겠습니까?[54]

여기에는 이미 「외필」의 문제의식을 자극한 두 가지 논점이 드러나 있다. 첫째 이이가 주기론의 선하라는 익명의 비판이다. 둘째 조성가는 ‘기자이’를 문자 그대로가 아니라, 리와 연관된 진술로 받아들여야 한다고 수상하고 있다. 그리고 이렇게 할 때 나타날 수 있는 대안적 관점이 ‘리가 그렇게 시킨다’라는 표현 속에 담겨 있다. 게다가 “‘기자이’와 ‘비유사지’에 근거해서 율곡학파를 주기론으로 판정하는 것은 퇴계학파의 율곡학파에 대한 매우 전형적인 공격 방식”[55]이었다는 점을 기억하는 것이 중요하다. 「외필」은 지성사적으로 누적된 이런 종류의 비판을 배경으로 이이 성리학을 재해석하려고 시도했고, 이런 점에서 기본적으로 ‘율곡 성리학의 주리적 해석’을 시도하려는 저술이었다. 문제는 이 때

54) 趙姓家, 『月皐先生文集』 권6(국립중앙도서관, 古3648-72-103-6), 「上蘆沙先生(戊寅)」, 22~23면.

55) 이향준, 「외필의 기원」, 『유학연구』 51집, 136쪽.

기정진이 택한 논변의 방식이었다.

> 기정진이 이해한 '기자이(氣自爾)'와 '비유사지(非有使之)'는 리와 아무런 관련이 없는 기의 독자적인 운동 변화를 의미한다는 것이었다. (…) 그래서 리와 관계하지 않는 기의 독자적인 운동 변화는 용납할 수 없는 것이고, 더욱이 두 명제를 수용하면 리의 주재는 부정되고 두 개의 본령을 세우게 된다고 파악하였다.[56)]

한유와 하우식의 비판은 이러한 기정진식의 사유가 기본적으로 율곡 성리학의 가장 중요한 이기론적 원칙을 오해한 것이라는 점을 지적하는 데서 출발한다. 이것이 이기의 '불리부잡'이라는 원칙이 「독외필」 1·2의 1조목에서 공통적으로 제일 먼저 언급되는 이유이다. '불리부잡'을 전제하기 때문에 그들은 '기의 독자적인 운동 변화가 성립되지 않음을 주로 하여 비판을 전개'했다. 박학래는 이 논점이 그 이후에 나타나는 「외필」에 비판적인 기호학파 성리학자들의 공통된 경향이라는 점을 지적했다.[57)]

그런데 이것을 받아들이면 색다른 결론에 도달하게 된다. 왜냐하면 「외필」의 저술을 동기화한 질문이 이이가 주기론의 선하라는 퇴계학파의 비판을 극복하려는 것이었는데, 「독외필」 1의 주장에 의하면 이처럼 기의 독자적인 운동 변화를 주장한 성리학자로 이이를 이해하는 것은 사실상 이이를 주기론의 뿌리로 간주한다는 뜻이기 때문이다. 이 첫 번째 어긋남은 사실 전체 외필논쟁

56) 박학래, 「蘆沙 奇正鎭의 性理說을 둘러싼 기호학계의 논쟁: 「猥筆」을 중심으로」, 『민족문화연구』, 48집, 419쪽.

57) 같은 책, 같은 곳 참조.

의 진행에 상당한 영향을 끼쳤다.

기호학파의 성리학자들은 대부분 이 논점에 매몰되어 정작 「외필」이 제기한 중요한 철학적 질문, 즉 19세기 후반부에 조선 성리학이 기정진과 같은 성리학자의 입을 통해 '리가 소이연을 넘어 사지연으로서의 의미를 가져야 한다'라는 철학적 제안의 의미가 무엇인지를 좀처럼 따져보려고 하지 않았기 때문이었다. 심지어 간재(艮齋) 전우(田愚, 1841~1922)는 「외필」이 이런 방식으로 이이를 왜곡한다면 자신은 "차라리 주기라고 배척을 당할지언정 4,000년 이래의 여러 성현을 배신해서 주리의 명칭을 거짓으로 뒤집어쓰지 않겠다"라고 단언할 정도였다.[58] 이것은 기호학파 성리학자들이 「외필」을 보는 시각이 주리·주기라는 이분법적 구도 속에 상당한 제약을 받고 있었다는 점을 보여준다.[59]

바로 이 지점에서 지금은 사라진 「문목」과 「독외필」 1·2가 외필논쟁에서 차지하는 의미가 드러난다. 이 논리를 최초로 제기한 두 문헌이 「독외필」 1·2의 1조목이고, 이 조목은 지금까지의 논의에 따르면 「문목」의 원래 형태에서 가장 핵심적인 논점을 담고 있는 부분이라고 추정되기 때문이다. 이상의 논리가 기호학계에 나타난 최초의 문헌이 「문목」일 가능성이 있는 것이다. 그 증거는 이 논리가 이미 1901년 한유가 권재규에게 보내는 편지에서 「독외필」 1의 내용을 축약해 묘사하는 데서 드러난다.

58) 田愚, 『艮齋集·前編』 권13(표점영인 한국문집총간 vol.333), 「猥筆後辨」, 86쪽.

59) 이향준, 「외필의 기원」, 『유학연구』 51집, 129~155 참조.

> '저절로 그렇다'라고 한 것은 사람의 힘과 상관이 없이, 저절로 유행한다는 말입니다. '그렇게 시키는 것이 있지 않다'라는 것은 리가 한 물건이고, 기도 그 자체로 하나의 물건이어서, 이 한 물건이 저 한 물건을 (그렇게) 시킨다는 말이 아닙니다. '저절로 그렇다[自爾]'라는 두 글자와 '소이연(所以然)' 세 글자는 서로에게 의지해서 서로를 성립시켜 주기에, 하나를 빼서는 안 됩니다.60)

'자이'와 '소이연' 세 글자의 상호 연관성을 강조한다는 것은 사실상 「독외필」 1·2의 1조목에서 분명하게 언급하는 '불리부잡'을 강조하는 것이고, 이것은 '기자이'를 기의 독자적인 운동으로 이해하려는 「외필」과 분명한 대조를 이룬다. 이 때문에 한유의 이 편지가 갖는 의의는 이렇게 묘사될 수 있다.

> 그는 「외필」이 비록 근세 성리학자들의 말폐를 비판하고 있더라도, 그 단서는 율곡이 열어 준 것이기 때문에, 결국에는 율곡을 비난하는 글이라고 주장했다. (…) 권재규와 한유의 사례는 1902년 외필논쟁이 본격화되기 이전에 이미 영남 노론계가 「외필」에 담긴 성리학적 사유의 방향성을 어떻게 문제 삼고 있으며, 머지않아 본격화될 논쟁이 어떻게 확장되어 나갈 것인지를 암시하고 있다.61)

'권재규와 한유의 사례'라고 했지만, 지금까지의 논의는 이 편지가 「문목」을 근거로 나타난 「독외필」 1·2의 핵심 논점이라는 점을 확인시켜 준다. 따라서 한유의 「여권군오」와 「독외필」 1,

---

60) 한유, 『우산집』 권8, 「與權君五(辛丑)」, 33~34쪽.

61) 이향준, 「외필, 1902 －외필논쟁의 시작－」, 『범한철학』 100집, 102쪽.

하우식의 「독외필」 2, 그리고 기우승의 「문목변」은 저술 시점의 간격이 있을 것으로 예상되지만, 석오(石梧) 권봉희(權鳳熙, 1837~1902)에 의해 연재(淵齋) 송병선(宋秉璿, 1836~1905)과 전우가 외필 논쟁에 개입하기 이전인 1901년의 시점에 영남 기호학계에서 나타난 「외필」 비판의 주요 양상과 그에 대한 호남 노사학파의 대응이라는 외필논쟁의 또 다른 양상 하나를 전달해준다. 외필논쟁의 과정에서 기호학파의 전형적인 논리 하나를 개발한 문헌이 바로 「문목」이라고 할 수 있고, 기우승의 「문목변」이 「독외필」 2의 1조목에 논의의 초점을 맞추고 있는 것 또한 바로 이런 점에 기인한다고 해석할 수 있는 것이다.

나가면서

외필논쟁에서 초창기 영남 노론계의 역할에 관한 부분은 지금까지 학계의 주목을 그다지 받지 못한 분야이다. 삼외재(三畏齋) 권명희(權命熙, 1865~1923)와 권봉희 등 몇몇의 역할은 잘 알려져 있지만, 「문목」과 한유, 하우식 등의 「독외필」 1·2의 역할은 잘 알려져 있지 않았다. 이 글은 「문목」과 「문목변」 및 두 편의 「독외필」을 주제화함으로써 1901년에서 1902년 사이의 영남 기호학계의 「외필」 비판과 반 비판의 내용을 개괄적으로 재구성해 보았다.

영남 노론계는 『노사집』의 세 번째 중간본이 단성의 신안정사에서 시작된 1901년 7월에서 중간본이 간행되는 1902년 4월 이

전에 이미 「외필」의 문제점을 인식하고 이에 대한 학술적 토론을 전개했다. 그 증거물로 제시할 수 있는 것이 「문목」인데, 유감스럽게 이 저술은 오늘날 그 실물을 확인할 수 없다. 「문목」은 지금까지 뚜렷한 저자조차 알려져 있지 않다는 점으로 미루어 보면 다수의 인물들이 참여한 공동작업의 소산물일 확률이 높고, 어쩌면 한유와 하우식은 「문목」의 형성에 중요한 역할을 했던 당사자일지도 모른다. 그러나 지금의 수준에서 이것은 추정일 뿐이다.

이런 추론을 제쳐두고 나면 현재 「문목」의 주요 부분이 「독외필」 1·2와 「문목변」에 흩어진 채로 남겨져 있다는 사실만을 확인할 수 있다. 이를 토대로 한유가 권재규에게 보내는 편지, 「독외필」 1·2가 「외필문목」에 기초한 논리를 전개한 것이라면, 「문목변」은 「문목」의 존재를 확인하고 이것을 반박한 노사학파의 유일한 문헌이라고 평가할 수 있다. 영남 우도의 한유와 하우식, 호남의 기우승은 이러한 지성사적 맥락을 증언하는 이들이다.

「외필」에서 기원해서 「문목」을 매개로 진행된 이 논쟁의 맥락은 보다 포괄적인 외필논쟁의 초기 양상, 즉 1901년에서 1902년 초반기 당시 영남 노론계의 지성사적 동향을 보다 섬세하게 현재의 우리에게 알려준다. 「문목」의 존재는 권봉희와 권명희 등의 문제 제기에 의해 송병선과 전우가 외필논쟁에 휩쓸리기 이전에 이미 영남 노론계의 비판과 이에 맞서는 노사학파의 이론적 대립을 보여주고 있기 때문이다. 아직 이 분야의 연구는 여전히 많은 부분들이 불투명한 상태로 남아있다. 더 많은 자료들이 발굴되고, 조명된다면 1901년부터 시작된 외필논쟁의 전체적인 양상이 재구성될 수 있을 것이다.

야은(野隱) 박정규(朴廷奎)의 삶과 도설(圖說)로 보는 가정교육*

조 우 진
(전남대학교 학술교수)

들어가면서

본 논문의 목적은 야은(野隱) 박정규(朴廷奎, 1829~1898)의 안빈낙도(安貧樂道)의 삶과 그의 가정교육을 살피는 데 있다. 박정규는 구한말 호남 담양(潭陽)의 유학자이며, 노사(蘆沙) 기정진(奇正鎭, 1798~1879)의 직전 제자이다. 그는 초야에 은둔하여 산수를 유람하면서 농사와 공부를 병행하였으며, 효제(孝悌)[1]를 중심으로 한 가정교육을 중시하였다. 그의 속세를 벗어난 삶은 내우외환의 시대 상황에서 선택한 것이지만, 현실사회를 완전히 외면한 것은

* 이 글은 2021년 12월에 간행된 『호남학』 권70호[호남학연구원]에 수록되었다.

1) 『論語』「學而」2장. "其爲人也孝弟, 而好犯上者, 鮮矣, 不好犯上, 而好作亂者, 未之有也. 君子務本, 本立而道生. 孝弟也者, 其爲仁之本與!"

아니었다. 박정규는 동학군을 격퇴한 나주 목사 민종렬(閔種烈, 1831~1899)에게 "국가를 바로잡고 백성을 구제하는 본령은 오직 백성의 화합[人和]에 달려있다"[2]라고 하면서 민심을 화합하는 것이 중요한 책무라고 조언하기도 했다.

박정규에 대한 연구논문은 현재까지 존재하지 않는다. 하지만 가난한 삶 속에서도 공맹(孔孟)의 도학(道學)과 정주(程朱)의 이학(理學)을 학문의 축으로 삼고, 율곡(栗谷) 이이(李珥, 1536~1584)와 노사(蘆沙) 기정진(奇正鎭)의 사유체계를 바탕으로 심신(心身)을 수양하는 도설(圖說)을 만들어 가정교육의 일면을 보여주고 있다는 점에서 연구의 필요성이 있다. 박정규의 문집 『야은만록(野隱謾錄)』은 3권 1책으로 1901년 큰아들 박상호(朴尙鎬)가 편집하여 간행했는데, 교유관계와 세상의 물욕에서 벗어난 삶을 알 수 있는 시문, 당대 지식인들에 보낸 편지 및 자기 수양과 가정교육에 관한 내용 등이 있다.

박정규의 교유관계는 세 가지 관점에서 살펴볼 수 있다. 첫째, 「야은당(野隱堂)」[3] 시에 대해 스승 기정진을 비롯한 박창수(朴昌

---

2) 朴廷奎, 『野隱謾錄』 下, 雜著, 「歸正議上閔侯(種烈)」, 27b. "伏以匡國救民之本領, 惟在乎人和."

3) 「야은당(野隱堂)」 시는 초야에 농사를 지으면서 속세와 부귀를 잊고 은둔의 삶을 살아가는 자신의 모습을 잘 드러내었다.
乃知居野勝居山 산에 사는 것보다 초야 삶이 더 나음을 알아
十載營成屋數間 십 년 동안 몇 칸 집을 지어 경영했네
富貴由天非所望 부귀는 타고나니 바랄 것 아니고
田功在地豈求閒 농사일 땅에 있으니 어찌 한가함 구할까
小簷日暖憑軒睡 작은 처마에 햇볕 따스해 난간 기대 졸고
老圃春深聽水還 묵은 밭에 봄 깊어 물소리 들으며 돌아온다
爰處無妨城市遠 이곳은 저잣거리와 멀어 거리낄 것 없나니

壽)·양기영(梁紀永)·나도규(羅燾圭)·오갑선(吳甲善)·기우만(奇宇萬) 등 21명이 차운한 것은 그의 교유관계가 넓다는 것을 엿볼 수 있는 지점이다. 둘째, 스승 기정진에게 올린 편지 4통과 기우만에게 보낸 편지 6통이 있는데 아들의 공부와 안부에 관한 것이며, 조의곤(曺毅坤)·기양연(奇亮衍)·고광선(高光善)·오준선(吳駿善) 등 여러 동학과도 편지로 소통하였다. 셋째, 그의 문집『야은만록(野隱謾錄)』에 대해 면암(勉庵) 최익현(崔益鉉, 1833~1906)이「야은실기서(野隱實記序)」를 썼고, 난와(難窩) 오계수(吳繼洙, 1843~1915)가「야은유고발(野隱遺稿跋)」을 작성하였다. 이러한 측면에서 볼 때 명확한 학문적 교유관계는 확인하기 어렵지만, 초야에 은둔한 삶 속에서도 노사학파뿐만 아니라 당시의 지식인들과 많은 인적 관계망을 가지고 있었음을 알 수 있다.

박정규의 문집에는 성리설(性理說)과 직접 관련된 글이 없다. 최익현은 "상례(喪禮)와 제례(祭禮)는 정주(程朱)의 정론에 의지해서 시행하였고, 항상 이이의『격몽요결』을 좋아하여 입으로 외우고 손으로 써서 자손을 가르쳤다"[4]라고 하였다. 그는 자손들에게 과거 공부보다는 이치 공부에 힘쓸 것을 강조하였으며, 이이의『격몽요결』10조를 요약하여 자손들에게 힘쓰도록「약선율옹요결십조면아자(約選栗翁要訣十條勉兒子)」를 저술하였다. 당시 기정진을 비롯한 그 문인들도 대체로『격몽요결』에 대해 수용적 태도를 보였는데, 특히『격몽요결』에 관심을 가지고 자손들을 가르치

炎凉世態曷嘗關 염량세태에 어찌 일찍이 상관하리오

4) 崔益鉉,『勉庵先生續集』권2, 序,「野隱實記序」, 9a. "喪祭二禮, 必依程朱定論而行之, 常愛石潭要訣, 口誦手抄, 訓迪子孫."

는 데 힘썼던 사람이 바로 박정규이다. 박정규는 노사학파 문인들 가운데 『격몽요결』의 핵심을 요약해서 뽑고, 그것을 중심으로 몸과 마음의 수양 방법론을 도설(圖說)로 표현한 유일한 사람이다. 이것이 바로 「지신도설(持身圖說)」과 「완심도설(玩心圖說)」이다. 박정규는 이것을 자기 삶의 척도로 여겼을 뿐만 아니라 자손들이 살아가는 삶의 지표로 삼아 경계할 것을 강조하였다. 본론에서는 먼저 박정규의 안빈낙도(安貧樂道)의 삶을 살펴보고, 그의 저술 「약선율옹요결십조면아자」·「지신도설」·「완심도설」 등을 고찰함으로써 그의 가정교육에 대해 살펴볼 것이다.

안빈낙도(安貧樂道)와 은일(隱逸)

박정규의 자는 도겸(道兼)이고, 호는 야은(野隱)이며, 본관은 함양(咸陽)이다. 시조는 신라 경명왕(景明王)의 셋째 아들 박언신(朴彦信)인데, 속함대군(速咸大君)에 봉해지면서 후손들이 시조로 삼았다. 하지만 그 뒤로 선조의 계보를 고증할 수 없어서 신라 시대 예부상서(禮部尙書)를 지내고 함양군에 봉해진 박선(朴善)을 중시조로 삼았다. 고조는 박세익(朴世益)이고, 증조는 박몽신(朴夢臣)이며, 조부는 박치원(朴致元)이고, 아버지는 박종렴(朴宗濂)인데 대대로 학행(學行)이 있었다. 어머니는 해주오씨(海州吳氏) 오필한(吳弼漢)의 딸로 정숙하고 현모양처의 덕이 있었다. 박정규는 순조(純祖) 기축(己丑) 정월 12일 광산(光山) 이장리(泥場里)에서 태어났으며, 나주오씨(羅州吳氏) 첨지(僉知) 성원(成源)의 딸과 결혼하여 귀호(龜鎬)·문호(文鎬)·영호(泳鎬)·상호(尙鎬) 등 4남을 낳았다.

박정규는 어려서부터 침착하고 섬세하며, 민첩하고 총명하였다. 10세(1838)에는 『소학』을 통달하여 부모를 섬길 때 어김이 없었다. 23세(1851)에는 금성의 북쪽으로 이사하여 성시(城市)와 자취를 끊고 초야에 파묻혀 살면서 효제(孝悌)를 본원으로 삼고 글공부와 농사를 급선무로 여겼다.[5] 그래서 그는 "오직 산나물을 뜯고 들판에서 밭을 가는 일로써 일생을 보내며, 일하다가 그사이에 여력이 있으면 성현의 책을 보고 오동나무 궤 안에 기대어 한가롭게 살았다. … <『주역』 건괘(乾卦) 「문언전」에> '세상에 따라 변하지도 않고, 명성을 이루려고 하지도 않는다. 홀로 서지만 두려워하지 않고, 남의 인정을 받지 못해도 고민하지 않는다'고 말하지 않았던가"[6]라고 하면서 평생 세상의 물욕과 인연을 끊고 주경야독(晝耕夜讀)의 삶을 살았다. 또한, 그는 "배움의 요체는 농사와 서로 표리관계이며, 글을 배우는 것은 어리석음을 깨뜨리는 것이다. 밭농사로 배고픔을 구제할 경우 사람들은 그 배고픔을 알아 농사에 힘쓰지만, 그 어리석음을 알지 못하여 학문을 닦지 않으니 이것이 두려울 따름이다. … 그 인의예지가 마음을 적셔주는 것은 또한 벼·마·콩·보리로 배고픔을 구제하는 것보다 낫다. 학문하는 방도는 멀리에 있는 것이 아니다. 반드시 가까이 늙은 농부가 밭을 일구는 데에서 구하는 것이 좋을 것이다"[7]라고

5) 吳繼洙, 『難窩遺稿』 卷9, 跋, 「野隱遺稿跋」, 23a. "中歲移寓錦城之北, 斷跡城市, 棲身草野, 以孝悌爲本原, 書農爲先務."

6) 朴廷圭, 『野隱謾錄』 下, 雜著, 「无悶誌」, 13a~b. "惟以採山耕野之業, 過了一生, 事而有餘力於其間, 則閱聖賢書, 優遊於梧几之下, … 不云乎不易乎世, 不成乎名, 獨立不懼, 不見是而无悶."

하여 농사와 공부를 표리관계로 보았다.

26세(1854) 6월 6일에 모친상을 당하였고, 28세(1856) 5월 9일에 부친상을 당하였는데 슬픔과 예(禮)를 『주자가례(朱子家禮)』에 따라 시행하였다. 박정규는 곤궁하여 학문을 돈독히 하지 못한 것을 깊은 한으로 여겨 기정진 선생에게 나아가 배웠다. 의심나고 어려운 것을 물어보면 선생이 그의 독신(篤信)함을 좋아하였으며, 그것을 칭찬하는 뜻은 다른 사람과 비교가 되지 않았다.[8] 박정규가 언제 어떻게 기정진 선생의 문하에 들어갔는지 정확하게 알 수는 없지만, 「기기선생호상소(寄奇先生護喪所)」에 "정규는 늦게 문하가 되어 오래도록 사랑하고 보호해주시는 은혜를 입었습니다"[9]라고 하였다.

박정규는 매년 따사로운 봄이나 서늘한 가을이 되면 2~3명의 동지(同志)를 이끌고 유명한 산이나 운치 있는 물가에서 노닐다가 흥이 다하면 돌아오는 것을 즐겼다.[10] 유람에서 돌아오는 길에는 반드시 기정진 선생을 만나 아무 산과 아무 물가의 경치가 어떠했는지를 아뢰었다. 그때마다 기정진 선생이 기쁘게 수답(酬答)하여 "늙은 절름발이가 강산을 누워서 노닐 수 있는 것은 우리 박

---

7) 朴廷圭, 『野隱謾錄』 下, 文, 「勸學文」, 2b~3a. "學之要以農相表裡, 學問之破愚也. 若田農之救飢 人能知其飢而務農, 不能知其愚而不修學文是可懼也.…… 其仁義禮智灌心, 亦不下於禾麻菽麥之救飢矣. 爲學之方不在乎遠, 必近求於老農之治田可也."

8) 朴廷圭, 『野隱謾錄附錄』, 「家狀」, 6b. "以窮不篤學爲深恨, 就學于蘆沙先生. 質疑問難, 先生愛其篤信, 詡之之義, 非比餘人."

9) 朴廷圭, 『野隱謾錄』 中, 書, 「寄奇先生護喪所」, 2b. "廷奎晩托門屏, 久荷愛護之念."

10) 박정규가 유람을 다니면서 지은 시는 「無等山」, 「采石江」, 「法聖途中口呼」, 「白羊寺」, 「松江寺」, 「邊山」 등이 있다.

정규에 의한 것이다"[11]라고 하고, "'나는 증점(曾點)과 함께하겠다'라는 마음을 가지게 되었다"[12]라고 하였다. 여기에서 공자와 증점의 관계처럼 스승 기정진과 박정규의 깊은 유대관계를 확인할 수 있다.

또한, 박정규는 책상에 "세상을 살아가는 데는 부드러움을 귀하게 여기고, 굳세고 강하기만 한 것은 재앙의 근원이다"[13]라는 한 구절을 적어놓고 매일 보면서 자신을 살폈다. 그리고 그는 "율곡 선생의 『격몽요결』 10조를 베껴 써서 자제에게 항상 경계하고 외우게 하였다. 상례(喪禮)와 제례(祭禮)는 『주자가례』를 참고하여 베껴서 기록하고 집안에 전하여 일정한 규약으로 삼았다"[14] 또 항상 자식들에게 말하길 "송사(松沙) 기우만(奇宇萬, 1846~1916)의 문하에 귀의하고 그 인도하는 뜻을 좇아서 받들어라"[15]고 하였다. 박정규는 스승 기정진이 돌아가시자 스승의 손자이면서 동문인 기우만을 따라 하문을 할 것을 자제들에게 주문하였다. 그래서 셋째 아들 박영호(朴泳鎬, 1858~1931)[16]는 어린

11) 崔益鉉, 『勉菴先生續集』 卷2, 序, 「野隱實記序」, 8b~9a. "先生欣然酬答曰: 使老夫鼈躄江山臥遊, 惟道秉是賴."

12) 吳繼洙, 『難窩遺稿』 권9, 跋, 「野隱遺稿跋」, 23b. "有吾與點也之意."

13) 奇宇萬, 『松沙集』 권43, 墓表, 「野隱朴公墓表」, 2b. "處世柔爲貴, 剛强是禍基."

14) 朴廷圭, 『野隱謾錄附錄』, 「家狀」, 7a. "抄書栗谷先生要訣十條, 使諸子常爲警誦. 喪祭儀參考文公家禮抄錄, 傳家爲定規."

15) 朴廷圭, 『野隱謾錄附錄』, 「家狀」 7a~b. "以松沙之門爲依歸, 遵奉其誘掖之志焉."

16) 朴泳鎬의 자는 明淑이고, 호는 松溪이며, 본관은 咸陽이다. 難窩 吳繼洙, 柏下 梁相衡, 後石 吳駿善, 弦窩 高光善 등과 교유하면서 질정하였다. 또한, 그는 學行으로써 監察에 천거되었으나 나아가지 않다.

나이에 아버지를 따라 기우만의 제자가 되었다. 아버지와 아들이 2대에 걸쳐 노사학파의 학맥을 계승하였으며, 아들 박영호는 문집 『송계유고(松溪遺稿)』[17]를 남겼다. 박정규는 죽음이 임박하여 자식들에게 “집에 거처할 때 효우인목(孝友婣睦)[18] 네 글자를 부절로 삼아야 한다”[19]라는 말을 남기고 70세의 나이로 별세하였다. 그는 죽기 전까지 자손들에게 자기 수양공부와 가정교육의 중요성을 강조하였다.

이러한 박정규의 삶에 대해 주의의 평가는 다음과 같이 일관된다. 최익현은 “호남은 동국(東國)의 사수(泗洙)로 뛰어난 선비와 은사(隱士)가 연이어 나왔지만, 야은 박정규의 경우는 더욱 다른 점이 있었다. 타고난 품성이 소탈하고 호방하며, 평생 영욕(榮辱)으로서 기뻐하거나 슬퍼하지 않았다. 마음속에 간직한 것은 과거시험에서 발자취를 끊고 속세를 벗어나 구속받지 않았다”[20]라고 칭송하였다. 기우만은 “우리 조부[노사]께서는 ‘일찍이 산수(山水)에 정을 붙이는 것이지 명리(名利)에 머무는 것이 아니며, 외물에 구속받지 않는 것은 불가능하니 이것을 붙잡고서 구해야 한다.’라고

17) 『松溪遺稿』는 3권 1책 석인본으로 鄭英珌(1879～1965)이 序를 쓰고, 아들 朴濟淳이 1966년 3월에 跋을 작성하였다. 권1에는 詩 148제가 있고, 권2에는 書 11편, 記 11편, 序 3편, 行狀 3편, 文 2편, 雜著 3편, 說 1편이 있고, 권3에는 부록이 있다.

18) 婣은 異姓親과 화목하게 지내는 것이고, 睦은 同姓親과 화목하게 지내는 것이다.

19) 奇宇萬, 『松沙集』 권43, 墓表, <野隱朴公墓表>, 3a. “處家孝友婣睦, 爲四字符.”

20) 崔益鉉, 『勉菴先生續集』 권2, 序, <野隱實記序>, 8b～9a. “湖南東國之洙泗也, 碩人逸士, 磊落相望, 而若故野隱朴公, 則尤有異焉. 稟姿踈曠, 平生不以榮辱欣戚. 置方寸間, 斷迹公車, 放情物外.”

말씀하셨는데, 야은 박정규가 그 적임자에 가깝다"[21]라고 단언하였다. 오계수는 "오호라! 선비가 이 세상에 태어나 '곤궁하면 그 자신만이라도 선하게 하고, 영달하면 천하 사람과 선을 함께 한다'[22]라고 하였다. 천하 사람과 선을 함께하면 세상에 등용되어 그 은택을 입고, 자신만이라도 선하게 하면 향리의 사람들이 그 덕에 감화된다. 공과 같은 사람은 유독 자기 몸을 선하게 하여 향리의 사람들을 그 덕에 감화시킬 자라고 할 만하다. 한스럽게도 그 재능을 펼칠 길이 없었는데, 만약 세상에 등용되었다면 많은 도움이 있었을 것이다"[23]라고 안타깝게 여겼다. 큰아들 박귀

21) 奇宇萬, 『松沙先生文集』 권43, 墓表, <野隱朴公墓表>, 2a. "吾先子嘗言寓情山水, 非泊於名利. 不受外物惹絆者不能, 執此而求之. 野隱朴公諱廷奎, 殆庶乎其人歟."

22) 『孟子』 「盡心上」. 박정규는 빈궁[窮]에 대하여 "군자는 아무리 빈궁해도 그 빈궁함을 편안히 여기면서 도의를 고수하지만, 소인은 빈궁하면 제멋대로 한다. 빈궁함에 거처하면서 그 빈궁함을 근심하지 않는 것 이것이 어찌 군자의 도가 아니겠는가? 사람의 빈궁함은 하늘이 말하는 통달이다. 그러므로 안자와 같은 어진 사람도 요절하였고, 공자와 같은 대성인도 끝내 필부로 지냈다. 어떤 사람이 빈궁하다고 말할 것 같지만, 그 인의와 도덕의 빛남은 천지에 충만하여 마침내 백세의 스승이 되니 누가 두 사람에게 하늘의 통달함이 보존되어 있다는 것을 알겠는가"라고 하였다. 그는 빈궁함에 대해 張維(1587~1637)의 『谿谷集』 잡저에 실려 있는 「詩能窮人辨」의 관점을 바탕으로 기술하였다. 일반적으로 사람들은 빈궁함과 통달함을 사람의 신분이 얼마나 귀하고 천하며, 얼마나 빈궁하고 통달하느냐에 따라 판단하지만, 얼마나 아름다운 명성과 더러운 이름이 후에 드리워지냐를 살펴봐야 하늘이 그 사람을 통달하게 했는지 빈궁하게 했는지를 알 수 있다. 박정규는 이처럼 군자로써 안빈낙도의 삶을 추구하면서 物欲을 경계하였다.

23) 吳繼洙, 『難窩遺稿』, 跋, <野隱遺稿跋>, 23b. "嗚呼! 士生斯世, 窮則獨善, 達則兼善. 兼善則擧世被其澤,獨善則鄕隣薰其德, 若公可謂獨善其身, 而鄕里薰其德者非耶. 恨不得展其所蘊, 使擧世有所裨益也."

호(朴龜鎬)는 "오호라! 부군의 성품은 도량이 넓고 행동거지가 조화로우며, 용모가 단정하고 수려하였으며, 효우(孝友)의 정성과 고궁(固窮)의 행실에는 다른 사람이 미치기 어려운 점이 있었다. 늦게 스승의 가르침을 받아 나아가고자 하는 방향이 이미 바르고, 닦고 살피는 것이 더욱 돈독했으며, 충신(忠信)으로 품행이 깨끗해서 온화함·공손함·삼감·경계함이 집에 거처하거나 사물에 접할 때 저절로 드러났다. 이것은 소자(小子)의 사사로운 말이 아니라 향리의 사우들이 공경하고 탄복하며 칭찬한 것이니 아름다운 행동과 훌륭한 덕에 대해 후세에 길이 말이 있을 것이다"[24]라고 하였다. 위와 같은 평가를 고려해보면, 박정규는 속세와 물욕에서 벗어나 안빈낙도하는 생활을 추구하면서도 당대 지식인들뿐만 아니라 향리에서 지조와 덕망이 있는 선비로 인정받았다는 것을 짐작할 수 있다.

가정교육의 지침

「약선율옹요결십조면아자(約選栗翁要訣十條勉兒子)」

박정규는 이이의 『격몽요결(擊蒙要訣)』을 요약하여 뽑은 「약선율옹요결십조면아자」를 저술하여 자손들에게 힘쓰도록 당부하였

24) 朴廷圭, 『野隱謾錄附錄』, 「家狀」, 7b～8a. "嗚呼! 府君性度, 寬和儀容端秀, 孝友之誠固窮之行, 有人難及處, 而晩服師訓, 趍向旣正, 修省益篤, 忠信庶潔, 溫恭謹飭, 自著於居家接物之際, 此非小子私言, 鄕隣士友之所欽服而稱道者, 則美行懿德永, 有辭於後世矣."

다. '격몽(擊蒙)'이란 말은 『주역』 「몽괘(蒙卦)」 상구효(上九爻)의 "격몽이니 도둑이 되게 하는 것은 이롭지 못하고 도둑을 막는 것이 이롭다"[25]라는 말에서 연원한다. 상구(上九)는 가장 위에 자리하여 강명(剛明)한 양효(陽爻)이니 어리석음을 일깨워주는 자이다. 하지만 상구는 상괘(上卦)에서 중(中)을 지나 끝에 거처하기 때문에 과격한 성질이 있다. 그러므로 '도둑이 되게 하는 것은 이롭지 못하다'라는 말은 가르칠 때 너무 지나치게 벌을 주면 도리어 해롭다는 의미이고, '도적을 막는 것이 이롭다'라는 말은 외부로부터 나쁜 유혹을 막아주어야 이롭다는 뜻이다. 즉 격몽(擊蒙)은 '어리석음을 일깨워준다'라는 뜻으로, 몽매한 어린아이에게 과하게 벌을 주어서는 안 되고, 밖의 물욕으로부터 막아주어야 한다는 것이다. '요결(要訣)'과 관련해서는 당나라 두우(杜佑, 735~812)가 지은 『이도요결(理道要訣)』[26]이라는 책이 있는데, '요결'이란 '중요한 방법'이라는 뜻이다. 그러므로 '격몽요결'이란 말은 '어리석음을 일깨워주는 중요한 방법'이라는 의미이다.

『격몽요결』은 초학자를 교육하기 위한 저술이면서도 조선 초기 사림파의 『소학』 이념을 계승하여 우리의 실정에 맞게 재구성된 성리학서이다. 그 내용은 입지(立志)·혁구습(革舊習)·지신(持身)·독서(讀書)·사친(事親)·상제(喪制)·제례(祭禮)·거가(居家)·접

25) 『주역』 「蒙卦」, 上九. "擊蒙, 不利爲寇, 利禦寇."

26) 朱熹(2002), 『朱子語類』 권136, 『朱子全書』 제18책, 上海, 上海古籍出版社·安徽教育出版社, 4,230쪽. "주희가 말했다. 두우는 세상일에 뜻이 있는 사람이라 말할 수 있다. 방자가 『理道要訣』에 관해 물었다. 주희가 대답했다. '이것은 옛것을 비판하고 지금을 옳다고 하는 책이다.[杜佑可謂有意於世務者.' 問理道要訣. 曰: '是一箇非古是今之書. 方子]'"

인(接人)·처세(處世) 10장으로 구성되어 있다. 즉 『격몽요결』은 일상생활에서 실천의 문제뿐만 아니라 심신 수양과 예법에 이르기까지 광범위하게 언급한 조선 중기 초학자를 위한 저술이다. 그 위상은 정조(正祖)가 1788년 『격몽요결』에 대한 서문을 쓰면서 더욱 높아졌다. 정조는 「격몽요결서문」에서 '이 책은 바로 『소학』의 첫걸음'이라고 하면서 이이와 같은 시대에 태어나지 못함을 탄식하였다. 이러한 『격몽요결』은 교육적인 면뿐만 아니라 사림의 정치적인 면과 그 결을 함께 하였으며, 실학자들에게도 중요하게 다루어졌다. 다산(茶山) 정약용(丁若鏞, 1762~1836)은 『격몽요결』을 중시하여 두 아들에게 『격몽요결』의 기본 틀을 바탕으로 『주자대전』의 내용을 주제별로 뽑아 『주서여패(朱書餘佩)』 12조목을 정리하도록 권유하면서, 그 책을 『격몽요결』의 변례[27]라고 하였다. 즉 정약용은 성인됨의 바른길을 제시하는 교재로 『격몽요결』을 본보기 삼아 이 책의 구성을 재창조하여 『주서여패』를 저술하였고, 『주서여패』는 조선 중기 성인됨의 실천의 덕목에서 요구되던 조목들을 더욱 세분화하고 구체화하는 데 이르렀다.[28] 특히 유배지에 있던 정약용은 자제들에게 성인이 되는 공부를 강조하면서 『격몽요결』의 몸공부와 마음공부를 강조하였다. 이처럼 『격몽요결』은 시대와 계파를 넘어서 조선 시대의 보편적인 수양서였다.

조선 후기 기정진은 "5세에 『효경』과 『격몽요결』 등 여러 책

27) 丁若鏞, 『與猶堂全書』, 「第一集詩文集第二十一卷○文集/書」, 〈寄兩兒〉, 15a. "此蓋栗谷擊蒙要訣之變例者也. 栗谷以立志, 爲學聖人自期爲志."

28) 문미희(2016), 「수용사의 관점에서 본 『격몽요결』의 탄생과 전승의 의미」, 부산대학교 박사학위논문, 210쪽 인용.

을 읽었는데 한번 보면 잊지 않았다"[29]라고 하였을 뿐, 그의 문집에는 『격몽요결』에 대한 특별한 자신의 견해를 피력하지 않았다. 더 나아가 노사학파 문인들 또한 『효경』과 『소학』을 중요하게 여기지만, 『격몽요결』에 대해서는 거의 거론하지 않았다. 기정진을 비롯한 그의 문인들은 대부분 『격몽요결』에 대해 수용적 태도를 보이면서도 직접 다루지 않았는데, 아마도 초학자들의 수양서 정도로 보았던 것 같다. 하지만 노사학파 문인들 가운데 유독 『격몽요결』을 강조한 사람이 바로 박정규이다. 박정규는 『율곡전서』와 그 안에 있는 『격몽요결』에 대해 다음과 같이 평가하였다.

> 내가 사리를 조금 알았을 때 『율곡선생전서』를 보았는데, 선생의 마음을 전하는 묘맥(苗脈)이 이 책자에 갖추어져 있다는 것을 알고서 푹 빠져 읽으며 손에서 놓지 못하였다. 마치 선생을 지금 다시 뵙는 듯하였다. 용감하게 곧장 앞으로 나아가 작은 힘이나마 바치려고 하였지만, 뜻이 성실하고 돈독하지 못하여 그럭저럭 세월만 보내면서 그 의미를 모두 깨닫지 못하였으니 어찌 능히 마음에 부끄러움이 없었겠는가? 일상생활 중 가장 가까운 것에 10가지 일이 있는데, 처음 배우는 아이들에게 이것을 보고 학문하는 방도를 알도록 아래와 같이 조목별로 나열하였다. 아하! 아이들이 항상 열심히 정진하고 가슴에 새겨 잃지 않는다면 어찌 성취하는 것이 없겠는가? 내가 늙었다고 해서 말하는 것이 아니라, 바로 성인이 만든 것이다.[30]

29) 안동교·이덕현·김석태 옮김(2019), 『노사집』 7, 「연보」, 경인문화사, 311쪽.

박정규는 『율곡선생전서』에 푹 빠져 손에서 놓지 못했는데, 뜻이 성실하고 돈독하지 못하여 세월만 보내다가 그 의미를 모두 깨닫지 못했음을 부끄럽게 여겼다. 하지만 그는 『율곡전서』 가운데 『격몽요결』 10조목을 항상 가슴속에 새기고 잊지 않도록 자녀들에게 당부하면서 초학자들이 학문하는 방도를 알도록 한 것이라고 보았다. 박정규의 「약선율옹요결십조면아자(約選栗翁要訣十條勉兒子)」는 『격몽요결』의 내용을 자신이 이해하는 방식대로 변용한 것이 아니라, 자녀들이 일상생활에서 배우고 실천해야 할 핵심적인 내용을 그대로 뽑아서 요약한 것이다. 다만 박정규는 『격몽요결』 각 조목에 맨 앞부분에 전체적인 자신의 견해를 다음과 같이 더했을 뿐이다.

제1 : 뜻을 세우는 것은 중대하다. [立志爲大]
제2 : 옛날 습관을 개혁하는 것은 그다음이다. [革舊習爲次]
제3 : 몸가짐은 더욱더 어렵다. [持身尤難]
제4 : 책을 읽는 방법을 알아야 한다. [當知讀書之方]
제5 : 부모를 섬기는 절도를 먼저 알아야 한다. [必先知事親之節]
제6 : 상제는 사람 사는 집의 큰 예이다. [喪制爲人家之大禮]
제7 : 제례는 자식 된 자가 정성을 다해야 할 곳이다. [祭禮爲人子之致誠處也]

30) 朴廷圭, 『野隱謾錄』 下, 文, 「略選栗翁要訣十條勉兒子」, 3b. "余稍省事時, 閱栗谷先生全書, 知先生之傳心苗脈, 具在此一册子, 而愛玩不釋, 如復見先生於今日. 將勇往直前欲效其尺寸, 而志不誠篤, 因循度日, 而未能盡曉其義, 豈能無愧於心乎? 凡日用最近者有十件事, 欲使初學童子, 觀此知爲學之方, 而條列如左, 嗟爾兒子常猛着精進服膺而勿失, 則豈無所成就哉? 非我言耄, 惟聖之制."

제8 : 집에 거처하는 법도는 삼가지 않을 수 없다. [居家之法不可不謹]

제9 : 배우는 자는 마땅히 사람을 대하는 예를 알아야 한다. [學者當知接人之禮]

제10 : 처세는 참으로 어렵다. [處世實難]

박정규는 『격몽요결』 10조목을 요약하면서 자신의 견해를 4~10자로 맨 앞에 기술하였는데, 1·2·3·6·10조목은 중대하거나 어려운 것이고, 4·5·7·8·9조목은 초학자가 반드시 알아야 할 것이라고 보았다. 박정규는 특히 '처세(處世)는 참으로 어렵다'라고 보고서 "학문에 성취한 것이 있으면 윗자리에 있는 사람은 그를 등용하여 도를 행할 지위에 나아가게 할 수 있으므로 과거 공부[擧業]와 이치 공부[理學]를 아울러 행하여도 어긋나지 않고, 학문에 방해되고 뜻을 빼앗기는 걱정이 없을 것이다. 지금 사람은 그렇지 아니하여 단지 과거로써 출세의 뜻으로 삼고, 평상시 득실(得失)에 따라 마음이 흔들려 그 지조를 잃으니 어찌 성현의 책을 읽어 이치 공부를 구할 겨를이 있겠는가"[31]라고 하여 과거 공부에 치중하는 당시의 세태를 비판하면서 이치 공부의 병행을 강조하였다. 이처럼 『격몽요결』을 중시한 박정규는 「지신도설(持身圖說)」과 「완심도설(玩心圖說)」을 만들어 자신의 수양뿐만 아니라 자식들에게 몸공부와 마음공부에 힘쓰도록 요구하였다.

31) 朴廷圭, 『野隱謾錄』 下, 雜著, 「贈赴擧才子」, 13a~b. "學問能有所成就, 則爲上者擧而用之, 進於行道之位, 故擧業理學并行不悖, 而無妨功奪志之患. 今之人則不然, 但以科業爲進取之例, 常爲得失所動, 以喪其守, 奚暇讀聖賢書求理學乎?"

「지신도설(持身圖說)」

박정규의 「지신도설」은 이이의 『격몽요결』 제3장의 「지신장(持身章)」의 내용을 바탕으로 구성된 것인데, 박정규는 10조목 가운데 특히 "몸가짐은 더욱더 어렵다"[32]라고 평가하였다. 「지신장」은 『예기』 「옥조(玉藻)」 편의 구용(九容)[33]과 『논어』 「계씨(季氏)」 편의 구사(九思)[34]와 『논어』 「안연」 편의 사물(四勿)[35]을 바탕으로 학문하는 사람의 태도에 관해 기술하고 있다. '지신(持身)'은 성리학적 사유를 실천하는 '몸가짐'이라는 의미인데, 이이가 『격몽요결』[36]에서 개념화하고 그 구체적인 방법론을 제시하였다.

그런데 박정규의 「지신도설(持身圖說)」 이전에 만옹(晩翁) 서명서(徐命瑞, 1711~1795)의 「지신도」[37]와 성담(性潭) 송환기(宋煥箕, 1728~1807)의 「지신요령도(持身要領圖)」[38] 등이 있다. 서명서의 「지신도」는 상단과 하단으로 나누어 그림을 그리고 뒤에 설명을 붙였다. 상단은 『예기』의 구용(九容)과 정이천(程伊川)의 지경(持敬)[39]

---

32) 朴廷圭, 『野隱謾錄』 下, 文, 「略選栗翁要訣十條勉兒子」, 4b. "持身尤難."

33) 『禮記』 13장. "足容重, 手容恭, 目容端, 口容止, 聲容靜, 頭容直, 氣容肅, 立容德, 色容莊."

34) 『論語』 16장. "君子有九思, 視思明, 聽思聰, 色思溫, 貌思恭, 言思忠, 事思敬, 疑思問, 忿思難, 見得思義."

35) 『論語』 12장. "非禮勿視, 非禮勿聽, 非禮勿言, 非禮勿動."

36) 『격몽요결』에 대한 圖說은 明齋 尹拯(1629~1714)의 『明齋遺稿』 권30 잡저에 실린 「初學畫一之圖」와 南溪 朴世采(1631~1695)의 『南溪集』 권53 잡저에 실린 「要訣爲學圖」 등이 있다. 이들은 도설을 만든 목적이 사람에게 학문하는 방법을 알게 하기 위한 것이라고 하였다.

37) 徐命瑞, 『晩翁集』 권3, 「圖說」, 〈持身圖〉, 1b.

38) 宋煥箕, 『性潭集』 권11, 雜著, 「持身要領圖」, 10a.

39) 朱熹(2002), 『晦庵先生文公文集』 권46, 『朱子全書』 제22책, 上海, 上海古籍出版社·安徽教育出版社, 2,119쪽. "若程夫子所謂敬者, 亦不過曰'正衣

과 『논어』의 사물(四勿)을 기술하였다. 하단은 우계(牛溪) 성혼(成渾, 1535~1598)의 「서실의(書室儀)」[40] 중에서 거처(居處)·언어(言語)·기거좌립(起居坐立)·출입보추(出入步趍) 4조목을 뽑아 열거하고, 이이의 『격몽요결』 지신장(持身章)에서 의복(衣服)·음식(飮食)·거지(居止) 3조목[41]을 뽑아 넣었다. 그리고 송환기의 「지신요령도」는 『격몽요결』의 「지신장」의 내용을 취해서 그린 것인데, "사물(四勿) 중에 시(視)·청(聽)·언(言)은 구용(九容)에 속하며 구사(九思)가 그 가운데에서 행하고, 사물(四勿) 중에 동(動)은 구사(九思)에 속하며 구용(九容)이 그 가운데 있으니 또한 저절로 동정(動靜)을 함께 닦는 오묘함이 있다. 몸과 마음을 가다듬는 것은 정(靜)의 일이고, 학문을 진작시키고 지혜를 더하는 것은 동(動)의 일이다"[42]라고 하였다. 즉 송환기는 『격몽요결』의 구사와 구용을 동(動)과 정(靜)의 관계로 설명하였다.

이이는 『격몽요결』 「지신장」의 핵심을 "몸과 마음을 가다듬는 방법은 구용(九容)보다 더 절실한 것이 없으며, 배움을 진작시키고[進學] 지혜를 더하는 방법은 구사(九思)보다 절실한 것이 없다"[43]라

冠·一思慮·莊整齊肅·不慢不欺'而已."

40) 成渾, 『牛溪集』 권6, 雜著, 「書室儀」, 31b. "日間居處須要恭敬, 不得倨肆惰慢. 言語須要諦當, 不得戲笑諠譁. 起居坐立, 務要端莊整肅, 不得傾倚昏怠. 出入步趨, 務要安詳凝重, 不得跳走票輕."

41) 李珥, 『栗谷全書』 권27, 『擊蒙要訣』, 「持身章」 제3, 6b. "衣服不可華侈, 禦寒而已. 飮食不可甘美, 救飢而已. 居處不可安泰, 不病而已."

42) 宋煥箕, 『性潭集』 권11, 雜著, 「持身要領圖」, 10a. "四勿之視聽言屬九容而思行乎其中, 四勿之動屬九思而容在於其中, 亦自有動靜交修之妙. 收斂身心, 靜底事也, 進學益智, 動底事也."

43) 李珥, 『栗谷全書』 권27, 『擊蒙要訣』, 「持身章」 제3, 5b. "收斂身心, 莫切於九容, 進學益智, 莫切於九思."

고 하였다. 박정규는 「지신장」에서 말한 '배움을 진작시킨다[進學]'라는 것을 『주역』 건괘 「문언전」에 나오는 진덕수업(進德修業)에서 '덕을 진작시킨다[進德]'라는 의미로 바꾸었다. 그리고 『격몽요결』의 구성과 달리 박정규는 「지신도」에 구용과 구사의 내용을 그림 속에 그려 넣고, 그 뒤에 핵심적인 내용을 간단하게 정리 요약하였다. 또한, 이이는 몸과 마음을 가다듬는 방법을 구용으로 보고, 배움을 진작시키고 지혜를 더하는 방법을 구사로 보았지만, 박정규는 「지신도설」을 몸가짐 하나만으로 설명하고, 뒤에 「완심도설(玩心圖說)」을 따로 지어 마음가짐에 대해 거론하였다.

> 오호라! 신체의 머리털과 살은 부모에게 받은 것이니, 그 부모를 사랑하는 도(道)를 구하고자 한다면 반드시 먼저 몸가짐에서 구해야 한다. 몸가짐의 의의가 어찌 효도하고 사랑하는 근원과 근본이 아니겠는가?[44]

박정규는 『효경』의 "신체의 머리털과 살은 부모에게 받은 것이니, 감히 훼손하지 않는 것이 효의 시작이다"[45]라는 말로부터 몸가짐을 강조하였다. 그러므로 부모에게 효도하고 사랑하는 근원이자 근본은 바로 몸가짐에 있다는 것이다. 박정규의 「지신도설」은 『격몽요결』에 없는 중용(中庸)과 중화(中和)의 개념을 더하여 구용(九容)과 구사(九思)를 체용(體用) 관계로 설명하고 있다.

---

44) 朴廷圭, 『野隱謾錄』 下, 雜著, 「持身圖」, 30b. "嗚呼! 身體髮膚受之父母, 欲其愛父母之道必先求乎持身. 持身之義斯豈非孝愛之原原本本與?"

45) 『孝經』, 「開宗明義章」 제1. "身體髮膚受之父母, 不敢毁傷, 孝之始也."

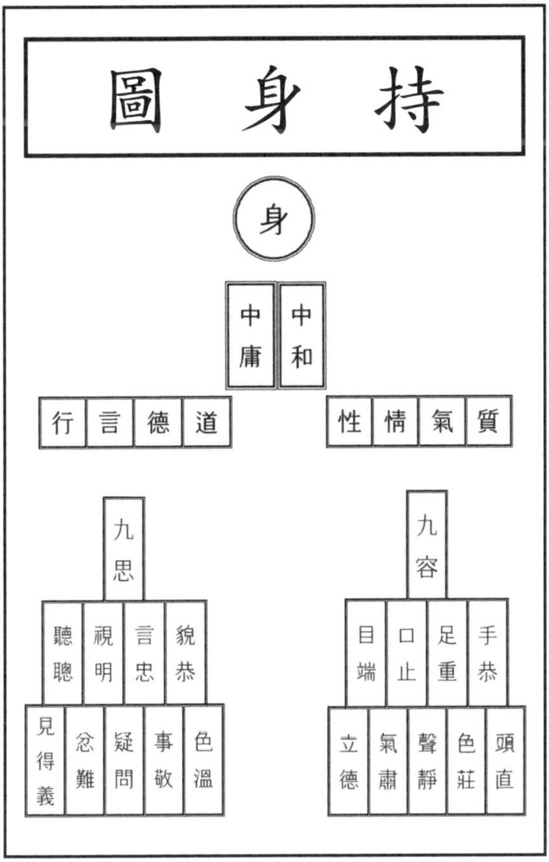

항상 반드시 아침에 일찍 일어나고 밤에 늦게 자면서 성정기질(性情氣質) 사품(四品)을 중화(中和)의 체(體)로 삼았고, 도덕언행(道德言行) 사의(四儀)를 중용(中庸)의 용(用)으로 삼았다. 체와 용이 안팎에서 함께 이루어진 뒤에야 구용(九容)과 구사(九思) 같은 절목이 일마다 법도에 맞아 자연히 마땅하게 될 것이다.[46]

46) 朴廷圭, 『野隱謾錄』 下, 雜著, 「持身圖」, 30b. "常須夙興夜寐, 以性情氣質四品爲中和之體, 以道德言行四儀爲中庸之用. 體與用交致於內外, 然後九容

박정규는 구용과 구사의 절목이 제대로 실현되기 위해서는 성정기질(性情氣質) 사품(四品)을 중화(中和)의 체(體)로 삼고, 도덕언행(道德言行) 사의(四儀)를 중용(中庸)의 용(用)으로 삼아 체와 용이 안팎에서 함께 이루어져야 한다고 보았다. 즉 그는 구용을 중화의 체로 보고 구사를 중용의 용으로 보면서 내면에 속하는 중화와 외면에 해당하는 중용의 조화를 주장하였다. 이것은 『주자어류』에서 "성정(性情)으로 말하면 중화라 하고, 예의(禮義)로 말하면 중용이라고 하는데, 그 실제로는 하나이다. … 중화를 중용과 상대하여 말하면 중화는 또한 체요, 중용은 또한 용이다"[47]라고 한 것에 근거해서 말한 것이다.

> 청탁(淸濁)·수박(粹駁)·지우(智愚)·현불초(賢不肖)한 기품이 비록 다를지라도 그 말단에 이르러서는 각각 성명이 바르게 되어 그 사이에서 나누어짐이 없을 것이다. 이러한 까닭으로 옛날의 현인과 군자는 반드시 거의 미치지 못한 것이 있는 것처럼 몸을 단속하고 살폈는데, 하물며 배운지 얼마 안 된 젊은 사람들이 「지신도설」의 본령을 힘쓰지 않을 수 있겠는가? 항상 눈으로 보고 언제나 이것을 생각하여 스스로 경계하고 말을 살피고자 한 것이다.[48]

九思等節, 件件合度, 自然得當矣."

47) 朱熹(2002), 『朱子語類』 권63, 『朱子全書』 제16책, 上海, 上海古籍出版社·安徽教育出版社, 2,056쪽. "以性情言之, 謂之中和; 以禮義言之, 謂之中庸, 其實一也. 以中和對中庸而言, 則中和又是體, 中庸又是用."

48) 朴廷圭, 『野隱謾錄』 下, 雜著, 「持身圖」, 30b. "淸濁粹駁智愚賢不肖其稟, 雖殊及其末也, 各正性命無所分於其間. 是以古之賢人君子, 必檢察其身如有不可幾及, 矧是新學小生, 豈不勉旃圖持身之本領? 常寓目而念玆在玆, 欲以自警省言."

박정규는 중화(中和)의 체와 중용(中庸)의 용이 조화를 이루면, 사람이 태어나면서 품부 받은 청탁(淸濁)·수박(粹駁)·지우(智愚)·현불초(賢不肖)가 다를지라도 결국에는 각각 성명이 바르게 되어 그 나누어짐이 없다고 보았다. 그는 처음 배우는 소생들이 「지신도설」을 보고 몸가짐을 힘쓰고 잠깐이라도 잊어서는 안 된다고 경계하면서 마음가짐을 중시하는 「완심도설(玩心圖說)」을 지었다.

「완심도설(玩心圖說)」

박정규의 「완심도설」은 인심(人心)과 도심(道心)의 관계 속에서 마음을 살핀 것으로 그의 독창적 도설(圖說)이다. 「완심도」를 처음 그린 사람은 조선 중종 때 호남 사림의 대표적인 인물인 미암(眉巖) 유희춘(柳希春, 1513~1577)인데, 전란으로 없어져 존재하지 않는다. 『승정원일기』에는 유희준이 "기질의 차이를 조목조목 나열하여 「완심도」를 만들었다"[49]라는 기록만 있을 뿐, 자세한 내용은 알 수 없다. '완심(玩心)'이란 말은 주자의 『근사록(近思錄)』「서문」에 "진실로 이 책을 얻어서 마음으로 완미한다[玩心]면, 또한 문호를 얻어 들어갈 수 있을 것이다"[50]라는 구절이 있는데, 창계(滄溪) 임영(林泳, 1649~1696)은 「독서차록(讀書箚錄)」에서 "완심(玩心)은 마음으로 완미하는 것이지 그 마음을 깊이 완미하는

49) 『承政院日記』 高宗 21년 3월 15일 기사. "條列氣質之差, 而作玩心圖."
50) 朱熹(2002), 『晦庵先生文公文集』 권81, 『朱子全書』 제24책, 上海, 上海古籍出版社·安徽教育出版社, 3,827쪽. "誠得此而玩心焉, 亦足以得其門而入矣."

것이 아니다"[51]라고 하였다. 즉 '마음으로 완미하다'라는 뜻의 완심(玩心)은 '마음으로 생각하다'와 '마음에 새겨둔다'라는 의미이다. 하지만 '완(玩)'이라는 글자는 『주역』 「계사전」의 "군자가 거처할 때는 그 상을 관찰해서 그 말을 완미하고, 움직일 때는 그

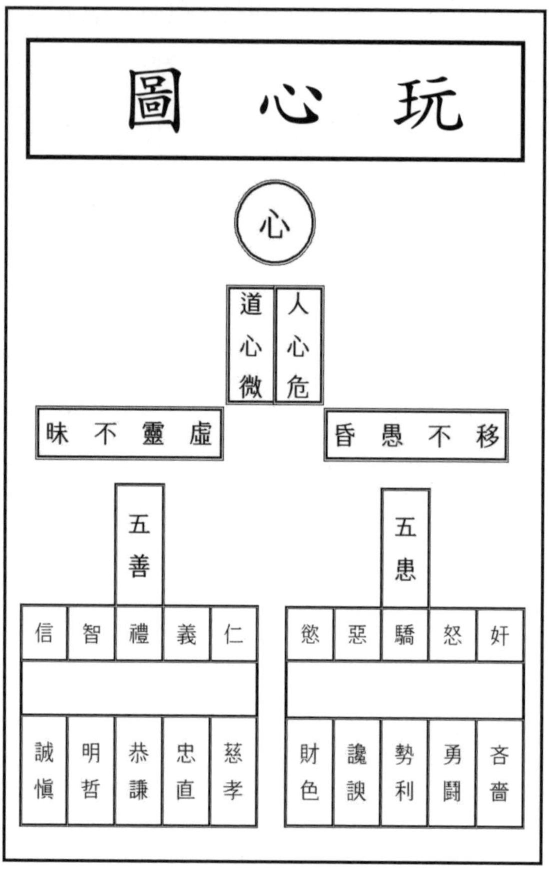

51) 林泳, 『滄溪集』 권23, 「讀書箚錄」, <近思錄>, 14b. "玩心, 以心玩之, 非玩夫心也."

변화를 관찰하여 그 점을 완미한다"[52]라는 구절에서 사용되었는데, 박정규는 이때 '완(玩)'자의 의미를 사용하여 '마음을 완미하다[玩心]'로 보았다.

> 무릇 마음은 일신(一身)을 주재하면서 양단이 있다. '인심(人心)은 오직 위태롭고 도심(道心)은 오직 은미하다'라는 것이 이것이다. 위태로움과 은미함의 사이는 초학자가 분별하기 어려우니 반드시 깊이 완미하고 격물치지(格物致知)한 연후에 그것을 밝힐 수 있다.[53]

마음이란 하나의 몸을 주재하면서 인심(人心)과 도심(道心)의 양단으로 이루어졌다. 즉 박정규의 「완심도설」은 『서경』 「대우모(大禹謨)」의 "인심은 오직 위태롭고 도심은 오직 은미하다"[54]라는 구절을 바탕으로 그린 것이다. 박정규의 관점에서 보면 '인심은 오직 위태롭다'라는 것은 마음이 어둡고 어리석어 변하지 않는다[昏愚不移]는 것이고, '도심은 오직 은미하다'라는 것은 마음이 텅 비고 신령하여 어둡지 않다[虛靈不昧]는 것이다. 박정규는 초학자가 인심의 위태로움과 도심의 은미함을 분별하기 쉽지 않기 때문에 반드시 깊이 완미하고 격물치지한 연후에 밝힐 수 있다고 보았다. 그리고 그는 인심과 도심을 오환(五患)과 오선(五善)으로 분명

52) 『周易』, 「繫辭上傳」 2장. "君子居則觀其象而玩其辭, 動則觀其變而玩其占."

53) 朴廷圭, 『野隱謾錄』 下, 雜著, 「玩心圖」, 31b. "夫心也者, 爲一身之主宰, 而有兩端焉. 人心惟危, 道心惟微是也. 危微之間, 初學難辨, 必須潛玩, 格致而後可明之."

54) 『書經』, 「大禹謨」. "人心惟危, 道心惟微."

히 구분하였다.

> 대개 인심(人心)이라는 것은 어둡고 어리석어 위태로우니, 위태로우면서 움직이면 오환(五患)의 단서가 있게 된다. 혹 간사하여 인색(吝嗇)하고, 화를 내어 만용으로 싸우는 것[勇鬪]을 좋아하고, 교만하여 권세와 이익[勢利]에 빠지고, 사악하여 참소와 아첨[讒諛]을 숨기고, 욕심내어 재물과 여색[財色]을 탐낸다. 또 도심(道心)이라는 것은 허령하여 은미하니, 은미하면서 고요하면 오선(五善)의 단서가 있게 된다. 인(仁)으로 자효(慈孝)하고, 의(義)로 마땅히 충직(忠直)하고, 예(禮)로 능히 공손(恭謙)하고, 지(智)로 지극히 명철(明哲)하고, 신(信)으로 반드시 성신(誠愼)한다.55)

인심은 어둡고 어리석어 위태로우며, 도심은 허령하여 은미하다. 인심(人心)은 위태로우면서 움직이니 간사[奸]·화남[怒]·교만[驕]·사악[惡]·욕심[慾] 오환(五患)의 단서가 되고, 그 결과 인간은 인색하고, 싸우기를 좋아하고, 권세와 이익에 빠지고, 참소와 아첨을 숨기고, 재물과 여색을 탐낸다. 도심(道心)은 은미하면서 고요하니 인의예지신(仁義禮智信) 오선(五善)의 단서가 되고, 자효(慈孝)·충직(忠直)·공손(恭謙)·명철(明哲)·성신(誠愼)으로 드러난다.

그런데 선(善)의 상대 개념은 악(惡)인데, 인심의 측면에 오악(五惡)이라고 쓰지 않고 왜 오환(五患)의 개념을 사용하였을까? 한대

55) 朴廷圭, 『野隱謾錄』 下, 雜著, 「玩心圖」, 31b. "盖人心者昏愚而危, 危而動有五患之端. 或奸而爲吝嗇, 怒而好勇鬪, 驕狹勢理, 惡而暗讒諛, 慾而貪財色也. 且道心者虛靈而微, 微而靜有五善之端. 仁而爲慈孝, 義而當忠直, 禮而能恭謙, 智而極明哲, 信而必誠信也."

동중서(董仲舒, BC176~BC104)는 『춘추번로(春秋繁露)』에서 환(患)이라는 글자의 의미를 "하나에 그치는 것을 충(忠)이라고 하고, 두 개의 충(忠)을 붙잡는 것을 환(患)이라고 하는데, 근심하는 사람은 충(忠)이 하나가 아니다. 하나가 아니므로 근심이 이것으로 말미암아 생긴다"[56]라고 하였다. 즉 환(患)자는 마음의 중심[忠]이 두 개이기 때문에 근심이 생긴다는 의미이다. 박정규는 오환에 해당하는 인심을 악(惡)으로 단정한 것이 아니라 경계의 대상으로 보았다. 오환(五患)은 인간의 선택에 따라 자신의 욕망대로 달려가려는 인심(人心)이며, 오선(五善)의 덕목은 선택의 문제가 아니라 태어날 때부터 부여받은 도심(道心)이다. 즉 오선은 인간이 착하게 살아야 할 이유이며, 오환은 인간이 욕망에 끌리는 까닭이다. 그래서 박정규는 오환과 오선의 양단을 살펴서 "항상 마음을 깨어있게 하고 날로 새롭게 해야 천리(天理)가 저절로 보존되고 인욕(人慾)이 서질로 막혀 만세의 표준이 된다 … 도심을 마음으로 삼고 인심을 마음으로 삼지 않는다면, (공자의) 극기복례(克己復禮)의 공부가 밝은 거울처럼 환하여 만물이 와서 다 비출 것이다"[57]라고 하였다.

횡거(橫渠) 선생이 말하길 '자신의 마음을 엄한 스승으로 삼는다.'

---

56) 董仲舒(1988), 『春秋繁露』 권12, 『文淵閣四庫全書』 vol 181, 臺灣, 商務印書館, 776쪽. "止於一者謂之忠, 持二忠者謂之患, 患人之忠不一者也. 不一者故患之所由生也."

57) 朴廷圭, 『野隱謾錄』 下, 雜著, 「玩心圖」, 31b～32a. "常須惺惺, 而惟日新之. 天理自存人慾自遏, 以爲萬世之標準.……以道心爲心, 勿以人心爲心, 則克復之功, 洞然如明鏡, 萬物來畢照矣."

> 라고 했다. 이것으로 말미암아 살펴보면 마음이 있는 곳은 곧 스승이 있는 곳이니 엄하도다! 마치 깊은 물에 임하고 얇은 얼음을 밟는 것처럼 아침저녁으로 부지런히 힘써 나태하거나 소홀함이 없다면 마음의 위태롭고 은미한 체(體)와 용(庸)을 좇아서 볼 수 있다.[58]

이것은 장재(張載)의 "마음을 바르게 하는 처음에는 마땅히 자신의 마음을 엄한 스승으로 삼아야 한다"[59]라는 말을 인용하여 마음공부의 중요성을 강조한 것이다. 은미하면서 고요한 것은 오선의 실마리가 되고, 위태로우면서 움직이는 것은 오환의 단서가 된다. 그러므로 박정규는 움직일 때 『시경』에서 말하듯 "매우 두려워하고 조심하여 깊은 물에 임하는 듯하고 얇은 얼음을 밟는 듯하여"[60] 나태하거나 소홀함이 없이 조심하고 경계하면 마음의 위태롭고 은미한 체(體)와 용(用)을 볼 수 있다고 보았다. 마음이라는 것은 허명하고 자취가 없어서 붙잡으면 마음에 차지 않지만, 버려두면 천 리 밖으로 나가 노닐게 된다. 박정규는 「완심도설」에서 마음의 두 가지 축으로 명확히 구분하고, 위태로움과 은미함을 분별하기 위해서 항상 밝게 깨어있는 마음을 강조하였다. 훌륭한 스승이 따로 있는 것이 아니라 내 마음이 바로 좋은 스승이기 때문에 내 마음을 속이지 않고 바로잡으면 은미함과 위태로

58) 朴廷圭, 『野隱謾錄』 下, 雜著, 「玩心圖」, 32a. "橫渠先生曰: '以己心爲嚴師.' 由是而觀焉, 則心之所存即師之所存, 其嚴乎哉! 如臨深履薄, 朝夜孜孜, 無怠無忽, 則從可見心之惟危惟微之體與用矣."

59) 張載(1979), 『張載全書』 권6, 「學大原上」, 臺灣商務印書館, 112쪽. "正心之始, 當以己心爲嚴師."

60) 『詩經』 「小雅·小旻」. "如臨深淵, 如履薄冰."

움의 경계를 확인할 수 있다. 그래서 박정규는 「완심도설」을 만들어 자신의 수양뿐만 아니라 자손들에게 모든 일을 신중히 하고 두려워하여 잠시라도 잊어서 안 된다고 가르쳤다.

나가면서

박정규는 구한말 안빈낙도(安貧樂道)의 삶을 추구했던 호남 담양의 유학자이며, 노사 기정진의 직전 제자이다. 그는 속세에서 벗어나 유유자적하면서 산천 유람을 즐겼으며, 돌아올 때는 반드시 스승 기정진을 만나 유람했던 곳에 대해 담소를 나누었다. 그의 문집 『야은만록』에는 사찰이나 산천을 유람하면서 썼던 시(詩)와 지리산을 유람하면서 기록한 기행문 「지리산행(智異山行)」 등이 있다. 이러한 삶 속에서 박정규는 후학 양성을 위한 노력 대신 가정교육에 힘을 썼으며, 공자가 말한 인(仁)을 실천하는 근본인 효제(孝悌)를 중시하였다. 하지만 그는 스승 기정진을 비롯한 동학인 기우만(奇宇萬)·오계수(吳繼洙)·조의곤(曺毅坤)·기양연(奇亮衍)·나도규(羅燾圭)·고광선(高光善)·오준선(吳駿善) 등과 깊은 유대관계를 맺으면서 당시 지식인들과 인적 관계망을 형성하였다.

기정진은 이이의 『격몽요결』에 대한 특별한 자신의 견해를 피력하지 않았으며, 그의 문인들 또한 마찬가지이다. 기정진을 비롯한 그의 문인들은 대부분 『격몽요결』에 대해 수용적 태도를 보이면서 초학자의 수양서 정도로 여겼지만, 유독 『격몽요결』을 강조한 사람이 바로 박정규이다. 박정규는 가정교육의 표본을 『격몽요결』로 보고서 「약선율옹요결십조면아자」를 저술하였다. 「약선율옹요결십조면아자」는 『격몽요결』을 자신의 방식대로 변용한 것이 아니라, 『격몽요결』의 내용을 그대로 뽑아서 옮겨 적은 것이며, 각 조목 첫 부분에 4~10자로 자신의 견해를 적었다. 이처럼 『격몽요결』을 중시한 박정규는 「지신도설(持身圖說)」과 「완심도설(玩心圖說)」을 만들어 자신의 수양뿐만 아니라 자손들에게 몸공부와 마음공부에 힘쓰도록 가르쳤다.

박정규는 노사학파 문인들 가운데 『격몽요결』을 심신수양(心身修養)의 핵심으로 삼고, 그것을 도설(圖說)로 표현한 유일한 사람이다. 「지신도설」은 이이의 『격몽요결』 제3장의 「지신장(持身章)」의 내용을 바탕으로 구성된 것인데, 박정규는 10조목 가운데 특히 '지신(持身)은 더욱더 어렵다'라고 보고서 몸가짐을 중시하였다. 박정규는 『격몽요결』에 없는 중용(中庸)과 중화(中和)의 개념을 더하여 구용과 구사를 체용(體用) 관계로 설명하였다. 그는 구용을 중화의 체로 보고 구사를 중용의 용으로 보면서 내면에 속하는 중화의 체와 외면에 해당하는 중용의 용을 조화시켜야 한다고 보았다. 그리고 「완심도설」은 『서경』 「대우모(大禹謨)」의 '인심(人心)은 오직 위태롭고 도심(道心)은 오직 은미하다'라는 구절을 바탕으로 만든 박정규의 독창적인 도설(圖說)이다. 박정규는 초학자가 인심의 위태로움과 도심의 은미함을 분별하기 쉽지 않기 때문에 반드시 깊이 완미하고 격물치지(格物致知)한 연후에 밝힐 수 있다고 보았다. 그리고 그는 인심과 도심을 오환(五患)과 오선(五善)으로 명확히 구분하고, 위태로움과 은미함을 분별하기 위해서 항상 깨어있는 마음을 강조하였다. 박정규의 위상은 『격몽요결』을 바탕으로 「지신도설」과 「완심도설」을 제작하여 자신의 삶에서 직접 실천으로 옮기고 자손들에게 심신(心身)을 수양하도록 주문하였을 뿐만 아니라, 가난함 속에서도 공맹(孔孟)의 도학(道學)과 정주(程朱)의 이학(理學)을 학문의 축으로 삼고 이이와 기정진의 사유체계를 바탕으로 가정교육의 일면을 보여주었다는 점에 있다.

노사(蘆沙)와 화서(華西)의 만남*

— 박해량(朴海量)의 「해상일기(海上日記)」를 중심으로 —

이 향 준

(전남대학교 학술교수)

들어가면서

조선 후기, 그러니까 19세기 말 호남과 경기의 성리학적 사유는 어떻게 서로를 만나고 인식했는가? 구체적으로 노사학파(蘆沙學派)와 화서학파(華西學派)의 상호 교섭은 어떤 계기를 통해, 어떤 인물과 사건들을 통해 이루어졌는가? 이 질문은 여태껏 거의 주목을 받지 못했다. 노사학파와 화서학파에 대한 전체적인 개괄이 이루어진 상태에서 도드라지는 학술적 특징의 하나로서 상호작용의 구체적 양상들이 주제화되어야 했기 때문이다. 기존에 우리 학계가 19세기 성리학의 전체적인 양상을 포괄적으로 묘사하는 데 어려움을 겪고 있기 때문에, 이 질문은 연구자들의 시야에

* 이 글은 2022년 2월에 간행된 『한국철학논집』 권72호[한국철학사연구회]에 수록되었다.

서 조금은 벗어나 있었다고 말할 수 있다. 최근 진전된 학술적 역량들은 이제 19세기의 다양한 성리학파 뿐만 아니라, 이들의 사상적 상호작용의 구체적 양상들에 눈길을 돌릴 수 있게 만들었다.[1] 이 글은 노사학파와 화서학파를 관통하는 한 사람의 지적 여정을 통해 이를 살펴보려고 한다. 그는 전남 광주 출신의 율수재(聿修齋) 박해량(朴海量, 1850～1886)이다.

박해량은 노사(蘆沙) 기정진(奇正鎭, 1798～1879)의 직전문인 가운데 한 사람으로 광주(光州) 출신이다.[2] 1850년생이지만 채 마흔을 넘기지 못하고 37세의 나이로 1886년에 세상을 떠났다. 그는 6권 3책의 『율수재유고(聿修齋遺稿)』를 남겼지만, 짧은 생을 보낸 탓인지 지금껏 우리 지성사에서 개별적으로 다루어진 적이 없었다. 그러나 그에게는 조선 후기 지성사의 측면에서 볼 때 최소한 주목할 만한 측면이 한 가지 있다. 그는 "세속이 높이 평가하는 것에는 일절 마음에 두지 않았고, 오직 학문과 절행으로 사람들에게 추앙을 받고, 사람들이 귀의하는 이를 찾아 멀고 가까움을 가리지 않고"[3] 찾아다니면서 가르침을 청했다. 그 결과 면암(勉菴) 최익현(崔益鉉, 1833～1906)의 말을 빌리자면 "서쪽으로는 성전(星田)에서 고산(鼓山) 임제주(任祭酒)를, 남쪽으로는 지도(智島)에서 중암(重菴) 김선생(金先生)을 배알했고, 그리고 나처럼 못난 사

1) 선행 연구의 한 장에서 이 논제가 개괄적으로 언급된 사례는 김봉곤, 「19세기 畿湖學界의 學說分化와 論爭」, 『유교사상문화연구』 39집(한국유교학회, 2010), 144～154쪽 참조.
2) 노사선생문인회, 『蘆沙先生淵源錄』 권3(長城, 澹對軒, 1960), 18후면 참조.
3) 崔益鉉, 『勉菴集』 권38(표점영인 한국문집총간 vol.326), 「聿修齋朴君行狀」, 338쪽.

람조차도 교유하는 인물의 항렬에 두어 제주도와 흑산도까지 찾아와 주었다."[4]

박해량은 전재(全齋) 임헌회(任憲晦, 1811~1876)의 문인이자, 중암(重菴) 김평묵(金平默, 1819~1891)의 가르침을 받았으며, 최익현의 문인으로서 『화서연원록(華西淵源錄)』에도 이름이 올라있고,[5] 동시에 기정진의 문인이기도 한 것이다. 그 가운데 그에게 가장 많은 학문적 영향을 끼친 스승은 최익현과 기정진이었다. 중복된 학맥은 박해량에게 노사학파의 내부 인물이면서 동시에 화서학파의 일원이라는 특징을 부여했다. 달리 말하자면 그의 학문적 여정은 그 자체로 노사학파와 화서학파 사이의 상호 작용의 한 양상을 보여주고 있다. 여기에 주목할 때 매우 유용한 참고 자료가 그의 문집에 실려 있는데, 그것이 바로 「해상일기(海上日記)」(이하 「일기」)이다. 「일기」는 박해량이 1874년부터 1876년에 걸쳐 제주도, 경기도 가평, 흑산도로 최익현을 방문한 3회의 여정과 그 과정에서 토론한 내용들로 이루어져 있다. 당연히 여기에서 토론된 내용들 가운데 상당수, 특히 명덕설(明德說)은 기정진에게 전해져 다시 토론의 대상이 되었다.

이런 점을 부각하면서 이 글은 노사학파와 화서학파의 상호 작용이라는 측면에서 박해량과 그의 「해상일기」를 다루려고 한다. 최익현과 기정진의 직전문인이라는 교호적 측면에서 박해량을 주제화하고 그의 「일기」를 통해 노사학과 화서학의 교섭을, 그와 최익현 및 기정진과의 만남과 토론으로 이어지는 학술적 교류의

---

4) 같은 책, 같은 곳.

5) 張三鉉 編著, 『華西淵源錄』 上(화서학회, 2019), 318~319쪽 참조.

측면에서 살펴보기로 하겠다. 이를 위해 먼저 박해량과 「일기」를 소개한 후, 명덕설을 예로 들어 최익현, 박해량, 기정진 사이에 어떤 학술적 내용이 오고 갔는지를 구체적 사례로 제시한 다음, 그의 지성사적 역할과 의의를 개괄하는 것으로 마무리할 것이다.

생애와 사승

박해량의 자는 도겸(道謙)이고 호는 율수재(聿修齋)이며 본관은 평양(平陽) 즉 순천(順天)이다. 순천 박씨의 선조는 고려의 개국공신인 박영규(朴英規)이고, 조선시대 들어서 대제학을 지낸 문숙공(文肅公) 박석명(朴錫命, 1370~1406)이 저명한 선조이다. 그는 광주에서 태어났는데, 그의 집안이 호남으로 낙향하게 된 것은 조선시대 동지돈령부사(同知敦寧府事)를 지낸 박숙선(朴叔善) 때문이었다. 박숙선의 숙부는 박원종(朴元宗, 1467~1510)으로 그는 중종반정을 주도한 핵심 인물 가운데 한 사람이었다. 박숙선은 숙부가 반정공신으로서 한양에서 부귀를 누리고 집안이 번성하는 것을 목격하고 이를 경계해서 호남의 나주(羅州)로 낙향했다고 한다. 그리고 박숙선의 다섯 아들 가운데 셋째로서 창신교위(彰信校尉)를 지낸 박이공(朴而恭, 1461~1524)이 다시 광주로 옮기면서 그 후손들이 세거하게 되었다. 그의 할아버지는 박성락(朴聖洛)이고, 아버지는 농와(農窩) 박정현(朴鼎鉉)이며 어머니는 기계 유씨(杞溪兪氏)이다.

박해량의 집안은 17세기 중반 다른 호남의 유력 가문들이 그

랬던 것처럼 전반적인 서인화(西人化)의 길을 걸었다. 그 대표적인 현상은 손재(遜齋) 박광일(朴光一, 1655~1723)과 안촌(安村) 박광후(朴光後, 1637~1678) 같은 집안의 선조들이 우암(尤庵) 송시열(宋時烈, 1607~1689)의 문인이 된 것이다.[6] 물론 이것은 순천 박씨 집안에만 일어난 현상은 아니었다. 제주 양씨 집안에서는 양산보의 4대손인 인재(忍齋) 양진태(梁晉泰, 1649~1714)가, 행주 기씨에서는 기정진의 5대조인 송암(松巖) 기정익(奇挺翼, 1627~1690)이 송시열의 문인이 되기도 했다. 노론계열 기호학파의 남하(南下) 현상이라고 볼 수 있는 이런 경향이 일반적이라는 것은 도암(陶菴) 이재(李縡, 1680~1746)가 "우암(尤庵) 문정 선생(文正先生)이 돌아가신 뒤, 그의 문인들 대부분이 호서와 호남에 흩어져 살았다"[7]라고 말한 데서도 간접적으로 확인할 수 있다. 박해량이 최익현과 기정진을 비롯한 서인 학자들의 문인이 될 수 있었던 것은 이런 가학의 배경에서 보자면 자연스러운 일이었다.

게다가 그의 집안도 기정진과 인연이 있었다. 훗날 「일기」의 발문을 쓴 석음(石陰) 박로술(朴魯述, 1851~1917)은 그의 집안의 족손(族孫)에 해당하는데, 박로술의 고조인 박성렬(朴聖洌)의 3남 2녀 가운데 셋째인 박윤현(朴允鉉)의 부인은 다름 아닌 기정진의 넷째 누이였다.[8] 순천 박씨와 행주 기씨는 서인이라는 사대부로

---

6) 이 때문에 박로술(朴魯述)은 박광후가 봉산(蓬山)에 유배된 송시열을 방문하고, 박광일이 제주도로 유배가는 송시열을 강진 만덕사(萬德寺)에서 전송한 일화를 언급하면서 「律修齋海上日記跋」을 시작했다. 朴魯述, 『국역 石陰遺稿』, 朴小東 역(順天朴氏 珍原宗中, 2017), 305쪽 참조.

7) 李縡, 『陶菴集』 권33(표점영인 한국문집총간 vol.195), 「諮議朴公墓碣」, 192쪽.

8) 奇正鎭, 『蘆沙集』 권28(표점영인 한국문집총간 vol.310), 「睡軒處士朴公行

서의 정체성을 공유했을 뿐만 아니라 혼맥으로 맺어진 사이였던 것이다.

아버지인 박정현은 성인이 된 26세의 박해량을 "병치레하는 약골[殘病弱骨]"[9]이라고 표현했다. 이것은 그가 평소에도 그다지 건강하지 못한 몸이었음을 추측하게 만든다. 그럼에도 그는 최익현이 말했던 것처럼 학문과 절행(節行)이 뛰어난 이가 있다는 말을 들으면 원근을 따지지 않고 배움을 청했다. 심지어 최익현은 유배에서 풀린 자신을 "청성(靑城)의 집으로까지 찾아와 거친 밥과 푸성귀 반찬을 함께 나누고, 거문고와 글로 서로 즐기면서 몇 달을 함께 지내고는 했다"[10]라고 기록하고 있다. 이 시기에 최익현과의 만남과 대화를 기록한 것이 「해상일기」의 두 번째 부분인데, 이에 따르면 대략 1875년 4월에서 9월 사이의 일이었다.

비슷한 시기 박해량은 기정진의 문인으로서도 활동했다. 『노사집(蘆沙集)』 권14에는 박해량에게 보내는 8편의 편지가 실려 있다. 6편 가운데 첫 편지는 1875년의 것이고 마지막 편지는 1879년의 것이며, 별도의 2편은 『중용』과 『대학』의 내용을 토론한 문목에 답하는 것이다. 한편 『율수재유고』 권2에는 박해량이 기정진에게 보내는 편지 13편이 실려 있다. 1875년 10월의 첫 편지에서 기정진이 세상을 떠난 기묘년 5월 이후의 편지가 마지막이다.

박해량과 기정진 집안의 혼맥을 고려하면 박해량이 평소에 기

狀」, 601～602쪽 참조.

9) 朴海量, 『律修齋遺稿』 권3(표점영인 한국근대문집선간 vol.5, (재)한국호남학진흥원, 2020), 「自警說」, 280쪽.

10) 최익현, 『면암집』 권38, 「율수재박군행장」, 338쪽.

정진을 알고 있었던 것은 당연하겠지만, 본격적으로 기정진과 학문적 교유를 시작한 것은 1875년 최익현을 동행해서 장성 하사리로 기정진을 방문한 다음인 것으로 추정된다. 기정진에게 문인으로 인정을 받은 것은 그보다 약간 뒤일 것이다. 박해량은 기정진의 제문에서 스스로를 '문인 박해량(門人朴海量)'[11]이라고 쓰고 있지만, 기정진이 1875년 10월 그에게 보내는 첫 편지에서는 "몇 달 동안 사문(師門)에 있었으니 얻은 것이 반드시 많을 터인데 그 한둘을 들을 수 없는 것이 한스럽네"[12]라고 말함으로써, 최소한 이 시점까지는 최익현이 포함된 화서학파의 인물로 간주하는 듯한 태도를 취하고 있기 때문이다.

그러나 3년 뒤인 1878년 8월 81세의 기정진이 서헌동(逝軒洞)을 다녀올 때 동오(東塢) 조의곤(曺毅坤, 1832~1893)과 박해량 및 김정규(金正奎)와 손자들이 가마를 맸다는 기록이 있고, 1879년 여름에는 기정진이 "박해량의 「용학차의(庸學箚疑)」 수천 마디 말에 대해 손수 답장하였다"라는 기록이 있으며, 세상을 떠난 날인 1879년 12월 29일 쇠약해진 기정진의 마지막을 곁에서 지킨 제자들 가운데 한 사람도 박해량이었다.[13] 이런 기록들은 기정진의 만년기에 박해량이 노사학파 내부에서 직전문인으로서의 위상이 확고했다는 것을 증명한다.

안타깝게도 기정진이 세상을 떠나고 7년 뒤인 병인년(1886) 5월 29일 박해량은 37세의 나이로 세상을 떠났고, 고룡면(古龍面)

11) 박해량, 『율수재유고』 권3, 「祭蘆沙先生文」, 281쪽.

12) 기정진, 『노사집』 권14, 「答朴道謙(海量 乙亥十月)」, 329쪽.

13) 기정진, 『노사집·부록』 권1, 「年譜」, 630·632쪽 참조.

상촌(相村) 건좌(乾坐)의 언덕에 장례를 지냈다. 그의 「행장(行狀)」은 최익현이 썼다. 그는 두 명의 부인에게서 2남 1녀를 두었다. 첫째 부인은 평택 임씨(平澤林氏)로서 임기휴(林基休)의 따님으로 딸 하나를 두었다. 두 번째 부인은 울산 김씨(蔚山金氏)로서 김로휴(金濾休)의 따님으로 두 아들을 두었는데, 박원동(朴源東)과 박현동(朴玄東)이다. 박원동은 1909년 아버지의 문집인 『율수재유고』를 6권 3책의 목활자본으로 간행했다. 박현동은 독립 운동에 헌신해서 1906년 최익현을 좇아 의병에 가담해서 활동하던 중 1910년 3월 2일 내란죄로 유형 5년형을 언도받기도 했다.

해상일기: 1차 여행

현재 『율수재유고』 권4에 수록된 「일기」는 세 부분으로 구성되어 있는데, 그것들이 구분되는 이유는 김평묵의 발언 속에 잘 드러나 있다.

> 박해량(朴海量) 도겸(道謙)이 광주에서 험한 바다를 건너 제주에 들어가서 제자의 예를 매우 공손하게 닦았다. 최공(崔公)이 (제주도에서) 풀려나 포천으로 돌아온 뒤에는 또 제자의 예를 행하여 떠나지 않고 머물러 온갖 고생을 겪으며 학문에 힘썼는데 이때 와서 또 흑산도로 따라가서 성심으로 섬기고 떠나지 않았으니, 이는 정자(程子) 문하의 마동평(馬東平: 馬伸)을 오늘날에 다시 보는 격이다.[14]

14) 최익현, 『면암집·부록』 권2, 「연보」, 523쪽.

여기에는 첫째 광주 출신의 박해량이 제주도에 있는 최익현을 방문해서 사제관계를 맺었고, 둘째 경기도 가평(현재 포천시) 최익현의 본댁을 방문해서 머물렀으며, 셋째 흑산도로 유배를 간 최익현을 따라가서 모셨다는 사실이 기록되어 있다. 「일기」가 세 부분으로 구성된 이유는 바로 이 세 가지 서로 다른 시기의 방문 기록이 한 글에 모여 있기 때문이다. 이 때문에 「일기」에 언급된 날짜를 기준으로 세 부분으로 나눌 수 있다.

구분	시기	여정
1차 여행	1874. 02. 10. ~ 04. 00.	광주 - 제주도 - 광주
2차 여행	1875. 04. 20. ~ 10. 03.	광주 - 경기도 가평 - 광주
3차 여행	1876. 02. 07. ~ 06. 23.	광주 - 흑산도 - 광주

이 3회에 걸친 여정은 모두 1783년부터 1876년 사이에 있었던 최익현의 행보와 연관되어 있다. 즉 「일기」의 첫 부분은 1873년 대원군이 섭정에서 물러나고 고종이 친정에 임할 것을 주장한 상소문으로 인해 제주도에 위리안치된 최익현을 방문했을 때의 것이다. 2차 여행은 1875년 3월 제주도 위리안치에서 풀려난 최익현을 박해량이 광주에서부터 동행해서 최익현의 집에 도착하고, 그의 집에 한동안 머물면서 한양과 주변을 오고 가며 강학하고 교유한 내용이다. 3차 여행은 1876년 병자년에 이루어진 병자수호조약의 체결을 반대한 최익현이 다시 흑산도에 유배되었던 시기에 박해량이 흑산도로 방문에서 4개월 정도 머무르면서 오고 간 대화를 기록한 것이다. 비슷한 시기 박해량은 1875년부터 기정진과 편지를 통해 본격적으로 학문적 의견을 주고받기 시작했다. 최소한 1875년 이후 박해량은 최익현과 기정진을 매개하는

역할을 수행하기에 충분했다.

1차 여행의 내용 대부분은 당시 제주도에 유배중이던 최익현을 방문하고 되돌아온 여정에 관한 서술이다. 하지만 여기에는 박해량과 최익현의 첫 만남에서 있었던 대화가 수록되어 있어서, 조선 후기에 사제 관계가 맺어지는 순간의 독특한 분위기를 엿볼 수 있다. 이에 따라 「일기」의 첫 부분은 여정과 만남의 두 측면으로 나누어 서술할 수 있다.

최익현은 1873년 12월 제주도에 유배되었고 1875년 3월 해배되었다.[15] 그는 제주도 칠성동 윤기복(尹祈福)[16]의 집에 위리안치되었는데, 「일기」는 박해량이 1874년 2월 10일에 장성에 사는 김효환(金孝煥)과 함께 최익현을 만나기 위해 광주를 출발하는 것에서 시작하고 있다. 두 사람의 여정은 2월 10일 광주 출발－21일 이진포(梨津浦)[17]－22일 노화도(蘆花島)－24일 소완도(小莞島)－3월 1일 제주도 무주포(無注浦) 3월 2일 윤기복 댁 도착－4월 1일 조천포－3일 추자도(楸子島)－5일 해남 어란포(魚卵浦)－10일

---

15) 1873년 11월 10일 최익현을 제주도에 위리안치시키라는 명이 있었고, 13일 길을 떠난 최익현은 28일에 영암 이진포에 도착했고, 12월 3일 배를 타고 떠나 소안도(所安島)에 도착했고, 4일 새벽에 배를 띄워 巳時 무렵에 제주도 朝天浦에 도착했다. 1875년 3월 16일 해배의 명이 도착했고, 4월 12일 제주도 別刀鎭을 떠난 최치원은 이틀 뒤에 이진포에 도착했다. 그리고 장성 하사리에 들러 기정진과의 첫 만남을 가졌고, 태인에 들러 최치원이 배향된 무성서원에 참배하고 5월에 경기도 가평의 집에 도착했다.

16) 최익현의 「연보」에서는 '尹奇福'으로 썼다.

17) 이진포는 흔히 영암 이진포라고 알려져 있는데, 제주도로 들어가는 뱃길이 출발하는 곳이다. 현재는 행정구역 개편으로 해남 북평면 소속으로서 해남 끝, 완도의 시작점 부근에 위치해서 영암군과는 아무런 상관이 없는 곳이다.

즈음 광주 도착으로 이루어져 있다. 이에 따르면 두 사람은 3월 2일부터 3월 30일까지 대략 한 달여를 최익현과 함께 지낸 셈이다.

흥미로운 점은 최익현과 박해량이 처음 만났을 때 오고 간 대화이다. 「일기」는 박해량이 3월 1일 무주포에 도착했고, 다음 날 오후 최익현이 머무는 곳을 수소문한 다음 "저녁을 틈타 들어가 뵙고, 다음날 집지하고서 배움을 청하자, 『주역』의 「계사(繫辭)」와 「오찬(五贊)」을 강론했고, 선생이 '경(敬)'이란 한 글자를 써주었다"라고 기록한 다음 이어서 두 사람 사이에는 오간 다음 대화로 이어지고 있다.

> 선생은 화양동(華陽洞) 만동묘(萬東廟)에서 제향을 회복하는 일을 물었고, 나는 '호남 유림들이 전주향교에 모여서 규탄하는 뜻의 상소문을 작성했는데, 공의로 함께 발의한 것입니다'라고 대답했다. 또 백성들의 괴로움을 묻기에 대략 고질적인 병폐를 아뢰고서 '모두가 서리배들의 농간에서 말미암은 것입니다'라고 하자 선생이 '그렇다'고 하셨다.
>
> 또 물었다. "화양원(華陽院)과 황묘(皇廟)에 봉심한 적이 있는가? 우암선생의 종가와는 서로 교류하는가?"
>
> "나이가 어려 아직 하지 못했습니다."
>
> "『송자대전(宋子大全)』은 있는가?"
>
> "예전에는 있었는데, 지금은 없어져 버렸습니다."[18]

최익현은 제일 먼저 만동묘의 훼철과 관련된 것을 묻고, 그다음 만동묘에 봉심한 적이 있는지를 물었으며, 그다음 우암의 종

18) 박해량, 『율수재유고』 권4, 「해상일기」, 285쪽.

가와 교류한 적이 있는지, 송시열의 문집인 『송자대전』을 집안에 구비하고 있는지를 물었다. 사실상 내용이 조금씩 다르지만, 그 안에 담긴 의도는 모두 하나의 공통된 방향성을 가리킨다. 하나의 지적 계보를 확인하려고 하고 있기 때문이다. 이 방향성에 대한 가장 분명한 발언을 두 사람의 다른 대화에서 확인할 수 있다. 1876년 윤5월 22일 흑산도에서의 대화는 다음과 같다.

> 내가 또 말했다. "… 율옹은 주자 뒤의 한 사람이요, 주자는 정자 뒤의 한 사람이며, 정자는 맹자 뒤의 한 사람이요, 맹자는 공자 뒤의 한 사람입니다. 율곡·우암의 학문과 배치되는 이는 즉 난적의 무리입니다." 선생이 말했다. "우암 선생은 도의 전체와 대원을 꿰뚫었고, 천지의 상경(常經)을 확립했으며, 만고의 대의를 밝혔으니, 주자 이후의 한 사람이다. 우리나라의 다른 현자들인들 누가 여기에 더 덧붙일 것이 있겠는가? 또한 율곡 선생의 도학은 이미 선현들이 지은 글들이 있다. 예를 들어 우계선생은 '숙헌(叔獻, 이이)은 도체(道體)에서 환하게 그 대원(大源)을 보았으니, 참으로 산하(山河)의 드문 기운을 타고난 사람이며, 삼대(三代) 시절의 인물이었다'라고 했다. … 이로부터 보자면 후학들이 멋대로 율곡과 우암의 우열을 논하는 것은 정말로 바보가 아버지와 할아버지의 나이를 헤아리는 것과 같다."[19]

분명하게 드러나는 것처럼 이들은 반복해서 공자－맹자－이정(二程)－주희－이이－송시열로 이어지는 지적 계보의 우월성과 이 계보를 계승하는 자신들의 성리학적 정체성을 확인하고 있다.

---

19) 같은 책, 같은 글, 295~296쪽.

거꾸로 말하면 이 계보를 확인하고, 여기에 동의하는 것이야말로 두 사람이 사제 관계를 맺는 첫걸음이라는 점을 분명하게 보여주는 것이다.

경의의 강론과 질문 및 대답은 그다음에 이루어진 일이었다. 다만 「일기」의 이 부분에서는 '최익현과 경의를 토론한 내용이 너무 많기에 다 기록할 수 없다'라고 구체적 내용을 생략하고 있다. 그럼에도 제주도에 머무는 동안 최익현이 박해량에게 '주충신(主忠信)'이라는 세 글자의 중요성을 강조했다는 사실은 또 다른 기록을 통해 확인할 수 있다.

> 나는 계유년(1873)[20]년 봄에 바다를 건너 선생을 유배지에서 배알했다. 봄 동안 머물렀는데, 선생이 '주충신(主忠信)'이라는 세 글자를 입으로 전하면서 말했다. "사람이 충실하고 미덥지 못하면 일은 모두 실질이 없어지고, 악을 행하기는 쉬워지고, 선을 행하기는 어려워진다. 그러므로 부자는 제일 먼저 이 일을 가르쳤고, 주자는 이 뜻을 부연 풀이했다. 후학들이 앞서 힘쓰지 않겠는가? 이것은 나의 광망한 말이 아니라, 오직 성인의 가르침이니, 이 가르침을 공경히 지켜서 한 마음의 주재를 삼아야 할 것이다."[21]

이렇게 첫 번째 만남에서 사상적 동질성을 확인하고 사제 관계를 맺은 최익현과 박해량은 그해 4월 초에 박해량이 집을 너무 오래 비웠다는 이유로 헤어지게 되고, 최익현은 해배될 때까지

---

20) 계유년(1873)은 갑술년(1874)의 오류이다. 박해량, 『율수재유고』 권3, 「자경설」, 280쪽.

21) 같은 책, 같은 곳.

제주도에 남고, 박해량은 광주의 집으로 돌아갔다.

해상일기: 2차 여행

1875년 3월 16일 최익현의 해배를 알리는 관문(關文)이 제주도에 도착했고, 4월 1일 최익현은 별도진(別道鎭)을 출발했다. 이틀 뒤에 이진포에 도착했고, 육로를 통해 4월 20일 그는 광주에 도착했다. 고향인 경기도 가평으로 돌아가는 길에 일부러 여정을 장성과 정읍을 경유하려고 했기 때문이다. 장성은 기정진과의 만남을 위해서였고, 정읍은 집안의 선조인 고운(孤雲) 최치원(崔致遠, 857～?)이 모셔져 있는 무성서원(武城書院)에 참배하기 위해서였다. 그리고 여기에서 다시 한 번 박해량과의 만남이 이루어지는데, 광주에서 그가 묵었던 곳이 바루 박해량의 집이었기 때문이다.

최익현이 박해량 때문에 기정진을 만나려고 했던 것은 아니었다. 왜냐하면 제주도에 있는 그에게 기정진의 성리학설을 소개한 사람은 박해량이 아니었기 때문이다. 그 사람은 제주도 조천 출신으로 기정진의 문인이었던 소백(小栢) 안달삼(安達三, 1837～1886)이었다. 그는 매계(梅溪) 이한우(李漢雨, 1823～1881)의 문인이자 기정진의 문인으로서 이미 1867년 30세의 나이로 기정진을 만난 적이 있었다. 최익현이 제주도에 왔을 때 이한우와 최익현의 만남이 있었고, 이것은 자연스럽게 안달삼과 최익현의 만남으로 이루어졌다. 김새미오는 이 만남의 의의를 이렇게 요약했다.

이한우가 최익현을 만났을 때, 소백 안달삼 역시 자리를 같이했던 것으로 보인다. 소백 안달삼은 자신이 기정진에게 배운 내용을 최익현에게 보여주었고, 최익현은 그 내용에 교감을 가졌다. 안달삼과 최익현의 만남은 노사학맥과 화서학맥 교류의 첫 만남이며 시발점이라는 큰 의미를 갖는다.[22]

제주도라는 유배지를 배경으로 유배를 당한 관원이자 유학자와 지역 토착적인 학자들의 만남은 조선 시대 전체를 통틀어 낯선 것이 아니다. 도드라지는 것은 그 지역 학자들 가운데 안달삼이 제주를 벗어난 노사학맥과의 연관을 가졌다는 점이다. 그를 매개로 평생동안 한 번도 만난 적이 없는 기정진과 화서(華西) 이항로(李恒老, 1792~1868)의 학술적 견해가 조우하는 순간이 여기에 묘사되어 있다. 김새미오의 진술이 함축하는 보다 구체적인 내용은 최익현이 첫 만남을 가진 뒤 고향으로 돌아가서 1875년 9월 14일자로 기정진에게 보낸 편지에서 잘 드러난다.

> 오직 사우(士友) 간에 좋아하는 사람들이 혹 이번의 소득을 물으면, 그때마다 큰소리로 '내가 제주(濟州)에 있을 때는 한라산(漢拏山)을 보았고, 장성(長城)을 방문하여 기장석(奇丈席)을 뵈었다.' 하였습니다. 이에 묻던 자가 움찔 놀랐고, 계속하여 들으려고 하기에, 섬에 있을 때에 안달삼(安達三)이 가지고 있는 문하(門下)의 문헌인 소장(疏章)·서(序)·기(記)·이기설(理氣說) 약간 편을 옮겨 등사한 것을 내어 보였습니다. 그리고 그들의 상론(尙論)을 들어 보니,

22) 김새미오, 「小栢 安達三의 교유와 그 의미」, 『탐라문화』 51집(제주대 탐라문화연구소, 2016), 6쪽.

모두 말하기를 '정밀하게 이치를 보고 간절하게 일을 논하였으니 참으로 고금에 뛰어난 호걸이며, 세상을 건질 만한 큰 선비이다. 조예가 깊어 논설의 깊은 뜻을 자득하고 세속의 의론에 구속되지 않는 분이 아니라면 이 같을 수가 있겠는가?' 하였습니다. 그리하여 모두 서로서로 돌려가며 등사하여 강습의 자료로 삼고, 또한 조만간에 폐백을 가지고 우러러 사모하여 뵙는 소원을 이루려고 하는 사람도 있습니다.[23]

물론 최익현과 안달삼 사이에 있었던 것과 유사한 것이 최익현과 박해량 사이에서도 발견된다. 1876년 윤5월 5일 박해량과 최익현의 대화가 그것을 증명한다.

노사선생이 어떤 이가 명덕(明德)을 질문한 것에 대답한 한 단락을 베껴서 선생에게 올렸다. 큰 소리로 읽고서 "이 어른의 언론은 어떻게 이처럼 매번 명백한 것인가?"라고 하셨다. 나는 "이기설은 화서선생과 대략 같습니다"라고 대답하고 말했다. "천리는 공공연한 도이니, 어찌 두 갈래로 나뉠 단서가 있겠습니까? 성현들이 전수한 것은 그 법도가 하나입니다."[24]

이들을 종합하면 두 가지를 알 수 있다. 최익현이 기정진의 성리학설을 개괄적으로 접하게 된 것은 안달삼의 중개 때문이었다. 그 이후 그는 줄곧 이항로와 기정진 성리학이 큰 틀에서 방향성이 일치한다는 이해를 갖고 있었다. 박해량과 최익현 사이에도

23) 최익현, 『면암집』 권6(표점영인 한국문집총간 vol.325), 「上奇蘆沙(乙亥九月十四日)」, 130～131쪽.

24) 박해량, 『율수재유고』 권4, 「해상일기」, 289～290쪽.

기정진과 이항로의 이기론에 대한 동질성에 대한 대화가 오고 갔지만, 그것은 이미 최익현이 기정진을 만난 1년 뒤의 것이다. 따라서 그의 장성 방문은 안달삼과의 만남에 의해 동기화되었다고 보는 것이 설득력이 있어 보인다. 다만 그가 장성 방문을 결정할 수 있었던 요소 가운데 하나로서 당시 자신의 문인인 박해량이 광주 출신으로서 장성 인근에 거주하고 있었다는 점도 작용했을 것이라는 점도 수긍할 수 있을 것이다.[25)]

어쨌든 안달삼에 의해 계기가 마련된 최익현의 광주 방문은 박해량에게 다른 방식으로 영향을 미쳤다. 박해량으로서는 스승을 모시고 경기도 가평까지 동행하는 2차 여행의 출발을 시작하는 계기가 되었기 때문이다.

2차 여행의 여정은 4월 20일 광주 박해량 댁－21일 장성 하사리－22일 정읍 무성서원－3일 금구읍－25일 여산－26일 소가점(小街店)－27일 무릉(武陵)의 최원엽(崔元燁) 댁－28일 천안읍－29일 진위읍(振威邑)－30일 수원－5월 1일 누원점(樓院店)을 거쳐 5월 2일 경기도 가평 가거리(嘉莛里) 최익현의 집에 도착하는 것으로 끝났다. 최익현의 댁에 머무른 지 3개월 보름 정도 지난 9월 15일 박해량은 고향을 향해 길을 떠났고 9월 15일 누원점－16일 한양 도성 내－19일 수원-20일 진위읍－21일 진계역(珍界驛)에서 묵었는데, 그 이유는 임헌회를 방문해서 집지하기 위해서였다. 그리고 「일기」는 다음 날인 22일 임헌회에게 집지한 후 그

25) 최익현은 기정진을 두 번 만났는데, 1875년 4월 제주도 유배에서 풀려난 때가 처음이었고, 1879년 3월 흑산도 유배에서 풀려났을 때가 두 번째였다. 이 두 번의 여정 모두 최익현은 장성으로 가기 직전 광주에 있는 박해량의 집에서 묵었다.

의 곁에 머무르면서 가르침을 받는 동시에 주변 인물들과 교유한 사실을 서술하고, "10월 4일 임석영(林奭榮)에게 시를 지어 주었다"[26]라는 내용으로 2차 여행의 기록을 끝마치고 있다.

최익현과 함께 하는 3개월 반 동안 그는 강학 및 토론을 진행했고, 최익현의 집을 중심으로 주변 지역을 다니면서 교유 활동을 이어갔다. 강학의 대상이 된 서적들은 세 종류로 확연하게 구분되는데, 이 서적들의 성격을 살펴보면 이들의 사상적 정체성이 어떻게 드러나는지를 잘 알 수 있다. 먼저 『주역』과 『맹자』는 고전적인 유학자들의 학습 목록이라고 할 수 있다. 「태극도설(太極圖說)」, 「서명(西銘)」, 「인설(仁說)」, 「경재잠(敬齋箴)」 등은 북송에서 남송에 이르는 시기에 생산된 대표적인 성리학적 텍스트라는 점에서 성리학자 일반의 강학 소재임을 알 수 있다. 여기에 『주자가례』는 주희가 마련한 관혼상제의 의례를 통해 자신들의 삶의 형식을 망라하려는 조선 성리학자들의 주자학에 대한 경도를 잘 보여준다. 마지막으로 가장 독특한 것은 이이(李珥, 1536~1582)의 『격몽요결』을 장별로 나누어 강학하는 것인데, 이를 통해 다시 한번 이들이 중시하는 학술의 근원이 어디에 있는지를 분명하게 알 수 있다.

또한 그는 이 기간 동안 다양한 교유 활동을 이어갔다. 가평에 머물면서 한양을 오가며 지인들과 교유를 나누었고, 양평의 용계(龍溪)를 방문해서 주희와 이항로를 참배했고, 백사서원(白沙書院)의 유허지를 돌아보았으며, 가까운 곳에 있는 백사(白沙) 이항복(李恒福, 1566~1618)이 배향된 화산서원(花山書院)을 참배하기도

26) 같은 책, 같은 글, 288쪽.

했다. 또한 화산서원에서 이루어지고 있던 강학에 참여해서 「강회계안(講會契案)」에 이름을 올렸으며, 8월 23일에는 한양으로 가서 경무대(慶武臺)에서 치러진 구일제(九日製)에 응시하기도 했다.

해상일기: 3차 여행

병자년인 1876년은 조선과 일본 사이에 흔히 강화도조약이라고 일컬어지는 조일수호조약(朝日修好條約)이 맺어진 해였다. 최익현은 이 조약이 체결될 것이라는 소식을 듣고 수호를 반대하는 척화 상소를 올렸고, 이로 인해 다시 한번 흑산도에 유배되었다. 조약의 체결은 2월 27일에 있었고, 최익현이 중봉(重峯) 조헌(趙憲, 1544~1592)의 고사를 본받아 도끼를 가지고 광화문 앞에서 상소를 올린 것은 한 달 전인 1월 22일이었다. 25일 그를 흑산도에 위리안치하라는 명이 내려왔고, 2월 1일 길을 떠났다.

박해량은 3차 여행은 최익현 일행이 2월 7일 마항점(馬項店)[27]에 도착했다는 소식을 듣고 즉시 그를 찾아가는 것에서 시작한다. 최익현은 10일 다경진(多慶津)을 거쳐 16일에 소흑산도(小黑山島)에 도착했는데, 박해량은 다경진에서 최익현을 배웅한 다음 일단 광주로 돌아와 여장을 꾸려서 출발했기 때문에 최익현보다 조금 늦게 소흑산도에 도착했다.

그의 여정은 5월 24일 화승(畵僧)인 춘담(春潭)·인찰(印察)[28] 두

---

27) 현재 전라북도 정읍시 이평면 마항리 부근으로 추정된다.

28) 최익현의 「연보」에서는 '寅札'이라고 썼다. 두 사람은 모두 정심사(淨心寺)

사람과 함께 출발하는 것으로 시작되었다. 27일 다경진 - 29일 전작도(全雀島) - 30일 암태도(巖泰島) - 윤5월 2일 관청도(關靑島) - 4일 별치도(別雉島)를 거쳐 목적지인 우이도(牛耳島: 소흑산도의 별칭)에 도착하는 것으로 끝났다. 그리고 「일기」의 기록은 그해 6월 23일 최익현이 바다에서 청기(靑氣)가 일어나는 것을 목격하고 머지않아 난리가 일어날 것이라고 예견하는 내용을 기술하는 데서 끝난다.

윤5월 2일부터 6월 23일까지 대략 2개월에 걸쳐 소흑산도에서 함께 생활하면서 박해량은 「일기」에서 최익현과의 토론 내용을 가장 많이 남겼다. 박해량의 기록을 따라 45일에 걸친 토론 내용을 날짜별로 개괄하자면 다음과 같다.

날짜	토론 내용
윤5월 2일 ~4일 사이	척화 상소와 관련된 유학자들의 태도
5일	최익현의 화상(畫像)을 그리는 문제 기정진의 명덕설 및 이기론
6일	왜사(倭使) 및 주화론자(主和論者) 비판
7일	『주자대전』 권29, 「여조상서서(與趙尙書書)」
8일	조광조의 경연설(經筵說)
9일	이이의 「경연일기」
10일	조광조의 일화 및 정심(正心)과 경(敬)의 중요성
11일	심정(沈貞)의 일화 및 군자·소인론에 기초한 주화론 비판
12일	'무리주기(無理主氣)'의 관점에서 시국 비판
13일	기정진의 최익현 상소문 평가
14일	기묘사화의 발발 및 정치적 교훈
16일	최익현 화상 완성, 기묘사화의 일화 및 척화소에 미온적인 유학자들 비판
17일	학문의 의의와 입지(立志)의 중요성 토론

의 승려이다.

날짜	토론 내용
18일	유배를 당한 최익현의 태도
19일	동시대의 개혁을 위한 방책으로서 유신(儒臣)의 대우 문제
20일	척화소의 실패 및 주화론 비판
21일	유배지의 상황 및 권필(權韠)의 시(詩) 구절
22일	인목대비 폐위 사건 이이와 송시열 학문의 정통성
23일	송시열의 유배 일화와 남인들의 대처 비판
24일	명덕의 주리(主理) 주기(主氣) 문제
25일	왜국과의 통상을 처리하는 유성룡의 태도 비판
26일	최익현의 우국충정
27일	만동묘 복설에 유화적인 유학자 비판 도의 편재성과 존양·성찰의 중요성
28일	『주자어류』를 인용한 명덕의 주리·주기 문제
29일	명덕의 주기설 비판
6월 1일	절의(節義)와 도학(道學)의 관계
3일	과거(科擧)와 이학(理學)
4일	정이(程頤)와 소식(蘇軾)의 일화
5일	주화론 비판
6일	도의 무너짐을 탄식
7일	궁리(窮理)와 독서(讀書)의 중요성
8일	의리(義理)와 식색(食色)의 구별
10일	수선지지(首善之地)로서 태학(太學)의 위상
11일	최익현의 유배
12일	기해예송 때 이유태(李惟泰)와 송시열의 갈등
13일	일심(一心)의 중요성과 조헌의 일화
14일	최익현의 집안 장례 일화
15일	송시열의 생원시와 최명길(崔鳴吉)의 태도
16일	한양 소식과 탄식
17일	주화론의 득세와 유학자의 처신
18일	기해예송에서 남인설 비판
19일	음양론적 관점에서 시국 비판
20일	동서 분당과 이이의 조제론 실패
22일	효종의 부묘(祔廟)와 인종·명종의 신위를 옮기는 문제
23일	최익현의 예견

최익현과 박해량은 기본적으로 유배를 당한 중앙 관원이자 유학자와 그에게 학문을 익히려는 젊은 신진 유학자 사이에 나타날 수 있는 토론의 전형이 무엇인지를 잘 보여준다. 그들은 당대의 시국에 대한 위정척사적 관점의 공유를 토대로, 이이-송시열로 이어지는 학문 전통의 정통성 강조, 기묘사화나 인목대비 폐비 및 기해예송 등 조선의 역사적 사건과 사례들의 평가 문제, 명덕설을 통해서 나타나는 주리적 관점의 견지 등 다양한 주제들에 걸쳐 이야기를 나누었다. 반복적으로 나타나는 주제는 당대의 시국과 연관된 주화론(主和論)에 대한 비판과 주리적 관점에서 이해하는 명덕설(明德說)이다. 당대의 시국을 '리는 없고 기를 주장하는[無理主氣]' 시기라고 파악하는 최익현의 관점은 이 양자가 모두 결합된 가장 선명한 관점을 드러내 준다. 명덕에 대한 주리적 이해가 주기(主氣)의 관점에서 파악된 당대 현실에 대한 비판이라는 입장을 함축하고 있기 때문이다. 이 때문에 아래에서는 화서학파의 명덕 주리·주기 논쟁의 내용들이 박해량과 최익현의 대화를 넘어 박해량과 기정진으로 이어지는 또 다른 지적 맥락을 통해 어떻게 상호 연관되는지를 살펴보기로 하겠다.

명덕설 토론 1: 최익현과 박해량을 중심으로

노사학파와 화서학파의 근친성을 대표하는 사례는 쉽게 찾아볼 수 있다. 특히 기정진의 논쟁적 저술인 「외필(猥筆)」을 둘러싼 '외필논쟁'의 과정에서 이것은 더욱 두드러지게 나타났다. 1884년

10월 이인구(李寅龜, 1809~1896)는 「노사 기공(정진)이 지은 「외필」의 뒤에 쓰다[書蘆沙奇公(正鎭)所著猥筆下]」를 썼고, 비슷한 때에 김평묵은 「기노사 선생의 「외필」 뒤에 쓰다[書蘆沙奇先生猥筆後]」를 썼으며, 1901년 최익현은 기정진의 「신도비명」을 썼다. 그들은 공통적으로 화서학파에 속하는 인물들로서 기정진의 성리학과 「외필」을 우호적으로 평가했는데, 이것은 "처음부터 화서학파의 인물들은 「외필」의 주리론적 경향이 이항로의 성리학적 지향과 그렇게 거리가 멀지 않다고 인식했음을 보여준다."29) 완이(莞爾) 이인구(李寅龜, 1809~1896)는 기정진의 문인인 민기용(閔璣容, 1824~?)에 의해 「외필」의 존재와 내용을 인식했고, 김평묵은 문인이자 사위인 손지(遜志) 홍재구(洪在龜, 1845~1898)를 통해 「외필」의 발문을 썼으며, 무엇보다 최익현은 안달삼과 박해량을 경유해서 기정진을 두 번이나 만났고, 성리학적 방향성을 확인한 것을 바탕으로 「신도비명」을 썼다.

이와 같은 상호 작용이 「외필」의 경우에만 가능했을 것이라고 생각하는 것은 지나친 편견일 것이다. 이런 점에서 박해량에 의해 매개되는 명덕설의 경우를 통해 최익현의 입장과 기정진의 입장을 비교 및 검토해 볼 필요가 있다.

먼저 명덕 주리·주기 논쟁 속에 함축된 성리학적 사유의 내재적 곤란과 논쟁의 윤곽은 대략 이렇게 묘사할 수 있다.

명덕논쟁(明德論爭)의 보다 중요한 원인은 바로 주자학의 두 핵심

29) 이향준, 「「외필(猥筆)」, 1902-외필논쟁(猥筆論爭)의 시작-」, 『범한철학』 100집(범한철학회, 2021), 97쪽.

적 명제가 표면적으로 상충되고 있다는 점에 있었다. 주자학에서는 '리가 기를 주재한다'고 주장하는 동시에 '심통성정(心統性情)'을 주장하는 바, 이 두 명제는 일단 상충되는 것이다. 명덕논쟁은 주자학의 이 두 핵심적 명제가 충돌하는 지점에서 시발(始發)하는 것이었다. 주자학의 심통성정론(心統性情論)에서 성은 '리'로 규정되었으며, 통(統)은 '겸포(兼包)와 주재(主宰)'의 두 뜻을 동시에 지니는 것으로 설명되었다. 따라서 심(心)을 '기의 정상(精爽)'으로 해석한다면, '심통성(心統性)'이란 '기가 리를 주재한다'는 의미가 되는데, 이는 '리가 기를 주재한다'는 명제와 상충되는 것이다.[30)]

명덕이기론에 대한 주기, 주리의 입장을 선명하게 드러낸 것은 매산 홍직필로부터 비롯되었다고 할 수 있다. … 그는 명덕을 기(氣)라고 보아 명덕주기설의 입장에 섰다. 그 이후 고산(鼓山) 임헌회(任憲晦, 1811~1876), 숙재(肅齋) 조병덕(趙秉德, 1800~1870)은 매산의 문인으로 명덕주기설을 이어갔다. 이때 고산과 숙재와 교분이 두터웠던 중암(重庵) 김평묵(金平默, 1819~1888)은 이들의 설에 반대하여 명덕주리설을 제기하였다. … 화서(華西) 이항로(李恒老, 1792~1868)는 명덕주리설을 주장하였는데 그의 문하생들은 대부분 명덕주리설을 따랐다.[31)]

주재(主宰)의 문제가 핵심이라는 뜻이지만, 이상익은 이 낱말이 순전히 이론적인 개념이라는 단견에는 머무르지 않는다. 그는 명

30) 이상익, 「조선후기 明德論爭과 그 의의」, 『동양철학연구』 39집(동양철학연구회, 2004), 139~140쪽.

31) 박홍식, 「明德理氣論辨」, 『동양철학연구』 20집(동양철학연구회, 1999), 7~8쪽.

덕을 둘러싼 주리와 주기라는 “상반된 입장이 당시의 현실에 대한 대응논리에 어떠한 영향을 끼쳤는가”[32]를 언급해야 할 필요성을 제기하고 있기 때문이다. 명덕이라는 낱말을 사용하건 사용하지 않건 주리와 주기라는 낱말을 당대의 현실과 연결시키자면 최소한 주리적 관점이 말하고자 하는 것은 분명하다. 기정진의 경우에는 「외필」이 이런 경향을 가장 강력하게 드러내고 있는 저술인데, 이 저술은 “결국 국가와 도가 쇠퇴하는 19세기의 현실 속에서 사족들이 자신들의 도를, 자신들의 국가를 위해 무언가를 해야 한다는 내적 논리를 성리학의 용어로 표현한 것”[33]이라고 할 수 있기 때문이다.

한편 박홍식의 진술은 이항로의 문인으로서 최익현이 명덕논쟁에서 어떤 입장을 가졌을 지를 짐작하도록 만든다. 이 때문에 명덕에 대한 주리적 이해는 박해량과의 대화에서 반복적으로 나타났다. 1876년 윤5월 24일 박해량의 질문과 최익현의 대답은 가장 대표적인 사례이다.

> “명덕(明德)과 이기의 논변은 여러 차례 가르침을 받았습니다. 그런데 요즘 한쪽의 의론은 기(氣) 한 글자를 장황하게 말합니다. 제 생각으로는 현혹되지 않은 것이 없습니다. 밝은 변론을 가르쳐 주시기 바랍니다.”
>
> 선생이 말했다. “(주자가 『대학장구』에서) ‘사람이 하늘에서 얻어서 … 만사에 응한다[人之所得乎天 … 應萬事者也.]’라는 21자는 바로 명덕

32) 같은 책, 같은 글, 208쪽.

33) 이향준, 「외필(猥筆)의 외침－기사(騎士)는 죽었는가?－」, 『유학연구』 54집(충남대 유학연구소, 2021), 237쪽.

의 각주이다. 요약해서 말하자면 '본연의 마음[本然之心]'이다. 곧 기를 명령하지 기에서 명령을 받지 않는 것이요, 주인이 되지 손님이 되지는 않는 것이며, 장수가 되지 병졸이 되지 않는 것이다. 한 몸의 주재가 되는 것이요, 모든 변화의 근본이어서 조금이라도 기(氣)라는 글자의 의미를 그 가운데 참여시켜는 안 된다. 다만 혹자는 심자(心字)를 리로 보고[理看], 기로 보는[氣看] 것의 차이점을 알지 못하고서, 다만 심자(心字)를 곧 지각운동과 발용조작으로 여겨, 오로지 기의 측면의 일로 여긴다. 어째서 무정의로서 조작하는 리(理) 자와 똑같이 볼 수 있겠는가? 결국 명덕은 오로지 기일 뿐이라는 주장[明德單氣之說]이 생기게 된 것이다. 그러나 리는 본래 활발발(活潑潑)하게 두루 운행하고 유통하면서, 만물을 주재하는 것이다. 어떻게 마른 나무나 타버린 재처럼 움직이지도 고요하지도 않는 리가 있겠는가?[34]

명덕은 『대학장구』에 나타난 주희의 견해를 이해의 지침으로 삼으라는 대답은 성리학자들에게 평범하지만, 그다음의 진술은 그렇지 않다. 리가 가지는 우월성을 강조하는 것은 조선 성리학이 아니라, 성리학 자체에 고전적인 관념이다. 그러나 리와 기의 명령 관계, 주인과 손님 및 장수와 병졸의 우열 관계에 기초해서 이것을 서술하는 것은 조선 성리학적 배경을 가지고 있다. 최익현의 진술에서 이색적인 것은 장수와 병졸의 은유적 구도를 강조한 이가 그가 학문의 기반으로 삼는 이이가 아니라, 다름 아닌 퇴계(退溪) 이황(李滉, 1501~1570)이라는 점이다. 바로 이러한 지점에서 기정진과 최익현은 성리학적 사유의 기본적 방향이 일치

34) 박해량, 『율수재유고』 권4, 「해상일기」, 296쪽.

한다. 즉 기정진 또한 기호학파로서의 자의식에 근거를 두고 있음에도 불구하고 그의 성리학적 경향성은 이황적 경향을 드러낸다.[35] 어떤 의미에서 이것은 기호학파에서 주리적 경향을 가지는 이들의 공통된 경향이라고 할 수 있다. 이 때문에 이들의 사상적 방향성을 고찰하는 이는 이이 성리학의 대전제라고 할 수 있는 '리는 무위, 기는 유위'라는 주장을 근거로 할 때 '리가 활발발(活潑潑)하게 … 만물을 주재한다'라는 진술이 과연 '이이적인 사유의 귀결인가, 아니면 이황적인 사유에서 가능한 진술인가'라고 물을 수 있는 가능성이 언제나 잠복되어 있는 것이다.

명덕설 토론 2: 박해량과 기정진을 중심으로

앞에서 인용한 대화는 1876년의 것인데 박해량은 이 당시 이미 '명덕과 이기에 대한 논변'을 여러 차례 들었다고 말하고 있다. 따라서 그 이전에 박해량이 최익현의 명덕설을 주지하고 있었다고 간주해도 좋을 것이다. 이런 관점에서 시사적인 대화가 기정진과 박해량 사이에 있었다. 1875년 10월 박해량은 바로 이 명덕 주리·주기 논쟁의 요점을 기정진에게 질문했고, 기정진은 다음과

35) "기정진은 여전히 리의 무위 개념을 수용한다. 이런 점에서 그는 기본적으로 이이와 견해를 같이 한다. 그러나 이런 배경을 공유하면서 무위로서의 리에 보다 '강한 힘'을 부여할 수 있는 수정안을 제시한다. 리에 '조종하는 힘[操縱之力]'이라는 용어를 사용한다는 사실이 명확한 증거다. 이렇게 해서 기정진의 리 개념은 일종의 아리스토텔레스적 개념과 비슷해진다. 이럴 때 그는 이이보다는 확실히 이황에 더 가까워진다." 이향준, 「외필의 기원」, 『유학연구』 51집(충남대 유학연구소, 2020), 151쪽.

같이 대답했다.

> 명덕과 마음은 어떤 이는 리 한쪽에 전속시키고, 어떤 이는 '아니다. 그렇지 않다. 명덕의 덕은 기이고 사단의 덕은 리이다. 마음이라고 하는 것은 기이다. 양심과 본심은 리이다'라고 합니다. 생각건대 여러 변론이 반드시 하나에서 말하는 것이 각각 다르기에 감히 우러러 묻습니다. 리의 측면과 기의 측면의 학설은 밝게 변론해서 가르침을 주십시오.[36]

> 명덕은 다만 하늘에서 얻은 본심으로써 보면 아주 분명하네. 리와 기는 그 속에 있는데 무엇 때문에 밝은 것을 놓아두고 어두운 데로 나아가 이기를 언급하는가? 내가 평소에 알지 못한 바이네.[37]

이 질문은 두 가지 해석 가능성을 포함한다. 첫째 질문에 나타나는 것처럼 명덕이 주리인지 주기인지에 대한 박해량의 견해가 아직 정립되지 못한 시점이라고 추론할 수 있다. 반면에 1874년부터 최익현과의 학문적 대화를 이어갔던 상황을 고려하자면 이 질문은 다르게 해석될 여지가 있다. 즉 박해량은 최익현에게서 이미 화서학파의 전체적인 주리적 명덕설을 전달받은 뒤에, 이 주장의 정당성을 기정진에게 확인받으려는 시도라고도 이해할 수 있는 것이다.

이 질문 속의 박해량은 분명히 화서학파의 주리적인 명덕이라는 문제의식 속에 사로잡혀 있다. 반면에 기정진의 반응은 아마

36) 박해량, 『율수재유고』 권2, 「上蘆沙先生書(乙亥十月)」, 294쪽.
37) 기정진, 『노사집』 권14, 「答朴道謙(海量 乙亥十月)」, 329쪽.

도 박해량의 기대와는 달랐던 것으로 보인다. 그는 명덕에 대한 논쟁의 바깥에 있는 사람이 가질 수 있는 관점을 보여주기 때문이다. 기정진은 마음의 본심(本心)으로서의 명덕이 리와 기를 모두 함축하는 개념이라는 점이 너무 명백한데 어째서 이런 자명한 사실을 제쳐두고 오히려 이분법적 구별을 나누려고 논쟁하는지를 반문했다. 나아가 그는 '내가 평소에 알지 못한다'라고 함으로써 이런 종류의 논쟁에 관심이 없다는 점을 명확하게 언급하고 있다. 이것이 일시적인 발언이 아니라는 것은 1년 뒤의 편지에서도 동일한 입장이 발견되기 때문이다. 1876년 11월의 편지에서 기정진은 이렇게 말했다.

> 명덕설(明德說)은 그 이기(理氣)의 묘맥(苗脈)에 대해 그대가 그 대의(大意)를 얻었다고 할 수 있네. 이렇게 늙고 혼미한 사람이 어떻게 능히 그 사이에 한 마디 말이라도 놓을 수가 있겠는가. 다만 근세의 학자가 이(理)를 말하고 기(氣)를 말하는 것을 나는 좋아하지 않네. 전성(前聖) 이래로 시비(是非)만을 말하여 일이 옳은 곳에 이르면 기(器)도 도(道)이고 도(道)도 기(器)이며, 시비가 서로 얽힌 곳에 이르러서는 부득이하여 (정자는) 불비불명(不備不明)이란 말을 하였으니, 이런 뜻을 몰라서는 안 되네. 명덕(明德)이란 본심의 표덕(表德)이니, 이를 알면 허다한 이(理)니 기(氣)니 하는 말이 모두 도(道)를 혼란시키는 말이네.[38]

기정진은 명덕논쟁의 당사자들이 미처 생각하지 못하고 있던

38) 기정진, 『노사집』 권14, 「答朴道謙(丙子十一月)」, 329쪽.

핵심적 문제 하나를 날카롭게 건드린다. 명덕이 주리인가, 주기인가라는 질문은 그 자체가 명덕을 하나의 '실재'하는 것으로 간주하고 그 질적 특징을 이기론적으로 정당화하려고 시도한다는 뜻이다. 그런데 기정진은 명덕을 본심(本心)의 표덕(表德), 말하자면 일종의 별칭으로 간주한다. 그렇다면 실재성의 논의 대상이 되는 것은 본심이지 명덕이 아니어야 한다.

나아가 본심, 넓은 의미에서 마음[心]의 실재성이 논란의 대상이라면 성리학적 관점에서 볼 때 가장 보편적인 견해는 '이기(理氣)의 합'이라는 데는 이론의 여지가 없다.[39] 기정진처럼 명덕을 본심의 별칭으로 받아들인다면, 그것을 리나 기에 전속시켜 이해하려는 위험을 담고 있는 이론적 시도들은 '모두 도를 혼란시키는 말'인 것이다.

이런 대답이 최익현의 관점을 수용한 박해량에게 불만족스러웠던 것은 충분히 예상할 수 있다. 그는 기정진에게 논점을 바꾸어서 다시 질문을 던졌다. 1876년 12월 박해량의 편지는 리의 무위와 유위에 관한 논점과 연관된 명덕 이해의 방식이 함축하는 문제를 언급하고 있다.

> 요즘 어떤 이가 명덕이 주기에 속한다고 하면서 '명덕이 주리인

39) 토론의 대상이 '명덕'에서 '마음[心]' 일반으로 확장되었을 때 화서학파 내부에서도 이론적 파열음이 나타났다. 대표적으로 柳重教(1821~1893)는 명덕에 대한 주리적 이해를 받아들이기는 했지만 이것을 마음 일반에까지 확장하는 것을 반대하면서 화서의 심설을 調補하려고 시도했고, 이것은 김평묵의 강한 반대에 부딪쳤다. 유지웅, 「유중교는 왜 이항로의 심설을 調補했는가?」, 『유교사상문화연구』 77집(한국유교학회, 2019), 87~107쪽 참조.

지 주기인지를 알고 싶다면 반드시 먼저 명덕이 유위인지 무위인지를 알아야 한다. 또한 반드시 리가 정의가 있는지 정의가 없는지를 알아야 한다'라고 합니다. 명덕이 정의(情意)가 있고, 지각(智覺)이 있는 것인 반면 리는 정의가 없고 지각이 없는 것일 뿐이기에 이것을 알면 명덕이 주리와 주기의 구분을 알 수 있다는 것입니다. 주기를 말하는 이는 리가 없다는 것이 아니라 다만 기가 주인이요 리가 손님이라는 것입니다. 이 때문에 주기 운운하는 것입니다.[40)]

유감스럽게도 이것을 끝으로 기정진과 박해량 사이에 명덕의 문제를 논한 문답은 더 이상 찾아볼 수가 없다. 이 편지에 대한 기정진의 답장이 현재 전해지지 않고 있기 때문에, 그의 대답을 구체적으로 파악할 수는 없다.[41)] 그러나 박해량의 질문은 그 자체로 한 가지 사실을 더 보여주는 증거이다. 왜냐하면 위의 내용은 이미 박해량과 최익현 사이에서 검토가 되었던 주제였기 때문이다. 1876년 윤5월 28일 박해량과 최익현은 다음과 같은 대화를 주고받았다.

"『어류』에서 '인의예지는 바로 명덕이다'라고 했고, 또 '내가 (하늘에서) 얻어서 성으로 삼은 것이 바로 명덕이다'라고 했으며, 또한

40) 박해량, 『율수재유고』 권2, 「上蘆沙先生書(丙子十二月)」, 251쪽.

41) 기정진과 박해량의 학술적 토론은 몇 해를 건너 뛴 1879년 『대학』과 『중용』을 대상으로 이루어졌지만 이 글의 논의 범위를 벗어나기에 다루지 않는다. 이 때 오간 문답은 『율수재유고』 권5에 「中庸講說」과 「大學講說」로 편집되었다. 박해량, 『율수재유고』 권5, 「中庸講說」·「大學講說」, 305~321쪽 참조.

'이 도리가 마음 안에 있다'라고 했습니다. 이 세 조목의 문맥은 명덕이 리를 위주로 한다[名德主理]라는 것입니다. 그런데 어떤 이는 '아니다. 그렇지 않다. 명덕은 정의와 지각이 있는 것이고, 리는 정의와 지각이 없는 것이다. 어떻게 명덕을 주리에 소속시킬 수 있겠는가?'라고 합니다. … 선생이 말했다. "'인의예지가 바로 명덕이다'라는 구절에서 나누어 말하면 인의예지가 되고, 합쳐서 말하면 명덕이 되는 것을 알 수 있으니, 조금이라도 차이가 난다는 것을 찾아볼 수 없다. '내가 얻어서 성으로 삼는 것이 바로 명덕이다'라는 구절에서 하늘에서는 명명(明命)이요, 사람에게 부여된 것에서는 명덕이 된다는 것을 안다면, 명명과 명덕은 똑같이 리이니, 조금이라도 기(氣) 자에 걸쳤다는 뜻으로 보아서는 안 된다. '이 도리가 마음속에 있다'라는 구절에서 주재가 되는 것을 심이라 하고, 조리가 되는 것을 리라고 한다는 것을 알 수 있으니, 어떻게 기의 정수로 말한 적이 있었단 말인가?"

구체적으로 살펴보면 박해량의 질문에는 두 가지 논점이 포함되어 있다. 하나는 명덕이 주리라는 주장의 근거를 『주자어류』에서 인용한 세 구절에 두고 있다는 점이다. 다른 하나는 정의와 조작(造作)의 유무라는 기준을 사용할 때 명덕과 리가 동일시 될 수 없다는 명덕 주기론자들의 반론이다. 최익현의 대답은 명덕과 리의 의미론적 차이를 대답하지 않은 채, 『주자어류』의 구절들을 모두 주리적으로 명덕을 이해하는 관점에서 파악해야 한다는 대답만을 담고 있다. 정의와 조작의 유무라는 관점에서 차이를 빚을 수밖에 없는 명덕과 리의 개념적 충돌 문제는 해결되지 않았다. 그래서 1876년 12월 박해량의 편지는 최익현이 미처 대답하지 못한 것을 기정진에게서 들으려는 시도처럼 보이는 것이다.

이런 관점에서 본다면 같은 편지에서 마치 최익현과의 대화를 이어가는 듯한 다음 질문이 나타나는 것은 그리 이상해 보이지 않는다.

> 어떤 이는 또 말했습니다. '인의예지가 바로 명덕이다'라는 주장은 명덕이 갖춘 리를 아울러 거론하면서 뒤섞어서 일컫는 것일 뿐이니, 이것은 명덕을 바르게 풀이하는 것이 아니다. '내가 얻어서 성으로 삼은 것이 명덕이다'라는 주장 또한 이와 같다. 또 '변시(便是)'라는 두 글자는 자세하게 이해해야지, 편하게 지나쳐서는 안 된다. 만일 주자의 뜻이 곧장 고명의 견해와 같다면 훗날 또 어떻게 '사람이 이 명덕을 갖추었다.' '덕 안에 인의예지 네 글자가 있다'고 말할 수 있겠는가? '이 도리가 마음속에 있다'라고 한 것은 바로 '덕 안에 (인의예지)가 있다'라고 하는 말이다. 여기에 근거하면 덕과 리에 변론이 없을 수 없음을 알 것이다. 만일 주인과 손님을 구별하지 않고, 주리라고만 만다면 어떻게 명덕만 그렇겠는가? 기질과 형기도 모두 주리라고 할 터이니 괜찮겠는가?' 어떤 이의 주장은 어떤지 모르겠습니다.[42)]

비록 이 편지를 끝으로 더 이상의 추가적 견해가 발견되지 않고 있지만, 이상의 논의를 통해 분명한 사실 하나를 발견할 수 있다. 박해량은 최익현과의 사이에서 이미 답을 내렸거나 혹은 미해결된 내용을 편지를 통해 기정진에게 다시 한번 제시하고 있다. 기정진은 자신의 성리학적 입장에서 거기에 대답함으로써 결

---

42) 박해량, 『율수재유고』 권2, 「上蘆沙先生書(丙子十二月)」, 251쪽.

과적으로 그는 화서학파의 명덕설, 좀 더 포괄적으로는 화서학파의 심설에 일정한 비평을 가하고 있다. 이것은 박해량의 지성사적 역할이 무엇인지를 보여준다.

그는 최익현과의 대화를 통해 수용한 명덕 논쟁의 쟁점들을 다시 한번 기정진에게 전달함으로써, 결과적으로 명덕 논쟁의 국외자인 기정진의 비평을 이끌어내는 성과를 거두고 있다. 평생 동안 단 한 번도 서로 만난 적이 없었던 이항로 성리학과 기정진 성리학의 대화가 최익현이 마주한 안달삼과 박해량을 경유해서 이루어졌다는 뜻이다. 안달삼이 최익현을 기정진에게 인도했다면, 박해량은 그다음 단계에서 화서학파의 명덕설을 최익현과 기정진 사이에 매개함으로써 이러한 가교의 역할을 수행했다고 할 수 있는 것이다. 충청을 사이에 둔 호남과 경기의 성리학이 조선 후기 어떻게 서로 소통할 수 있었는지에 대한 지성사적 양상 가운데 하나를 제공하고 있는 것이다.

나가면서

기정진과 이항로는 기호학파에 속하고 율곡학이라는 성리학적 기초를 공유했으며, 주리적(主理的) 성리학자라는 정체성 때문에 그들의 사상적 근친성에 대한 언급은 흔하다. 반면에 구체적으로 기정진의 성리학과 이항로의 성리학이 어떻게 만나서 상호 작용을 하게 되었는지에 대한 연구는 드문 편이다. 한 사람은 전남 장성을 중심으로 다른 한 사람은 경기도 양평을 근거지로 삼아 활동을 했고, 두 사람은 생전에 직접적 교류가 없었기 때문이다. 동시대 두 사람의 학술적 견해를 확인하는 상호 작용은 어떻게 해서 나타나게 되었는가? 이 글은 이 질문을 박해량의 「해상일기」를 중심으로 다루었다.

노사학파의 경우 호남과 제주 사이에 안달삼이 있었고, 화서학파의 경우에는 경기도 가평과 제주도 사이에 최익현이 있었다. 그리고 기정진과 최익현을 꼭짓점에 두고 제주도와 흑산도, 경기도 가평과 장성을 오간 사람은 또 한 사람의 젊은 유학자 박해량이었다.

그는 호남의 광주 출신으로 노사학파의 일원임과 동시에 화서학파의 구성원에 속하는 이중성을 가진 유학자였다. 이러한 이중성은 그에게 호남의 기정진과 경기의 이항로로 대표되는 두 성리학적 경향을 매개하는 지성사적 역할을 수행하도록 만들었다. 「해상일기」는 광주 출신의 박해량이 화서학파의 자장 안에서 최익현과 토론하고 학습했던 내용들을 담고 있고, 박해량과 기정진이 주고받은 편지들은 이것이 노사학파 내부로 전이되어 차이와 반복을 통해 담론을 재생산하고 있었다는 점을 보여준다. 기정진과 최익현을 양 끝에 두고 안달삼과 박해량은 이 두 사람을 이어주는 가교 역할을 수행함으로써, 결과적으로 노사와 화서의 학술적 만남이 가능하도록 만들었다.

노백헌(老柏軒) 정재규(鄭載圭, 1843~1911) 등이 중심이 된 영남우도와 호남의 상호작용은 비교적 널리 알려져 있다. 반면 호남과 경기 성리학의 상호 작용은 아직까지 많은 연구가 축적되지 않은 분야이다. 이런 점에서 이 글은 박해량의 존재와 지성사적 기여를 소개하는 개괄에 그치지만, 이 분야에 대한 앞으로의 더 많은 연구의 필요성과 그 귀결로 나타날 잠재적 성과들의 존재를 함축하고 있다.

소백(小栢) 안달삼(安達三)의 교유와 그 의미*

김새미오
(제주대학교 전임연구원)

들어가며

본고는 조선후기 제주 문인인 소백(小栢) 안달삼(安達三, 1837~1886)의 삶과 교유관계를 통해 학술적 좌표를 규명하기 위한 글이다. 안달삼은 학계에 다소 생소한 인물이다. 실제로 안달삼에 관한 직접적인 연구는 없다. 다만 1편의 논문에서 안달삼이란 이름이 간접적으로 확인된다.

안달삼의 존재는 김새미오의 "구한말 제주 문인 부해(浮海) 안병택(安秉宅, 1861~1936)의 삶과 교섭"에서 처음으로 언급되었다. 이 글은 안병택을 논의의 중심에 놓고 전개하는 과정에서 그의

---

* 이 글은 2016년 2월에 간행된 『탐라문화』 권51호[탐라문화연구원]에 수록되었다.

아버지인 안달삼을 언급하였다.[1] 따라서 안달삼에 대해서는 집중적으로 논의하지 못하였다. 그리고 안달삼의 문집인 『소백처사유고(小栢處士遺稿)』[2]에 대해서도 소개하지 못했다.

그의 아들인 안병택은 노사(蘆沙) 기정진(奇正鎭, 1798~1879) → 송사(松沙) 기우만(奇宇萬, 1846~1916)"의 학맥을 계승한 학자로 평가되면서 최근 많은 관심을 받고 있다. 하지만 제주도 출신인 안병택이 어떻게 당시 절해고도였던 제주를 떠나 노사학맥의 적전(嫡傳)[3]이라는 평가까지 받을 수 있었는지 그 배경에 대해서는 아직 그 관심이 미치지 못한 상황이다

이런 면에서 주목되는 인물이 바로 안병택의 아버지인 안달삼이다. 안달삼은 기정진, 면암(勉庵) 최익현(崔益鉉, 1833~1906)과 같은 인물과의 교유가 있었고, 당시 제주도를 대표하는 지식인이었다. 그리고 무엇보다도 노사학맥의 적전이자 제주도학의 태두(泰斗)라고 평가받는 안병택에게 직접적인 영향을 끼친 인물이다.

본고는 기존연구를 바탕으로 다음의 순서로 논의를 진행할 것이다. 먼저 아무래도 학계에 알려진 인물이 아닌 만큼 안달삼의 삶을 정리하는 것이 연구의 첫걸음이 될 것이다. 이어 안달삼의

1) 김새미오, 「구한말 제주 문인 부해 안병택의 삶과 교섭」, 『한국한문학연구』(53), 한국한문학회, 2014, pp.249~274.

2) 『小栢處士遺稿』는 현재 국립제주박물관에 소장되어 있다. 안달삼의 글이 없는 것은 아니지만, 그와 교유한 인물들에게 받은 글을 중심으로 구성되었다. 이와 같은 경우는 개인의 문집으로 보기는 어려운 면이 있다. 하지만 현재 전해지는 표지의 제목이 『소백처사유고』이고, 필자가 따로 제목을 붙일 수도 없기 때문에 본고에서는 그대로 사용하겠다.

3) 이런 평가는 『부해문집』을 번역한 오문복 님에게 들은 것이다. 오문복은 번역할 때 전라남도 장성지역의 여러 노학자들에게 이런 이야기를 들었다고 알려주셨다.

문집인 『소백처사유고』를 소개하도록 하겠다. 그의 문집은 적은 분량이지만 아직 학계에 소개된 바 없기 때문이다. 이를 통해 안달삼의 교유관계와 문집내용을 검토하도록 하겠다. 특히 교유관계를 통해 그의 학술적 위치와 역할을 확인할 것이며, 문집의 내용상 특징과 의미도 궁구할 것이다.

이런 제반과정을 통해 안달삼의 학술적 위치와 그 의미를 확인할 수 있을 것이다. 또한 제주지식인과 본토지식인 사이의 관계를 고민할 수 있는 기회가 될 것으로 기대하는 바이다.

소백 안달삼의 삶과 『소백처사유고』

안달삼은 조선 고종 때의 제주 문사이다. 그의 본관 죽산(竹山), 자는 행오(行五), 호는 소백(小栢)이다. 제주도 조천읍 조천리가 그의 고향이다. 조천은 제주도 동부 지역에 위치한 곳으로, 조선시대에는 조천포구가 있었다. 조선시대 조천포는 그 옆에 있던 화북포와 함께 당시 제주를 출입할 수 있었던 공식 포구였고, 본토와 제주도를 오가는 배들이 늘 정박하던 곳이었다. 즉, 당시 제주도의 입장에서는 표류가 아닌 경우를 제외하고는, 가장 최신 문물을 직접적이면서도 의도적으로 받아들일 수 있는 공간이었다.

안달삼의 집안은 대대로 제주도에 살았던 것은 아니었다. 기정진의 글에 따르면, 그의 입도조(入島祖)는 안례천(安禮千)으로, 안달삼에게는 6세조가 된다. 안례천은 글방 선생님으로 제주에 들어오게 되었고, 이를 계기로 제주에 정착하게 된다. 현조부는 안

시민(安時敏), 고조부는 안치완(安致完), 증조부는 안경로(安景老), 조부는 안필연(安弼連, 1765~1830), 부친은 안종수(安鍾秀, 1801~1870)였다. 그의 어머니는 김해김씨 성필(盛弼)의 따님이었다.[4]

안달삼의 아버지인 안종수는 배를 타고 서울을 왕래하곤 했는데, 한 번은 본토를 가다가 일본으로 표류하기도 하였다.[5] 표류는 당시 목숨이 오가는 큰 사건이었지만, 제주도라는 지리적 특성상 종종 발생할 수밖에 없었다.

당시 제주도인 경우 타 지역의 문물을 받아들일 수 있는 거의 유일한 통로는 바로 바다였다. 바다를 건너오는 목사 또는 유배인들은 본토의 문물과 정보를 직접적으로 전달해주었다. 제주사람들은 이를 통해 본토의 정보는 물론 문화까지 접할 수 있었다. 그리고 안달삼의 고향이 제주도를 대표하는 조천포구였다는 점을 감안하면, 새로운 세계에 대한 관심과 열정이 다른 지역보다 더 컸을 것으로 보인다.

또한 그의 입도조가 글방 선생님으로 제주에 들어왔던 만큼 학문에 대한 집안의 관심 역시 특별했을 것으로 보인다. 안종수가 아들인 안달삼에게 경서와 역사서 등의 책을 읽게 했던 것이나,[6] 당시 제주의 사표였던 매계(梅溪) 이한우(李漢雨, 1823~1881)[7]를

4) 『蘆沙先生文集』 卷27, 「安君墓表」 : 君諱鍾秀, 字乃元. 安氏本竹山人, 簪組相承. 至諱崇壽官縣監, 諱愼官參奉. 君十世若九世, 五世祖禮千, 以塾師入耽羅, 仍居焉. 曰時敏, 曰致完, 曰景老, 曰弼連, 高曾祖父諱也. 妣金海金氏盛弼女.

5) 『蘆沙先生文集』 卷27, 「安君墓表」 : 君嘗欲入漢師, 海上遇颶, 漂入日本而還, 自此不喜乘舟.

6) 『蘆沙先生文集』 卷27, 「安君墓表」 : 有子曰達三, 以君之敎, 頗涉經史諸子. 過海一年一度, 從吾遊者五六年, 以故知有君, 亦嘗一書通問.

배우게 했던 것이 이런 맥락에서 이해할 수 있는 부분이다.

소백의 아버지인 안종수 역시 기정진과도 통문(通問)을 하기도 하였다. 기정진은 안종수에 대해 부모상을 잘 치르고, 소강절의 삼품설(三品說)로 후생을 격려하고, 남전향약(藍田鄕約)에 따라 마을의 여러 의견을 처리하였다고 기록한 바 있다.[8] 이를 보면 안달삼의 아버지인 안종수는 당시 유교사회의 질서를 따르던 인물로 평가할 수 있다.

안종수는 1남 5녀를 두었는데, 한 명의 아들이 바로 안달삼이다. 안달삼은 신촌리 이한우에게 공부를 시작한다. 신촌리는 화북과 조천 사이에 위치한 마을이다. 이한우는 제주에 유배왔던 추사(秋史) 김정희(金正喜, 1786~1856)를 찾아가 배운 바 있고, 대과에는 합격하지 못하였지만, 글이 뛰어나 활발한 훈학활동을 펼쳐 당시 제주의 사표(師表)로 일컬어졌다. 대과에 도전하는 과정에서 여러 차례 서울을 왕래하기도 하였다. 또한 이한우는 1862년 강제검(姜悌儉)의 난[9]때 창의문을 돌려, 난을 진압하는데 도움을 주

---

7) 小栢 安達三이 梅溪 李漢雨에게 배운 사실은 제주 신촌초등학교에 있는 <梅溪先生遺墟碑>에서 확인된다. 김새미오, 「梅溪 李漢雨의 시문학 일고」, 『영주어문』(11), 영주어문학회, 2006, pp.49~72; 김치완(2012), 「梅溪 李漢雨의 '낯선 공간'으로서 瀛洲」, 『역사민속학』(39), 한국역사민속학회, pp.73~100. 참조.

8) 『蘆沙先生文集』 권27, 「安君墓表」 : 聞其平生, 奉先孝居喪毁, 性度溫而嚴, 不可干以非義. 對後生, 每以邵堯夫三品之說激厲之. 處鄕黨言議, 常依藍田鄕約. 此皆達三所告, 儘不誣其親.

9) 이는 일명 제주 임술민란으로 관료들의 경제적 수탈과 삼남 지방의 임술민란의 영향으로 발생하였다. 그 주동자가 姜悌儉과 金興采였다. 이들은 향리와 아전들의 수탈에 3차례 일어났고, 제주목까지 점령하기도 했다. 주동자가 강제검이었기에 흔히들 '강제검의 난'으로 불린다. 이에 대해서는 『濟州牧按覈狀啓謄錄』(고려대학교 소장)에 자세하다.

었고, 1873년에는 당시 제주에 유배 왔었던 최익현과도 만난 바 있다. 후에 제주목사로 왔던 양헌수(梁憲洙, 1816~1888)는 강제검 난때의 매계 이한우의 행적을 치하하였는데, 양헌수는 화서학파의 일원이었다.

이한우의 제자로는 강우진(康祐鎭, 1829~1871), 김윤병(金潤柄), 신재지(愼哉芝, 1827~1869), 김상임(金祥任), 김응전(金膺銓, 1833~1915), 김응평(金膺平, 1841~1918), 김희정(金羲正, 1844~1925), 이계징(李啓徵, 1840~1914), 안달삼 등이 있다고 알려져 있다.[10] 강우진은 고종 때 정의군수와 대정군수 등의 관직을 지냈고, 집안에 약간의 문건이 전하고 있다. 신재지는 참판을 지낸 신상흠(愼尙欽)의 아들로 통진(通津) 부사를 역임하면서 양헌수를 따라 병인양요에 참전한 바 있다. 김응전은 항일독립운동가 김형식(金瀅植), 김명식(金明植) 형제의 조부이며, 후에 귤회(橘會)의 일원으로 제주문학을 이끈 바 있다.[11] 김응평(金膺平)은 고종 때 정의현감, 명월만호 등을 지냈다. 이들 김씨는 당시 제주 조천지역에 세거하고 있었고, 제주사회에 엄청난 영향을 끼쳤다. 김희정은 유배왔던 최익현에게 수학했다고 전해진다. 또한 김희정은 당시 제주도 시학(詩學)의 종장이라는 평가가 있고, 문집도 전하고 있다.[12] 이계

---

10) 문헌으로 확인할 수 있는 李漢雨의 문인은 小栢 安達三, 二樂堂 李啓徵, 石湖 高永昕, 海隱 金羲正이다. 이는 신촌초등학교 梅溪先生遺墟碑에 기록이 남아 있다. 康祐鎭인 경우 집안의 문헌 중에 필사한 『梅溪先生文集』이 확인된다. 문헌기록으로 제자라는 말은 없지만, 제자일 가능성이 매우 높다. 나머지 인물은 지역에서 이한우의 제자라고 전해진다.

11) 김새미오, 「제주유배시사 橘會연구」, 『한국한문학연구』(57), 한국한문학회, 2015, pp.477~499.

12) 김새미오, 「구한말 제주 문인 海隱 金羲正의 삶과 문학」, 『탐라문화』(54),

징과 안달삼은 전라남도 장성을 찾아가 기정진의 사상을 익혔다.

안달삼의 스승인 이한우의 문하는 크게 안달삼과 이계징으로 이어지는 노사학맥, 김희정으로 이어지는 화서학맥, 그리고 제주에서 관리를 지냈던 인물로 구분할 수 있다. 이들은 모두 제주 근대사에 있어서 핵심적인 인물로 성장하게 된다. 이들이 거주했던 곳은 모두 제주도 화북, 신촌, 조천 지역으로 제주 동부지역에 해당하며, 포구가 가까이 있어 바다를 통해 새로운 정보를 가장 빠르게 접할 수 있는 곳이었다. 이한우의 문하에 있었던 안달삼은 분명 이들과 직간접적으로 교유가 있었을 것이고, 이런 교유는 그의 아들 안병택에게로 이어지는 경향을 확인할 수 있다.[13)]

이한우가 최익현을 만났을 때, 안달삼 역시 자리를 같이했었다. 안달삼은 자신이 기정진에게 배운 내용을 최익현에게 보여주었고, 최익현은 그 내용에 공감하는 마음을 가졌다. 안달삼과 최익현의 만남은 노사학맥과 화서학맥 교류의 첫 만남이며 시발점이라는 큰 의미를 갖는다. 그리고 그 공간이 절해고도의 유배지인 제주도였다는 점 역시 주목해야 할 사실이다. 최익현은 제주 해배 후에 장성에 들러 기정진을 찾아가 만나게 되고, 이들 학맥은 일제 강점기는 물론 현재까지도 긴밀한 관계를 유지하고 있다.

안달삼은 30세였던 1867년에 70세였던 기정진을 처음 만났다. 이후 기정진은 물론 그 주변 문인들과 바다를 건너 교유관계를

제주대학교 탐라문화연구소, 2017, pp.265~291.

13) 김새미오, 「구한말 제주 문인 부해 안병택의 삶과 교섭」, 『한국한문학연구』(53), 한국한문학회, 2014, pp.249~274; 김새미오, 「浮海 安秉宅과 제주 蘆沙學派에 대한 小考」, 『동방한문학』(89), 동방한문학회, 2021, pp.347~380. 참조.

유지한다. 과거에도 도전했지만, 실패하고 만다.[14]

1883년(고종20) 10월, 제주판관 고경준(高景畯, 1839~1897)이 시험관이 되어 유생들을 대상으로 승보초시(陞補初試)를 실시했는데, 이때 안달삼은 시로, 홍종익은 부(賦)로 김용성은 강(講)으로 합격하여 이는 규장각에 보고되었다. 이를 통해 안달삼의 학문적 역량을 공식적으로 인정받은 셈이다. 후에 고경준의 비문을 기우만이 짓게 되는데, 이는 안병택이 고경준의 행장을 지어 스승이었던 기우만에게 부탁했기 때문이었다.[15] 당시 제주목사 이규원(李奎遠, 1833~1901)은 안달삼이 죽은 후인 1892년에, 안달삼의 품행과 도의로 조정에 천거하려 했지만, 거노(巨老) 마을의 현상휴(玄商休)가 이를 반대하여 무산되고 말았다고 전해진다.

안달삼의 부인은 파평 윤인효(尹麟孝)의 딸이며, 1남 3녀를 두었다. 아들은 안병택이며, 세 딸은 각각 변덕윤(邊德潤), 이석보(李錫保), 김기주(金基祖)에게 시집갔다. 안병택은 바다를 건너 전라도에 살았지만, 누이들은 모두 계속 제주도에 거주하였다. 이런 관계로 인해 안병택은 전라도에 거주하면서도 제주도의 소식 등을 계속 알 수 있었고, 제주도에서 많은 제자들이 찾아오게 되는 계기가 되기도 한다. 또한 이를 통해 제주도에 노사학맥을 전달할 수 있는 기폭제가 되었다는 점 역시 매우 중요한 사실이다.

심재(心齋) 김석익(金錫翼, 1885~1956)과 중헌(重軒) 윤정복(尹丁鍑, 1917~2002)은 안달삼에 대해 다음과 같이 되돌아보았다.

14) 『小栢處士遺稿』 49면: 李喜豊, 「黃峙下送安斯文行五落第歸耽羅」.

15) 『松沙集』 卷37. 「濟州通判高公墓碣銘」 : 命瑀以吾友安君秉宅所草狀求爲銘.

근세의 안소백 선생은 호걸스러운 선비이다. 과거공부에도 뛰어났고 북쪽으로 가서 선생을 따라 공부하고 돌아와서는 의리(義理)의 설(說)을 말하며 후진을 이끌었으니, 그 공적이 참으로 크다고 할 수 있다. 전(傳)에서 이른바 '비록 문왕이 없더라도 일어날 수 있다'라고 했으니, 정말 그렇지 아니한가. 향리에서 행의가 뛰어남을 들어 공을 천거하여 조정에 알려졌는데 지방사람 현상휴에게 막혀 버렸으니, 애석한 일이다.[16]

아! 사람이 고향을 떠나 사는 것은 예로부터 힘든 것이다. 선조의 무덤, 물려준 집과 밭이 여기 있고, 친척·인척·친구들이 여기 있으니, 밖에서 벼슬을 하면서 매우 부귀한 경우나 안에서 굶주림에 극도로 시달린 경우가 아니면 하루라도 그 고향을 떠나고 싶지 않은 것이 모두 인지상정이다. 공은 대대로 탐라에 살면서 30년을 분연히 호남의 노사선생에게서 도를 강론하며 제자의 예를 갖추었고, 그 아들도 따라 배우게 하였다. 또 가족들을 데리고 선생이 계신 곳과 가까운 곳으로 옮겨 살려고 하였지만, 병 때문에 이루지 못하였다. 유언으로 아들에게 수 백년의 고향을 떠나 수 천리 험한 바다를 넘어 장성에 살게 하였으니, 도를 믿는 것이 돈독하지 않았다면 어떻게 이럴 수 있었겠는가?[17]

16) 『心齋集』「破閑錄上」: 近世安小栢先生豪傑之士也. 能自拔於科擧科臼, 從師北學, 歸以義理之說, 倡道後進, 其功大矣. 傳所謂雖無文王可興, 詎不信. 然鄕里擧公行誼, 將達于朝, 爲土人商休所沮, 惜哉.

17) 『重軒遺稿』, 「小栢堂處士竹山安公墓表」: 噫! 人之離鄕從, 古爲難耳. 先墓先廬先田在于斯, 親族姻戚故舊在于斯, 非有仕宦富貴之極, 榮于外, 且飢寒困苦之極, 迫于內者, 不欲一日離其鄕, 人之常情, 莫不皆然也. 公世居耽羅, 聞蘆沙奇先生講道于湖南, 奮然而來, 三十年執弟子禮, 使其子, 從而學焉. 且使其家族田宅, 皆移于先生之居近爲計. 病未遂也, 則遺言于子, 使之離數百年故土, 涉數千里險海, 而來居于長城, 如非信道篤, 安能有此?

첫 번째 인용문은 김석익의 「파한록(破閑錄)」(上)의 내용이고, 두 번째 인용문은 윤정복의 『중헌유고(重軒遺稿)』의 「소백당처사죽산안공묘표(小栢堂處士竹山安公墓表)」의 일부이다.

김석익은 안병택의 고족으로 잘 알려져 있다.[18] 인용문의 '북쪽의 스승'은 기정진을 말한다. '의리의 설로 후진을 이끌었다'고 하는 것은 안달삼이 기정진에게 배운 것을 제주도에 알렸다는 것을 의미한다. 이밖에 김석익은 「탐라인물고(耽羅人物考)」에서 "기노사의 문인으로 스승을 좇아 공부하여 도덕과 올바른 행동으로 칭찬을 받았고, 도덕과 행의로 당시 사람들이 그를 추앙하였다"[19]라고 따로 기록을 남긴 바 있다. 김석익은 당시 황폐했던 제주도 학술상황에서 스스로 배움을 찾아 나선 안달삼의 학문 의지를 높이 평가했다.

「소백당처사죽산안공묘표」에서 윤정복은 제주에 살면서 기정진에게서 배우고, 아들인 안병택까지 따라 배우게 했음을 강조했다. 이는 노사학맥의 적전이라는 안병택에 방점을 두고 안달삼을 바라보았고, 이는 그가 "안달삼－안병택－안동술"[20]의 묘지명 등을 차례로 지었기 때문이다.

안달삼의 삶은 김석익이 『맹자』에서 인용한 "호걸지사(豪傑之

---

18) 김새미오, 「心齋 金錫翼의 삶과 저술에 대한 일고」, 『영주어문』 (31), 영주어문학회, 2015, pp.203～229; 김새미오, 「구한말 제주 지식인 心齋 金錫翼의 시문학 考」, 『온지논총』(48), 온지학회, 2016, pp.9～34.

19) 『心齋集』, 「耽羅人物考」, 安達三 條目.
『心齋集』, 「耽羅紀年」, 卷4 : 壬辰 二十九年 [淸 光緖十八年] ○ 擧故處士安達三行誼. 達三, 本州人也. 號小柏, 蘆沙奇正鎭門人. 道德行誼, 爲時所推.

20) 『重軒遺稿』 「小栢堂處士竹山安公墓表」; 「浮海先生安公墓碣銘并序」; 「秀士竹山安公墓碣銘并序」.

士)"라는 평가로 정리할 수 있다. 당시 학문적 불모지라고 할 수 있는 제주를 떠나 호남지역을 오가면서 기정진을 배운 것이나, 후에 아들인 안병택에게 과감하게 제주를 떠나 노사학맥을 배우게 한 그의 행적 등이 그렇다.

그의 문집으로는 『소백처사유고』가 집안에서 전하고 있다. 이 책을 꼼꼼히 살피다 보면 안달삼이 지은 것이 아니라, 안달삼이 받은 시문을 중심으로 구성되어 있다. 이 책은 판독하기 어려운 부분도 있지만, 대부분 정갈한 해서체이며, 필체는 변함없다. 필체로 보자면 한 사람이 정리한 것인데, 누가 정리했는지는 확인되지 않는다. 다만 첫 번째 면에서 "소백유사(小栢遺事)"라고 한 것과 집안에서 전해지는 것으로 보면, 그의 아들인 안병택이나 손자인 안동술이 정리했을 것으로 짐작되지만, 안달삼의 문인이나 주변사람들이 정리했을 가능성도 배제할 수는 없다. 문집분량은 50면 정도이고, 문체별로 정리되어 있다. 문체 내에서는 작가별로 편집했고, 그 안에서는 시간순서에 따라 배열한 것으로 보인다. 문집의 체제를 정리하면 다음과 같다.

〈『소백처사유고』 전체구성〉

면수	인물	문체	분량	시 기
1-6	奇正鎭	간찰	11편	1868, 1868, 1870, 1870, 1871, 1871, 1871, 1872, 1873, 1875, 1875.
6-7	奇陽衍	간찰	1편	1871.
7-11	奇亮衍	간찰	5편	1868, 1882, 1871, 1883, 1884.
11-14	崔益鉉	간찰	3편	1875, 1882, 1883.
14-15	曺毅坤	간찰	1편	1880.
15-16	奇弘衍	간찰	1편	1883.

면수	인물	문체	분량	시 기
16-17	安重爕	간찰	1편	1871.
17-20	奇宇蕃	간찰	4편	1868, (연대미상), 1868, 1871, 1877.
21	奇正鎭	送序	2편	1867, 1868.
22-24	奇正鎭	送序	1편	1877.
24-25	奇正鎭	記文	1편	1878.
25-33	奇正鎭	문답록	10편	(연대미상)
33-35	安重爕	送序	1편	1868.
35-37	奇宇萬	說	1편	1875.
37-39	金錫龜	送序	1편	1879.
39-41	金信錫	시	3수	1882, (연대미상), 1871.
41	姜寅會	시	3수	1868.
41-43	梁圭煥	시	4수	1868, (연대미상), (연대미상), (연대미상)
43	曺性家	시	1수	1885.
43	曺毅坤	시	1수	(연대미상)
43-44	奇麒鎭	시	1수	(연대미상)
44	奇宇蕃	시	1수	1868.
45	黃山 錫謐	시	1수	(연대미상)
45	奇宰立夫	시	1수	(연대미상)
45	金敬閏	시	1수	1879.
46	金漢驥樂三	시	1수	(연대미상)
46	許煦	시	1수	(연대미상)
46	安鳳淵	시	1수	(연대미상)
47	朱陽鴻	시	1수	(연대미상)
47-48	奇宇萬	시	2수	1868.
48	奇○衍德初	시	1수	(연대미상)
49	許樫	시	1수	(연대미상)
49	李喜豊	시	1수	(연대미상)
50	(작자미상)	시	1수	한라산

먼저 그의 문집에서 확인되는 인물은 총 14명이다. 위의 인물 중에서 주목되는 인물은 단연 기정진과 최익현이다. 이들 이외에 다른 여러 인물들은 확인되는 경우도 있지만, 그렇지 않은 경우도 많다. 작품을 읽어보면 대체로 노사학맥의 학자임을 짐작할 수 있었다. 문집 내에서 연대별로 작품 분포를 보면, 1867년, 1868년, 1879년에 몰려있는데, 이때는 안달삼이 기정진을 만나러 간 때였다.

소백 안달삼과 노사 기정진

안달삼과 가장 중요한 관계를 맺는 인물은 기정진이다. 안달삼이 노사학맥의 인물이기 때문이다. 우선 기정진과의 관계에 있어서의 의문점은 안달삼이 당시 절해고도였던 제주에서 기정진을 어떻게 알 수 있었는가 하는 점이다. 이에 대해서는 대략 네 가지 정도로 추정할 수 있다.

첫 번째는 집안의 뿌리를 찾는 과정에서 기정진의 명성을 들었을 가능성이다. 연상(蓮上) 안중섭(安重燮, 1843~1909)의 「송탐라종인달삼소서(送耽羅宗人達三小敘)」에서 안달삼이 종가의 문헌을 확인하기 위해 본토를 오고 간 기록이 확인된다.[21] 이는 1868년의 기록이며, 안달삼이 집안의 뿌리를 찾아가는 과정에서 기정진을 만났다는 사실을 짐작할 수 있다. 안달삼은 본관이 죽산이다.

21) 『小柏處士遺稿』「送安君達三歸耽羅序」: 安君達三越重溟, 再及吾門. 今行也, 得其先系於牟陽同宗家, 而歸其始末, 安友重燮既序之矣.

죽산은 지금의 전라남도 해남지역으로, 기정진이 있던 장성과는 그리 먼 곳이 아니었다. 기정진 역시 「죽산안씨족보서(竹山安氏族譜序)」라는 서문을 지은 바 있다.[22)]

두 번째는 단서는 윤정복의 기록에서 확인된다. 『중헌유고(重軒遺稿)』·「소백당처사죽산안공묘표」에서 "공은 대대로 탐라에 살면서 30년을 분연히 기정진 선생에게서 도를 강론하며 제자의 예를 갖추었고, 그 아들에게 따라 배우게 하였다"[23)]라고 기술한 바 있다. 이 기록으로 보면 안달삼은 기정진의 명성이 이미 제주에 전해졌고, 그 명성을 따라 기정진을 배웠던 것으로 짐작할 수 있다. 이는 안달삼의 거주지가 제주에서 많은 정보가 오갔던 조천지역이었다는 점 역시 간과할 수 없다.

세 번째는 아버지 안종수의 존재이다. 전술했듯 소백의 아버지는 배를 타고 본토를 종종 왕래한 것으로 보이며, 일본도 표류한 바 있다. 『소백처사유고』에는 흑산도까지 다녀왔던 기록이 남아 있다.[24)] 통상 제주에서 배를 타면 전라도 지역을 지나게 되기 때

22) 『蘆沙集先生文集』 卷17, 「竹山安氏族譜序」.

23) 『重軒遺稿』, 「小栢堂處士竹山安公墓表」 : 公世居耽羅, 聞蘆沙奇先生講道于湖南, 奮然而來, 三十年執弟子禮, 使其子從而學焉.

24) 『小柏處士遺稿』 附. 蘭茁玉潤, 聞之久矣. 手筆今始入眼, 與見面何殊也. 君之大人, 九月十七日到此, 十月三日作別, 意謂其間已得穩涉. 到今遲滯, 可疑去時與家兒輩, 有經過黑山之言, 必因此而費多日. 大黑山則水路艱於耽羅, 謫客皆在小黑山. 比大黑則坦路, 且誠力所到, 自應利涉, 豈至別有他虞耶. 안달삼의 아버지인 안종수가 흑산도까지 가게 된 이유는 정확하지 않다. 추정하자면 첫째, 제주의 유배객이 다시 흑산도로 이배되면서 찾아갔을 수 있다. 둘째, 흑산도에서 상부에 올릴 문서를 작성할 때 글을 쓸 줄 아는 사람이 필요했을 수 있다. 셋째, 이도저도 아니라면 경제적인 이유도 생각해볼 수 있다. 어떤 이유이든 소백의 아버지가 당시 제주 사람들에 비해서는 넓은 견문의 소유자라는 것은 분명해 보인다.

문에 이 과정에서 기정진의 명성을 들었을 가능성이 있다.

마지막으로 스승인 이한우를 통해서 기정진의 명성을 들었을 가능성이 있다. 그의 스승인 이한우 역시 대과를 보기 위해 한양을 왕래한 바 있다. 당시 제주에서 과거를 보기 위해 한양을 가려면 반드시 전라도 지역을 지나게 되고, 그 와중에 기정진의 명성을 들었을 수 있다. 실제로 이한우의 경우 전라도 인물은 물론 서울 지역의 인물들과도 교유가 확인된다.

위의 네 가지 사항을 종합해보면, 기정진의 명성, 집안의 내력을 확인하고자 하는 안달삼의 노력, 안종수·이한우의 본토 왕래 등의 복합적인 이유로 기정진과의 인연이 이루어졌음을 짐작할 수 있다.

『소백처사유고』의 내용으로 볼 때 안달삼이 노사를 직접 만난 것은 3차례가 확인된다. 이를 정리하면 다음 표와 같다.

차수	연도	근거	문집
1	1867년 (정묘)	奇正鎭, 贈安君行五小序	蘆沙先生文集 卷19
2	1868년 (무진)	奇正鎭, 送安君達三歸耽羅序	蘆沙先生文集 卷19
		安重燮, 送耽羅宗人達三小敍	
3	1879년 (기사)	金錫龜, 送安斯文行五歸耽羅序	

안달삼과 기정진의 첫 만남은 1867년이다. 이때 안달삼의 나이는 30세, 기정진의 나이는 70세였다. 기정진이 82세에 돌아가셨으니, 이들의 만남은 약 12년간 이어졌다. 다음은 첫 번째 만나고서 안달삼을 제주로 보내면서 기정진이 쓴 글의 일부이다. 1867

년 초겨울에 지은 작품이다.

> 대개 들으니, "마음이 편하면 하루가 편하고 마음이 피곤하면 하루가 졸렬하다"는 한 구절은 경서에 나와 있으니, 정심수기(正心修己)에 뜻을 둔 이들은 늘 이것으로 스스로를 비춰봐야 할 것이다. 어떻게 하면 편할까? 몸소 한다면 편할 것이다. 왜 피곤한 상황을 면치 못하는 것일까? 다른 사람을 위한다면 피곤하다. 자신은 한 명이니, 자신에게 마음을 쓴다면 어찌 편하지 않을 것이며, 다른 사람은 여럿이니, 타인에게 마음을 쓴다면 어찌 피곤하지 않겠는가? 안행오(安行五)가 떠나려할 때, '정심수기'의 도리를 물었다. 아! '정심수기' 네 글자는 갖추어져 있으니, 그대는 돌아가 집에서 구하도록 하라. 멀리 가는데 전별 선물이 없을 수 없으니, 삼가 '몸소 실천하면 편하고, 타인을 위하려 한다면 피곤하다'는 말로 우의의 뜻을 붙인다. 정묘년 초겨울 강상노인(江上老人) 기정진(奇正鎭) 쓰다.[25]

이 글은 『소백처사유고』와 『노사선생문집(蘆沙先生文集)』(권19)에서 그대로 확인된다. 기정진은 떠나는 안달삼에게 『서경(書經)』「주관(周官)」의 "마음이 편하면 하루가 편하고 마음이 피곤하면 하루가 졸렬하다[心逸日休, 心勞日拙]"는 구절을 가져와 "정심수기"

25) 『蘆沙先生文集』 卷19 「贈安行五小序」 : 蓋聞之, "心逸日休, 心勞日拙"二句, 著於經, 有志於正心修己者, 常以此自鏡攷焉, 可也. 如何而可以逸, 爲己則逸, 如何而不免於勞, 爲人則勞. 己一而已, 用心於己, 安得不逸, 人則千百, 用心於人, 安得不勞. 安行五將行, 問正心修己之道. 噫. "正心修己"四字, 備矣, 子歸而求之第. 遠行不可無贐. 謹拈勞逸人己四字, 以附縞紵之義. 丁卯孟冬江上老人奇正鎭書.

의 가르침을 주고 있다. 기정진이 “정심수기”로 그를 면려했다는 것은 안달삼이 이미 어느 정도의 유가 지식을 가지고 있었음을 뜻한다. 이는 제주에서의 교육을 통해 쌓았을 것으로 생각된다. 이 만남을 계기로 안달삼은 기정진을 스승으로 모시게 된 것으로 보인다. 『소백처사유고』에 1868년 2월에 쓴 기정진의 간찰이 있는 것으로 보면, 제주에 돌아오자마자 안달삼이 기정진에게 편지를 썼음을 알 수 있다.

두 번째 만남은 다음 해인 1868년에 이루어진다. 다음 인용문은 기정진이 안달삼을 제주로 보낼 때의 서문으로, 1868년 8월에 작성되었다.

> 안달삼(安達三) 군이 두 번이나 바다를 건너 나를 찾아왔다. 이번 일정은 종가 집에서 선조에 관한 것을 얻어 돌아가는 것인데, 그 경위는 안중섭(安重燮)이 이미 써 놓았다. 나는 다른 성씨여서 그 말이 경중을 따질 가치도 없지만, 달삼이 나를 부형(父兄) 모시듯 하니, 어찌 돌아가는 길에 한마디 하지 않을 수 있겠는가?[26)]

인용문에서 안중섭이 썼다고 한 글은 「송탐라종인달삼소서(送耽羅宗人達三小敍)」로 『소백처사유고』에 실려 있다. 안달삼은 9~10개월만의 제주를 떠나 기정진을 만났는데, 그 목적은 선조의 내력을 확인하기 위해서였다. 안중섭의 서문에 의하면 정확하게 확인하지는 못했다. 비록 선조의 내력은 확인하지 못했지만, 안달

26) 『蘆沙先生文集』 卷19, 「送安達三歸耽羅序」 : 安君達三越重溟, 再及吾門. 今行也, 得其先系於牟陽同宗家而歸, 其始末, 安友重燮旣序之矣. 吾是異姓, 其言雖不足爲輕重, 達三之視吾, 不後於門父兄, 豈可無一言於此歸乎?

삼의 이런 모습은 기존 제주문헌에서는 확인되지 않는 의미있는 사항이다. 그 이면에는 유교적 영향을 깊이 받은 안달삼의 모습을 엿볼 수 있다.

기정진과의 두 번째 만남에서 중요한 점은 노사학맥의 인물들과 깊은 교유가 확인되기 때문이다. 다음은 기우번(奇宇蕃)의 시이다.

離亭物色孰非秋 이별하는 경치 어딘들 가을이 아닐까만
溟海無情送客舟 무정한 검푸른 바다 나그네 실은 배를 보낸다
九仞成時更下手 높은 경지 이루었어도 다시 노력하여
兩岐迷處愼前頭 양 갈림길 헷갈릴 때 앞 길을 조심해야지
地從君子亦何陋 사는 곳은 군자를 따라다니니 어찌 비루할 것이며
市上觀心還覺幽 저자거리에서 마음을 살피니 도리어 그윽해진다
後約難期滄茫外 멀고 먼 곳이라 후일을 기약하기 어려운데
吳洲明月照思樓 남쪽 땅 밝은 달빛은 그리움에 가득 누각을 비추네

이 시의 제목은 "지난 가을 내가 마침 집에 없었을 때에 제주의 안행오(安行五)가 지나갔다. 그는 독실한 뜻과 박식하고 고아한 풍모가 있다 들었는데, 만나지 못해 뭔가 잃어버린 듯 아쉬웠었다. 올 가을 다행히 만나보았고, 수십 일간 충분히 머물러 처음에 원했던 바를 이룰 수 있었다. 이별할 때 또 아쉬워 율시 한 편을 따라 지어 올리지만, 말만 많고 뜻이 졸렬하니 시라고 할 수 있겠는가? 뒷날 서로 그리워했던 정표로 삼는다. 무진년(1868) 가을 기우번 쓰다"[27]라고 되어 있다. 기우번은 멀리 제주로 떠나는 안달삼에 대한 염려와 조금 더 머물렀으면 하는 아쉬운 마음을

담뿍 실었다.

이 시는 '추(秋)－주(舟)－두(頭)－유(幽)－루(樓)'를 운자로 사용했는데, 운통은 평성 우운(尤韻)이다. 이 작품 외에도 『소백처사유고』에서 이 운자를 사용한 시가 6편이 확인된다.[28] 같은 운자를 썼다는 것은 이들이 같은 자리에서 같은 감정을 가지고 창작했을 가능성이 크다. 실제 시의 내용도 모두 안달삼을 제주로 보내면서 쓴 시이다. 기우만은 음력 8월 3일로 기록했는데, 이때 이들이 모여 시를 지어 안달삼을 제주로 보낸 것으로 생각된다. 제주 사람으로 이렇게 많은 송시(送詩)를 받은 경우는 안달삼이 처음 있는 일이 아닐까 한다.

그해 제주에 돌아와서 안달삼은 기정진 문하의 여러 사람들에게 고마운 뜻을 전했는데, 편지와 함께 귤을 보냈다. 이런 사실은 『소백처사유고』에 실린 기정진·기우번·기량연(奇陽衍)의 간찰에서 확인된다.[29] 문집 상으로 판단할 때, 안달삼은 이때부터 기정진 문하의 일원으로 활발한 교유를 펼치는 것으로 생각된다.

2년 후인 1870년에는 안달삼의 부친인 안종수가 죽었는데, 이때에도 기정진 문하와의 교유를 확인할 수 있다. 1870～1872년에 걸친 간찰이나 시에서는 모두 상사(喪事)를 당한 안달삼을 위

27) 『小柏處士遺稿』 44면: 去年冬, 余適不家時, 耽羅安斯文行五氏, 過去歸, 而聞其篤志博雅, 缺然若有所失. 今年秋, 幸而相見, 洽數旬之游宿, 願始夬矣. 臨別又悵然, 謹步一律以呈, 語多意縮, 詩乎哉? 聊爲後日相思之資. 戊辰中秋奇寓蕃書.

28) 6편의 시는 다음과 같다. 贈別安斯文行五(梁圭煥); 行五詞伯將發拙構一律謹呈(許煦); 奉別安斯文行五(朱陽鴻); 行五將歸謹呈一律 戊辰8月初5日(奇宇萬); 贈別安斯文行五, (奇○衍 德初); 行五文友將發謹贈拙律(許樫).

29) 『小柏處士遺稿』「上蘆沙奇先生」;「奇校理名陽衍字子敏」;「奇宇蕃字晉錫」.

로하고 있다.

세 번째 만남은 1879년에 있었다. 이때는 대곡(大谷) 김석구(金錫龜, 1835～1885)가 「송안사문행오귀탐라서(送安斯文行五歸耽羅序)」를 썼다. 이 서문을 보면 안달삼이 아들인 안병택과 동행하고 있음을 밝히고 있다.[30] 기정진은 자신의 제자인 김석구보다 안병택이 나을 것이라고 칭찬하고, 격려했다고 전해진다. 안병택의 제자인 근재(謹齋) 김균배(金匀培, 1888～1982)의 『근재북학일기(謹齋北學日記)』에도 안병택이 기정진을 회상하는 장면이 나오는데, 바로 이때를 말한다.[31] 이해 겨울 기정진은 담대헌(澹對軒)에서 운명을 달리했으니, 안병택은 기정진의 거의 마지막 제자라고 할 수 있다.

이 세 번의 만남 외에도 『노사선생문집』에 「안군묘표(安君墓表)」(권27)와 「원사이백기(爰斯二柏記)」(권23)가 있는 것으로 보면, 몇 번 더 제주 바다를 건넜던 것으로 보인다. 또 기정진이 죽었을 때나 탈상했을 때도 왕래했을 것으로 보이지만, 문헌으로는 확인되지는 않는다.

제주에 살던 안달삼은 기정진과의 물리적 거리로 인해 오랫동안 스승의 옆에서 가르침을 받지는 못했다. 때문에 주로 간찰을 통해 본인이 궁금했던 사항을 확인했고, 이는 당시 학자들 사이에서는 늘 있는 일이었다. 다음은 안달삼이 기정진에게 보내고 확인받은 문답록의 일부이다.

30) 『小柏處士遺稿』 「送安斯文行五歸耽羅序」.

31) 김새미오, 「일제강점기 노사학맥 부해 안병택 서당의 교육과 그 의미-『謹齋北學日記』를 중심으로」, 『대동문화연구』(97), 성균관대학교 대동문화연구원, 2017, pp.269～292.

> 소자는 많은 병의 뿌리가 있습니다. 가장 심한 세 가지는 내상(內傷)·외감(外感)·중울(中鬱)입니다. 도리를 기뻐하지 않는 것은 아니며, 배우기를 원치 않는 것도 아닙니다. 하지만 마음속에서 안정되지 못하여, 잠시 간직하고 있다가도 저도 모르게 놓아버리니, 이것은 진원(眞元)이 안으로 상해서 이른 것입니다. 비루한 곳에서 태어나고, 비루한 곳에서 자라, 날마다 보고 들은 것은 어그러지고 더러운 행동과 말이어서, 이에 급속하게 세속에 끌려 젖어들었습니다. 음풍(淫風)과 괴우(怪雨)같은 것이 왕왕 독을 뿜어대어 저도 모르게 깊이 숭상하였습니다. 책을 읽어도 구절마다 끊어 읽는 것에 대한 의심이 있고, 이치를 궁구하여도 어둡고 조급한 폐해가 있습니다. 이것은 마음속에서 답답해서 생긴 것입니다. 지금 놔두고 다스리지 않는다면 반드시 고질병이 될 것입니다. 바라건대 병에 맞게 처방을 내려주시기 바랍니다.[32)]

『소백처사유고』에서 확인되는 기정진과의 문답은 총 10번의 기록이 전한다. 『노사선생문집』에서 확인되는 것이 있지만, 그렇지 않은 것도 많다. 주목할 것은 『노사선생문집』에는 답변만 실려 있지만,[33)] 『소백처사유고』에는 문답(問答) 모두 실려 있다는 점이다.

인용문에서 안달삼은 자신이 지닌 "내상·외감·중울"로 인해

32) 『小柏處士遺稿』 29면: 問. 小子病根多端, 其最有三日"內傷也·外感也·中鬱也." 非不悅道也, 非不願學也, 而中心做主不定, 乍存而不覺旋放, 是眞元內傷之所致也. 生於鄙陋, 長於鄙陋, 日所聞見, 無非悖行䨻說, 則駸駸然入於俗累, 如淫風怪雨, 往往射毒, 不覺所崇之深也. 讀書, 有章句句讀之疑; 窮理, 有昏昧躁急之蔽, 是中鬱所致也. 舍今不治, 必爲痼疾, 伏冀對症, 投劑焉.

33) 『蘆沙先生文集』 卷13, 「答安行五問目」.

고질병이 되었음을 말하고 있다. 이는 제주도에 살면서 자신이 겪고 있는 학문적 상황을 병에 비유하여 솔직하게 자신의 상황을 표현한 것이며, 안달삼이 느끼고 있던 당시 제주도 학술상황이나 무속을 숭상했던 당시 제주사회의 분위기와도 무관하지 않다.

이에 대해 기정진은 이것은 보통사람들이 가진 보편적인 병통이라고 지적하면서, 『중용』의 '존덕성(尊德性)'과 '도문학(道問學)'의 구절로 스스로를 점검한다면, 안달삼이 가지고 있는 병이 저절로 나을 것[34]이라고 답해준다. 기정진은 안달삼의 특수한 경우를 보편적인 상황으로 전개하여 처방을 내리고, 제자에게 용기를 준 것이었다.

이 밖에 안달삼이 기정진에게 확인받은 사항은 다양하다. 사단칠정(四端七情)에 관한 질문, 심(心)에 관한 질문, 음양(陰陽)에 관한 질문, 정전제(井田制)·득인(得人)·상벌(賞罰)에 관한 질문 등등이 그렇다. 이런 문목의 존재는 기본적으로 스승과 제자라는 관계가 성립되었다는 것을 의미한다. 또한 제주도 내에서 안달삼과 같이 문목이 전해지는 문헌은 많지 않다. 내용상으로 성리설이나 경세론에 관련해서 차록(箚錄)한 경우는 보이지만,[35] 안달삼처럼 자신의 견해를 밝히면서 정리하고 문목을 만든 경우는 확인되지

---

34) 『蘆沙先生文集』 卷13, 「答安行五問目」 : 病最有三之說, 借身病爲喻固善. 雖然, 以吾觀之, 此皆恒人通病, 與謝上蔡着出矜字罪過不同矣. 治此, 亦當服恒人通藥. 今且就『中庸』尊德性·道問學, 一句兩節, 細細思量德性是何物, 如何而可謂之尊; 問學是何事, 如何而不失其道. 若歷歷分明, 卽行屈首從事. 每日不管餘事, 只此兩事, 常自點檢, 兩事有一闕否? 待得積累得力時, 些病漸漸消縮, 亦將有切己之實病現前. 與今日所見, 大段不同.

35) 김새미오, 「『일재 변경봉 문집』에 나타난 18~19세기의 제주사회 성격에 관한 일고」, 『영주어문』(20), 영주어문학회, 2010, pp.93~118.

않는다. 제주 학술사에 있어서는 물론, 형식과 내용상으로 매우 중요한 가치를 지니는 셈이다.

소백 안달삼과 면암 최익현

안달삼과 화서학파의 학자인 최익현과의 관계 역시 주목해야 할 사실이다. 최익현은 1873년 11월에 호조참판 사직소를 올리면서 5조목의 대의(大義)를 아뢰었는데, 이 상소로 인해 제주에 위리안치(圍籬安置)의 명을 받는다. 그러다 1875년 4월에 해배되었다. 다음은 최익현이 제주에서 해배된 후 기정진에게 보낸 편지의 일부이다

> 오직 사우(士友) 간에 좋아하는 사람들이 혹 이번의 소득을 물으면, 그때마다 큰소리로 "내가 제주에 있을 때는 한라산을 보았고, 장성을 방문하여 기장석(奇丈席)을 뵈었다"라고 하였습니다. 이에 묻던 자가 움찔 놀랐고, 계속하여 들으려고 하기에, 섬에 있을 때에 안달삼이 가지고 있는 노사선생 문하의 문헌인 소장(疏章)·서(序)·기(記)·이기설(理氣說) 약간 편을 옮겨 등사한 것을 내어 보여 주었습니다. 그리고 그들의 논의를 들어 보니, 모두들 "정밀하게 이치를 보고 간절하게 일을 논하였으니 참으로 고금에 뛰어난 호걸이며, 세상을 건질 만한 큰 선비이다. 조예가 깊어 논설의 깊은 뜻을 자득하고 세속의 의론에 구속되지 않는 분이 아니라면 이 같을 수가 있겠는가?"라고 하였습니다. 그리하여 모두 서로서로 돌려가며 등사하여 강습의 자료로 삼고, 또한 조만간에 폐백을

> 가지고 우러러 사모하여 뵙는 소원을 이루려고 하는 사람도 있었습니다. 이것으로 본다면 소생이 지난날에 뵙기를 청한 것이 처음부터 의리에 해가 되는 것이 아니고, 또한 수천 리의 길이 헛걸음되는 것을 면할 수 있었습니다. 그러나 외람하기가 어찌 옹기그릇에 좋은 술을 붓고, 나무 인형에 곤룡포와 면류관을 입힌 것과 같을 뿐이겠습니까?[36)]

편지는 1875년 9월 14일에 보낸 것이다. 이 편지에서 최익현은 안달삼이 등사해서 가지고 있던 기정진의 글을 보고 장성을 찾아가게 되었음을 밝혔다.

최익현은 1875년 4월에 해배되었다. 『소백처사유고』를 보면 안달삼이 1874년 6월에 기정진에게 받은 간찰이 있는데, 이를 통해 보자면 안달삼이 기정진과 최익현의 사이에서 다리 역할을 했음을 짐작할 수 있다. 또한 1874년 봄에 지은 기우만의 「소백설(小栢說)」[37)]이 전하는 것을 보면 안달삼이 면암을 모시고 직접 찾아뵈었던 것으로 생각된다.

이런 제반사항은 기정진과 최익현과의 본격적인 교류가 안달

36) 『勉菴先生文集』 卷6, 「上奇蘆沙正鎭_乙亥九月十四日」 : 惟士友間, 好不知惡者, 或詰之以所得, 輒大言曰, 吾在濟州見漢挐, 過長城謁奇丈席. 於是問者, 竦然欲繼有所聞, 亟以島中時, 移謄安達三所藏門下文字疏章·序·記·理氣說若干篇者出而示之. 竊聽於其尙論之餘緖, 則皆曰見理之精, 論事之切, 眞振古英豪, 命世大儒, 其非深造自得於言意之表, 而不拘牽於世俗異同之論. 何以如此. 並互相傳寫, 以資講習, 亦將有早晩齎贄, 以遂景仰之願者. 以此觀之, 小生之曩日請謁, 未始害於義也, 而亦免作數千里虛行. 其爲冒濫, 奚啻瓦缶之注黃流, 木偶之加袞冕. 해석은 고전번역원의 것을 참조하였다.

37) 『小柏處士遺稿』, 「小柏說奉呈安斯文行五氏」. 『松沙集』에는 확인되지 않는다.

삼을 통해 시작되었음을 의미한다. 이 두 사람 간의 교류의 시작점에 안달삼이 위치하고 있는 것은 두 사람 모두 안달삼에 대한 신뢰가 있었다는 것을 의미한다.

그렇다면 최익현은 안달삼과의 인연을 어떻게 생각하고 있었을까? 다음은 『소백처사유고』에 실린 최익현 편지에서 그 마음을 읽을 수 있다.

> 유배 3년 동안 마음을 모아 서로 살펴주었으니, 역시 기이한 인연[奇緣]입니다. 돌아온 후 여러 차례 신경 써주신 것은 어찌 잊을 수 있겠습니까? … 아드님의 공부는 향상되고 있는지요? 아래로 가서 이런 사람들을 만났으니, 더할 수 없이 기쁩니다. 그 밖에 근심거리가 있긴 해도 모두 걱정할 것은 아닙니다. 노사선생의 안부는 근래에 어떠한지요? 짧은 시간 뵈어 비록 만나고픈 제 마음은 채웠지만, 물러난 후 아쉽고 무언가를 잃어버린 듯하니, 이것 역시 떳떳한 마음이 촉발한 것인지요. 우경(禹卿)이 급히 돌아간다고 하니, 말할 수 없을 정도로 창망합니다.[38]

『소백처사유고』에는 최익현이 보낸 간찰 3편이 수록되어 있고, 『면암선생문집』에는 모두 확인되지 않는다. 이 간찰은 1875년 7월 편지로, 최익현이 해배되고 돌아가자마자 안달삼에게 보낸 편지라고 할 수 있다. 최익현은 유배기간 동안 안달삼과의 만남을

38) 『小柏處士遺稿』 11면 : 謫室三載, 會心相款, 亦是奇緣. 歸後頻注, 何可忘也? … 玉允勤課, 向上未損, 下離違際, 得此團聚, 其喜無對, 外他有憂, 都不足恤耳. 下沙問安, 近更何若? 霎然承顏, 遂雖鄙忱, 退後慼然, 殆若有失, 此亦秉彝之所發者耶? 禹卿遽有告歸, 愴不可言.

'기이한 인연[奇緣]'으로 정리하고 있다. 절해고도 제주에 와서 안달삼을 만난 것도 쉽지 않은 인연이고, 또 그를 통해 기정진을 만난 것 역시 생각지도 못한 만남이었다. 또 그 만남에서 서로 간의 공통점이 많았기 때문에 면암의 말대로 '기이한 인연'이라고 할 만하다. 또 최익현은 해배 후에도 계속 연락을 취하면서, 안달삼에게 고마운 마음을 전하였고, 동시에 기정진의 안부를 함께 묻고 있다.

이 간찰에는 안달삼의 아들과 우경(禹卿)이란 인물이 나온다. 먼저 "우경이 급히 돌아간다"는 구절로 보면, 우경은 제주도 인물로 보이며, 이는 우경(佑卿)을 지칭하는 것으로 생각된다. 우경(佑卿)은 구한말 제주 한학자인 김희정(金羲正, 1844~1925)의 자(字)인데, 최익현이 제주유배 때 그를 따라 배운 인물이다. 본관은 김해이고 조천읍 조천리 출신이다. 그는 안달삼과 함께 이한우에게 배웠던 동학관계의 인물이있다. 즉 김희정은 제주에서 최익현을 통해 화서학파를 계승했던 인물이었다.

안달삼의 아들은 전술했듯 안병택이다. 안병택이 중요한 이유는 다음과 같다. 첫째, 아버지인 안달삼을 이어 노사학파의 일원으로 성장해간다. 둘째, 안병택이 노사학맥 내에서 교학활동을 하면서, 제주에서 그를 찾아와 배운 사람들이 많았다. 이를 통해 제주도에 노사학맥이 확장되는 결정적인 역할을 하게 된다. 셋째, 노사학파내의 교학활동을 담당하면서 화서학파와의 교류가 더욱 깊어지게 된다. 이 세 가지 역할은 모두 부친인 안달삼에서 시작된 것이라는 점에서 그 의미를 찾을 수 있다.

본고에서 인적교류의 시작을 중심적으로 살펴보고 있는데, 현재 단계에서 이 두 학파 간에 어떤 점에서 호감을 가졌는지는 정확하게 말하기는 힘들다. 그래도 지금까지의 논의로 판단해보자면, 안달삼이 등사했던 "소장·서·기·이기설"의 문장에서 짐작할 수 있는 단서가 있다. 현재 안달삼이 필사하여 소장했던 책은 확인할 수 없다. 하지만 소장·이기설 등의 내용이라는 단서를 통해 공통점을 찾아보면 다음과 같다.

첫째, 이기설인 경우 두 학파의 양상이 다르기는 하지만, 기본적으로 리(理)를 중심으로 철학체계를 구성하고 있다. 공통점이 있다고 해도 해석 방향에서 분명한 차이는 있으니, 이 부분에 대해서는 차후의 논의가 필요하다. 둘째, 기정진과 화서(華西) 이항로(李恒老, 1792~1968)의 소장에는 모두 위정척사 사상을 담고 있다. 또한 이 둘은 통상반대와 함께 척화주전론을 주장하고 있었다. 이런 사상으로 일제침략기와 강점기 때 두 학파는 무장항일의병을 일으켰고, 서로간의 교감도 있었다. 당시 한주(寒洲) 이진상(李震相, 1818~1886), 간재(艮齋) 전우(田愚, 1841~1922)의 경우 역시 척화사상을 가지고 있었다. 하지만 노사화파와 화서학파처럼 밀접하게 지낸 경우는 아직 확인되지 않는다. 심지어 화사학파 학자인 중암(重菴) 김평묵(金平默, 1819~1891)은 "간재는 죽기가 무서워 의병을 일으키지 못했고, 화가 미칠까 두려워 외세를 배척하지 못하였다"라고 비판하기도 하였다.

정리하자면 이들 기정진-이항로 이 두 학파는 리를 중심으로 한 사유체계, 당시 시대상황에 따른 위정척사사상, 후에 이어지는 의병활동이라는 공통점이 있는데, 그 자세한 방향이나 행동양식에 대해서는 보다 섬세한 연구가 요구된다.[39)]

결론을 대신하며

기정진는 노사학파의 종장이고, 최익현은 화서학파를 대표하는 학자였다. 이 두 학파의 인물들이 서로 우호적으로 만나 학파 간에 교류가 시작되었다는 것만으로도 매우 중요한 사실이라고 할 수 있다. 본고에서는 그 만남이 시작된 공간이 제주도였고, 제주도 인물이었던 안달삼을 통해 시작되었음을 확인하였다.

안달삼은 제주도 조천 출신이었다. 조천은 당시 제주의 대표적인 포구여서 많은 정보가 오가는 곳이었다. 그의 집안 분위기 역시 본토의 정보에 밝았고, 유가적 소양을 갖추고 있었다. 본고에서는『소백처사유고』를 점검하면서, 기정진과 최익현과의 교유관계를 중심으로 안달삼의 학문적 위치를 추적하였다.

기정진과 안달삼은 문헌상으로는 모두 3차례의 만남을 확인할 수 있었다. 첫 번째 만남에서는 스승과 제자의 관계를 맺었고, 두 번째 만남에서는 기정진 주변 문인과 제자들을 만나 교유하였다. 세 번째 만남에서는 아들인 안병택이 동행하여 기정진을 만났다. 이렇게 스승을 찾아 바다를 건너는 경우는 현재 제주도에서 확인할 수 있는 최초의 기록이다.

안달삼은 최익현의 제주도 유배시기에 처음 만났다. 최익현은 당시 안달삼이 가지고 있던 기정진의 글을 보고, 이에 공감을 가졌다. 이에 제주도 해배 후 돌아가는 길에 기정진을 찾아가 만나게 된다. 이를 통해 본격적으로 노사학파와 화서학파의 교류가

39) 최근 이향준은 박해량의「海上日記」를 통해 노사학파와 화서학파간의 학술담론을 정리한 바 있다.

시작되었고, 이후 교유는 점진적으로 확대되어 간다. 이 두 학파간의 교류의 시작점에 안달삼이 위치하고 있다는 점에서 그의 학술상의 좌표를 잡을 수 있었다. 또한 그 공간이 제주였다는 것 역시 매우 독특하면서도 유의미한 성과로 생각된다. 뿐만 아니라 이들 학파는 안달삼의 아들인 안병택을 통해 재생산되고, 확대되어 간다는 점에서 그 의미를 제고할 수 있었다.

본고의 몇 가지 한계점을 밝히면 다음과 같다. 첫째, 학파간의 교류의 시작점에 멈추었다는 점이다. 그 전개과정에 있어서 보다 심도있는 연구가 필요하다. 둘째, 일제강점기 대부분의 학파는 항일정신을 표방했는데, 학파별로 그 층위의 차별점에 대해 고민해야만 한다. 이는 두 학파간의 철학적 관점과도 연결되는 부분이라고 할 수 있다. 셋째, 제주도 학술사에 있어 이후의 전개상황을 꼼꼼히 살펴볼 필요가 있다. 제주도 학술사인 경우 계통적으로 어떻게 이루어지고 있는지에 대해서는 전혀 연구가 없는 상태이기 때문이다. 앞으로 이런 문제의식을 가지고 계속적인 연구가 진행되기를 기대하는 바이다.

난와(難窩) 오계수(吳繼洙)의 성리설과 실천적 의리정신*

조 우 진
(전남대학교 학술교수)

들어가면서

난와(難窩)[1] 오계수(吳繼洙, 1843~1915)는 구한말 호남 나주(羅州)의 성리학자이며, 노사(蘆沙) 기정진(奇正鎭, 1798~1879)의 직전 제자이다. 그가 활동한 1870년대 이후는 중화(中華)를 중심으로 하는 화이(華夷)의 질서에서 외세의 힘에 의한 조약(條約)의 질서로 전환되는 시기이다. 정치·문화·사회의 주축을 이루었던 유학자들은 그들의 존립 근거인 성리학적 이념과 가치가 동학과 서학의 도전장을 받으면서 '위정척사(衛正斥邪)'와 '개화(開化)'라는 두

* 이 글은 2022년 3월에 간행된 『동양고전연구』 권86호[동양고전학회]에 수록되었다.

1) '難窩'라는 自號는 『논어』 「옹야」편의 "어진 사람은 어려운 일을 먼저하고 얻는 것을 뒤로한다"라는 '先難後獲'을 의미한다.

가지 방식을 취하였다. 이러한 흐름 속에서 기정진의 문인들은 성리설 연구뿐만 아니라, 위정척사와 의병 활동의 구심점 역할을 하였다.[2] 오계수 또한 이 맥락에서 기정진의 리(理) 중심의 성리학과 위정척사 사상을 계승하여 학문적 성취와 의리를 실천하였다. 본 논문의 목적은 오계수의 선난후획(先難後獲)[3]의 삶과 그의 성리설(性理說)을 바탕으로 한 실천적 의리정신을 살피는 데 있다.

오계수에 대한 연구논문은 현재까지 없으며, 다만 인물소개와 문집해제[4]가 존재한다. 이것들은 비록 논문형식은 아니지만, 오계수에 관한 연구를 확장하는 데 중요한 발판을 제공했다. 게다가 호남학진흥원에서 『(표점영인) 난와유고(難窩遺稿)』[5]가 출간되면서 오계수에 대한 접근성이 더욱더 수월해졌다. 특히 어려서부터 같은 스승에게 수학하면서 격변기를 함께 살았던 후석(後石) 오준선(吳駿善, 1851~1931)에 대한 연구논문이 있는데[6], 오계수의

2) 박학래, 「19세기 호남 성리학의 전개와 특징 -노사 기정진과 노사학파를 중심으로」(한국국학진흥원, 『국학연구』 제9집, 2006), 227쪽.

3) 吳繼洙, 『難窩遺稿』 권15, 「雜著」, <先難說>, 4b. "일에는 어려움이 있지만 힘써 행하여 꺼리지 않은 것이 先難의 의미이고, 얻는 것을 기약하지 않았는데도 저절로 얻음이 있는 것은 後獲의 효과이다. 진실로 그 얻음을 먼저 하고 어려움을 뒤로한다면 이것은 仁을 구하는 방도가 아니다.[夫事有難, 而力行不憚者, 先難之義也. 不期獲, 而自然有得者, 後獲之效也, 苟或先其獲, 而後其難, 則此非求仁之方.]"

4) 孫光殷, 『全南圈文集解題』 I(광주, 금호문화, 1997); 김대현 외, 『20세기 호남 한문 문집 간명해제』(서울, 경인문화사, 2007); 서정화 외, 『근현대 유림 문집 해제』 2-호남편(광주, 선인, 2021); 이향준 외, 『노사학파 문집 해제』 I(광주, 전남대학교출판문화원, 2021) 등이 있다.

5) 吳繼洙, 『標點影印 韓國近代文集選刊』 6, 『難窩遺稿』(광주, (재)한국학호남진흥원, 표점 김재희, 2020).

6) 朴來鎬, 「後石 吳駿善先生의 발자취」(향토문화개발협의회, 『향토문화』 Vol.13, 1994); 안동교, 「吳駿善의 학문성향과 의리정신」(한국유교학회,

사상적 측면을 살피는 데 많은 도움이 되었다. 이러한 선행 연구를 바탕으로 이 논문에서는 오계수의 성리설에 대한 관점과 시대정신의 발현을 진단하고자 한다.

오계수를 살펴야 할 필요성은 4가지가 있다. 첫째, 성리학적 사유 및 사상적 교유관계를 담고 있는 『난와유고』 17권 8책이 있다. 이것은 오준선을 비롯한 오계수의 문인들이 1916년에 간행한 것이다. 둘째, 나주지역에서 영사재(永思齋)[7]를 중심으로 후학을 양성하여 노사학파의 외연을 넓히는데 중추적 역할을 했다. 이것은 『난와선생문인록(難窩先生門人錄)』[8]에는 530명의 문인이 수록되어 있다는 점에서 확인할 수 있다. 셋째, 스승인 기정진(奇正鎭)을 비롯한 최익현(崔益鉉)·송병선(宋秉璿)[9] 등, 동학인 기우만(奇宇萬)·양상형(梁相衡)·정재규(鄭載圭)·김녹휴(金祿休)·이최

『유교사상문화연구』 Vol.47, 2012); 상선희, 「근대전환기 유학사 後石 吳駿善의 활동양상에 대한 고찰」(한국시가문화학회, 『한국시가문화연구』 Vol.31, 2013); 홍영기, 「後石 吳駿善의 義兵傳 저술과 후학 양성」(호남사학회, 『역사학연구』 Vol.45, 2012).

7) 永思齋는 오계수의 8대조 生老堂 吳孝錫의 재실인데, '영사'의 뜻은 '崇明義理'를 길이 잊지 않겠다는 춘추대의를 표현한 것이다. 尤庵 宋時烈(1607~1689)은 오효석에게 詩를 지어주면서 大明處士라고 불렀으며, 평생 춘추대의를 실천했다고 칭송하였다. (宋時烈, 『宋子大全續拾遺』 권1, 「詩」 <贈大明處士吳孝錫>, 1b~2a.)

8) 『難窩先生門人錄』은 1959년에 간행되었는데, 앞부분은 「難窩先生門人編」에 530명이 수록되어 있고, 뒷부분은 오계수의 아들 道淵 吳根厚의 문인록인 「道淵先生門人錄」에 243명이 실려 있다. 문인록의 순서는 학문의 高下를 따지지 않고 나이에 따라 배열되었으며, 형식은 姓名, 字, 號, 生年, 本貫, 居住地 순서로 표기되어 있다.

9) 문집에는 기정진·최익현·송병선 선생에 올린 書가 각각 5편, 挽詩가 각각 2편, 祭文이 각각 1편 수록되어 있다. 이상에서 볼 때 스승 기정진을 비롯한 최익현과 송병선을 스승 格으로 모셨다는 것을 짐작할 수 있다.

선(李最善)·나도규(羅燾圭) 등, 나주지역에 관직을 제수받은 민종렬(閔種烈)·이병문(李秉文)·김병우(金炳愚)·조병택(趙炳宅)·박윤동(朴潤東) 등 폭넓은 인적 관계망을 구축하였다. 이것은 지역사회에서 그의 위상과 역할을 짐작할 수 있는 지점이다. 넷째, 국가적 위기 상황에서 일제에 대한 저항의식을 드러내어 유학적 전통 가치를 계승하고 실천하였다.

본론에서는 먼저 오계수의 대략적인 생애를 살펴보고, 성리설에 대한 관점을 고찰할 것이다. 그리고 국난을 극복하기 위해 오계수가 바라는 인군(人君) 및 지식인의 역할과 일제에 저항하는 그의 실천적 의리정신을 살펴볼 것이다. 이를 통해 필자는 현대사회를 살아가고 있는 지식인으로서 삶의 태도와 사회적 역할을 조명해보고자 한다.

선난후획(先難後獲)의 삶

오계수의 자는 중함(重涵)이고, 호는 난와(難窩)이며, 본관은 나주(羅州)이다. 세조 때에 오자치(吳自治, 1426~?)가 이시애(李施愛, ?~1467)의 난을 평정한 공으로 나성군(羅城君)에 봉해진 뒤에 후손들은 나주를 본관으로 삼았다. 오계수는 아버지 지곡(止谷) 오갑선(吳甲善)과 어머니 나주정씨(羅州鄭氏) 정시혁(鄭時爀)의 딸 사이에 도림리(道林里)에서 태어났다. 8세(1850)에 기정진과 교유했던 조부 임이재(臨履齋) 오태규(吳泰圭, 1795~1866)에게 20년 정도 『소학』을 비롯한 다양한 경전을 수학했다. 16세(1858)에는 장전

이씨(長田李氏) 죽강(竹崗) 이규언(李奎彦, 1788~1846)의 딸과 결혼했는데, 석전(石田) 이최선(李最善, 1825~1883)은 "훌륭한 선비라서 그 진전을 측량할 수 없다"라고 칭찬하였다. 오계수는 이후로 그의 선조인 생노당(生老堂) 오효석(吳孝錫, 1620~1696)이 은거했던 대명동(大明洞) 영사재로 들어가 경전을 읽으면서 과거 공부에 열중하였다. 이때 아버지 오갑선은 경계하여 말하길 "배우는 사람은 마땅히 실질적인 것에 마음을 써야 한다. 과거 공부와 같은 것은 껍데기일 뿐이다. 입신양명하여 부모를 드러낼 때 저절로 그 도가 있으니, 반드시 사문(斯文)의 덕망 있는 어른을 좇아 섬기고, 갈 길을 헤매지 않은 뒤에야 성인(成人)이 될 수 있다"[10]라고 강조했다.

오계수는 조부 오태규가 죽자 아버지의 뜻을 받들어 27세(1869)에 기정진 선생을 알현하고 배움을 청했다. 그 후 기정진이 "'성인이 어려움을 먼저하고 얻는 것을 뒤에 하라'고 말하지 않았던가? 얻는 것을 뒤로했다가 스스로 얻게 된 연후에야 진실로 얻는 것이다"[11]라고 편지를 보내오자, 오계수는 '선난후획(先難後獲)' 네 글자를 뽑아서 띠에 적어놓고, 조심(操心)과 극기(克己)와 신언(愼言) 세 가지 어려움을 드러낸 선난설(先難說)[12]과 삼난운(三難韻)[13]

---

10) 吳駿善, 『後石遺稿』 권24, 行狀, 「難窩吳公行狀」, 6b. "止谷公嘗戒之曰: 學者當用心實地. 如科業乃外耳. 立揚顯親, 自有其道, 須從事於斯文長德, 不迷趨嚮, 而後可以成人矣."

11) 奇正鎭, 『蘆沙集』 卷13, 書, 「答吳重涵(乙亥)」, 48b~49a. "聖人不云先難而後獲乎? 後獲而自獲, 然後, 是眞實獲."

12) 吳繼洙, 『難窩遺稿』 권15, 雜著, 「先難說」, 5b. "心은 주재가 되는데, 주재가 서지 못하면 모든 일이 게을러진다. 己는 사욕인데, 사욕이 완전히 이기면 의리가 밝지 않다. 言은 樞機인데 추기가 신중하지 못하면 재앙과 불행

을 지어서 기정진 선생에게 보여주었다. 그러자 81세의 기정진 선생은 시(詩)[14]로 화답하고 '기(幾)'자의 참된 가르침을 내려주었다. 송사(松沙) 기우만(奇宇萬, 1846~1916) 또한 삼난(三難)의 뜻을 미루어 '난와(難窩)'라고 편액을 써주고 「난와기(難窩記)」[15]를 지었는데, 사람들은 이때부터 '난와공(難窩公)'이라고 불렀다. 면암(勉庵) 최익현(崔益鉉, 1833~1906)이 삼난운(三難韻)의 차운시(次韻詩)[16]와 「난와기(難窩記)」[17]를 지어서 인정하자, 오계수는 「난와명(難窩銘)」[18]을 지어 스승 기정진과 최익현의 가르침을 가슴에 새겼다. 덕암(德巖) 나도규(羅燾圭, 1826~1885) 또한 「난와기(難窩記)」[19]를

이 거듭 이른다.[心爲主宰, 而主宰不立, 則萬事懈惰. 己是私欲, 而私欲全勝, 則義理不明. 言爲樞機, 而樞機不愼, 則災禍沓至.]"

13) 吳繼洙, 『難窩遺稿』 권1, 詩, 「先難韻」, 3b~4a.

14) 奇正鎭, 『蘆沙集』 권2, 詩, 「次吳重涵(繼洙)三難韻」, 25b. "양장 외도를 세상 사람들이 험난하다 하지만, 마음을 지키는 것만큼 어려운 것이 없도다. 묘한 비결은 '幾'자 위에서 구해야 하니, 여기에서 힘을 얻으면 어려움이 없으리라.[羊腸畏道世云難, 持守莫如方寸難. 妙訣須求幾字上, 於斯得力亦無難.]"

15) 奇宇萬, 『松沙集』 권19, 記, 「難窩記」, 9a.

16) 崔益鉉, 『勉菴集』 권2, 詩, 「次吳重涵(繼洙)難窩原韻」, 28a.

17) 崔益鉉, 『勉菴集』 권22, 記, 「難窩記」, 38a. "쉬운 것은 한둘이 아니지만, 악을 좇는 것보다 쉬운 것이 없다. 어려운 것은 한둘이 아니지만, 선을 좇는 것보다 어려운 것이 없다.[所易者非一, 而莫易於從惡, 所難者非一, 而莫難於從善.]"

18) 吳繼洙, 『難窩遺稿』 권15, 雜著, 「難窩銘」, 14b. "얻음을 뒤에 하면 저절로 얻어지니 이것이 진실로 얻음이네. 스승의 좋은 잠언을 감히 가슴에 새기지 않겠는가? 쉽지도 않고 어렵지도 않으니 도가 그 가운데 있네. 면암 선생의 이 가르침은 나의 우매함을 깨우쳐주네.[後獲自獲, 是眞實獲. 先師良箴, 敢不佩服. 不易不難, 道在其中. 勉翁此訓, 牖我顓蒙.]"

19) 羅燾圭의 難窩記는 오계수의 『난와유고』에만 실려 있고, 나도규의 『德巖漫錄』에는 수록되어 있지 않다.

써서 '기(幾)'자의 뜻을 밝혔다. 37세(1879) 1월에 스승 기정진이 영면하시고 3월에 아버지가 돌아가셨는데, 뒷날 오계수는 "스승의 가르침은 기미(幾微)에서 선(善)과 악(惡)이 나누어진다는 것이고, 아버지의 가르침은 남을 해치고 탐하는 마음이 없게 하라는 것이네"[20]라는 시(詩)로 스승과 아버지의 가르침을 되새겼다. 40세(1882)에 「행년사십설(行年四十說)」[21]과 「행년사십음(行年四十吟)」[22]을 지어 불혹(不惑)과 부동심(不動心)의 경지에 이르지 못한 것에 대해 반성하는 겸양의 태도를 보이면서 『주역』의 '뉘우침[悔]'[23]을 강조하였다. 이후 10여 년 동안 무엇을 했는지에 대한 기록은 없지만, 『난와선생문인록』에 530명의 문인이 있는 것으로 보아 강학 활동에 힘썼을 것으로 추정된다.

52세(1894)에 동학군이 소요를 일으켰을 때, 지담(芝潭) 민종렬(閔種烈, 1831～1899)이 해결 방안을 묻자, 백성의 화합[人和]을 강조하였다. 소요가 평정되자 오계수는 『서경』을 인용하여 "괴수는 섬멸하되, 협박에 못 이겨 따른 자들은 다스리지 말라"[24]라고 충고했는데, 민종렬은 "나는 난와책(難窩策)을 써서 거의 만 명의

20) 吳繼洙, 『難窩遺稿』 권1, 詩, 「父師二訓」, 10b. "師教幾善惡, 考訓不忮求."

21) 吳繼洙, 『難窩遺稿』 권15, 雜著, 「行年四十說」, 9b～10b.

22) 吳繼洙, 『難窩遺稿』 권2, 詩, 「行年四十吟」, 9b.

23) 吳繼洙, 『難窩遺稿』 권7, 記, 「晚悔堂記」 30a. "대개 사람이 이미 잘못이 있는 이후에 반드시 뉘우침이 있고, 뉘우침이 있는 연후에 반드시 선함이 있다. 뉘우침이라는 것은 이미 지나간 잘못을 반성하고 다가오는 선을 힘쓰는 것이다. 뉘우치지 않는다면 선이 어찌 좇아 나오겠는가? 선하지 않다면 몸이 어찌 좇아 서겠는가?[大抵人旣有過然後, 必有悔, 有悔然後, 必有善焉. 悔者, 追旣往之過, 而勉來之善者也. 非悔, 善安從出? 非善, 身安從立乎?]"

24) 『書經』, 「夏書」, <胤征>. "殲厥渠魁, 脅從罔治."

생명을 살려냈다"[25]라고 말했다. 53세(1895)에 을미사변이 일어나자, 기우만이 의병을 일으켜 금성관에 진을 옮겼다는 소식을 듣고 가서 다방면으로 계획을 도왔다. 63세(1905)에 을사늑약(乙巳勒約)이 체결되었을 때, "을사오적에 대해서는 무도한 징벌을 시행하여 나라의 법도를 바르게 하고, 오랑캐에 대해서는 명을 거역한 죄를 토벌하여 왕의 위령을 떨치십시오"[26]라는 「의소(擬疏)」를 지었지만 끝내 상소하지 못하였다. 이러한 국가적 위기 상황에 대해 「호가행(浩歌行)」과 「광가행(狂歌行)」[27] 두 편의 시를 지어 시국의 어려움과 나라가 망한 비통한 심정을 읊기도 했다. 68세(1910)에 나라가 망하자, 두문불출하고 세상살이에 뜻이 없었는데 은사금을 받으라고 독촉을 받았다. 69세(1911)에 은사금을 받지 않는다는 이유로 장성 헌병대에 끌려가 20여 일 동안 옥사를 치르면서도 "나는 비록 보잘것없는 사람이지만 70년 동안 책을 읽어서 의리를 조금 안다. 나라가 망했는데도 죽지 못했는데, 또 어찌 의롭지 못한 돈을 받겠는가"[28]라고 하면서 끝까지 저항했다. 70세(1912)에 노년을 마칠 계획으로 서책을 가지고 영사재로 들어가 후학을 양성하였다. 향년 73세(1915)로 죽음을 맞이하였

---

25) 奇宇萬, 『松沙集』 권35, 墓碣銘, 「難窩吳公墓碣銘」, 5b. "吾用難窩策, 活得幾萬生靈云."

26) 吳繼洙, 『難窩遺稿』 권5, 疏, 「擬疏(乙巳)」, 6b. "五賊則行羿不道之誅, 以正邦憲, 醜虜則討苗逆命之罪, 以振王靈."

27) 吳繼洙, 『難窩遺稿』 권2, 詩, 「浩歌行」·「狂歌行」, 14b～15b. 「호가행」은 동학운동이 일어난 뒤 시국의 험난함을 읊은 것이고, 「광가행」은 경술국치로 나라가 망하자 비통한 심정을 읊은 것이다.

28) 吳駿善, 『後石遺稿』 권24, 行狀, 「難窩吳公行狀」, 9b～10a. "吾雖無狀, 七十年讀書, 粗知義理. 國亡而不能死, 又何忍受不義之金乎?"

고, 훗날 광산 도림사(道林祠)[29]에 배향되었다.

성리설에 대한 재구성

이기설(理氣說)

오계수의 학문[30]은 크게 두 가지 관점에서 출발한다. 첫째, 오계수는 유학의 도통설(道統說)과 관련하여 <공자[孔聖]>－<안자·증자[顔曾夫子]>－<자사[思聖]>－<맹자[鄒聖]>－<이정자[兩程先生]>－<주자[晦庵先生]>에 대한 시를 지었다. 이것은 유학자들이 일반적으로 인정하는 학문적 전통성이 공자로부터 주자(朱子: 朱熹)에게 이어져 왔다는 주희의 도통설을 수용한 것이다. 둘째, 오계수는 심성(心性)과 이기(理氣)의 논변은 스승 기정진의 이론을 독실히 믿으면서 자신의 견해를 세우지 않았으며, 더러 묻는 자가 있으면 반드시 반복하여 '리선기후(理先氣後)'와 '일본만수(一本萬殊)'[31]

29) 道林祠는 蘆沙 奇正鎭을 주벽으로 하고, 難窩 吳繼洙와 後石 吳駿善을 좌우에 모신 祠宇이다.

30) 吳駿善, 『後石遺稿』 권24, 行狀, 「難窩吳公行狀」, 11a. 오준선은 오계수의 학문하는 태도를 다음과 같이 평가했다. "'先難後獲'의 네 글자를 신념으로 여기고, '簡重審靜'을 몸가짐의 계책으로 삼아 모두 說를 저술하여 살피고 반성하였다. 또 '居敬窮理'를 究竟의 法으로 여기고, 『小學』을 몸을 닦는 기본으로 삼으며, 四書는 道를 체득하는 커다란 요체로 여겨, 깊이 생각하고 실천하여 높고 심오한 경지에 나아가길 기약했다.[以先難後獲爲四字符, 以簡重審靜爲一身計, 皆著說而觀省. 又以居敬窮理爲究竟法, 以小學爲律身之基本, 以四子爲體道之大要, 以四子爲體道之大要, 覃思實踐, 期進乎崇深之域.]"

31) 奇正鎭, 『蘆沙集』 권9, 書, 「答閔克中」, 35b～36b.

의 뜻을 상세히 알려주었다.[32] 이것은 학문적 신뢰 관계 속에서 기정진의 리 중심의 성리학 체계를 그대로 수용한 것이다. 즉 오계수는 주희와 기정진의 사유방식에 따라 성리설을 이해했다.

오계수는 주렴계의 「태극도설」에서 "무극의 진과 음양오행의 정이 묘하게 합해 엉켰다[無極之眞, 二五之精, 妙合而凝]"라는 말에 대한 주희의 해석을 바탕으로 이기설이 존재하게 된 이유를 밝혔다. 즉 진은 리(理)이고 형이상(形而上)이며 만물을 낳는 근원이며, 정은 기(氣)이고 형이하(形而下)이며 만물을 낳는 도구이다. 그러므로 만물이 생겨날 때 반드시 리를 부여받은 다음에 본성이 있고, 기를 부여받은 뒤에 형체가 있다. 본성과 형체는 일신(一身)에서 벗어나지 않지만, 리와 기가 실제로 만물에 갖추어졌다. 이러한 까닭으로 이기설이 있게 된 것이다.[33] 그리고 오계수는 리(理)와 기(氣)의 관계를 공자에서 주희로 이어지는 도통(道統)의 관점에서 설명했다.

> 본원(本原)으로써 말하면 기가 생겨난 것은 리를 근본으로 한 것이다. 그러므로 『중용장구』에서 말한 "하늘이 음양오행으로 만물을 화생한다"라는 것은 공자가 말한 "태극이 양의를 낳는다"라는 것이다. 품부(稟賦)로써 말하면 기가 응결하여 모이고 리가 그 가운데 갖추어진 것이다. 그러므로 주자(주희)가 말한 "기로써 형체

32) 吳駿善, 『後石遺稿』 권24, 行狀, 「難窩吳公行狀」, 11a. "至於心性理氣之, 論篤信師說, 不立已見, 或有問者, 必反覆詳告, 以理先氣後, 一本萬殊之義."

33) 吳繼洙, 『難窩遺稿』 권15, 雜著, 「理氣心性說」, 5b. "周子曰: '無極之眞, 二五之精, 妙合而凝', 眞者理也, 精者氣也. 形而上之謂理, 而生物之本也, 形而下之謂氣, 而生物之具也. 人物之生, 必稟此理然後有性, 必稟此氣然後有形, 其性其形, 雖不外乎一身, 而曰理曰氣, 實具於萬物. 此所以有理氣之說也."

가 이루어지면 리 또한 여기에 부여된다"라는 것은 공자가 말한 "잇는 것은 선이고 이룬 것은 성이다"라는 것이다. 유행(流行)으로써 말하면 동정에 끝이 없고, 음양에 시초가 없으니 리와 기에는 본래 선후가 없다고 말할 수 있다. 그러므로 주자가 말한 "앞으로 거슬러 찾아보아도 그 처음 합해진 것을 찾을 수 없고, 뒤로 더듬어 추구해 보아도 그 마침내 분리됨을 볼 수 없다"라는 것은 공자가 말한 "한 번 음하고 한 번 양하는 것을 도라고 한다"라는 것이다.[34]

이것은 주희의 이기의 관계를 남당(南塘) 한원진(韓元震, 1682~1751)의 본원·품부·유행 세 가지 측면[35]으로 요약 정리한 것이다. 첫째, 본원의 측면에서 말하면 기가 생겨나는 것은 리를 근본으로 한다는 것으로 이선기후(理先氣後)이다. 둘째, 품부의 측면에서 말하면 기가 응결하여 모이고 그 속에 리가 갖추어진다는 것으로 기선리후(氣先理後)이다. 셋째, 유행의 측면에서 말하면 동정에 끝이 없고 음양에 시초가 없어서 리와 기는 선후가 없다는 것으로 본무선후(本無先後)이다. 여기서 주목할 것은 오계수가 주희

34) 吳繼洙, 『難窩遺稿』 권15, 雜著, 「理氣心性說」, 5b~6a. "若以本原言之, 則氣之所生, 以理爲本. 故中庸章句曰: 天以陰陽五行, 化生萬物, 卽孔子所謂太極生兩儀也. 以稟賦言之, 則是氣凝聚, 理方具於其中. 故朱子曰: 氣以成形, 理亦賦焉, 卽孔子所謂, 繼之者善, 成之者性也. 以流行言之, 則動靜無端, 陰陽無始, 而理氣本無先後之可言. 故朱子曰: 推之於前, 不見其始之合, 引之於後, 不見其終之離, 卽孔子所謂, 一陰一陽之謂道者也."

35) 한원진 저, 곽신환 역주, 『주자언론동이고』(서울, 소명, 2003), 16~17쪽. "이기 선후를 논할 때, '본래 선후가 없다'라고 한 경우는 '유행으로 말한 것'이다. '이가 앞서서 기가 뒤따른다'라고 한 경우는 '본원으로 말한 것'이다. '기가 앞서고 리가 뒤따른다'라고 한 경우는 '품부로 말한 것'이다"라고 하였다.

에 대한 한원진의 이해를 적극적으로 수용하고 있다는 점이다. 오계수는 심지어 한원진이 스승 권상하에게 올리는 편지의 내용을 그대로 인용하여 기를 성(性)으로 인식하는 노장·석씨·순자·양웅의 폐단을 지적하였다.36)

그리고 오계수는 '불리부잡(不離不雜)' 네 글자의 이해를 통해서 이기론의 온축을 충분히 밝힐 수 있다고 주장하여 "떨어지지 않기 때문에 합해서 보면 리는 기에 구애받아 음양·오행·만물이 각각 하나의 성(性)이고, 섞이지 않기 때문에 나누어서 보면 리가 기에 구애받지 않아 음양·오행·만물이 동일한 태극(太極)이다"37) 라고 하였다. 오계수는 리와 기, 심과 성의 관계를 다음과 같이 설명하였다.

> 리는 본래 혼연하여 애초에 같지 않음이 없지만, 기에 청탁수박(淸濁粹駁)의 다름이 있다. 그러므로 맑음을 부여받은 사람은 어진 사람이 되고, 탁함을 부여받은 사람은 어리석은 사람이 되는데, 통틀어 말하면 사람은 천지 사이에서 유독 바르고 통하는 기를 얻었기 때문에 그 심(心)이 가장 영명하고 그 성이 가장 고귀하다. 허령불매(虛靈不昧)하여 일신(一身)을 주재하는 것은 심이고, 온갖 선이 갖추어져 일심(一心)의 준칙이 되는 것은 성이다. 심은 기가 모인 것

36) 韓元震, 『南塘先生文集』 권7, 書(師門稟目), 「上師門(乙未三月)」, 33b. "老莊以虛無爲道, 是有見乎氣之太初也. 釋氏以靈覺爲性, 是有見乎氣之妙用也. 荀楊以惡與混爲性, 是有見乎氣之末流也. 雖其所見有高下淺深, 而其認氣爲性道一也."

37) 吳繼洙, 『難窩遺稿』 권15, 雜著, 「理氣心性說」, 6a. "不離故合看, 合看則理爲氣所囿, 而陰陽五行萬物, 各一其性矣. 不雜故分看, 分看則理不囿於氣, 而陰陽五行萬物, 同一太極矣."

> 인데, 그 작용은 지극히 변화하여 헤아릴 수 없는 것으로 형이하자이다. 성은 리가 모인 것인데, 그 본체가 지극히 정밀하여 볼 수 없는 것으로 형이상자이다. 리는 기를 주재하고 심은 성을 통솔한다. 이것은 만세에 바꿀 수 없는 논리인데, 혹 기를 리로 인식하는 사람이 있고, 성을 심으로 인식하는 사람이 있다. 이것은 소견의 병폐가 아님이 없다.[38)]

리는 본래 혼연하여 같지만, 기의 청탁수박에 따라 달라진다. 그런데 인간은 천지 사이에서 유독 바르고 통하는 기를 얻었기 때문에 심은 가장 영명하고 성은 가장 고귀하다. 한 몸을 주재하는 것은 심이고, 한마음의 준칙이 되는 것은 성이다. 심은 기가 모인 것으로 형이하자이고, 성은 리가 모인 것으로 형이상자이다. 오계수는 성리학에서 '리가 기를 주재하고 심이 성을 통솔한다'는 것을 만세에 바꿀 수 없는 진리로 보고서, 기를 리로 인식하는 주기적(主氣的) 입장과 성을 심으로 여기는 심즉리적(心卽理的) 입장을 비판하였다. 그는 천지 사이에 가득 찬 이기(理氣)와 마음 가운데 축적된 심성을 천인합일의 측면에서 하나로 이해하고, 이기심성에 대한 자신의 관점을 총평하였다.

38) 吳繼洙, 『難窩遺稿』 권15, 雜著, 「理氣心性說」, 6b. "盖理本混然, 初無不同, 而氣有淸濁粹駁之不同. 故稟其淸者爲賢, 稟其濁者爲愚, 而統以言之, 則人於天地之間, 獨得正通之氣, 故其心最靈, 而其性最貴. 虛靈不昧, 爲一身之主宰者心也. 萬善具足, 爲一心之準則者性也. 心者, 氣之聚而其用至變不可測, 形而下者也. 性者, 理之會而其體至精不可見, 形而上者也. 理爲氣主, 心爲性統, 此萬世不易之論, 而或有認氣爲理者, 或有認性爲心者. 此莫非所見之蔽也."

> 이기론은 진실로 처음 배우는 사람이 거의 미칠 수 있는 것이 아니다. 또 일상생활이나 수기치인의 방도와 관계가 없는 것 같아서 말하지 않는 것도 괜찮겠지만, 만약 리기의 논변에 밝지 못하면 심성의 근본을 알 수 없고 또한 기질을 변화시킬 수 없다. 스스로 돌아보건대 고루하여 평소 학문하는 방도에 어두웠는데 하물며 이기의 원류에 대해 논의할 수 있겠는가? 외람됨을 모르고 평소에 듣고 보았던 것을 간략히 기록하여 후현의 고찰과 질정을 기다린다.[39]

이기론은 초학자가 알 수 있는 것이 아니며, 일상생활이나 수기치인의 방법과 관계없는 것 같지만, 오계수는 이기론을 알아야 심성의 근본을 알 수 있고, 기질을 변화시킬 수 있다고 보았다. 그는 평소 학문하는 방법에 어두워서 리기의 원류를 논할 수 없지만, 주위에서 듣고 보았던 것을 간략히 정리하여 후현(後賢)의 고찰과 질정을 기다린다고 했다. 이상에서 볼 때 오계수는 이기설에 대한 자신만의 독창적인 학설을 피력한 것은 아니지만, 전반적인 자신의 관점을 정리하였다. 즉 이기론에 대한 탄생, 이와 기의 관계, 이기론의 온축, 이기 심성의 핵심, 이기와 심성의 관계, 이기 심성 공부의 필요성 등을 밝힌 것이다.

---

39) 吳繼洙, 『難窩遺稿』 권15, 雜著, 「理氣心性說」, 7a~b. "理氣之論, 固非初學之所可幾及, 又似無關於日用修治之方, 雖不言可矣. 而若不明於理氣之辨, 則無以知心性之本, 而亦無以變化氣質矣. 自顧寡陋, 素昧於爲學之方, 況可議到於理氣之源流乎? 不揆僭猥, 略記平日所聞見, 以俟後賢之考質."

심성론(心性情)

조선 후기 성리학의 흐름은 사단칠정(四端七情)과 인물성동이(人物性同異)에 대한 논쟁의 연장상에서 마음의 속성에 관심이 집중되었다. 마음이라는 것이 리에 속하는가? 기에 속하는가? 리와 기의 합일인가? 성과 정의 관계는 어떠한가? 오계수는 마음에 대해 일반적으로 성리학자들이 인정하는 "마음은 리와 기를 합한 것이고, 성과 정을 통괄한다"[40]라고 하고, "마음은 한 몸의 태극이며, 태극의 이치는 진실로 동(動)과 정(靜)을 모두 갖추었다"[41]라고 하였다.

오계수는 먼저 「심체답심자해설(心體答心字解說)」에서 손님과 주인의 문답형식을 통해 마음에 대한 논의를 전개하였다. 손님은 '심(心)'자에 오행(五行)이 갖추어져 있다고 보고서 그 이유를 "'심'자의 첫 번째 점은 아래로 흐르는 뜻이 있으니 오행에서 水이다. 2획은 곡직(曲直)의 뜻이 있으니 오행에서 목(木)이다. 3획은 불이 위로 타오르는 형상이 있으니 오행에서 화(火)이다. 네 번째 점은 가운데 거처하여 방정한 뜻이 있으니 오행에서 토(土)이다. 다섯 번째 점은 밖에 거처하여 원만한 형상이 있으니 오행에서 금(金)이다"[42]라고 글자의 형태를 가지고 설명하였다. 그러자 오계수는

40) 吳繼洙,『難窩遺稿』 권15, 雜著,「操心箴」, 13b. "心者, 合理氣, 而統性情者也."

41) 吳繼洙,『難窩遺稿』 권7, 記,「止齋記」, 18b. "心者, 一身之太極也, 太極之理, 實具動靜."

42) 吳繼洙,『難窩遺稿』 권15, 雜著,「心體答心字解說」, 8b~9a. "客曰: 心字之第一點, 有下潤底義, 於五行水也. 第二畫, 有曲直底義, 於五行木也. 第三畫, 有炎上之象, 於五行火也. 第四點, 居中而有方正之義, 於五行土也. 第五點,

‘심’자에 오행이 갖추어져 있다고 할지라도, 마음의 본체에 태극·양의·사상·오행·팔괘의 이치가 있다고 보았다.

> 마음이라는 것은 우리 몸의 태극이다. 마음에는 체(體)와 용(用)의 두 상(象)이 있으니 아직 발하지 않은 것을 체라고 하고 이미 발한 것을 용이라고 하는 것이 이것이다. 마음은 사단을 포함하니 측은지심(惻隱之心)은 인(仁)이 발한 것이고, 수오지심(羞惡之心)은 의(義)가 발한 것이고, 공경지심(恭敬之心)은 예(禮)가 발한 것이고, 시비지심(是非之心)은 지(智)가 발한 것이다. 어째서 오행이라고 말하겠는가? 인(仁)이 목(木)이고, 의(義)가 금(金)이고, 예(禮)가 화(火)이고, 지(智)가 수(水)이며, 신(信)이라는 것은 토(土)이니 사단에 실제로 있는 것이지 사단 밖에 별도로 신(信)이 있는 것이 아니다. 어째서 팔괘라고 말하겠는가? 사단과 여덟 글자[仁木義金禮火智水]는 각각 하나의 뜻이며, 사단은 사상과 같고 여덟 글자는 팔괘와 같다.[43]

오계수는 마음을 『주역』 괘 형성의 원리인 태극·양의·사상·팔괘의 구조 속에서 이해하였다. 태극은 마음이고, 양의는 미발(未發)의 체와 이발(已發)의 용이며, 사상은 측은지심·수오지심·공경지심·시비지심이다. 그리고 오행은 인목(仁木)·의금(義金)·예화(禮火)·지수(智水)·신토(信土)이며, 팔괘는 오행 가운데 사단에 해당하

居外而有圓滿之象, 於五行金也.”

43) 吳繼洙, 『難窩遺稿』 권15, 雜著, 「心體答心字解說」, 9a~b. “心者, 吾身之太極也. 心有體用二象, 未發之謂體, 已發之謂用, 是也. 心包四端, 惻隱之心, 仁之發也, 羞惡之心, 義之發也, 恭敬之心, 禮之發也, 是非之心, 智之發也. 何以謂五行? 仁木義金禮火智水, 而信土, 則四端之實有者, 而四端之外, 非別有信也. 何以謂八卦? 四端八字各是一義, 而四端如四象, 八字如八卦.”

는 여덟 글자[仁木義金禮火智水]를 말한다. 그리고 오계수는 장재(張載)의 '심통성정(心統性情)'에 대해 다음과 같이 설명하였다.

> 사단(四端)을 부연하면 칠정(七情)이 되고, 칠정을 요약하면 사단이 되니 실상이 같고 이름이 다른 것이다.[44] 인심(人心)은 사단과 칠정이 식색(食色)에 따라서 나온 것이고, 도심(道心)은 사단과 칠정이 의리(義理)에 따라서 나온 것이다.[45] 인심과 도심은 의지(意志)를 겸한 것이고, 사단과 칠정은 의지를 겸하지 않는다. 의지는 정(情)에서 연유하고 정 또한 성(性)에서 근원한다. 장자(張子: 張載)가 말한 '심통성정'이 이것이다.[46]

오계수는 한원진의 글을 인용하여 사단과 칠정은 실상이 같지만 이름이 다르며, 도심은 사단과 칠정이 의리에 따라 나온 것이고, 인심은 사단과 칠정이 식색에 따라 나온 것이라고 이해했다. 그는 장재의 심통성정에 대해 인심과 도심은 의지를 겸하지만, 사단과 칠정은 의지를 겸하지 않기 때문에 의지는 정에서 연유하고 정은 성에서 근원한다고 보았다. 더 나아가 인심도심(人心道心)과 천리인욕(天理人欲)의 관계를 설명하였다.

---

44) 韓元震, 『南塘集』 권3, 雜著, 「農巖四七知覺說辨」, 8a. "蓋四端衍之爲七情, 七情約之爲四端, 非有二也."

45) 韓元震, 『南塘集』 권3, 疏, 「陳大義疏(九月)」, 34b. "人心, 卽四端七情之爲食色而發者也. 道心, 卽四端七情之爲道義而發者也."

46) 吳繼洙, 『難窩遺稿』 권15, 雜著, 「心體答心字解說」, 9b. "夫四端衍之, 則爲七情, 七情約之, 則爲四端, 同實異名者也. 人心, 四七之爲食色而發者也, 道心, 四七之爲義理而發者也. 人心道心, 兼意志, 四端七情, 不兼意志. 意志緣於情, 情亦原於性. 張子所謂心統性情者, 是也."

> 심(心)은 한 몸의 태극이다. 나누어 말하면 인심과 도심의 다름이 있다. 인심은 형기(形氣)에서 발하여 악을 좋아하고 노여워하는 습속이 있고, 도심은 성명(性命)에서 근원하여 중정인의(中正仁義)의 갖추어짐이 있다. 그래서 위태롭다고 말하고 은미하다고 말하는 다름이 있다. … 인심은 사사롭기 쉽고 공정하기 어렵다. 도심은 밝기 어렵고 어둡기 쉽다. 둘 사이에는 일찍이 틈을 용납하지 않지만 다스리는 방법을 알지 못하면 위태로운 것은 더욱 위태로워지고 은미한 것은 더욱 은미해진다. 위태로움과 은미함을 다스리는 도(道)는 정일(精一)만한 것이 없으니 그 정일의 요체를 구하려면 인욕을 막고 천리를 보존하는 것보다 좋은 것이 없다.[47]

이것은 주희의 학설을 그대로 수용한 것이다. 심은 한 몸의 태극이지만, 형기에서 발현하여 인심이 되고 성명에서 근원하여 도심이 된다. 인심은 사사롭기 쉽고 공정하기 어려워 위태롭고, 도심은 밝기 어렵고 어둡기 쉬워 은미한 것이다. 위태로움과 은미함을 다스리는 방법은 정일(精一)만한 것이 없으며, 정일을 구하려면 인욕을 막고 천리를 보존해야 한다. 그리고 인욕을 막고 천리를 보존하는 방법은 하나의 생각[一念]이 인욕에서 나왔다면 그것을 막고, 천리에서 나왔다면 그것을 보전하는 것이다.[48] 오계

47) 吳繼洙, 『難窩遺稿』 권15, 雜著, 「人心道心說」, 7b～8a. “心者, 一身之太極也. 分而言之, 有人心道心之異焉, 人心者, 發於形氣而有好惡忿懥之習, 道心者, 原於性命而有中正仁義之具, 所以有曰危曰微之不同, … 人心易私而難公, 道心難明而易昧. 二者之間, 曾不容隙, 而不知所以治之, 則危者愈危, 微者愈微. 治危微之道, 莫如精一, 而求其精一之要, 則莫如遏人欲而存天理.”

48) 吳繼洙, 『難窩遺稿』 권15, 雜著, 「人心道心說」, 8a. “察一念之所由萌, 知其爲人欲而發, 則遏之不使滋蔓, 知其爲天理而發, 則存之不使變遷.”

수는 이러한 생각을 살피기 위해 경(敬) 공부를 강조하였다.

> 몸이라는 것은 그 전체를 들어 말하지만, 그 한 몸을 주재하는 것은 심이 아니겠는가? 마음은 몸을 주재하고 모든 변화가 이로 말미암아 나온다. 그러나 이 마음이 하나를 주로 하여 모든 변화의 근원을 통섭하는 것은 경(敬)이 아니면 이 마음을 유지하여 모든 일에 시행할 수 없을 것이다. … 마음의 주재를 알지 못하고 경에 있으면 지도리가 없는 문과 법도가 없는 기틀과 같으니 어찌 되겠는가? 그러므로 군자는 이 마음을 잡고서 경에 거처한다.[49]

오계수는 마음이 몸을 주재하고 모든 변화가 이로 말미암아 나오기 때문에 주일무적(主一無適)하는 경 공부가 아니면 마음을 유지하여 모든 일을 처리할 수 없다고 보았다. 그러므로 사단과 칠정이 발하기 전에는 존양(存養)의 경 공부를 하고, 사단과 칠정이 발한 뒤에는 성찰(省察)의 경 공부를 해야 한다[50]고 주장하였다. 이상과 같이 오계수는 『주역』 「계사전」의 괘 형성의 원리인 태극·양의·사상·팔괘의 구조 속에서 마음을 이해하고, 주희의 이론을 성실하게 수용하여 심성정(心性情)을 설명하였다. 오계수의 성리설은 새로운 이론 체계나 학술논쟁에 관한 것이 아니지만, 초

49) 吳繼洙, 『難窩遺稿』 권15, 雜著, 「心體答心字解說」, 11b～12a. “夫身者,擧其全體而言, 而其所以主宰一身者, 非心乎? 心主乎身, 而萬化之所由出也, 而統攝此心主一萬化之源者, 又非敬, 則亦無以維持此心施用萬事也. … 不知心之主宰, 又在於敬, 則有若無樞之戶, 無括之機, 惡乎其可也? 故君子之操此心而居敬也.”

50) 吳繼洙, 『難窩遺稿』 권8, 雜著, 「簡靜審重說」, 12a. “四端七情, 未發之前, 是敬也, 固已主宰乎存養之實. 已發之際, 是敬也, 必常行於省察之間矣.”

학자가 성리학에 대한 전체적인 흐름을 이해하는 데 중요한 의미를 갖는다.

실천적 의리정신

인의(仁義)의 실천원리

구한말 유학자들은 동학운동(1894), 을미사변(1895), 을사늑약(1905), 경술국치(1910) 등을 어떻게 대처했느냐에 따라 다양한 평가를 받는다. 당시는 내부적인 사회부패뿐만 아니라 외부의 세력에 의해 국가의 체계를 위협받는 시기이다. 이러한 상황에서 오계수는 성리학적 이론 체계를 바탕으로 시대적 실천의식을 발휘하였다. 그는 국가적 위기 상황을 벗어나기 위해 성리학적 위계질서를 바로 세우고자 '명분을 바르게 하고 기강을 확립할 것[正名分立紀綱]'을 주장하였다.

> 옛날 성인이 나라를 다스리는 도(道)는 위대한 장인이 집을 짓고 훌륭한 의사가 병을 고치는 것과 같으며, 반드시 명문(名分)을 바르게 하고 기강(紀綱)을 세우는 것이 근본이다. 근본이 서면 다스려지고, 근본이 어긋나면 어지러워진다는 것은 천고의 당연한 이치이고, 백대의 밝은 거울이다.[51]

51) 吳繼洙,『難窩遺稿』권15, 雜著,「正名分立紀綱論」, 1a. "古聖人治國之道, 亦猶大匠之建屋, 良醫之治病, 而必以正名分立紀綱爲本. 本立則治, 本失則亂, 千古之常理, 百代之明鑑也."

오계수는 집을 짓는 장인과 병을 고치는 의사에 비유를 통하여 각자의 직분에 맞는 역할과 조직 체계의 기강을 바르게 세워 백성의 삶을 윤택하게 해야 함을 강조하였다. 즉 오계수는 "근본을 바르게 하는 일은 비록 더딜 것 같으나 실제로는 힘이 되기 쉽다"[52]라는 주희의 말을 근거로 명분을 바로잡고 기강을 확립하는 것을 근본으로 삼았으며, 이를 위해 춘추대통일(春秋大統一)의 의리정신과 『중용』 구경(九經)의 나라 다스리는 방법을 본받도록 주장했다.[53] 이것은 동학과 서학이 도전하고 일본이 국가의 존립을 위협하는 상황에서 유학적 사고를 더욱 확립하기 위한 것이다. 더 나아가 오계수는 인군(人君)의 인정(仁政)을 강조하였다.

> 무릇 천지의 큼과 요순의 성스러움은 그 도가 하나의 '인(仁)'자에 불과할 따름이니 '인'의 도가 진실로 크다. 사시에서는 춘(春)이 되고, 사덕(四德)에서는 원(元)이 되며, 사단(四端)에서는 인(仁)이 되니 이른바 인성(人性)의 선함이고, 이른바 모든 선의 으뜸이다. 후세의 인군(人君)들이 진실로 천지가 만물을 낳은 '인'을 마음에 두어 확충한다면 만방의 사람들이 모두 평화로운 경지에 있을 것이고, 요순이 백성을 사랑하는 '인'을 마음으로 삼아 시행한다면 모두 인수(仁壽)의 경지에 오를 것이다.[54]

---

52) 朱熹, 『晦庵先生朱文公文集』 권24, 『朱子全書』 제21책, 上海, 上海古籍出版社·安徽教育出版社, 2002, 1,084쪽. "正其本者, 雖若迂緩, 而實易爲力."

53) 吳繼洙, 『難窩遺稿』 권15, 雜著, 「正名分立紀綱論」, 2a. "所謂本者, 如春秋之大一統, 中庸之九經, 是已. 天下之至嚴, 而用法之至詳者, 莫如春秋. 天下之正理, 而行道之至要者, 莫若中庸也."

54) 吳繼洙, 『難窩遺稿』 권15, 雜著, 「躋民於仁壽之域論」, 3a. "夫以天地之大, 堯舜之聖, 其道不過乎一仁字而已, 則仁之道固大矣. 在四時則爲春, 在四德則爲元, 在四端則爲仁, 所謂人性之善者也, 所謂衆善之長者也. 後之人君,

오계수는 세상의 도를 '인(仁)'자 하나로 소급하였다. '인'은 봄이고, '원(元)'이며, 동쪽이고, 모든 선함의 으뜸이다. 오계수는 인군이 모든 백성을 평화로운 경지와 인수의 경지에 이르기 위해 '인'을 마음에 간직하고 확충해야 함을 강조하였다. 1894년 호남에서 동학농민운동이 일어났을 때, 민종렬이 해결 방안과 계책을 묻자 다음과 같이 말했다.

> 천하에서 가장 바로잡기 어려운 것은 사람의 마음이니 당신께서는 자신을 바로잡는 마음으로 사람의 마음을 바로잡고, 고금에서 가장 얻기 어려운 것이 사람의 화합이니 당신께서 자신을 미루는 조화로써 사람의 화합을 얻어야 한다. 인심을 바로잡으면 치우치고 간사한 논설이 함부로 하지 않을 것이며, 인화를 얻으면 천지의 조화가 부르지 않아도 이른다는 것은 당연한 이치이다. 이러한 방책에 따라 조치한다면 어찌 금성(錦城) 한 주에만 그치겠는가?[55]

오계수는 단순히 나주의 농민운동에 대한 해결책만을 제시하기보다는 당시의 시대 상황에서 포괄적인 대책을 제안하는데, 이것이 바로 '인심을 바로잡고, 인화를 얻는 것'이다. 즉 이것은 자신을 바로잡는 마음으로 인심을 바로 잡고, 자신을 미루는 조화로 인화를 얻는 것이다. 오계수는 사태에 대한 본질적인 방책을

苟能以天地生物之仁留心, 而擴而充之, 則萬邦之人, 擧在於泰和之境, 以堯舜愛民之仁爲心, 而擧而措之, 則四海之民, 咸躋於仁壽之域."

55) 吳繼洙, 『難窩遺稿』 권8, 序, 「上閔候芝潭序」, 3a~b. "天下莫難正者人心, 而先生正己之心以正人心, 古今莫難得者人和, 而先生推己之和以得人和. 人心旣正, 詖淫之說不敢肆, 人和旣得, 天地之和, 不召而至, 理之常也. 擧此而措之, 則豈獨錦城一州而止哉?"

사용한다면 나주뿐만 아니라 전국의 농민운동이 그칠 것이라고 주장하였다. 그리고 을사늑약(1905)이 체결되자, 오계수는 나라를 걱정하는 마음과 인군을 위한 「의소(擬疏)」를 지었다.

> 군자와 소인의 진퇴(進退)는 국가의 치란(治亂)과 관계되는데, 나아가는 것도 반드시 모두 군자가 아니고 물러나는 것도 반드시 모두 소인이 아닙니다. 이것은 군자가 나아감을 어렵게 여기고 물러남을 쉽게 여기며, 소인이 나아감을 쉽게 여기고 물러남을 어렵게 여기는 것에 불과합니다. 만약 그것을 분별해서 말한다면 의(義)와 이(利)의 사이에 있을 따름입니다. 저 왜인들은 '의'가 있는 곳을 몰라서 오직 '이'를 따를 뿐입니다. 그러므로 '이'가 군부에 있으면 군부를 따르고, '이'가 권신에 있으면 권신에 의탁하고, '이'가 적국에 있으면 적국과 사귀고, '융'가 융적에 있으면 융적과 친합니다. 그 의롭지 못한 것이 진실로 이와 같으니 사괘(師卦) 상육(上六)에서 '나라를 열고 가업을 계승하는데, 소인을 쓰지 말라'고 하고, 미제괘(未濟卦) 구삼(九三)에서 '고종이 귀방을 정벌하여 삼 년 만에 이겼는데, 소인을 쓰지 말라'고 하였습니다. 이것은 대역(大易)의 밝은 가르침입니다.56)

군자와 소인의 진퇴는 치란과 관계된다. 군자는 나아감을 어렵

56) 吳繼洙, 『難窩遺稿』 권5, 疏, 「擬疏(乙巳)」, 5a~b. "君子小人之進退, 實關國家之治亂, 而所進者未必皆君子, 所退者未必皆小人. 是不過君子難進而易退, 小人易進而難退也. 若言其分別, 則義與利之間而已. 彼倭人者,不知義之所在, 而惟利是從. 故利在君父則從君父, 利在權臣則附權臣, 利在賊國則交賊國, 利在戎狄則親戎狄. 其不義固如是, 而在師之上六, 開國承家, 曰小人勿用, 在旣濟之六三, 高宗伐鬼方三年克之, 亦曰小人勿用. 此大易之明訓也."

게 여기고 물러남을 쉽게 여기지만, 소인은 이와 반대이다. 즉 군자와 소인의 구분은 '의(義)'와 '이(利)'의 차이일 따름이다. 오계수는 『주역』의 사괘 상육과 미제괘 구삼에서 말하는 "소인을 쓰지 말라"[57]라는 가르침을 근거해서 이(利)에 따라 행동하는 소인 사오적을 처벌하고 왜인을 배척할 것을 주장하였다. 이러한 소인을 배척하기 위해서 인군은 덕을 기르는 것이 중요하다.

> 『서경』에 "덕이 있으면 다스려지고 덕이 없으면 어지러워진다"라고 했습니다. 여기에서 한번 다스려지고 한번 혼란스러운 것은 덕이 닦였는지의 여부에 달려있다는 것을 알 수 있습니다. 또 "덕이 있는 사람은 하늘을 감동시켜서 아무리 먼 곳이라도 이르지 않는 곳이 없게 한다"라고 했습니다. 여기에서 멀리 있는 사람을 다독거리고 가까이 있는 사람을 친하게 대하는 것 또한 '덕'이란 한 글자에 달려있다는 것을 알 수 있습니다. 덕을 닦는 요체는 인군의 한마음에 달려있습니다. 마음은 모든 변화의 근원입니다. 삼가 인군께서 마음을 바르게 하여 조정을 바르게 하고, 조정을 바르게 하여 백관을 바르게 하고, 백관을 바르게 하여 사방을 바르게 하고, 사방을 바르게 하여 모든 백성을 바르게 하시길 바랍니다.[58]

「의소」에서는 『서경』의 내용을 인용하여 인군의 덕치(德治)를 강조한 것이다. 오계수는 국가의 치란은 인군의 마음에 달려있다

57) 『周易』, 師卦上六·未濟卦九三. "小人勿用."

58) 吳繼洙, 『難窩遺稿』 권5, 疏, 「擬疏(乙巳)」, 7a. "書曰: '德惟治, 否德亂.', 是知一治一亂, 在於德之修否, 又曰: '惟德動天, 無遠不屆.' 是知服遠能邇, 亦繫德之一字. 修德之要, 本於人主之一心, 心者萬化之原也. 伏願聖上正心以正朝廷, 正朝廷以正百官, 正百官以正四方 正四方以正萬民."

고 주장하면서 인군의 마음에 덕이 없기 때문에 을사늑약이 맺어진 것이라고 보았다. 국난을 극복하기 위해서는 인군이 마음에 덕을 길러 조정을 바르게 하고, 백관을 바르게 하며, 사방을 바르게 하고, 모든 백성을 바르게 하는 것이 중요하다는 것이다. 오계수는 성리학적 이해를 통한 공자의 '인을 이룬다[成仁]'는 것과 맹자의 '의를 취한다[取義]'는 인의의 덕을 바탕으로 실천원리를 강조하였다.

불의에 저항하는 의리정신

구한말 유학자들은 성리학적 위계질서가 무너지는 시대 상황에서 다양한 방식으로 출처와 의지를 드러내었다. 야은(野隱) 박정규(朴廷奎, 1829~1898)처럼 세상을 완전히 등지고 홀로 살거나, 연재(淵齋) 송병선(宋秉璿, 1836~1905)처럼 목숨을 끊거나, 간재(艮齋) 전우(田愚, 1841~1922)처럼 은거하여 후학을 양성하면서 후일을 기약하거나, 최익현이나 기우만처럼 의병 활동을 통한 항일의식을 보이거나, 현실을 벗어나 시사(詩詞)에 몰두하는 사람들이 있었다. 오계수 또한 이러한 복합적인 방식으로 자신의 의리정신을 실천하였다. 경술국치(1910) 이전에는 의병 활동을 통해 일제에 저항했지만, 나라가 멸망하자 일제에 저항하는 방식 가운데 하나가 은사금을 거부하는 것이었다. 당시 일제는 매국노뿐만 아니라 경술국치에 반대하는 세력을 회유하기 위해 많은 은사금을 나누어주었다. 그해 겨울에 일제는 두문불출하고 있던 오계수에게도 은사금을 내린다는 첩지를 보내고, 다음 해 2월에 군수(郡守) 박윤동(朴潤東)이 은사금을 받으라는 뜻을 통지해왔다. 오계수는 바로 군수에게 편지를 보내서 자신이 은사금을 받는 장부에 잘못 들어갔으니 살펴달라고 요청하였으나[59] 처리되지 못하였고, 계속해서 은사금을 받으라는 첩지가 내려왔다.

> 돈을 주는 일로써 불러서 회유하는 것은 대장의 책무이다. 비록 그것이 당연하다고 알지라도 나에게 있어서는 결코 당연하지 못한 것이 있으니 어째서이겠는가? 내가 말하는 계수(繼洙)의 수(洙)는 수사(洙泗)의 수(洙)이고, 첩지에 실려 있는 계주(繼珠)는 주옥(珠玉)의 주(珠)이다. 수(洙)와 주(珠)는 글자의 음이 다르고 글자의 뜻이 아주 다른데, 어찌 다른 음과 뜻으로써 같은 이름이라고 이를 수 있겠습니까?[60]

은사금을 계속해서 받아들이지 않자, 장성 헌병대장이 계수(繼洙)를 계주(繼珠)로 바꾸어 첩지를 보냈으며, 오계수는 계수라는 이름의 수(洙)는 주옥(珠玉)의 주(珠)가 아니라, 사수(泗洙)의 수(洙)라고 주장하면서 자신의 이름과 다르다고 거부하였다. 그리고 오계수는 "옛날의 군자가 사수취여(辭受取予)할 때에는 진실로 의리에 합당하면 만종이라도 사양하지 않았으며, 의리에 합당하지 않으면 한 개라도 반드시 취하지 않았다"[61]라고 하여 의리에 합당

59) 吳繼洙, 『難窩遺稿』 권6, 書, 「答本郡守朴潤東」, 37a.

60) 吳繼洙, 『難窩遺稿』 권6, 書, 「示長城憲兵分隊長書」, 37b. "竊以賜金事, 見招論, 此在隊長之責. 雖知其當然, 而在不佞, 有不敢當者, 何則? 不佞所稱繼洙之洙, 洙泗之洙也, 帖紙所載繼珠之珠, 珠玉之珠也. 洙與珠字音不同, 字義迥別, 豈可以不同之音, 迥別之義, 謂之同名乎?"

61) 吳繼洙, 『難窩遺稿』 권6, 書, 「示三巨里憲兵所長」, 39b. "古之君子, 於辭受取予之際, 苟能合義, 則萬鍾不足辭, 苟不合義, 則一介不必取."

하지 않기 때문에 은사금을 받을 수 없다고 주장했다. 더 나아가 구체적으로 삼거리 헌병소장에게 은사금을 거부하는 세 가지 이유를 제시했다.

> 국가로 말하면 선비를 기른 것이 500년이고, 커다란 은혜와 후한 덕택이 사람들의 뼈에 사무친 것은 하해(河海)처럼 깊다. 이것이 차마 잊을 수 없는 첫 번째이다. 조종으로 말하면 벼슬을 지낸 것이 8～9세이고, 후한 봉록과 높은 영화가 사람들의 이목에 비춘 것은 구산(邱山)처럼 무겁다. 이것이 유념하지 않을 수 없는 두 번째이다. 일신으로 말하면 먼 시골에서 나고 자라서 몸소 네 왕조의 교화를 입었고, 이마와 발꿈치, 모발(毛髮) 어느 것 하나 우로가 적셔주지 않은 것이 없으며, 큰 난리가 일어남에 풍천(風泉)의 감회가 오래되고 더욱 절실하다. 이것이 감히 받을 수 없는 세 번째이다.[62]

오계수는 첫째, 국가적인 측면에서 보면 500년 동안 선비를 기른 은혜를 잊을 수 없고, 둘째, 가문의 측면에서 보면 8～9세 동안 녹봉을 받은 것을 생각하지 않을 수 없으며, 셋째, 개인적인 측면에서 보면 시골에 살면서 네 왕조의 교화를 입었으니 받을 수 없다는 것이다. 이것은 수신(修身)·제가(濟家)·치국(治國)의 맥락에서 은사금을 받을 수 없는 이유를 논리적으로 밝힌 것이다.

---

62) 吳繼洙, 『難窩遺稿』 권6, 書, 「示三巨里憲兵所長」, 39a～b. “近日事不知其幾件節拍, 而最所關重者有三. 自國家言之, 養士五百年, 鴻恩庬澤, 浹人肌髓, 深如河海, 此不忍忘者一也. 自祖宗言之, 歷仕八九世, 厚祿尊榮, 照人耳目, 重如邱山. 此不可不念者二也. 以一身言之, 生長遐陬, 躬被四朝之化, 頂踵毛髮, 罔非雨露之所涵濡, 而於焉桑海變遷, 風泉之感, 久而彌切. 此又不敢受者三也.”

오계수는 이것을 계기로 일본헌병대에 구속되었다.

> 나라가 망하고 군주가 없는데도 구제할 수 없으니 신하 된 자로서 죽더라도 남은 죄가 있는데 어찌 두 마음을 가지겠는가? 오호라! 살아서도 쓰이지 않은 것이 있고, 죽어서도 피할 수 없는 것이 있으니 백발의 노인으로 70세라는 것이 한스러울 뿐이다. 평소에 나라를 경영하고 나라를 구제할 능력이 부족하여 한 번도 군부(君父)의 치욕을 씻지 못했는데, 어찌 감히 뻔뻔하게 함부로 받겠습니까? 헌병대 소장이 갑자기 벌떡 일어나 소매를 잡고 속에 은사금을 주려고 하자 정색을 하며 '三軍의 군대를 빼앗을 수 있어도 필부의 뜻은 빼앗기 어렵다.'라고 하면서 은사금을 잡고 책상 앞에 던지고 '죽어서도 받지 않을 것인데 어찌 심하게 위협하는가?'라고 하였다.[63]

오계수는 일본헌병대에 20여 일 동안 구속되어 많은 협박과 고초를 겪으면서도 일제에 저항하는 자신의 의지를 꺾지 않고서 "위에서는 은혜로서 내려주고 아래에서는 의로움으로써 받는 것인데, 의리상 해서는 안 될 일이 있다면 비록 우리 인군이 내려주더라도 받지 않을 것이다"[64]라고 더욱 단호하게 말했다. 나라가 망하는 과정을 직접 지켜보았던 오계수는 마지막까지 일제에

---

63) 吳繼洙, 『難窩遺稿』 권17, 附錄, 「却金實記」, 19a~b. "府君曰: '國破君亡, 不能救, 爲人臣者, 死有餘罪, 況敢貳其心乎? 嗚呼! 生而有不用者, 死而有不避者, 只恨老白首七十年. 素乏經濟, 一未雪君父之恥, 而何敢靦然冒受乎?' 所長突然蹶起, 執衣袖, 裏金欲與之, 府君正色曰: 三軍之師可奪, 匹夫之志難可奪也. 持金投諸前案曰: 死且不受, 何其威脅之甚耶?"

64) 吳繼洙, 『難窩遺稿』 권17, 附錄, 「却金實記」, 19b. "上之賜也以恩, 下之受也以義, 而於義有所不可, 則雖吾君之賜, 不受矣."

저항하는 삶을 고수하면서 선비로서의 강한 기개와 신념을 통한 실천적 의리정신을 보여주었다.

나가면서

오계수는 근대 전환기 '선난후획'의 삶을 살았던 호남 나주의 성리학자이자 항일의사이다. 그는 어려서부터 도학적 학풍을 이어온 가학(家學)의 전통을 계승했으며, 조부 오태규에게 20년 정도 『소학』을 비롯한 다양한 경전을 수학했다. 오태규가 죽자 아버지의 명으로 27세 때 기정진 선생에게 나아가 리(理) 중심의 성리학을 10년 동안 접했다. 그는 두 스승의 영향 아래 기우만의 의병 활동에 참여하였고, 을사늑약 때 상소를 올려 일제의 침략을 비판하였다. 특히 망국 후에는 일제의 은사금을 거부하였으며, 그 이유로 구금되어 협박과 회유를 당했지만, 강력히 거부하는 항일의지를 실천하였다. 구금에서 풀려난 뒤에는 현실을 체념하고 영사재에서 후학을 양성하였다.

오계수는 공자로부터 주희로 이어지는 유학의 도통설(道統說)을 바탕으로 학문적 신뢰 관계 속에서 기정진의 리중심의 성리학 체계를 그대로 수용했다. 그는 먼저 이기설이 생겨난 이유를 밝히고, 주희의 이기의 관계에 대해 한원진의 본원·품부·유행 세 가지 측면에서 '이선기후(理先氣後)'·'기선리후(氣先理後)'·'본무선후(本無先後)'를 설명하였다. 특히 오계수는 '불리부잡(不離不雜)' 네 글자의 이해를 통해서 이기론의 온축을 충분히 밝힐 수 있다고 주장했다. 그리고 '리는 기를 주재하고, 심은 성을 통솔한다'라는 것을 만세에 바꿀 수 없는 진리로 보고서, 기를 리로 인식하는 주기적(主氣的) 입장과 성을 심으로 여기는 심즉리적(心卽理的) 입장을 비판하였다. 또한, 오계수는 이기론이 일상생활이나 수기치인의 방법과 관계없는 것 같지만, 이기론을 알아야 심성의 근본을 알 수 있고, 기질을 변화시킬 수 있다고 주장했다.

오계수는 '심(心)'이라는 글자를 통해서 마음을 오행으로 설명할 수도 있지만, '마음은 한 몸의 태극이다'는 관점에서 『주역』 「계사전」의 괘 형성의 원리인 태극·양의·사상·팔괘의 구조 속에서 이해했다. 즉 태극은 마음이고, 양의는 미발(未發)의 체(體)와 이발(已發)의 용(用)이며, 사상은 측은지심·수오지심·공경지심·시비지심이다. 그리고 오행은 인목(仁木)·의금(義金)·예화(禮火)·지수(智水)·신토(信土)이며, 팔괘는 오행 가운데 사단에 해당하는 여덟 글자[仁木義金禮火智水]를 의미한다. 인심과 도심의 관계는 주희의 이론이 그대로 수용되었다. 위태로움과 은미함을 다스리는 도는 정일(精一)만 한 것이 없으며, 정일을 구하려면 인욕(人欲)을 막고 천리(天理)를 보존해야 한다. 그리고 인욕을 막고 천리를 보존하는 방법은 하나의 생각[一念]이 인욕에서 나왔는지 천리에서 나왔는지 살피는 것이 중요하다. 오계수는 이러한 하나의 생각을 살피기 위해서 존양(存養)과 성찰(省察)의 경(敬) 공부를 강조했다. 오계수는 성리설에 관한 새로운 이론 체계를 세우거나 당시 「외필(猥筆)」·「납량사의(納涼私議)」 논쟁에 참여하지는 않았지만, 주자학과 노사학을 표준으로 삼아 자신의 성리설에 대한 기본 관점을 정리하였다. 이것은 학문을 처음 접하는 초학자가 성리학에 대한 전체적인 흐름을 이해하는 데 도움이 될 뿐만 아니라, 전통적인 학문 방향을 계승한 것이다.

오계수는 공맹의 인의(仁義)를 바탕으로 한 유학적 사유방식과 리(理) 중심의 성리학적 이론을 통해 실천하였다. 그는 성리학적 위계질서를 바로 세우고자 '명분을 바르게 하고 기강을 확립할 것'을 강조하고, 인군(人君)의 인정(仁政)과 덕치(德治)를 주장했다. 그의 실천원리는 은사금을 거부하는 의리정신으로 드러났다. 오계수는 지속적인 거부로 인하여 일본헌병대에 20여 일 구속되어 많은 협박과 고초를 겪으면서도 마지막까지 일제에 저항하는 선비로서의 강한 절개와 의리를 표출하였다.

오계수는 기정진의 리(理) 중심의 성리학과 위정척사사상을 철저하게 계승하고, 나주지역에서 강학과 의병 활동을 전개하여 노사학파의 위상을 높였을 뿐만 아니라 국가가 멸망해가는 과정에서 인군(人君)의 역할을 강조하고 지식인으로서 의리정신을 실천하였다. 의병 활동과 은사금을 거부한 항일의식은 뒤에 독립운동으로 발전하는 중추적인 계기가 되었으며, 현실문제에 대응하는 지식인의 태도와 신념을 보여준 것이다. 오계수에 관한 연구는 나주지역에서 노사학파 지식인들의 사회적 관계망 및 호남의 의병 활동뿐만 아니라, 근현대의 사상적 흐름을 파악하는 데 도움이 될 것이다. 또한, 우리는 오계수의 의리적 삶을 통해 현대사회에서 지식인의 역할이 무엇인지, 선택적 상황에서 어떤 기준과 행동을 취할 것인지, 세대를 넘어서는 보편적인 공정과 정의가 무엇인지 고민해야 할 것이다.

「외필(猥筆)」의 사상적 단초를 찾아서*

— 기정진(奇正鎭)과 조성가(趙性家)의 문답을 중심으로 —

양 순 자

(전남대학교 철학과 교수)

서론

「외필(猥筆)」은 노사(蘆沙) 기정진(奇正鎭, 1798~1879)의 주요 삼대 저작 중 하나로 그의 이기론적 입장이 집약된 글이다.[1)]「외필」은 기정진이 제자인 월고(月皐) 조성가(趙性家, 1824~1903)[2)]의 질

* 이 글은 2021년 2월에 간행된 『공자학』 권43호〔한국공자학회〕에 수록되었다.

1) 「외필」에 대한 대표적인 연구로는 정병연, 「石梧 권봉희의 「猥筆」에 대한 분석」, 『퇴계학보』 제96집(1997); 박학래, 「蘆沙 奇正鎭의 性理說을 둘러싼 기호학계의 논쟁: 「猥筆」을 중심으로」, 『민족문화연구』 제48집(2008); 양조한, 「간재와 노사의 외필논변」, 『간재학논총』 제8집(2008); 이향준, 「猥筆」의 起源」, 『유학연구소』 제51집(2020); 이상익, 「奇正鎭의 「猥筆」과 이에 대한 田愚와 鄭載圭의 논변」, 『퇴계학논총』 제35집(2020) 등이 있다.

2) 조성가의 본관은 咸安이며, 자는 直敎, 호는 月皐이다. 경남 晉州 출신으로 1883년(고종20) 선공감 감역에 제수되었고, 1902년 壽職으로 통정대부에 올랐다. 조성가는 경상우도 지역에서 노사학파를 전파하는 데 중요한 역할

문에 답하기 위해 지어진 것인데, 기정진은 1878년 「외필」의 초고를 완성하여 가장 먼저 조성가에게 보여주었다. 이처럼 조성가는 기정진 문인 가운데 가장 지근한 거리에서 기정진에게 학문적 질정을 거듭하였고, 기정진이 애써 드러내지 않고 있던 그의 학문적 입장을 이끌어 낸 기정진의 고제(高弟)이다.[3]

조성가는 1851년 28세에 기정진의 문하에 나아간 이후 매년 스승을 찾아 성리학의 주요 주제에 대해 지속적으로 문답을 주고받았으며, 때로는 편지를 통해 문답을 이어 나가기도 하였다. 이 글은 조성가와 기정진이 남긴 문답을 통해 조성가의 성리학적 문제의식을 살펴보고, 더불어 기정진의 이기론적 입장이 축약된 「외필」의 원형을 찾아보고자 한다.

기정진과 조성가가 주고받은 일련의 문답 내용은 『월고선생문집(月皐先生文集)』 「사상일기(沙上日記)」와 「상노사선생(上蘆沙先生)」, 『노사집(蘆沙集)』에 실린 「답조직교(答趙直敎)」 등의 편지를 통해 확인할 수 있다. 특히 「사상일기」는 성리학과 관련해서 가장 많

을 하였으며, 기정진의 행장을 지었고 고산서원에 배향된 인물 중 하나이다. 문집으로는 『月皐文集』이 있다. 조성가의 생애에 대해서는 다음자료 참고. 최석기, 강현진, 구경아, 공광성, 김현진, 강지옥, 구진성 (지은이), 『19세기 경상우도 학자들 上』, 보고사(2012), 173~190쪽; 박학래, 「월고 조성가의 생애와 학문」, 『동양학』 제42집(2007); 김봉곤, 「경상우도 노사학단 조성가, 최숙민을 중심으로: 조성가와 최숙민을 통해서 본 경상우도 지역에서의 노사학의 전개양상」, 『남명학연구』 제30집(2010).

3) 기정진이 이기론적 입장을 드러내기 꺼려했다는 사실은 연보에서 보인다. 『蘆沙先生文集』 附錄 卷1, 19b, 「年譜」, "三年壬子 先生五十五歲, … 先生敎人, 階級甚嚴, 常日, 手不知灑掃之節, 而口談性理, 東儒之大患. 天下只有一箇是一箇非, 從上聖賢垂世立教, 只是尋箇是處, 於理氣罕言之. 今人開口便說理氣, 此後世學問之所以異於洙泗也."

은 내용을 담고 있는데, 조성가는 1859년 기정진의 강학처에 한 달여 동안 머물면서 이일분수(理一分殊), 사칠변(四七辨), 무극이태극(無極而太極), 태극생양의(太極生兩儀), 성범명덕(聖凡明德) 등에 대해 문답한 내용을 이 저작에 남겼다. 「사상일기」가 다루고 있는 주제는 광범위하지만 분량은 얼마 되지 않을 뿐만 아니라, 조성가는 기정진에게 짤막하게 질문을 할 뿐 자신의 철학적 입장을 적극적으로 개진하지 않았다. 따라서 조성가와 기정진의 문답을 통해 조성가만의 고유한 성리학적 입장을 규명해내기는 쉽지 않다. 그럼에도 불구하고 「사상일기」를 통해서 조성가가 어떤 성리학적 문제의식을 가지고 있었는지는 확인 가능하다. 또한 기정진이 1878년 조성가에게 「외필」의 초고를 보여준 이후 조성가가 스승에게 율곡(栗谷) 이이(李珥, 1536~1584)에 대한 자신의 입장을 밝히는데, 그 편지글도 기정진과 구분되는 조성가의 입장을 엿볼 수 있는 중요한 자료이다.

지금까지 조성가에 대한 연구는 그다지 많은 편은 아니다. 그 중에서 박학래는 「사상일기」가 다루고 있는 '이일분수,' '사칠변,' '무극이태극' 등 다양한 주제를 개괄적으로 소개하고, 조성가가 기본적으로 기정진의 성리설을 따르고 있다고 결론 내린다. 특히 그는 조성가가 리의 기에 대한 주재를 적극적으로 주장하고 있다고 본다.[4] 김봉곤은 조성가가 영·호남 노사학파의 가교 역할을 한 것에 주목하였고,[5] 또한 조성가의 문집을 통해 서부 경남지역

4) 박학래, 「월고 조성가의 생애와 학문」, 『동양학』 제42호, 동양학연구원, 2007. 참조.

5) 「경상우도 노사학단 조성가, 최숙민을 중심으로: 조성가와 최숙민을 통해서 본 경상우도 지역에서의 노사학의 전개양상」, 『남명학연구』 제30집

의 농민혁명에 관한 내용을 검토하였다.[6)]

이 글에서는 기존 연구들에서 언급된 조성가의 사상적 특징을 참고하여 기정진이 「외필」을 저술하게 된 단초를 찾아보고자 한다. 「외필」의 첫 구절에는 천명(天命)이 음정양동(陰靜陽動)을 시키는 것이라고 제시하는데,[7)] 리(理), 태극, 천명 등은 성리학의 대표적인 형이상학 개념이지만, 그것들의 함의는 조금씩 다르다. 그렇다면 기정진은 왜 첫 구절에서 리도 아니고 태극도 아니고 천명이 음정양동하게 만드는 것이라고 지적하였을까? 그리고 「외필」에서 기정진은 리기 관계를 상하(上下), 선후(先後), 주복(主僕)으로 설정한다. 이 글에서는 기정진과 조성가의 문답을 통해 기정진이 천명에 주목한 이유와 상하, 선후, 주복으로 이기관계를 설정한 과정을 탐구할 것이다.

특히 「외필」과 가장 관련이 많은 주제 중심으로 살펴볼 것이다. 잘 알려져 있다시피 「외필」은 기정진이 이이의 "기자이 비유사지(機自爾 非有使之)"에 대한 자신의 관점을 피력한 글이다. 원래 그 구절은 이이가 염계(濂溪) 주돈이(周敦頤, 1017~1073)의 「태극도설(太極圖說)」 "태극이 움직여 양을 낳고 고요하여 음을 낳는다"[8)]와 회암(晦庵) 주희(朱熹, 1130~1200)의 "태극이란 본연의 오

(2010); 「영남지역에서의 노사학파와 한주학파의 성립과 학설교류」, 『공자학』 제14호(2007), 참조.

6) 김봉곤, 「서부경남지역의 동학농민혁명 확산과 향촌사회의 대응: 조성가의 『월고일기』를 중심으로」, 『남명학연구』 제41집(2014).

7) 『蘆沙先生文集』 卷6, 24b, 「猥筆」, "陽動陰靜, 驟看皮面, 果似自行自止. 若深原其實, 則壹是天命使之然也. 天命然也, 故不得不然, 此之謂所以然, 非天命之外, 別有所以然也."

8) 『性理大全』 卷1, 15a, 「太極圖說」, "太極動而生陽, 靜而生陰."

묘함이고, 움직임과 고요함이란 <태극이> 타는 틀이다"[9]에 대한 주석을 설명하는 과정에서 나온 말이다.[10] 본 논문에서는 「태극도설」에 대한 주희와 이이의 입장과 관련된 개념 중심으로 살펴볼 예정이다. 구체적으로는 2장에서 태극과 동정의 관계, 3장에서 천명과 동정의 관계, 4장에서는 소승지기(所乘之機)를 살펴볼 것이다. 이와 같은 연구는 개괄적이나마 조성가의 사상을 이해하는 데 도움이 될 뿐만 아니라 기정진의 사상적 변천을 보여줄 수 있을 것이다.

태극과 동정

성리학의 형이상학적 체계는 주로 『주역』과 주돈이의 「태극도설」에 근거하여 완성된 것으로 알려져 있다. 특히 주희는 주돈이의 「태극도설」에 대해 「태극도설해(太極圖說解)」라는 주석서를 지음으로써 자신의 이기론적 관점에서 성리학적 세계관을 완성하였다.

주돈이의 「태극도설」은 "무극이면서 태극이니, 태극이 움직여서 양을 낳고, 움직이는 것이 지극해서 고요하며, 고요해서 음을 낳는다"[11]로 시작한다. 이 구절은 무극과 태극, 태극과 음양을 통

9) 같은 책, 15b, 「太極圖說解」, "太極者, 本然之妙也. 動靜者, 所乘之機也."
10) 『栗谷全書』 卷10, 24b, 「答成浩原」, "氣發而理乘者, 何謂也. 陰靜陽動, 機自爾也, 非有使之者也. 陽之動則理乘於動, 非理動也, 陰之靜則理乘於靜, 非理靜也. 故朱子曰, 太極者, 本然之妙也, 動靜者, 所乘之機也. 陰靜陽動, 其機自爾, 而其所以陰靜陽動者, 理也. 故周子曰, 太極動而生陽, 靜而生陰."

해 형이상과 형이하의 관계를 설명해주는 가장 중요한 부분이다. 조성가의 질문 또한 이 구절로부터 시작하는데, 그는 1859년 기정진과 같이 머문 지 5일째 되는 날 다음과 같이 질문한다.

> 무극은 곧 상천이며 소리도 없고 냄새도 없는 리(理)이고, 태극은 지극(至極)하다는 의미입니까?[12)]

우선 전반부의 "무극은 곧 상천이며 소리도 없고 냄새도 없는 리(理)이고"를 살펴보자. '무극'은 송나라 시대 성리학에서 중요한 개념인데, 당시 이에 대해 주희와 상산(象山) 육구연(陸九淵, 1139~1193)은 "무극이태극(無極而太極)" 구절에서 무극이 필요한지에 대해 논의한 것이 유명하다. 육구연은 "무극이태극"에서 '무극'이란 표현은 주돈이의 학문적 완성이라고 할 수 있는 『통서(通書)』에는 보이지 않기 때문에 별 의미가 없을 뿐만 아니라 오히려 불필요한 오해를 불러일으킨다고 주장한다.[13)] 그에 반해 주희는 '무극'은 태극의 형이상학적인 측면을 잘 드러내주기 때문에 반드시 필요한 개념이라고 주장한다. 만약 무극이란 개념이 없으면 태극은 형이하의 기(器)와 같은 것으로 오인되어 만물과 온갖 변

---

11) 『性理大全』 卷1, 15a, 「太極圖說」, "無極而太極, 太極動而生陽, 動極而靜, 靜而生陰."

12) 『月皐先生文集』 卷19, 9a, 「沙上日記」, "無極, 只是上天, 無聲無臭之理, 而太極是至極之義否."

13) 『象山全集』 卷12, 「與朱晦庵」, "太極圖說, 與通書不類, 疑非周子所爲. 不然則或是其學未成時所作. … 蓋通書理性命章言, … 言五行陰陽, 陰陽太極, 亦無無極之文, 假令太極圖說, … 則作通書時, 不言無極, 蓋已知其說之非矣."

화의 근원으로서의 위상을 잃어버린다. 태극은 형이하에 관여하지만 형이하와는 차원을 달리하기 때문에 무극이라고 하지 않을 수 없다.[14)] 그러므로 "무극이태극"이란 말은 태극이 만물에 내재되어 있기는 하지만 만물과는 차원이 다르다는 것을 상징해주는 중요한 표현이다.

또한 잘 알려져 있다시피 "상천지재, 무성무취(上天之載, 無聲無臭)"는 『시경(詩經)』 「대아·문왕(大雅·文王)」에 나오는 구절로, 일찍이 주희는 「태극도설해」에서 "하늘의 일은 소리도 없고 냄새도 없지만 실제로는 조화의 중심축이고 만물의 뿌리이다. 그러므로 '무극이면서 태극이다'라고 말했으니, 태극 밖에 다시 무극이 있는 것이 아니다"[15)]라고 하였다. 따라서 조성가가 무극이 상천이며 소리와 냄새가 없는 리인지 물은 것은 현상 세계와는 차원을 달리하며 인간의 감각기관으로 파악할 수 없는 이치가 있는지를 묻는 것이며, 주희의 의도를 충실히 따르고 있다고 할 수 있다.

기정진도 일찍이 '무극'은 리가 만 가지 현상의 유일한 근원(一源)임을 가장 잘 드러내주는 개념이라고 했다.

> 리로 인한 만 가지 현상은 모두 명명할 수 있다. 명명하고 또한 말할 수도 있으니, 원형이정(元亨利貞)이 그것이다. 말하고 또한 실천할 수도 있으니, 인의예지(仁義禮智)가 그것이다. 그러나 유일한

---

14) 『朱熹集』 卷36, 「答陸子美」, "不言無極, 則太極同於一物, 而不足爲萬花之根, 不言太極, 則無極淪於空寂, 而不能爲萬物之根, 只此一句, 便見其下語精密微妙無窮."

15) 『性理大全』 卷1, 13a, 「太極圖說解」, "上天之載, 無聲無臭, 而實造化之樞紐, 品彙之根柢也. 故曰無極而太極, 非太極之外復有無極也."

근원(一源)만은 명명하거나 말할 수 없는 것이어서, 공자께서 억지로 태극이라고 명명한 이후에 아무도 감히 그 위에다 한 글자도 쓰지 못하였는데, 주렴계[주돈이]만이 '무극'이란 두 글자로 풀이하였다.[16)]

기정진은 '무극'이란 말이 리가 현상 세계의 유일한 근원임을 가장 잘 드러내 준다고 생각한다. 공자가 비록 '태극'이란 표현을 사용하였지만, '무극'이 '태극'보다 리가 만 가지 현상의 유일한 근원임을 효과적으로 드러내 주는 것이라고 본 것이다.

다음으로 조성가가 질문한 "태극은 지극(至極)하다는 의미입니까?"에 대해 살펴보자. 육구연과 주희의 토론에서 태극의 '극(極)'을 육구연처럼 '중(中)'의 의미로 이해할 것인가 주희처럼 궁극(窮極)이자 지극(至極)의 의미로 새길 것인가는 중요한 논쟁거리 중의 하나였다. 육구연은 '극'자를 구주(九疇)에서 가운데에 해당되는 오(五)가 '황극(皇極)'으로 명명된 것으로 보아 '극'을 '중(中)'의 의미로 이해하며, 중용(中庸)이나 시중(時中)의 의미로 이해가능하다고 본다.[17)] 그에 반해 주희는 '극'을 '중'으로 해석하는 것을 강력히 반대하고, 오로지 '지극'의 의미로만 해석하고자 한다. 주희

16) 『蘆沙先生文集』 卷4, 12a~b, 「答權信元(宇仁○壬午八月)」, "蓋理之萬殊者, 皆可名也. 名之, 亦可言也, 元亨利貞是也. 言之, 亦可行也, 仁義禮智是也. 惟一源則名言之所不及, 自夫子強名太極之後, 無人敢下一字於其上, 惟周濂溪以'無極'二字釋之而已."

17) 『象山全集』 卷23, 「荊門軍上元設廳講義」, "皇大也, 極中也, 洪範九疇五居其中, 故謂之極, 是極之大, 充塞宇宙, 天地以此而位, 萬物以此而育."; 『象山全集』, 卷12, 「與朱晦庵」, "五居九疇之中, 而曰皇極, 豈非以其中而命之乎. … 中庸曰, 中也者, 天下之大本也, 和也者, 天下之達道也. 致中和, 天地位焉, 萬物育焉, 此理至矣, 外此豈更復有太極哉."

는 “무극은 오직 극진하게 이르러서 다시 갈 곳이 없다. 지극히 높고 묘하며, 지극히 정밀하고 심오하며 신묘하여 다시 갈 곳이 없다”라고 말한다.[18] 주희는 ‘극’을 지극의 의미로 봄으로써 태극이 가장 궁극적인 것임을 강조하고자 한다. 조성가는 태극의 ‘극’ 자를 ‘지극’으로 해석하면서 주희의 입장에 동의하며 끊임없이 변화하는 현상 세계의 지극한 표준이 있음을 강조하고 있다.

기정진은 조성가의 질문에 다음과 같이 대답한다.

> 그렇다. 태극은 본래 형체도 그림자도 없다. 주돈이는 “그것은 지극히 없는 것이면서 지극히 있는 것이다”라고 말하였다. 그러므로 “무극이태극”이라 하는데, ‘이(而)’ 자는 어세(語勢)를 되돌리는 표현이다. 육상산이 임황중(林黃中)에게 “공자께서는 역에 태극이 있다고 하셨는데 어찌 무극을 말씀하셨겠습니까? 이 ‘무’자의 ‘무’가 노자와 부처가 말하는 허무의 무이겠습니까?”라고 하였다. 주자께서 이에 대해 변론하기를 “이 유(有)자가 어찌 형상이 있음을 가리켜 ‘유’자라고 했겠는가? 그것은 이치가 있는 것을 가리킨다”라고 하셨다. 율곡이 “음이 고요하고 양이 움직이는 것은 기틀이 저절로 그러할 뿐 시키는 것이 있지 않다”라고 하셨는데 나는 일찍이 이 말에 의문을 품었다. 무릇 그렇게 시키는 것은 태극이다.[19]

---

18) 『朱子語類』 卷94, 「周子之書」 <寓錄>, “無極只是極至, 更無去處了, 至高至妙, 至精至神, 更沒去處.”

19) 『月皐先生文集』 卷19, 9a, 「沙上日記」, “然. 蓋太極本無形影, 周言其至無而至有, 故日無極而太極而字反語之辭也. 陸象山林黃中日, 孔子日, 易有太極, 何以日無極耶. 此無字無, 乃老佛虛無之無字耶. 朱子辨之日, 這有字, 豈指有形狀而日有耶, 指其有理也. 栗谷日, 陰靜陽動, 其機自爾, 非有使之者, 是言也, 我嘗疑之. 夫使之者, 太極也.”

기정진은 우선 조성가의 의견에 동의한다. 그런데 기정진은 특이하게 무극에 대해서는 많은 논의를 하지 않는데, 「외필」에서는 '무극'이란 단어는 아예 보이지도 않는다. 기정진은 주희가 "역에 태극이 있다"의 의미를 "리가 있다(有理)"로 해석한 것을 인용하면서 '없다'보다는 '있다'에 집중할 것을 강조한다. 아마도 이것은 무극보다는 태극이 동정과 직접적인 연관이 있어서 이이의 말을 비판하는데 효과적이기 때문일 것이다. 기정진은 태극이 형상은 없지만 동정을 일어나게 하는 리이며, 그러므로 동정을 하게 하는 것[使之]은 바로 태극이라고 말한다. 무극과 태극은 모두 현상 세계를 제어하는 궁극성을 강조하는 개념이지만, 무극은 태극에 비해 현상 세계와는 차원이 다른, 즉 초월적인 측면을 강조하는 개념이다. 따라서 기정진의 관심은 현상 세계를 초월한 궁극적인 존재에 있는 것이 아니라 현상 세계 내에서의 주재에 있다고 볼 수 있다. 음양의 동정과 밀접한 연관성이 있는 것은 태극이다. 기정진은 리가 기와 떨어지지 않으면서 동정하게 만드는 측면에 관심이 있다. 기정진이 이용수(李容壽)에게 답하는 과정에서도 이러한 점이 잘 드러난다.

> "리에 동과 정이 있다"라는 말은 설명하자면 매우 깁니다. 대개 주돈이의 「태극도설」 첫 번째 구절에서 이미 이 내용을 다 설명하였으니, '태극'이라고 하면 본래 동과 정이 있지만 '무극'이라고 하면 원래 동과 정이 없는 것입니다. 그래서 주돈이는 『통서』에서 "동하면 정함이 없고 정하면 동함이 없는 것은 물(物)이요, 동하되 동함이 없고 정하되 정함이 없는 것은 신(神)이다"라고 말했습니다.[20]

기정진은 주돈이의 『통서』에 근거하여 태극은 동정이 있지만 무극은 동정이 없다고 말한다. 그런데 기정진의 이 발언은 자칫 잘못하면 오해를 불러올 수 있다. 문현(文顯) 정종세(鄭宗世)가 면우(俛宇) 곽종석(郭種錫, 1846~1919)에게 기정진이 이용수에 한 말을 인용하면서 기정진처럼 동정의 유무로 무극과 태극을 나누어 말하면 무극과 태극을 별개의 것으로 오해할 수 있지 않느냐고 질문하자 곽종석은 기정진의 말은 실로 의심을 살만하다고 비판한다.[21] 그런데 기정진의 말을 무극과 태극을 별개의 실체로 간주했다고 오해할 필요는 없을 듯하다. 다만 기정진이 "무극에 동정이 없다"고 말한 이유는 리가 스스로는 동정이 없지만 기를 동정하게 만드는 것을 설명하고자 하였기 때문으로 보인다. '무극'은 리 스스로에는 동정이 없음과 관련된 표현이고 태극은 리가 다른 것을 동정하게 만듦과 관련된 표현이라고 할 수 있다.[22]

---

20) 『蘆沙先生文集』 卷5, 12b, 「答李容壽(庚午三月)」, "理有動靜"之說, 其說甚長. 蓋周子圖說第一句, 已說盡此事, 曰"太極"則固有動靜, 而曰"無極"則原未嘗有動靜也. 故曰 : "動而無靜, 靜而無動者, 物也, 動而無動, 靜而無靜者, 神也." 번역은 기본적으로 한국문집총간을 따랐으며 필요한 경우에 수정했다.

21) 『俛宇先生文集』 卷60, 4b~5a, 「答鄭文顯(戊戌)」, "蘆沙曰太極則固有動靜, 而無極則原未甞有動靜. 竊以爲太極之動靜, 卽無極之動靜, 若以動靜之有無分言, 則無極太極, 不爲二物乎. (질문) 蘆沙翁豈其有此說, 苟有此說, 誠如盛疑, 世或以第一圈爲無極, 第二圈爲太極, 其說無乃由此耶.(답변)" 이외에도 權公立 또한 淵齋 宋秉璿에게 비슷한 문제제기를 하는데, 송병선 또한 기정진의 발언이 무극과 태극을 다른 것으로 오해하게 만든다고 생각한다. 『淵齋先生文集』 卷11, 25b, 「答權公立問目」, "蘆沙答李容壽曰, 曰太極則固有動靜, 而曰無極則原未嘗有動靜, 是果太極上, 復有無極耶.(질문) 無極太極, 本非二物, 而此老分析之, 何也.(답변)"

22) 주광호는 주희의 해석이 가미된 「태극도설」이 아니라 『통서』를 비롯한 주돈이의 저작과 동시대의 자료를 분석하여 주돈이 사상의 원형을 찾아내고

결론적으로 조성가는 「태극도설」의 첫 구절인 "무극이태극"에 대해 주희의 해석을 충실히 따르면서 무극이 인간의 감각으로는 파악할 수 없는 리이며 태극이 지극(至極)의 의미인지 물었다. 이에 대해 기정진은 무극에 대해서는 별다른 관심을 보이지 않는데, 무극보다는 태극이 동정과 관련된 개념이라고 생각했기 때문이다. 기정진은 더 나아가 태극이 단순히 '지극'의 의미가 아니라 동정을 일어나게 하는 것[使之]으로 설명한다. 즉 태극이라는 것이 동정의 지극한 표준으로서만 존재하는 것이 아니라 좀 더 적극적인 주재 능력이 있음을 강조한다. 이에 근거하여 기정진은 이이의 "음이 고요하고 양이 움직이는 것은 기틀이 저절로 그러할 뿐 시키는 것이 있지 않다"는 것에 문제가 있음을 지적한다.

그런데 잘 알려져 있다시피 기정진은 조성가의 질문에 답하기 위해 그의 삼대 저작 중의 하나인 「외필」을 지었다.[23] 「외필」의 첫 구절에서는 "양이 움직이고 음이 고요한 것은 모두 천명이 그렇게 시키는 것이다"고 하였다.[24] 그러나 앞에서 살펴보았듯이

자 하였다. 그는 朱震의 『漢上易傳』과 楊甲이 편찬한 「六經圖」, 胡廣仲의 「太極圖」에서 '음양' 두 글자가 무극과 태극의 오른쪽에, '陽動' 두 글자는 태극-음양의 자리에 있다는 점에 주목하며, 무극은 어떠한 상대적인 동정도 없는 '靜態'인 반면에 태극은 움직이기도 하고 정지하기도 하는 상대적인 운동을 하는 '動態'라고 주장한다. 주광호, 「주돈이 「태극도설」의 존재론 가치론 함의」, 『한국철학논집』 제20집(2007), 23쪽.

23) 참고로 조성가는 28세 때에 기정진 문하에 들어갔다. 기정진의 삼대 이론서 중의 하나인 「納凉私議」는 1843년 기정진이 46세에 지어졌고, 「偶記」는 1845년 48세, 理通氣局에 관한 「理通說」은 1853년 56세에 지어졌다.

24) 『蘆沙先生文集』 卷6, 24b, 「猥筆」, "陽動陰靜, 驟看皮面, 果似自行自止, 若深原其實, 則壹是天命使之然也. 天命然也, 故不得不然, 此之謂所以然, 非天命之外, 別有所以然也."

기정진은 조성가의 질문에 "무릇 그렇게 시키는 것은 태극이다"고 대답하였다. 물론 궁극적으로는 태극과 천명을 같은 것으로 생각할 수도 있지만 두 개념의 강조점은 다르다. 다음 장에서는 기정진이 「외필」의 첫 구절에서 "그렇게 시키는[使之]"것을 태극이 아니라 천명으로 바꾼 이유를 조성가와 기정진의 대화를 통해 유추해볼 것이다. 그러는 과정에서 「외필」의 주요 의도가 더욱 선명하게 드러날 것으로 보인다.

천명(天命)의 유행

기정진은 조성가와의 문답에서 태극이 동정의 지극한 표준일 뿐만 아니라 동정하게 만드는 것이라고 말했다. 그러나 이후 기정진은 태극보다 좀 더 강력하게 리의 기에 대한 주재를 표현할 수 있는 개념에 기대어 동정을 설명한다.

조성가는 1859년 스승과 같이 머문 지 8일째 되는 날 다음과 같이 질문한다.

> 조성가가 물었다. '태극은 단지 리를 가리킵니까?'
> 선생이 대답하셨다. '그렇다.'
> 조성가가 또 물었다. '동정은 음양을 낳는다고 하는데, 이것은 기입니까?'25)

25) 『月皐先生文集』 卷19, 11a, 「沙上日記」, "八日, 問, 太極單指理, 否?" "(蘆沙)先生日, 然." "又問日, 動靜生陰陽, 是氣, 否?"

조성가는 태극이 단지 리라면 어떻게 태극이 움직여 양을 낳고 고요하여 음을 낳는지 묻는다. 다시 말하면 리가 어떻게 동정을 하는지 묻는다. 그의 질문은 「태극도설」의 "태극이 움직여서 양을 낳고, 움직이는 것이 지극해서 고요하며, 고요해서 음을 낳고, 고요함이 지극하면 다시 움직인다"와 관련이 있다. 일반적으로 '동정'은 형이하의 대상에 관련된 표현으로 이해하기 쉽다. 그러므로 태극이 움직이거나 고요해서 음양을 낳는다고 말했을 때 태극은 형이하의 기로 오해받기 쉽다.[26] 이이는 『성학집요(聖學輯要)』에서 「태극도설」과 주희의 주석을 소개하면서 단 한 번 자신의 견해를 제시하는데, 바로 이 구절에 관한 것이다. 이이는 여기에서 음양동정은 그 기틀이 스스로 그러한 것이라고 주장한다.[27] 조성가는 태극이 리라면 리는 무조작(無造作)·무정의(無情意)인데 리인 태극이 어떻게 음양을 낳는지 묻고 있다. 동정이 리발(理發) 때문인지 아니면 이이의 말대로 그 기틀이 스스로 그러한 것[氣機

26) 일찍이 주희도 「태극도설해」에서 태극이 리인데 형체가 없는 리가 어떻게 동정을 하는지 묻는 질문에 리에 동정이 있기 때문에 기에 동정이 있다고 대답한다. 리의 동정은 형이하학적인 기의 동정과는 다른 차원에서의 동정을 말한다고 볼 수 있다. "問, 太極理也, 理如何動靜? 有形則有動靜, 太極無形, 恐不可以動靜言. 曰, 理有動靜, 故氣有動靜. 若理無動靜, 則氣何自而有動靜乎?"

27) 『栗谷全書』 卷20, 39a~b, 「聖學輯要」, "臣按, 動靜之機, 非有以使之也. 理氣亦非有先後之可言也, 第以氣之動靜也, 須是理爲根柢. 故曰太極動而生陽, 靜而生陰. 若執此言, 以爲太極獨立於陰陽之前, 陰陽自無而有, 則非所謂陰陽無始也. 最宜活看而深玩也." 좀 더 상세한 설명은 『栗谷全書』 卷10, 216b, 「答成浩原」에서 보인다. "氣發而理乘者, 何謂也. 陰靜陽動, 機自爾也, 非有使之者也. 陽之動則理乘於動, 非理動也. 陰之靜則理乘於靜, 非理靜也. 故朱子曰, 太極者, 本然之妙也, 動靜者, 所乘之機也. 陰靜陽動, 其機自爾, 而其所以陰靜陽動者, 理也. 故周子曰, 太極動而生陽, 靜而生陰."

然]때문인지 묻고 있는 것이다. 기정진은 조성가의 질문에 답하면서 태극에 동정이 있음을 주희의 "천명의 유행"과 연관시킨다.

> 독서를 할 때에는 당연히 자세하게 살펴보아야만 한다. 태극은 마땅히 동정이 없는데 동정이 있다고 말하니, 이것은 대단히 의심할 만하다. 그 구절을 해석한다면 어떻게 말해야 하는가? 그런데 주자께서 "천명의 유행이다"[28]고 하셨으니 당연히 하주(下註)의 의미가 어떠한지 끝까지 따져보아야 한다. 만약 율곡이 말씀하셨다면 반드시 '기기연(氣機然)'이라고 하셨을 것이다. 그런데 이와 같이 해석한다면 기(氣)만이 작용하게 되니, 소위 리라는 것은 마치 주나라 난왕(赧王)과 한나라 헌제(獻帝)처럼 강력한 신하에게 휘둘리고 자유롭지 못한 것과 같다. 동서남북 이리저리 움직일 때 <리는> 기만 따르는 꼴이니 쓸모없는 물건이 되고 만다. 리는 그러지 않을 수 없는 묘함[不得不然之妙]이 있으니, 음정양동의 리가 있기 때문에 기가 리를 실어 움직인다. 주자가 천명유행이라고 하신 것은 리에 권한을 돌려주고자 한 말씀이다.[29]

기정진은 조성가의 질문에 답하는 과정에서 주희의 "태극에 동

---

28) 『性理大全』 卷1, 4b, 「太極圖說解」, "謂太極含動靜, 以本體而言也, 謂太極有動靜, 以流行而言也. 若謂太極便是動靜, 則是形而上下者不可分, 而'易有太極'之言, 亦贅矣."

29) 『月皐先生文集』 卷19, 11a, 「沙上日記」, "讀書宜細看. 蓋太極亐無動靜, 而曰有動靜, 則此是大端疑處也. 註之則當如何云, 而朱子曰, 是天命之流行也. 宜究下註之意如何耳. 假使栗谷言之, 則必曰氣機然也. 如此則氣專用事, 而所謂理者, 如周赧漢獻受制强臣不得自由, 而東西南北, 惟氣之從, 卽是無用底一物也. 蓋理有不得不然之妙, 而有陰靜陽動之理, 故氣載理而動矣. 朱子天命流行之云是歸權於理之說也."

정이 있음은 천명이 유행하는 것이다"[30]에 주목한다. 그러면서 주희가 천명의 유행으로 해석한 것은 리에 권한을 주는 것이라고 결론짓는다.[31] 그에 반해 이이처럼 기기연(氣機然)이라고 하면 힘없는 군주가 권력 있는 신하에게 끌려가듯이 힘없는 리가 기에게 끌려가는 꼴이 되고 만다고 본다.

그런데 기정진은 왜 '천명'을 리가 잃어버린 권한을 돌려주는 개념이라고 생각했을까? 이에 대한 답은 기정진이 신원(信元) 권우인(權宇仁)에게 보내려고 했던 편지에서 찾을 수 있다.[32]

> 그렇다면 '생(生)'이란 글자는 바로 천명의 명(命), 제강(帝降)의 강(降)과 같으니, 저 형기(形器)의 이름을 빌려서 이 형기가 없는 오묘함을 나타낸 것입니다. 이른바 '명'이라는 것이 어찌 귀에 대고 일러

30) 『性理大全』 卷1, 15a, 「太極圖說解」, "太極之有動靜, 是天命之流行也."

31) 주광호는 주희가 천명의 유행을 끌어들인 이유를 '천명'이라는 표현이 가지고 있는 의지의 측면을 부각시키기 위함이라고 말한다. 주희의 세계관에 따르면 모든 개체는 리기의 조합으로 구성되어 있고, 태어날 때 부여받은 리가 본성이 된다[性卽理]. 그런데 본성을 천명과 다시 연관 짓는 이유는 無操作, 無計度의 리에 비해 천명은 분명 하늘[天]이라고 하는 '주체'를 명시화하고, 명령[命]이라고 하는 의지적 행위의 뉘앙스를 담고 있기 때문이다. 따라서 하늘과 개체 즉 '天人'이라고 하는 授受의 관계와 방향을 확보하게 된다. 주광호, 「주돈이의 '太極動靜'은 주희의 '天命流行'인가?」, 『철학연구』 제58집(2018), 16쪽.

32) 이 편지는 정확히 언제 작성되었는지 알 수 없지만 『노사집』에 실린 편지 순서로 보아 1822년(순조22)과 1846년(헌종12) 사이에 쓰인 것으로 추정된다. 그러므로 「사상일기」 보다는 시간상으로 앞선다. 권신원은 기정진과 동년배로 정읍 출신이며 이름은 宇仁이다. 그가 1822년에 기정진에게 편지를 보내 리기에 대해 질문한 이후 두 사람 간에 여러 차례 논쟁이 오고 갔다. 기정진이 1843년 작성한 「納涼私議」와 1853년 작성한 「理通說」이 모두 권신원과의 논쟁에서 나온 것이다.

준 것이겠으며, 이른바 '강'이라는 것이 어찌 손을 잡아 내려준 것이겠으며, 이른바 '생'이라는 것이 어찌 혈기로 태(胎)를 만들고 만삭에 양처럼 순산하듯이 낳는다는 말이겠습니까? 명과 강은 의심하지 않으면서 생에 대해서만 의심하는 것은 어째서입니까? 그렇다면 리와 기에 선후가 있을까요? 리와 기는 만 가지 변화 속에 있으면서 입술이 딱 맞듯이 한 몸이 되어 원래 서로 떨어지지 않는 것입니다. 그런데 서로 떨어지지 않는 가운데 나아가서 만일 어찌하여 반드시 이와 같은가 라고 묻는다면, 그 까닭은 리에 있지 기에 있지 않습니다. 그렇다면 주복(主僕)의 형세와 선후(先後)의 구분은 여기에서 이미 판가름 납니다. 더구나 '리와 기에 선후가 없다.'는 말은 단지 유행(流行) 한 쪽에만 해당될 뿐입니다. 그 유행이 이미 드러난 곳에서 소종래(所從來)를 깊이 탐구하면, 리가 앞이고 기가 뒤임을 어찌 속일 수 있겠습니까?[33)]

기정진은 권우인에게 보내려고 했던 편지에서 "태극의 동정이 음양을 낳는다"에서 '낳는다'를 하늘과 상제가 인간에게 명령을 내리는 것과 같은 의미로 본다. 그러므로 유행하는 측면에서 보면 리기에 선후가 없지만 근원[所從來]을 따져보면 리기에 주복과

---

33) 『蘆沙先生文集』 卷4, 23b, 「擬與權信元」, "然則生之爲字, 正如天命之命, 帝降之降, 借彼有形器之名, 狀此無形器之妙. 所謂命者, 豈耳提而命之乎. 所謂降者, 豈交手而降之乎. 所謂生者, 豈血氣成胎, 彌月如達而生之乎. 命與降不疑焉, 於此獨疑之何哉. 然則理氣有先後乎? 曰, 理氣之在萬化, 脗然一體, 元不相離, 而就此不相離之中. 若問其曷爲而必若此, 則其故在於理而不在於氣也. 然則主僕之勢, 先後之分, 即此而已判然矣. 況理氣無先後之說, 只是流行一邊耳, 若因其流行之已然者, 而深原其所從來, 則理先而氣後, 焉可誣也?" 번역은 기본적으로 한국문집총간을 따랐으며, 필요한 경우에 수정했다.

선후의 관계가 있음을 알 수 있다. 다시 말하면 '천명'은 기정진이 리와 기 관계를 선후와 주복으로 설정할 수 있는 근거가 된다. 기정진은 천명에 기대어 리기 관계를 선후로 설정한 뒤 이이의 주장을 비판한다. 이이는 주돈이의 "태극이 움직여서 양을 낳고, 움직이는 것이 지극해서 고요하며, 고요해서 음을 낳고, 고요함이 지극하면 다시 움직인다"[34]는 것을 설명하면서 동하고 정하는 기틀은 누가 시키는 것이 아니며 리와 기도 선후를 말할 수 있는 것이 아니라고 말한다.[35] 기정진은 이이의 이 발언이 오직 유행(流行)의 측면에만 관련된 것이라고 반박한다.

따라서 '천명'이란 개념은 기정진이 말하고자 하는 리의 기에 대한 '주재'를 잘 드러내 준다. 기정진은 김중호(金仲浩)[36]의 편지에 답하면서 『이천역전(伊川易傳)』에서 "하늘만 가지고 말하면 도이지만 나누어 형체로 말하면 하늘이고, 주재로 말하면 제(帝)이다"[37]를 인용하며 '천명'이 하늘과 주재의 의미를 겸하는 말이라고 설명한다.[38]

---

34) 『性理大全』 卷1, 15a, 「太極圖說」, "太極動而生陽 動極而靜 靜而生陰 靜極復動."

35) 『栗谷全書』 卷20, 39a～b, 「聖學輯要」, "臣按, 動靜之機, 非有以使之也. 理氣亦非有先後之可言也, 第以氣之動靜也, 須是理爲根柢. 故日太極動而生陽, 靜而生陰. 若執此言, 以爲太極獨立於陰陽之前, 陰陽自無而有, 則非所謂陰陽無始也. 最宜活看而深玩也."

36) 『蘆沙先生淵源錄』에 따르면 仲浩는 기정진의 문인인 金濡(1832～?)의 자이다. 김유의 본관은 原州, 호는 松湖이며, 玉果에 거주하였다.

37) 『程子易傳』 卷1, 「乾卦」, "天專言之則道也, 天且弗違是也. 分而言之, 則以形體謂之天, 以主宰謂之帝."

38) 『蘆沙先生文集』 卷11, 16b～17a, 「答金仲浩」, "程子易傳日, 天專言之則道也, 分而言之, 則以形體謂之天, 以主宰謂之帝. 天命云者, 專言之天而兼主宰之意. 下文對地之天, 乃以形體而言者."

그런데 '천명'이 리의 기에 대한 주재를 잘 설명해주는 개념일까? '천명'이란 표현은 하늘의 의지를 강하게 내포하는 개념이다. 그러므로 리의 무정의·무조작 속성과 상반되는 것처럼 이해될 수 있다. 1859년 조성가가 기정진과 같이 머문 지 8일째 되는 날 나눈 문답의 나머지 부분을 살펴보자.

> 사람과 말이 서로 떨어질 수 없는 것처럼 리와 기는 참으로 선후가 없다. 다만 미루고 또 미루어 보면 태극을 상징하는 동그라미는 앞에 있을 수밖에 없다. '리발(理發)'의 이론은 마치 당신이 말을 몰아 호수로 갈 때 사람들이 아무개가 호수로 간다고 말하는 것과 같다. 〈율곡께서는〉 반드시 '리발'이라는 한 마디를 크게 병통으로 여기셨는데, 이는 아마도 율곡의 치우친 점으로서, "리는 정의(情意)도 없고 조작(造作)도 없다"는 학설을 원만하게 살피지 못했기 때문일 것이다. 기는 리로부터 명령을 듣지 않는 건 아니지만 만약 명령을 듣는다고 말한다면 이것은 딱 맞는 말은 아니다. 왜냐하면 기가 와서 명령을 받는다면 리와 기가 두 가지 근본이 되기 때문이다. 리는 그렇게 될 수밖에 없는 이치이니 기 역시 그렇게 될 수밖에 없을 뿐이다. 마치 봄이 봄이 될 수밖에 없는 이치가 있어서 봄은 반드시 봄이 되며, 여름, 가을, 겨울 또한 그러하다. 만약 강제로 그렇게 만든다면 반드시 중간에 끊어지는 시기가 있을 것이다. 『논어』에 공자께서 내[川] 가에 있으면서 이르기를 "가는 것이 이와 같구나"라고 하셨는데 정자(程子)의 주석에서 도체(道體)[39]라고 하였다. 이것의 의미는 궁구해볼 만하다.[40]

39) 『論語』「子罕」의 "子在川上, 日: 逝者如斯夫! 不舍晝夜." 에 대해 정자가 주를 달았다. 『論語集註』, "程子日 : '此道體也. 天運而不已, 日往則月來, 寒往則暑來, 水流而不息, 物生而不窮, 皆與道為體, 運乎晝夜, 未嘗已也. 是

기정진은 천명의 유행으로 리기 관계를 선후로 정의한 뒤 이것에 근거하여 「태극도설」에서 태극이 가장 앞에 있는 이유를 설명한다. 리와 기는 서로 떨어질 수 없어 선후를 논할 수 없지만 그 근원을 궁구해보면 태극이 앞선다. 그렇기 때문에 말이 사람을 태우고 호수가로 갈 때 사람이 간다고 말하는 것처럼 기가 리를 태우고 갈 때 기발이라고 하지 않고 리발이라고 말한다. 그러므로 소종래를 살펴보면 '리발'이란 표현은 적절하고, 리의 무정의, 무조작은 유행의 측면에서만 맞는 표현일 뿐 리와 기의 전반적인 관계를 포괄하지는 않는다.

"태극생양의"는 이이가 『성학집요』에서 지대한 관심을 기울일 정도로 리발·기발, 리기선후와 관련하여 중요한 구절이다. 조성가는 생(生)이 리로 인한 것인지 기로 인한 것인지 질문하였다. 기정진은 '생'을 '천명'과 연관 지으며 리와 기의 관계를 선후와 주복의 관계로 설정한다. 그리고 선후와 주복의 관계에 입각하여 리의 기에 대한 주재를 설명한다. 따라서 기정진이 보기에 '천명'은 태극보다 리의 기에 대한 주재를 효과적으로 설명해주는 개념이다.

以君子法之, 自強不息. 及其至也, 純亦不已焉.'"

40) 『月皐先生文集』 卷19, 12a, 「沙上日記」, "人馬旣不相離, 而理氣果無先後, 但推之又推, 則太極一圈子, 不可不居先耳. 理發之說, 如君騎來湖, 而人曰某作湖行之類也. 必以理發一語大以爲病, 恐似是栗谷之偏處, 理無情意無造作之說, 不能圓通看過之故耳. 夫氣非不聽命於理, 而若曰聽命, 則是緩語也. 氣來聽命, 則理氣有二本也. 蓋理有不得不然之理, 故氣亦不得不然耳. 如春有不得不爲春之理, 故春必爲春而夏秋冬亦然. 若强爲之則必有間息之時矣. 論語子在川上曰逝者如斯, 註曰道體也. 此意可究."

소승지기(所乘之機)

앞에서 「사상일기」에 실린 기정진과 조성가와의 문답을 통해 기정진이 천명을 통해서 리와 기 관계를 선후와 주복으로 설정한 과정을 살펴보았다. 그러나 기정진은 여기에서 머물지 않고 "소승지기(所乘之機)"를 통해 리와 기를 상하(上下) 관계로까지 확장하고자 한다.

"소승지기"는 주지하다시피 주돈이의 「태극도설」 "태극이 움직여서 양을 낳고, 움직이는 것이 지극해서 고요하며, 고요해서 음을 낳고, 고요함이 지극하면 다시 움직인다"에 대해 주희가 "태극이란 본연의 오묘함이고, 움직임과 고요함이란 〈태극이〉 타는 틀이다. 태극은 형이상의 도이고 음양은 형이하의 기(器)이다"라고 해석한 데에서 기인한다.[41] "소승지기"는 형이상인 태극과 형이하인 음양을 매개해주는 '동정'을 정의하는 말이다. 그러므로 주희 철학에서 형이상과 형이하의 관계를 이해하는 데 매우 중요한 개념이라고 할 수 있다.

조성가는 「외필」의 초고가 완성되기 3년 전인 1875년 6월에 기정진에게 주희의 해석에 대해 질문한다.[42] 기정진은 형이상과

41) 『性理大全』 卷1, 15b, 「太極圖說解」, "蓋太極者, 本然之妙也, 動靜者, 所乘之機也. 太極, 形而上之道也, 陰陽, 形而下之器也. 是以自其著者而觀之, 則動靜不同時, 陰陽不同位, 而太極無不在焉. 自其微者而觀之, 則沖漠無朕, 而動靜陰陽之理已悉具於其中矣."

42) 寒洲 李震相은 「答趙直敎」의 주요 네 구절 1) "既不可言太極不動, 又不可言太極有氣力自蠢動." 2) "朱子只著所乘之機四字, 未嘗不動, 而亦非自動之意,兩下竭盡." 3) "曰所乘則是元有坐馬, 如坐必席地, 曰乘之則如李廣騰上胡兒馬." 4) "不曰氣機動, 而曰太極動, 只此一句, 碎盡今世理氣之說, 聖人

형이하는 한 몸이지만 형이상은 주인이고 형이하는 종복이라고 말하면서 주돈이가 "태극이 움직인다"고 했지 "기기(氣機)가 움직인다"고 하지 않았음에 주목한다. 다시 말하면 움직이는 것은 태극이다. 그러나 기정진은 주희의 "소승지기"가 태극이 움직이지 않는 것은 아니지만 스스로 움직인다는 의미는 아니라고 덧붙인다.[43]

따라서 "태극이 움직인다."는 의미를 이해하기 위해서는 "소승지기"를 정확히 이해할 필요가 있다. 기정진은 "소승지기"라는 표현을 좀 더 세분화해서 설명한다.

> 〈주돈이는〉 '태극이 움직인다(太極動).'고 하였다. 그러나 '태극동' 세 글자는 주돈이의 「태극도설」에서는 분명했으나 주자가 주해한 「태극도설해」에서는 아주 난해하다. 태극이 움직이지 않는다고 말할 수 없지만 또한 태극에 기의 힘[氣力]이 있어서 스스로 꿈적한다고 말할 수도 없으니 그래서 난해하다고 한 까닭이다. … 모름

明言太極生兩儀, 今之君子兩儀生太極."에 대해 자신의 의견을 소개한다. 『寒洲先生文集』 卷22, 13b～14a, 「別紙 與郭鳴遠」와 『寒洲先生文集』 卷17, 「答鄭厚允」 참고.

43) 『蘆沙先生文集』 卷9, 20a～b, 「答趙直敎(乙亥六月)」, "形上形下, 脗然一體, 而形上爲主, 形下爲僕, 故曰 : "太極動." 雖然 "太極動"三字, 說時雖平坦, 註解時極難. 旣不可言太極不動, 又不可言太極有氣力自蠢動, 所以難也. 朱子只著"所乘之機"四字, 未嘗不動, 而亦非自動之意." 이 편지는 기정진의 문집에서 조성가에게 대답한 편지 중 1875년 6월과 1878년 4월 사이에 들어 있다. 그런데 이 편지 뒤에 곧바로 조성가에게 답한 「외필」이 작성된 것으로 보아 1877년 말경에 이 편지가 작성되어 조성가에게 보내진 것으로 판단된다. 김봉곤, 「경상우도 노사학단 조성가, 최숙민을 중심으로: 조성가와 최숙민을 통해서 본 경상우도 지역에서의 노사학의 전개양상」 19쪽 주46번 참고.

지기 '승(乘)'자는 좌마지반(坐馬地盤)과 같은 것을 가리킴을 알아야 한다. 뛰어 오른다는 말[辭]이 아니라 입술이 딱 맞듯이 하나인 것을 간략하게 상하로 나누어 사람들에게 보여주고자 말하는 것이니 '기의 힘'과는 털끝만큼도 관계없다. 그런데 요즘 사람들이 '승'에 대해 말하는 것은 마치 사람이 위에 있고 말이 아래에 있는데, 애초에 서로 약속하지 않아 동서남북 어디를 가든 망연히 주도적으로 이끄는 것[主張]이 없어, 갑자기 말이 앞으로 재빠르게 나가면서 사람이 말 위에 올라타는 것과 비슷하니 주자의 본의와는 거리가 멀다. '소승(所乘)'이라고 하면 원래 좌마가 있어 (말을) 탈 때에는 반드시 앉는 자리와 서로 떨어질 수 없는 것과 같다. '승지(乘之)'라고 하면 마치 이광(李廣)[44]이 뛰어 올라 흉노 소년의 말에 올라탄 모양과 같으니 굳세고 용감하지 않은 것이 아니나 말 앞에 다다르기 전에는 반드시 걸어갈 수밖에 없으니, 어세(語勢)를 가름하기는 어렵지 않다.[45]

기정진은 주희가 '승(乘)'이라는 표현을 사용한 이유는 원래 상

44) 『史記』 卷109, 「李將軍列傳」. 李廣은 漢文帝 때 흉노를 격퇴하여 郎이 되었고, 武騎常侍가 되었다. 景帝 때 驍騎徒尉에 올랐다. 나중에 隴西와 北地, 雁門 등 郡의 太守를 역임했다. 武帝 때 입조하여 未央衛尉가 되고, 右北平太守를 지냈다. 몇 차례 공을 세우긴 하였지만 결국 제후에 봉해지지 못하고 도리어 벌을 받게 되자 스스로 목숨을 끊었다.

45) 『蘆沙先生文集』 卷9, 20a~21a, 「答趙直敎」, "曰: "太極動." 雖然 "太極動" 三字, 說時雖平坦, 註解時極難. 旣不可言太極不動, 又不可言太極有氣力自蠢動, 所以難也....須知"乘"字如坐馬地盤之謂, 非騰上之辭, 是脗然一體處, 略分箇上下, 與人看底說話, 不犯絲毫氣力. 今人之言乘者, 有若上人下馬, 初不相謀, 南北東西, 茫無主張, 忽見馬匹當前趫捷而騰上去, 朱子本意遠矣. 曰"所乘"則是元有坐馬, 如坐必席地, 相離不得. 曰"乘之"則如李廣騰上胡兒馬樣, 非不驍勇矣, 未逢馬前, 必不免步行, 其語勢不難辨矣."

하 관계를 드러내기 위한 것이며 '기의 힘'과는 전혀 무관하다고 말한다. 좀 더 구체적으로 기정진은 주희의 본래 의도는 '소승'에 있지 '승지'에 있지 않다고 보며, 요즘 학자들이 '승지'로 주희를 이해하고 있다고 비판한다. 기정진이 보기에 '승'의 의미를 가장 잘 드러내 주는 것은 '좌마지반(坐馬地盤)'이다. 좌마는 관리들이 타고 다니는 말을 가리키는데, '좌마지반'은 말을 탈 수 있는 근거이다. 기정진은 '승'을 지반과 연관시킴으로써 동작이나 운동의 의미가 아니라 '근거'로서 '승'을 이해하고 있다. 그러면서 최종적으로 기정진은 다음과 같이 말한다.

> 〈주돈이는〉 "기기(氣機)가 움직인다"고 하지 않고 "태극이 움직인다"고 하였는데, 단지 이 한 구절만으로도 지금 시대 리와 기에 관한 이론을 모두 무너뜨릴 수 있다. 성인께서는 분명히 '태극생양의'라고 말씀하셨는데, 지금의 군자들은 '양의생태극'이라고 말하니 어째서인가? '승기(乘機)' 두 글자는 상하를 구별하기 위한 것이다. 타는 것이 위이고 타는 틀[機]이 아래다. 어찌 위로써 위를 타는 이치가 있겠는가?[46)]

주돈이는 분명히 태극이 움직인다고 말하였지 기기가 움직인

---

46) 『答問類編』 卷1, 27a, "不日"氣機動", 而曰"太極動", 只此一句, 碎盡今世理氣之說. 聖人明言太極生兩儀, 今之君子兩儀生太極, 柰何? 乘機二字, 欲分別箇上下覓來底. 乘者是上, 則機者是下. 豈有以上乘上之理." 비슷한 구절이 다음에도 실려 있다. 『蘆沙集』 卷9, 21b, 「答趙直敎(乙亥六月)」, "不日"氣機動", 而曰"太極動", 只此一句, 碎盡今世理氣之說. 聖人明言太極生兩儀, 今之君子兩儀生太極, 柰何?"; 『蘆沙集』 卷13, 50a~b, 「答趙直敎·崔元則·趙季豪」, "侍親癠者, 深冬兩朔, 如過九曲嶺, 遠外奉慮何弛. 乘機二字, 欲分別箇上下覓來底, 乘者是上, 則機者是下. 豈有以上乘上之理. [直敎]".

다고 하지 않았다. 기정진은 '승기(乘機)' 두 글자는 타는 것은 위, 기틀은 아래라는 것을 단적으로 의미한다고 결론 내린다. "태극동"은 태극이 동의 기틀을 타서 음양을 낳는 것을 말한다. 그러므로 사람이 말을 탈 때 지반이 있듯이, 태극이 음양을 낳을 때 동정이 있다.

따라서 기정진의 관점에서 보면 이이의 "기자이(機自爾)"는 타는 것이 위이고 태우는 것이 아래임을 드러내 주지 않는다. 다시 말하면 형이상과 형이하의 관계가 '상하'임을 분명히 드러내지 않는다. 그러므로 이이의 "기자이"란 표현은 적절하지 않다.

기정진이 이이를 올바르게 이해하고 있다고 말할 수 있을까? 기정진의 "소승지기" 분석에 대해 일찍이 한주(寒洲) 이진상(李震相, 1818~1886)은 기정진이 '승'자에 집착해서 이이를 오해하고 있다고 비판한다. 그는 이이가 일찍이 "정(情)이 비록 수만 가지라 하더라도 그 어느 것인들 리에서 발하지 않겠습니까?"라고 말한 것을 인용하면서 이이는 기가 발하지만 리가 기발의 원인이라고 분명히 말했다고 주장한다.[47] 즉 이이가 "기발이이승지(氣發而理乘之)"라고 말한 것은 기가 리 때문에 발하여 리가 실제로 거기에 타는 것을 말한 것이지, 기가 스스로 발하여 리가 빌려 타는 것을 의미하지 않는다.

조성가가 스승의 답변을 어떻게 생각했는지 자료에서는 더 이상 찾아볼 수 있다. 그러나 나중에 조성가가 기정진에게 이이

47) 『寒洲先生文集』 卷22, 14b, 「與郭鳴遠」 <別紙>, "栗谷之曰, 情雖萬般, 夫孰非發於理者, 言其爲所發之主也. 其曰氣發而理乘者, 言其氣以發之而理實乘焉也, 非謂氣自發而理借乘也."

에 대해 말한 것을 보면 그들의 의견이 달랐음을 엿볼 수 있다. 1878년 8월에 기정진은 조성가에게 「외필」의 초고를 보여주는데, 그다음 달인 9월에 조성가는 기정진에게 다음과 같이 질문한다.

> 듣자하니 여러 사람들이 간혹 율곡께서 말씀하신 "음이 고요하고 양이 움직이는 것은 기틀이 저절로 그러할 뿐 시키는 것이 있지 않다"는 두 구절을 가리켜 율곡께서 이미 주기(主氣)의 폐단에 빠지셨다고 말하는데, 제 생각으로는 그렇지 않은 듯합니다. <율곡의> 이 말씀은 단지 기(機)의 자연스러움을 형용한 말이지 리가 관유(關由)[48]하는 바가 없다는 것을 뜻하지 않습니다. 만약 그 소이연을 따져보면 그 스스로 그러한 것은 바로 리가 그렇게 시킨 것입니다. 그러므로 <율곡께서> 곧바로 다시 풀이해서 '음이 고요하고 양이 움직이는 원인은 리이다.'라고 말씀하셨으니, 이 한 구절을 살펴보면 알 수 있습니다.[49] 만약 '시키는 것이 있지 않다[非有使之]' 때문에 '기가 스스로 주장한다(氣自主張)'라고 말하면 이 말은 또한 무슨 뜻입니까? 율곡의 평소 논의가 어찌 일찍이 주기(主氣)의 뜻이 있겠습니까?[50]

---

48) 관유는 관아에서 指令 또는 命令으로 내는 公文을 말한다.

49) 『栗谷全書』 卷10, 216b, 「答成浩原」, "氣發而理乘者, 何謂也. 陰靜陽動, 機自爾也, 非有使之者也, 陽之動則理乘於動, 非理動也, 陰之靜則理乘於靜, 非理靜也. 故朱子曰, 太極者, 本然之妙也, 動靜者, 所乘之機也, 陰靜陽動, 其機自爾, 而其所以陰靜陽動者, 理也. 故周子曰, 太極動而生陽, 靜而生陰."

50) 『蘆沙先生文集』 卷9, 21b, 「答趙直敎(戊寅九月)」, "聞諸人或指摘栗谷"陰靜陽動機自爾也, 非有使之者"兩句, 謂"栗翁已啓主氣之弊", 竊恐不然. 此只是形容其機之自然, 非謂於理無所關由也. 若原其所以然, 則其自爾處, 卽是理使之然也. 是故不旋踵而復解之曰 "其所以陰靜陽動者理也", 觀於此一句可知. 若以非有使之, 謂"氣自主張", 則此言又何謂也? 且栗翁平日之論, 曷嘗有

조성가는 기본적으로 이이의 논의에 동의한다. 그가 생각하기에 이이는 기에 주장이 있다고 주장한 적이 없다. 왜냐하면 이이는 "기가 저절로 그러한 것[機自爾]"만 말한 것이 아니라 분명히 "음이 고요하고 양이 움직이는 원인은 리이다"라고 말했기 때문이다.[51] 그러므로 "기가 저절로 그러한 것"에만 집착하여 이이를 주기론자로 비판하는 것은 옳지 않다.

기정진은 조성가에게 다음과 같이 대답한다.

> 말해준 뜻은 잘 알겠네만 나는 평소에 선현[율곡을 가리킨다]이 리를 논하신 말씀을 의심하지 않을 수 없었네. 일찍이 반복하여 생각해보았지만 끝내 이해할 수 없어서 매번 자신의 우둔함을 한탄했었네. 직교(直敎: 조성가)가 면밀히 조사하여 선현의 말씀과 부합했으니, 사람의 총명함과 우둔함이 앞서거니 뒤서거니 하는 것이 어찌 삼십 리뿐이겠는가?[52] 내 나이 팔십을 넘었지만 이것을

主氣之意乎?" 같은 내용이 『月皐先生文集』 卷6, 「上蘆沙先生(戊寅)」에도 실려 있다.

51) 그런데 조성가도 스승인 기정진을 따라 리의 기에 대한 주재를 "리가 기를 시키다[理使之然]"로 이해하고 있다.

52) 『世說新語』 「捷悟」에 따르면, 東漢의 蔡邕이 曹娥碑에게 '黃絹幼婦外孫齏臼'라는 여덟 글자의 은어를 써 두었는데 삼국 시대 曹操가 이 대목을 보고 主簿 楊修에게 "그 뜻을 알겠느냐?"라고 묻자, 양수가 안다고 하자, 조조가 "아직 말하지 말라." 하고 30리 가량 가서야 그 뜻을 알아차리고 양수에게 말해 보라고 하자, 양수가 破字하여 "황견은 색이 있는 실[色絲]이므로 絕 자가 되고, 유부는 少女이므로 妙 자가 되고, 외손은 딸의 아들[女子]이므로 好 자가 되고, 제는 매운[辛] 부추이고 臼는 받는 것[受]이니 辭의 약자가 된다. 따라서 '絕妙好辭' 즉 절묘한 좋은 글이란 뜻이 된다"라고 풀이하였다. 이에 조조가 "알고 모르는 것이 30리나 차이가 난다[有智無智較三十里]"라고 하며 탄식하였다.

> 의심하는 사람을 본 적이 없네. 직교가 이 말을 누구에게서 들었을꼬? 직교가 나의 어리석음을 깨우쳐주고자 사람들에게서 들었다고 둘러대고 나에게 넌지시 간하고자 함이 아니겠는가? 만약 이와 같다면 그의 마음은 감동할 만하다. 그러나 나의 생각도 오래되고 익숙해져서 하루아침에 예전부터 가지고 있던 생각을 버리고 새로운 것을 좇을 수 없으니 어찌해야 하는가?[53)]

기정진은 우선 조성가가 이이의 그 구절에 주목한 것을 극찬한다. 왜냐하면 그 구절이야말로 리의 주재와 관련된 직접적인 문장인데 지금까지 그것에 대해 질문한 사람이 없었기 때문이다. 그렇기 때문에 기정진은 조성가에게 「외필」의 초고를 보여주었을 것이다. 그러나 기정진은 이이의 말을 오랫동안 고민해왔지만 끝내 동의할 수 없다고 대답하며 자신의 뜻을 굽힐 수 없음을 밝힌다.

기정진이 이이의 입장에 끝내 동의할 수 없는 이유는 이이가 리와 기 관계의 한 쪽만을 보았다고 생각하기 때문이다.

> 정계방의 질문: 율곡이 '양이 움직이고 음이 고요한 것은 그 기틀이 저절로 그런 것이다.'라고 말한 것은 평소에 이해하지 못했습니다.

53) 『蘆沙先生文集』 卷9, 22a, 「答趙直敎(戊寅九月)」, "… 示意謹悉, 淺陋平日於先賢論理之說, 不能無疑, 雖嘗反覆思惟, 而終不可曉解, 每自歎其蔽痼之甚也. 直敎一番査櫛, 便與先賢之意符合, 人之敏鈍相越, 豈徒三十里哉? 抑吾年踰八十, 未見致疑於此者, 直敎聞此說於何人? 無乃直敎悶我之昏墊, 托爲聞人以致諷切耶 ? 若是則其意可感, 然而心路已熟, 非一朝夕所可濯舊從新, 柰何?"

> 노사의 대답: 고요한 것은 음인데 고요하게 시키는 것은 리이고, 움직이는 것은 양인데 움직이게 시키는 것은 리입니다. 율곡의 말씀은 단지 유행(流行) 한 측면에 관한 이론이니, 요즘 '주기(主氣)'의 이론은 대개 여기에 근원합니다.[54]

기정진이 보기에 이이의 이론은 단지 유행(流行)에 관한 것이며, 유행의 측면에서 보자면 이이의 이론을 '주기'로 평가하는 것은 타당하다. 기정진은 초지일관 이이를 이와 같은 이유로 비판해왔는데, 앞에서 살펴본 권우인에게 보내려고 했던 편지[擬與權信元]에서도 마찬가지이다. 기정진은 유행이 이미 드러난 곳에서 소종래(所從來)를 탐구해보면 리가 앞이고 기가 뒤라는 것을 알 수 있다고 보았다.[55]

결론적으로 조성가는 이이가 "기틀이 저절로 그러한 것[機自爾]"이라고 말했을 뿐만 아니라 리가 음양동정의 소이연(所以然)임을 분명히 밝혔기 때문에 리의 기에 대한 주재를 충분히 드러냈다고 생각했다. 그러나 기정진은 단순히 리가 기발의 원인이라고 말하는 것만으로는 불충분하다고 생각하였다. 기정진은 주희가 "소승지기"라고 했을 때 리가 단순히 기의 원인이라고만 말한 것이 아니라 리와 기가 상하 관계임을 보여주고 있다고 역설한다. 그러므로 기정진의 관점에서 리는 단순히 기의 원인이 아니라 주인으로서 종복인 기에게 명령을 내리고 있는 것이다.

---

54) 『蘆沙先生文集』 卷12, 38b, 「答鄭季方(辛未)」, "栗谷陽動陰靜, 其機自爾云云, 尋常未解.(질문) 靜者陰而使之靜者理也, 動者陽而使之動者理也, 栗谷之言, 特是流行一邊說, 然近世主氣之論, 蓋原於此.(대답)"

55) 앞의 3장 참고.

결론

이이는 『성학집요』에서 「태극도설」에 대한 주희의 주석을 소개하는데, 유일하게 자신의 견해를 제시한 구절이 바로 "무극이면서 태극이니, 태극이 움직여서 양을 생성하고, 움직이는 것이 지극해서 고요하며, 고요해서 음을 낳는다"에 관한 것이다. 이 구절은 성리학의 형이상과 형이하의 관계를 언급한 대표적인 구절이다. 이이는 이 구절에 대해 움직임과 고요함은 '기틀이 저절로 그런 것[機自爾]'이며, 리와 기에 선후가 없다고 주장한다. 조성가의 질문은 바로 「태극도설」의 첫 구절에 대한 것이다. 그는 기본적으로 주희와 이이의 견해를 수용하면서 스승인 기정진에게 질문한다.

첫째, 조성가는 "무극이면서 태극이다"에 대해 주희의 해석에 충실하게 무극이 인간의 감각으로는 파악할 수 없는 리이며 태극이 동정의 지극한 표준인지 묻는다. 기정진은 태극이 단순히 동정의 지극한 표준일 뿐만 아니라 동정하게 만드는 것이라고 대답한다.

그 이후 조성가는 음정양동이 리로 인한 것인지 기로 인한 것인지 질문하였다. 특히 조성가는 이이가 음정양동의 원인을 '기틀이 저절로 그러한 것'이라고 말했지만 동시에 리의 소이연(所以然)으로 설명하므로 리의 기에 대한 주재를 분명히 드러냈다고 생각한다. 기정진은 태극생양의(太極生兩儀)의 '생(生)'을 천명과 연관시키고 천명이 동정을 하게 만드는 것이라고 주장한다. 또한 천명이 리에게 잃어버린 권한을 되돌려주는 개념이라고 보면서 리와 기를 선후와 주복으로 설정한다. 그러면서 기정진은 이이가 유행의 측면에만 주목했으며 소종래의 측면에서는 리가 기보다 앞서는 것임을 보지 못했다고 비판한다.

마지막으로 조성가는 기정진에게 주희의 '소승지기(所乘之機)'에 대해 질문한다. 기정진은 '승(乘)'이라는 글자는 리와 기가 서로 떨어지지 않는다는 것을 의미하기도 하지만 더 중요하게는 리와 기가 상하의 관계임을 상징한다고 주장한다. 왜냐하면 타는 것이 위이고 태우는 것이 아래이기 때문이다. 기정진은 '승'에 근거하여 리와 기 관계를 상하로 확장한다.

조성가의 질문이 전개됨에 따라 기정진은 리의 기에 대한 주재를 태극으로 설명하다 천명으로 바꾼다. 왜냐하면 천명이 리와 기의 선후와 주복의 성격을 더 잘 드러내 준다고 생각하기 때문이다. 더 나아가 기정진은 리와 기의 관계를 선후, 주복, 상하로 확장해나간다.

기정진은 조성가의 질문에 좀 더 확실하게 답하기 위해 「외필」을 작성하는데, 「외필」에는 기정진이 조성가와 이전에 나누었던 내용들이 모두 집약되어 있다. 「외필」의 첫 구절에서 기정진은 양이 동하고 음이 고요한 것은 천명이 시키는 것이라고 단언한다. 그러면서 기정진은 조성가와 달리 이이의 '기틀이 저절로 그러한 것'과 '소이연'은 양립할 수 없다고 생각한다.56) 그러나 기정진은 「외필」에서 이이에 대한 직접적인 비판은 피하고 있는데,

56) 『蘆沙先生文集』 卷16, 25b, 「猥筆」, "論以愚見, 自爾二字與所以然三字, 恰是對敵, 自爾爲主張, 則所以然不得不退縮. 今欲兩存而并用, 其貌樣頗似魏延楊儀同在丞相府, 安能免畢竟乖張乎. 此又事勢之必不可行者也. 動者靜者氣也, 動之靜之者理也, 動之靜之, 非使之然而何."

아마도 동료 학자들로부터의 거센 비판을 예견했기 때문이었을 것이다.

결론적으로 「외필」의 많은 내용은 이미 조성가와 기정진이 나눈 편지글에서 단초를 보이고 있음을 확인할 수 있으며, 기정진은 제자 조성가의 질문으로부터 자극을 받아 더욱더 리의 기에 대한 주재를 강화하는 방향으로 나아갔다. 기정진에게 '천명'은 리가 기의 주인임을 가장 잘 보여줄 뿐만 아니라 리의 기에 대한 주재를 드러내는 개념이다. 그러므로 기정진은 「외필」의 첫 구절에서 '천명' 이외에 동정하게 만드는 것은 없다고 단언한다. 기정진은 '천명'을 통해서 인간이 도덕적 주체로서 의지를 가지고 판단하며 실천하는 것도 중요하지만 도덕이 하늘이라는 외재적 존재자의 명령임을 자각할 것을 요구하고 있다.[57] 또한 기정진은 '소승지기'의 '승'을 '좌마지반(坐馬地盤)'에 비유하며 독창적인 입장을 세시하고 있다.

조선 말기 성리학자들은 세도정치로 인한 왕권의 약화와 삼정의 문란, 서구열강의 침투 등 내우외환(內憂外患)을 해결하고자 성리학적 세계관을 재정립하고자 하였다. 이이를 정점으로 하는 기

57) 退溪 李滉(1501~1570) 또한 리를 태극과 천명으로 지칭하는 것을 구분한다. 이황은 '태극'이란 표현은 조화자연의 영역이라는 의미를 가지고 있고, '천명'은 인간과 만물이 부여받은 직분으로서의 도리를 강조한다고 본다. '천명'은 리기묘응 단계에서 기와 결합되어 있는 리를 가리켜 도덕성이라 봄으로써 그의 도덕 근거로서의 리에는 기를 통해 활동성을 확보할 수 있는 근거가 마련된다. 다시 말하면 이황에게 인간의 도덕성은 천명으로서의 리를 통해 외재적 명령자의 모습을 갖고 있으면서도 동시에 내재적 추동자의 역할을 담당한다. 강경현, 「천명(天命)에 대한 조선유학의 주목과 退溪 해석의 철학사적 의의」, 『퇴계학논집』 제20호(2017).

호계열의 학자들은 각자의 시대 인식에 따라 다양한 이론적 분화를 보이는데, 그 과정에서 리의 주재를 어떻게 수용할 것인가는 이들의 차별성을 보여주는 핵심적인 측면이다. 이이는 기본적으로 기에 대한 리의 주재를 인정하고 있지만, 리무위(理無爲)의 입장을 견지하며 리를 기 운동의 추뉴(樞紐) 내지 근저(根柢)로만 본다. 간재(艮齋) 전우(田愚, 1841~1922)는 이이의 입장에 동의하며 리의 주재나 소이는 기의 운용, 작위의 근거로 볼 뿐이다. 그러나 화서(華西) 이항로(李恒老, 1792~1868)와 기정진은 리의 주재를 근거나 추뉴라는 소극적 입장을 넘어서 명령과 같은 적극적인 측면으로 이해하며 강한 주리론적 입장을 표명하고 있다.[58] 특히 기정진은 철저한 주리론적 입장에서 리와 기의 관계를 재정립하기 위해 태극동(太極動), 천명의 유행, 소승지기 등을 자신만의 관점에서 새롭게 이해하였는데, 그 과정에서 제자 조성가와의 문답은 중요한 자극제로 작용하였다.

58) 박학래, 「조선말기 기호학파의 율곡 이기론 계승과 분화」, 『율곡사상연구』 제6집(2003), 35~39쪽.

순창지역의 노사학파(蘆沙學派) 문인 조사와 계승성 고찰*

이 형 성
(전남대학교 학술교수)

들어가는 말

유학은 안으로 성인의 덕을 배양하고 밖으로 도덕적 가치를 실현하는 내성외왕(內聖外王)의 학문이다. 때문에 매사 절도(節度)에 맞는 시중(時中)을 통해 마음 수양을 끊임없이 지향하는 것이다. 이러한 논지를 이은 성리학은 '만물의 본성이 이치'라는 '성즉리(性卽理)' 대명제를 통해 우주의 본체론과 인간의 심성론을 리(理)와 기(氣)로 사유하며 탐구하는 학문이다.

여말선초를 지난 성리학은 학자들마다 그 범주에 따른 관점으로 이론을 심화시켰다. 특히 그들은 서로 철학적 논쟁을 진행하

* 이 글은 2022년 5월에 간행된 『동양문화연구』 제36집〔영산대학교 동양문화연구원〕에 게재된 것이나, 이 책의 편집 과정에서 약간의 수정과 보완이 있었음을 밝힌다.

면서도 국난이 있을 적에는 이를 극복하기 위해 부단히 노력하였다. 19세기 중·후반의 심설논쟁(心說論爭), 그리고 노사학(蘆沙學)에서 리(理)를 중시하는 글인 「외필(猥筆)」에 대한 논쟁이 있었지만, 당시 유학자들은 외세에 대해 전통 유교를 수호하면서 국가의 위기를 타개하고자 절의정신을 발휘하였다.

본 논문은 순창지역에서 노사(蘆沙) 기정진(奇正鎭, 1798~1879)의 학문을 지향한 문도(門徒) 조사를 통해 그 계승성을 살펴볼 것이다. 주지하다시피, 순창군의 이름은 옛날 오산(烏山), 옥천(玉川), 도실(道實), 순화(淳化) 등으로 일컬어졌다. 삼국시대 백제 때에는 도실, 통일신라 때에는 순화, 고려 때에는 남원부(南原府)에 속하는 순창현(淳昌縣)으로 부르다가, 충숙왕 1년(1314) 순창군(淳昌郡)으로 변경된 이후, 조선시대에도 그대로 일컬어졌다.[1)]

순창의 유교사상은 삼국시대 이후로 줄곧 전승되었으나, 조선시대 이전은 자료 부족으로 자세히 살피기가 어렵고, 이후는 체계적 조사가 이루어지지 않았기에 그 전모를 파악하기 어려운 면도 있다. 다만 최근까지 발행한 여러 읍지(邑誌) 또는 향교(鄕校) 관련 자료, 그리고 원우(院宇)에 배향된 인물을 통해 유교의 전승을 알 수 있을 뿐이다.

19세기 중기에서 20세기 중기까지 활약한 노사학파는 서세동점이라는 시대적 상황을 극복하고자 부단히 노력하였다. 조선 성리학자 6대가 또는 근세 3대가로 일컬어진 기정진은 안으로 성리학 이론을 리일원적(理一元的) 체계로 구축하고 밖으로 위정척사

1) 『淳昌鄕校慕聖會案』(순창향교모성회 편), 순창성문당인쇄소, 2002년, 51쪽 참조.

론(衛正斥邪論)를 지향하였다. 이러한 그의 학문과 사상은 영·호남의 많은 문인들이 종유하는 계기를 주었다. 『노사선생연원록』에 의하면 그 직전문인의 수는 594명에 이른다. 그 문인 가운데 1명 이상의 제자를 배출한 문인들도 69명에 이르고, 이들을 통해 배출된 재전문인의 수는 2,888명에 이른다.[2] 삼전과 사전문인까지 포함하면 그 수는 이루 헤아릴 수 없을 정도로 많을 것이다. 이들은 일제가 조선을 강제로 병탄(併呑)하려는 기미를 보이자 격문(檄文)을 각 고을에 보내 의병 봉기로 항거하였다. 1910년 이후, 이들은 각 향촌사회에서 서로의 결속을 다지며 전통 유교를 수호하면서 삼강오륜의 정신을 진작시키고 또 나라 잃은 울분을 한시로 표현하였다. 특히 향촌의 누정에서 산수를 벗 삼아 시회(詩會)를 통해 서로의 동질감을 발휘하여 암암리 일제에 항거하기도 하였다. 이와 같이 활동한 당시 여러 학파에 대한 연구가 이루어지기는 하였지만,[3] 현재 지역사회에서 활약한 문인과 그 유물유적 조사를 통한 연구는 매우 드문 실정이다.[4] 전통 유학을 계승한 근현대의 학파 문인의 체계적 조사와 그 위상 정립에 대한 연구가 절실하다 하겠다.

2) 박학래, 「근현대 湖南儒學의 地形과 전개 양상-도학 계열 문인 집단의 형성과 지역별 분포에 주목하여」, 『동양고전연구』 제78집(동양고전학회, 2020년), 134쪽.

3) 2009년도 한국국학진흥원에서 19세기 활약한 각 학파의 지역적 전개양상과 사상적 특성에 대한 학술대회가 있은 이후(『국학연구』 제15집), 몇 편의 개별적 연구는 있었다. 노사학파 연구는 박학래와 김봉곤의 논문이 있다. 참고문헌 참조.

4) 이형성, 「기정진의 고창지역 문인과 유물유적에 대한 일고」 『동양고전연구』 제79집(동양고전학회, 2020년) 197쪽 참고.

본 글은 먼저 『노사선생연원록』[5]·『사상문인록(沙上門人錄)』[6]과 순창에 관계된 각종 자료[7]를 통해 노사학맥의 문인들을 조사한 후,[8] 그 사상의 계승성 일면을 다룰 것이다. 그다음으로 순창의 무양서원을 중심으로 학맥 계승을 살펴볼 것이다. 이러한 조사와 계승성 고찰은 19세기 말에서 근현대까지의 호남유학사상이 향촌사회에서 어떻게 발현되었는지 그 양상도 살필 수 있을 것이다.

---

5) 『蘆沙先生淵源錄』【참고】『노사선생연원록』은 1960년(庚子) 長城 澹對軒에서 발행되었다. 『노사선생연원록』은 1983년 보경문화사에서 영인하였다.

6) 『沙上淵源錄』은 국립중앙도서관 소장본을 텍스트로 삼았다.

7) 순창지역의 노사학맥의 문인 조사는 아래의 자료를 참고하였다.
  ① 『朝鮮圜輿勝覽』(李秉延 編), 普文社, 1940년.
  ② 『淳昌郡誌』(申璣雨 編), 好古齋, 1957년.
  ③ 『淳昌慕聖契案』, 순창향교, 1959년.
  ④ 『淳昌鄕校慕聖契案』, 순창향교, 1970년.
  ⑤ 『淳昌誌-淳昌의 얼』(순창군교육청), 신아출판사, 1985년.
  ⑥ 『玉川司馬案』(玉川司馬永嗣會), 호남문화사, 2000년.
  ⑦ 『淳昌鄕校慕聖會案』(淳昌鄕校慕聖會), 순창성문문당인쇄소, 2002년.
  ⑧ 『(淳昌鄕校 六百年史) 淳昌鄕校誌』(淳昌鄕校誌編纂委員會), 순창성문문당인쇄소, 2014년.
  ⑨ 전북향토문화연구회 편, 『全北의 旌閭·忠孝烈碑』, 신아출판사, 2000년.
  ⑩ 한국문화원연합회 전북도지회, 『전북의 정려비각(충·효·열) 자료집』, 신아출판사, 2009년.
  ⑪ 전라북도향교재단 편, 『全北鄕校院宇大觀』, 이회출판사, 1994년.
  ⑫ 전북향토문화연구회 편, 『全北의 樓亭』, 신아출판사, 2000년.
  ⑬ 유교사전편찬위원 편, 『유교대사전』(현황편), 박영사, 1990년.

8) 부록 참고.

순창의 유학 전래와 전승

삼국시대 전후 순창의 유교사상은 그 자료가 전무하여 파악하기 어렵다. 다만 백제 근초고왕 때 아직기(阿直岐)와 왕인(王仁)이 일본에 『천자문(千字文)』과 『논어(論語)』를 전수한 바 있고, 그리고 고흥(高興)의 『서기(書記)』 편찬, 의자왕의 효(孝), 계백(階伯)과 성충(成忠)의 충(忠), 도미(都彌)의 절의(節義) 등은 유교 정신을 기초로 한 것이었기에 순창 지방의 유교사상과 그 문화의 정도를 가늠할 수 있을 것이다.

고려는 불교가 이념이기는 하였으나 국가통치의 차원에서 과거를 주도하며 유교적 정치를 추구하였다. 더욱이 신라 제35대 경덕왕 때 설총(薛聰: 655~?)의 후예들이 순창으로 이거하여 활동하였으니 유교적 이념도 적지 않은 역할이 있었을 것이다.

고려말 조선 초기 절의 있는 선비들이 불사이군(不事二君)의 뜻을 품었다. 특히 경기도 두문동(杜門洞)으로 은거한 학자들이 있었으니 그들이 바로 두문동 72현이다. 이들은 훗날 두문동을 벗어나 벽촌향리(僻村鄕里)로 은둔하였다. 순창으로 은둔한 임선미(林先味)는 두문동 72현의 한 사람으로, 당시 풍속이 백일상(百日喪)이었으나 어버이가 돌아가시자 삼년상(三年喪)을 거행할 정도로 유교에 투철하였다. 순창의 명현(名賢)·상신(相臣)·유일(遺逸), 그리고 과거급제자 등을 고려하면 유교적 학문 경향을 가늠할 수 있다.[9] 더욱이 수령으로 부임한 인물도 생각할 수 있으니, 공민

9) 【참고】『淳昌郡誌』와 『玉川司馬案』에 의하면 과거 급제자로는 조홍규(趙洪珪)·조전(趙佺)·양이시(楊以時)·조원길(趙元吉: 1305~1390) 등이 있고,

왕 초기 이무방(李茂芳, 1319~1398)은 순창군을 다스릴 때 사사로운 청탁 등을 거절하여 공정하고 올곧은 정신을 드러내 향리에서 칭송이 자자하였다.

1413년 최자비(崔自非)가 옥천동에 순창향교를 창건한 이후 유교의 의례와 교육을 담당하여 유교사상이 진작되기에 이르렀다.[10] 특히 초시[생원시와 진사시] 곧 사마시에 합격한 유생들이 사마재(司馬齋)에 모여 본격적으로 학문을 연마하기 시작하였다. 고려와 조선 시대 생원시에 합격한 순창의 유현이 164명에 이르는 것을 감안하면[11] 유교가 크게 보급되어 번창하는 계기가 되었다. 조선전기 권효(權曉)는 수양대군이 조카 단종을 상왕으로 밀어내고 왕위에 오르자, 순창으로 은둔하여 절의를 지켰다. 특히 수양대군이 권효를 원종공신에 녹훈(錄勳)하고 크게 쓰고자 하였으나, 당시 신말주(申末舟, 1429~1503)와 함께 순창으로 낙향하였다. 한편 세조의 왕위 찬탈과 사화 등을 겪으며 절의를 지키려는 유일이 있었으니, 양배(楊培)·양공매(楊公侏)·신람(申灠)·양시면(楊時冕) 등이 그들이다. 또한 유교의 효열(孝烈)정신을 이은 인물들의 행의는 유교 보급에 큰 작용을 하였을 것이다.[12]

특히 학덕이 뛰어난 학자들이 순창 군수로 부임하여 유교 진작에 노력한 점도 빼놓을 수 없다.[13] 그 가운데 김정(金淨, 1486~

명현(名賢)으로는 설공검(薛公儉: 1224~1302)·설인검(薛仁儉)이 있으며, 상신(相臣)으로는 인빈(印份)·인완(印完)·인공수(印公秀)·설회(薛懷) 등이 있다.

10) 『淳昌郡誌』(이병연, 『朝鮮寰輿勝覽』 全羅道, 1933년) 참조.

11) 『玉川司馬案』(국립중앙도서관 소장) 참조.

12) 『순창의 효열부』 순창문화원, 2009년 참조.

13) 1957년에 발행한 『순창군지』 '官案'에 의하면, 일제강점기 이전 순창군수

1521)은 1514년 순창군수를 역임하였다. 당시 임금의 구언(求言: 정치에 도움이 되는 말이나 글)에 응해 담양부사 박상(朴祥, 1474~1530)과 함께 중종 때 억울하게 폐출된 왕후 신씨(愼氏)의 복위를 주장하여 유가적 명분론을 드러냈다.[14] 양응정(梁應鼎, 1519~1581)은 군수로 부임하여 무속신앙적 성황제를 유교중심의 제례양식으로 바꾸도록 하였으니[15] 이는 당시 제현들의 학풍이 도학정치를 표방하면서 요임금과 순임금의 치화(治化)를 이룩하고자 하였기 때문일 것이다.[16] 1582년 김천일(金千鎰, 1537~1593)의 순창군수 부임은 유학의 보급이 크게 향상되었을 것이다. 호남에서 명망이 높았던 이항(李恒, 1499~1576)의 문하에서 학문을 익히며, 김인후(金麟厚, 1510~1560)와 유희춘(柳希春, 1513~1577)과 교유하였기 때문이다. 1586년 부임한 고경명(高敬命, 1533~1592)은 순창의 권윤덕(權允德)과 상덕(商德)·숭덕(崇德)·준덕(俊德)·민덕(敏德)·종덕(種德) 여섯 형제가 효우(孝友)의 도를 다하며 회목하게 지내자 효우당(孝友堂)[17]이라는 당호를 짓고 그 편액을 걸어주었다.

는 총 129명에 이른다.

14) 이해준, 「순창의 삼인대 비와 신비복위소」, 『순창의 역사와 문화』(전북전통문화연구소 편), 신아출판사, 2002년; 이해준, 「愼妃復位疏 論難과 再評價의 性格」 『유학연구』 제28집(충남대학교 유학연구소), 2013년, 참조.

15) 「城隍大神事跡」: 今我二天, 綾城梁氏, 本門閥之族. 早擢生員壯元, 次登科第, 又登金試壯元, 文名藉藉. 性行俊雅, 翰林學士也. 當年仲春, 爲郡之宰, 察其大神之行, 實如巫覡輩, 紛紜混雜, 至於橫行閭落, 其弊不貲, 誠可不當辟去淫邪與? 左道亂正之後, 只擧朔望, 奠物精備, 式遣眼前可信衙前, 前期齋戒, 盡情行祭. ※ 본자료는 순창군의 후원으로 순창단오성황제추진위원회가 주최하고 옥천향토문화사회연구소가 주관한 「제1회 순창단오성황제 복원 및 재현을 위한 학술세미나」 발표 자료를 참고하였음을 밝힌다.

16) 최영성, 『한국유학통사』(상), 심산, 2006년, 568~572쪽 참조.

17) 형제는 나이가 모두 많기에 당호를 노우당(老友堂)이라고 불렀다.

문행으로 활약한 학자들도 적지 않았으니[18] 양자유(楊子由, 1444~1495)은 1468년 춘당대시(春塘臺試)에 급제하여 여러 벼슬을 역임하다가 『세조실록』과 『예종실록』의 찬수관(纂修官)을 지냈다. 신공제(申公濟, 1469~1536)는 1495년 과거에 급제하여 외직에 있을 때 청렴하였고, 이조판서로 있을 때에는 과거시의 전형을 맡아 사사로움이 조금도 없이 공정하게 일을 처리하여 뒷날 청백리에 피선되었다. 특히 순창의 수석(水石)을 사랑하여 정자 하나를 짓고 스스로 이계주인(伊溪主人)이라 하기도 하였다. 하서(河西) 김인후(金麟厚, 1510~1560)는 일찍이 모재(慕齋) 김안국(金安國, 1478~1543)의 문하에서 『소학』을 배웠다. 21세 때 순창 사마시에 합격한 다음 성균관에 입학하여 퇴계(退溪) 이황(李滉, 1501~1570)과 교우 관계를 맺고 학문을 강마하였다. 1540년 과거에 급제하여 1543년 세자를 보필하는 직책을 수행하였다. 그해 부모의 봉양을 위해 옥과현감(玉果縣監)으로 나갔다가 중종이 1544년 죽자 홍문관 부교리로 복귀하였다. 인종을 모시며 지치(至治)를 꿈꾸었으나 인종이 9개월 만에 죽자 순창의 점암촌(鮎巖村)으로 숨어 들어가 감상에 젖으면 술을 찾고 시를 읊었다. 인종의 기일이 되면 마을 앞 난산(卵山)에 들어가 통곡하였다. 그는 이곳에서 정철(鄭澈, 1536~1593) 등에게 『대학』을 가르치다가 고향인 장성으로 돌아가 성리학 연구에 전념하였다.

조선 후기 순창에 크게 활약한 대표적 학자는 백수(白水) 양응수(楊應秀, 1700~1767)와 여암(旅菴) 신경준(申景濬, 1712~1781)이 있다. 양응수는 일찍이 벼슬길에 뜻을 두지 않고 학문에 전념하

18) 『순창군지』 '文行'에 의하면, 학문이 뛰어난 학자는 총 95명에 이른다.

다가 38세 때 이재(李縡, 1680~1746)의 문하에서 수학하였다. 56세 때 벼슬을 주었으나 모두 나아가지 않았다.[19] 이기설(理氣說)에서는 스승 이재의 학설인 리일기이설(理一氣二說)을 바탕으로, 기(氣)의 본원은 하나이지만 동정(動靜)에 따라서 음양(陰陽)과 이기(二氣)가 교합되어 오행(五行)과 만물이 화생한다는 일기이기설(一氣二氣說)을 주장하였다.[20] 호락논쟁(湖洛論爭)에서는 스승의 학설을 계승해 남당(南塘) 한원진(韓元震, 1682~1751)의 사람과 동물의 본성이 '다르다[異論]'는 호론(湖論)을 배척하고 낙론(洛論)의 '같다[同論]'는 논지를 주장하였다. 신경준은 일찍이 순창을 떠나 외지생활을 하다가 33세에 고향으로 돌아왔다. 43세까지 고향 남산대 자락에 묻혀 자연을 벗 삼아 학문에 진력하여 향시에 합격하고 44세 때 과거에 급제하였다. 지리학에 해박하여 영조의 명으로 『여지승람(輿地勝覽)』을 감수하고, 『문헌비고(文獻備考)』를 편찬할 때 「여지고輿地考」를 담당하였으며 또 『동국여지도(東國輿地圖)』를 감수하였다. 그는 실증적 태도로 『운해훈민정음(韻解訓民正音: 五聲韻解)』과 『언서음해(諺書音解)』를 비롯한 다양한 저서를 짓기도 하였다.[21] 특히 생활 주변에서 철학의 대상을 찾기도 하였으니 저서 가운데 『소사문답(素沙問答)』은 '흰 모래'라는 뜻을 지닌 지명을 통해 형체와 색상의 구조적 관계를 탐구하고자 한 것으로, 존재(存在)와 존재자(存在者)에 대한 궁극적 해명은 결국 성

19) 노평규, 「白水 楊應秀의 생애와 儒學的 저술에 관한 고찰-『白水集』을 중심으로-」, 2017년 訓蒙齋 學術大會: 河西 金麟厚 先生과 淳昌의 儒學, 순창군 2017년 참조.

20) 『白水文集』 卷7 「理氣說辨(示俞士精)」 참조.

21) 『한국민족문화대백과』 '申景濬' 조목 참조.

리 철학으로 귀착된다고 할 수 있다.[22] 양응수가 성리학을 지향하였다면 신경준은 실증적 실학사상을 구축하였다. 특히 훗날 신경준은 호남에서 활약한 장흥의 존재(存齋) 위백규(魏伯珪, 1727~1798), 고창의 이재(頤齋) 황윤석(黃胤錫, 1729~1791) 등과 함께 3대 실학자로 일컬어졌다.

양응수와 신경준 이후, 19세기 조선은 내우외환에 처하여 사회가 혼란스럽고 민생의 삶도 피폐해졌다. 당시 학자들은 국내에서 큰 폐단으로 작용하였던 삼정(三政)을 바로잡고자 하면서 외세에 대응하고자 하였다. 특히 교화를 담당하며 성리학을 지향한 학자들은 춘추대의(春秋大義)의 명분과 전통을 중시하여 '정학(正學)을 숭상하고 이단(異端)을 물리친다'는 숭정학벽이단(崇正學闢異端)을 주장하였다. 순창의 선비들은 역시 사회적 혼란 속에서 유학의 의리론을 잇고자 하는 시대의식을 발휘하여 거유(巨儒)를 찾아 학문을 닦았다.

순창지역 노사학파 전승 문인 조사와 활동

노사(蘆沙) 기정진(奇正鎭)은 순창군 복흥방 조동(槽洞: 구수동, 지금의 복흥면 동산리)에서 1798년에 태어났다. 조동은 아버지 기재우(奇在祐)가 잠시 우거한 곳이었다. 1815년 18세 때 양친을 여의고 외로운 신세가 되자, 아버지의 유언에 고향인 장성 하남(河南) 아치실[鵝谷: 지금의 황룡면 阿谷里]로 이사하였다. 그는 이곳에서

22) 최영성, 『한국유학통사』(중), 심산, 2006년, 738쪽.

평생 재야의 선비로서 학문을 연마하여 성리학에서는 기(氣)를 따로 인정하지 않으려는 유리론적(唯理論的) 경향을 가졌다. 이러한 학문은 그가 46세 때 고창군 문수사(文殊寺) 남암(南庵)에서 지은 「납량사의(納凉私議)」에 보인다. 이 글의 주요 논지는 북송시대 정이(程頤, 1033~1107)가 주장한 리일분수(理一分殊)의 이론에서 비롯된 것이나, 그에 의하면 기(氣)에 의한 분수(分殊)는 리(理) 가운데 미세한 조리이므로 '리'와 대비되지 않는다는 것이다. 즉 '리(理)'와 '분(分)'의 관계는 구분되지 않는 상호 매개되는 것이고 혼연(渾然)이라는 것이다.[23] '기'는 '리'와 대립하거나 대칭될 수 없다는 논지를 통해 이전 성리논쟁을 반추하며 리일원론적 체계를 구축하기에 이르렀다. 그의 학문은 그저 이론에 머물지 않고 격동하는 현실에도 적극적으로 참여하여 '위정척사(衛正斥邪) 운동'을 태동시켰다. 그를 종유하는 문인들이 많이 배출되었는데, 그 가운데 노문삼자(蘆門三子)라 일컫는 문인은 대곡(大谷) 김석구(金錫龜, 1835~1885), 일신재(日新齋) 정의림(鄭義林, 1845~1910), 노백헌(老柏軒) 정재규(鄭載圭, 1843~1911), 손자인 송사(松沙) 기우만(奇宇萬, 1846~1916) 등이다.

순창지역의 학인들은 장성에서 강학을 펼친 기정진에게 먼저 나아가 수학하기도 하고, 또는 그의 직전문인들이 활동하는 곳을 찾아가 학문을 닦기도 하였다. 『노사선생연원록』·『사상문인록』과 순창에서 발행한 각종 자료, 그리고 그 관련 자료를 통해 노사학맥의 문인들을 조사한 바, 기정진의 직전 문인은 총 19명이

---

23) 박학래, 『奇正鎭 哲學思想 硏究』(고려대학교 민족문화연구원, 2004년) 58쪽 참조.

고, 재전은 113명이며, 삼전은 83명, 사전은 48명으로 총 266명이나, 두 스승에게 수학한 문인 1명을 제외하면 265명이다.[24] 이들은 순창지역에서 서로의 결속을 다지면서도 향촌사회의 질서를 모색하며 유교 전통의 명맥을 이어나갔다. 본 장에서는 이들에 관한 유형의 자료, 저서 및 유물유적을 통해 순창지역 노사학파의 계승성 일면을 고찰할 것이다.[25]

기정진은 18세 때 장성으로 돌아간 이후 줄곧 그곳에서 강학활동을 전개하였지만, 지역의 요청으로 순회 강학도 실시하였다. 순창에서의 강학 활동은 알 수 없다. 다만 현재 여러 자료에 의하면 순창 출신 기정진의 직전문인은 총 20명으로 조사되었다. 20명 문인 가운데 4명의 문인, 설문우(薛文佑), 김석구(金錫龜)[26], 신한모(申瀚模), 박정석(朴正錫)은 『순창군지』에 수록된 문인이다. 여기서 남원 출신 김석구를 제외한 문인은 19명이다. 순창과 인연이 있었던 기정진은 일찍이 순창설씨(淳昌薛氏)의 족보 서문을 지었다.[27] 족보의 변천을 간략하게 기술하고 있지만, 우리말로

24) 李鶴濟는 기정진과 기우만 양 문하에서 수학하였다.

25) 저서 유무 자료조사는 『全羅文化의 脈과 全北人物』(전북대학교 전라문화연구소 편, 대흥정판사, 1990년), 『20세기 호남 한문문집 간명해제』(호남한문학연구소 편, 경인문화사, 2007년)을 활용하고, 그리고 국립중앙도서관, 호남기록문화유산, 국가전자도서관, 한국고전적종합목록시스템 등 기타 인터넷 웹 서버를 통해 그 저서와 유물유적을 조사하였다.

26) 김석구(1835~1885)는 남원에서 태어나 향리에서 학문을 익히다가 기정진이 거주하고 있는 장성으로 가서 수학하였다. 잠시 곡성으로 이사하였다가 광주 대곡(현 담양 대전면)으로 이주하였기에 순창문인에는 포함시키지 않았다. 박학래, 「대곡 김석구의 성리설 연구」 『민족문화연구』 제43호(고려대학교 민족문화연구원, 2005년) 참조.

27) 『蘆沙文集』 卷19 「淳昌薛氏族譜序」 참조.

구경(九經)을 읽고 후생을 훈도(訓導)하였던 설총(薛聰: 655～?)을 동방 유학의 발원으로 기술하여 그 후예들의 자긍심을 고취시켰다. 또한 제자 임시득(林時得) 집안의 효행을 기리는 정려기(旌閭記)를 짓고, 선조의 효행을 본받은 제자를 효자 가운데 효자라고 칭찬하였다.[28] 기정진의 문집에 보이지 않는 글 하나가 『순창군지』에 보인다. 「안동김씨삼현실기서(安東金氏三賢實記序)」가 바로 그것으로, 김선휘(金善徽)의 요청으로 기정진이 지은 것이다. 이 글은 순창군 풍산면 반월리 월산에 전해오는 안동김씨 집안 삼현의 충효열(忠孝烈)을 기린 것이다. 삼현은 김선휘의 조부와 부모인데, 조부는 국난을 당하여 의병을 일으킨 김노성(金魯聲)이고, 아버지는 효행을 실천한 김양기(金襄基)이며, 어머니는 열녀로 경주최씨이다. 기정진은 안동김씨의 충효열에 대하여 향촌 사회에서 '나라를 위한 도리' 그리고 '가정을 위한 효행과 열행'이 드러나도록 하였다고 하였다.[29]

기정진의 순창출신 문인으로 지역사회에서 활동한 인물을 살펴보자. 먼저 기정진의 재종제인 기기진(奇麒鎭, 1830～1903)은 15세 때 진사가 된 문인인데, 옥구 군수를 지낸 사상경수(沙上耕叟) 기양연(奇亮衍, 1831～1911)과 학문적으로 교류하며 향촌에서 강학을 전개하였다. 기기진은 필법(筆法)으로도 유명하였다. 강대필(姜

28) 『蘆沙文集』 卷22 「林孝子旌閭記」 참조. 【참고】 장성군 북하면 신성리에 세워진 "行 召募別將 林時得 淸德遺惠碑"가 효자 임시득과 연관이 있을 듯하나 현재 자료부족으로 입증하기 어렵다고 밝힌다.

29) 1891년 忠孝烈의 命旌이 내려진 것을 보면, 기정진의 글은 안동김씨삼강문 정려가 내려지는 계기가 되었을 것이다. 『순창의 효열부』 순창문화원, 2009년, 273～275쪽 참조.

大弼, 1837～?)은 이성렬(李聖烈, 1865～?)이 1892년 12월 5일 군수로 부임하였을 때 팔등면의 도약장(都約長)이었다. 군수가 향약에 의한 이상적 행정을 실시할 적에 강대필은 군정의 안정적 운영에 부응하도록 노력하였다.[30] 또한 향촌사회에서 유교적 가르침을 충실하게 실천하고 성찰한 문인들이 있었으니, 먼저 조수민(趙壽民, 1838～?)[31]·설문우(薛文佑)[32]·신한모(申瀚模)[33] 등은 문행(文行: 학문과 행실)이 뛰어났고, 강봉회(姜鳳會, 1856～?)[34]와 박정석(朴正錫)[35]은 유행(儒行: 유학자의 품행)이 남달랐으며, 서흥옥(徐興玉, 1827～?)[36]은 행의(行誼: 바르고 점잖은 행실)를 지녔으며 이학제(李鶴濟, 1863～?)[37]는 효행이 뛰어났다.

순창지역 노사학파 재전문인을 살펴보자. 재전문인은 총 116명으로, 순창 출신 기기진의 문인 한 명을 제외하면, 대부분 타 지역의 노사학파의 문인을 찾아가 수학하였다. 그 가운데 가장 많은 재전문인을 배출한 인물은 장성출신 기우만(奇宇萬, 1846～1916)이다. 그는 50대 이후 강학을 시작하여 1천 5백여 명에 이른 많

---

30) 이문현, 「19세기말 地方行政에서의 鄕約과 結役釐整: 全羅道 淳昌郡守 李聖烈의 현실인식과 대응」, 서강대학교 박사학위논문, 2016년 참조.

31) 『淳昌郡誌』(상) 「文行·新贈」 53면(뒤) : 專心經史, 深究易理. 見忤時事, 晦韜自靖.

32) 위의 책, 같은 곳 52면(뒤) : 文行超凡, 才器卓越. 蘆翁錫號, 曰性理堂.

33) 위의 책, 같은 곳 53면(앞) : 賦性聰明, 才藝卓絕. 早志學問, 講究經史.

34) 위의 책, 「儒行·新贈」 56면(뒤) : 學于家庭, 文詞夙就. 遂廢擧業, 潛心力學.

35) 위의 책, 같은 곳 56면(뒤) : 稟性溫厚, 孝事父母. 明農讀書, 文行尤著.

36) 『淳昌郡誌』(上) 「行誼·新贈」 62면(뒤) : 言忠行篤, 耕讀爲業. 漁樵供旨, 靡不庸極.

37) 위의 책, 「孝子·新贈」 107면(앞) : 親患危劇, 再裂指血. 剖氷求魚, 所崇快蘇.

은 후학을 양성하였는데 그 가운데 순창 출신은 99명이다. 기우만의 학식이나 덕행을 좇아 교류한 학자도 적지 않을 것이다.[38] 기우만은 항일의지가 강하였기에 후학들에게 묵시적으로 춘추의리를 배양하도록 하였을 것이다. 그는 많은 저술을 남겼는데, 『순창군지』에 그가 지은 여러 편의 글이 수록되었다. 평택임씨의 여섯 효행을 기린 「육효전(六孝傳)」, 조구령(趙九齡, 1484~1528)에 관한 「모노정조공묘명(毛老亭趙公墓銘)」, 최경악(崔景岳, 1727~1804)에 관한 「만성최공묘명(晩醒崔公墓銘)」[39], 조선 중기에 참봉을 지낸 조응견(趙應堅)의 서재에 관한 「팔우재기(八友齋記)」, 순창설씨의 재실 「영모재기(永慕齋記)」, 1910년 경술국치 이후 단식으로 목숨을 끊은 공치봉(孔致鳳, 1832~1910) 집안의 가장에 발문을 지은 「오은공공교봉가장발(梧隱孔公敎鳳家狀跋)」, 설상기(薛相基)의 사적에 관한 「양심재설공유사(養心齋薛公遺事)」[40] 등이 그것이다. 기우만은 경술국치 다음 해인 1911년 3월 이후 남원군 사촌(沙村) 처가(妻家)로 우거하였다. 일인들의 감시가 삼엄하였으나, 당시 찾아오는 많은 학인들에게 그는 강학을 펼쳤다. 장성으로 가서 수학한 문인들도 있었겠지만, 그렇지 못한 학인들은 사촌으로 나아

---

38) 『순창군지』(상) 「文行」에 의하면, 薛亨基는 奇宇萬을 從遊하였다. 설형기는 玉川人으로 자는 泰運, 호는 溪坡이다.

39) 이상 세 편의 글은 『순창군지』 중권에 수록되었다. 첫 번째 글은 기우만의 『松沙文集』에 보이지 않고, 두 번째 글은 권26에 「藝文館奉敎趙公墓碣銘(并序)」으로 수록되고, 세 번째 글은 『松沙文集續』 권2에 「敦寧府都正崔公墓碣銘(并序)」으로 수록되었다.

40) 이상 네 편의 글은 『순창군지』 하권에 수록되었다. 첫 번째 글은 기우만의 『송사문집』 권17에 수록되고, 두 번째 글은 문집에 수록되지 않으며, 세 번째 글은 권22에 「書梧隱孔公家狀後」로 수록되고, 네 번째 글은 권29에 수록되었다.

가 수학하였다. 99명의 순창 문인 가운데, 저서가 있는 문인은 정창호(鄭昌鎬, 1856~1933, 호는 竹圃), 설진영(薛鎭永, 1869~1940, 호는 南坡)[41], 강대일(姜大一, 1871~1950, 호는 翠庵)[42]이다. 정창호는 17세 때 양성룡(楊成龍)에게 배우다가 기우만에게 수학한 뒤, 향리의 폐습을 바로잡아 양풍(良風)을 일으키는 데 노력하였다.[43] 『순창군지』에는 기우만의 문인 가운데 활동한 인물을 언급하고 있으니, 먼저 학문과 행실이 뛰어난 문인은 순국의사 설진영[44]이 있고, 유학자의 품행이 남다른 문인은 강창원(姜昌遠, 1864~?)[45], 임한주(林漢周, 1876~?)[46], 조용섭(趙庸燮, 1878~?)[47], 김용규(金容珪, 1880~?)[48], 유도현(柳道鉉, 1890~?)[49], 오종근(吳鍾根)[50], 서석표(徐碩杓)[51] 등이 있으며,[52] 바르고 점잖은 행실을 지닌 문인은

41) 설진영은 삼전문인에서 기술한다.
42) 강대일은 다음 장에서 기술한다.
43) 정창호의 저서로 『竹圃遺稿』가 있다. 이 책은 국립중앙도서관 소장본이 있고, 영인 수록된 『한국역대문집총서』(1492)가 있다.
44) 『淳昌郡誌』(上) 「文行·新贈」 54면(뒤) : 講道南脈, 門生滿堂. 所養所守, 盡是衷赤. 【참고】 설진영은 「義士·新贈」에도 행의가 기록되었다. 같은 책, 「義士·新贈」 107면(뒤):所養者學, 所守者節. 聞革姓令, 負石投井.
45) 같은 책, 「儒行·新贈」 59면(앞) : 持身有道, 修心以正. 兼通堪輿, 涉獵經史.
46) 같은 책, 같은 곳, 54면(뒤) : 學問精邃, 操履篤實. 不求名利, 晦跡山水.
47) 같은 책, 같은 곳, 60면(앞) : 才質聰穎, 器宇軒昂. 甘老林泉, 著名當世.
48) 같은 책, 같은 곳, 60면(앞) : 庸學經傳, 玩究精通. 作咏天詩, 擅名於世.
49) 같은 책, 같은 곳, 60면(뒤) : 早有才藝, 餘力學文. 時邀朋友, 吟風弄月.
50) 같은 책, 같은 곳, 59면(뒤) : 負笈諸生, 誦聲洋洋. 志高行確, 杜門屏跡.
51) 같은 책, 같은 곳, 60면(뒤) : 生而明敏, 受學家庭. 修身齊家, 嚴然有法.
52) 이상 7인 문인 가운데 임한주, 김용규, 유도현은 1957년 『순창군지』가 발행될 때까지 생존하였다. 특히 임한주는 호가 樵峰인데 형 漁汀 林棕周와 함께 유등면에 정자를 지었다. 그 이름은 서로의 호를 따서 漁樵亭이라 하고 詩會 등을 통해 유학의 정신을 고양시켰다. 『순창군지』(하) 「題詠」에 임한주의 시가 수록되었다. 시는 다음과 같다. "小亭晩得考槃隣, 事在漁樵

최시환(崔時煥, 1863～?)[53], 강문수(姜文秀, 1875～?)[54], 최재한(崔在漢, 1881～?)[55], 임학래(林鶴來, 1894～?)[56], 서영홍(徐盈泓, 1902～?)[57], 김병곤(金秉坤)[58], 배동진(裵東鎭)[59] 등이 있고, 효행이 뛰어난 문인은 김용린(金容麟, 1873～?)[60], 김용석(金鎔石, 1882～?)[61], 서권홍(徐權泓, 1887～?)[62], 공영진(孔泳鎭, 1895～?)[63], 김영태(金永泰, 1897～?)[64] 등이 있으며, 흉년에 가난하고 군색한 백성을 도와준 문인은 김용환(金容煥, 1883～?)[65]과 강성묵(姜聲默, 1901～1980)[66]이 있다. 향리에서 제생들을 일깨운 양만술(楊萬述,

---

遠市塵. 冒雨相尋垂釣老, 披雲還伴拾薪人. 可與沙鷗消永日, 又從松鹿付餘春. 玉峀崚嶒金水瀾, 每當月夕緖懷新.

53) 『淳昌郡誌』(上), 「行誼·新贈」 62면(뒤) : 性素溫藉, 文詞日事. 吟咏自娛, 以終天年.

54) 같은 책, 같은 곳, 61면(앞) : 養親至孝, 一無遽色. 文詞富贍, 志行高潔.

55) 같은 책, 같은 곳, 65면(앞) : 資質至純, 好古行善. 文詞卓越, 酬唱尤多.

56) 같은 책, 같은 곳, 66면(앞) : 貌癯氣淸, 性賦溫藉. 孝友至純, 兼通堪輿.

57) 같은 책, 같은 곳, 63면(앞) : 文藝夙成, 儒業從事. 孝于父母, 睦于宗族.

58) 같은 책, 같은 곳, 62면(뒤) : 篤學力行, 孜孜不懈. 克修世業, 訓迪後生.

59) 같은 책, 같은 곳, 64면(뒤) : 篤志好學, 一生不倦. 從師松門, 累被奬詡.

60) 같은 책, 「孝子·新贈」 120면(뒤) : 性孝出天, 誠事兩親. 三霜執禮, 鄕坊稱道.

61) 같은 책, 같은 곳, 107면(앞) : 天性至孝, 父病嘗糞. 父沒以後, 省掃不廢.

62) 같은 책, 같은 곳, 120면(뒤) : 至孝事親, 志體兼養. 三霜省掃, 不避風雨.

63) 같은 책, 같은 곳, 107면(뒤) : 父病願雉, 祈山號泣. 生雉倒前, 供獻延壽.

64) 같은 책, 같은 곳, 122면(앞) : 事親克孝, 斫指得甦. 敎子義方, 家道昌大.

65) 같은 책, 「賑恤·新贈」 132면(뒤) : 天性寬厚, 敬信爲主. 賙恤貧窮, 以藥活人.

66) 같은 책, 같은 곳, 132면(뒤) : 天性順厚, 多恤貧民. 面稅建校, 累萬喜捨. 【참고】 강성묵은 효심이 극진하여 숨이 끊어진 어머니를 심폐소생술로 생명을 구조하고 중풍과 치매를 앓아 거동이 불편하였어도 극진히 봉양하여 86세까지 생을 누리게 하였으며, 3년 동안 무덤을 관리하는 효자로 알려져 지역사회에서 칭송이 자자하였다. 순창군 팔덕면민회 주최로 2016년 10월

1901～?)도 있다.[67]

남원 출신으로 담양에서 강학하던 김석구(金錫龜, 1835～1885)와 광산 출신 오준선(吳駿善, 1851～1931)[68]은 각각 1명의 문인을 훈도하였다. 김석구는 노사학에서 '리(理)의 불변적 실재성'을 강조하여 인간의 주체적 자율성을 확립하도록 하였고 또한 경(敬) 공부를 통해 항상 도덕적 선을 지향하도록 하였다.[69] 오준선은 스승 기정진의 성리설이 "리가 주재가 되고 기가 명령을 받는다"는 대전제를 통해 현실 속에서 리의 실현을 주저하지 않았다. 특히 그는 기우만과 함께 의병을 일으켜 일인에 항거하였고 특히 의병전(義兵傳)을 저술하여 호남 의병들의 기치를 드높이고 국권 회복의 의지를 표출하였다.[70] 남원 출신 양석모(楊錫謨, 1848～1918)는

29일 구항마을에 "錦隱 姜聲黙 孝行碑" 제막식을 거행하였다. 그의 손자 강병문은 순창향교 전교를 역임한 후 淳昌鄕校 六百年史를 기념하는 『순창향교지』를 발행에 위원장으로 큰 역할을 하였다.

67) 『淳昌郡誌』(上), 「題詠·芝史軒示諸生」 72면(앞) : 好古諸君講道明, 滿天風雨一區晴. 木非所養材難得, 水有其源海乃成. 可愛菊花含晩節, 莫將梧葉報秋聲. 自知敎導無多術, 愧我盡溪不倦名.

68) 『淳昌郡誌』(中) 「銘」에는 오준선의 세 편의 글이 있다. 글은 순창출신 인물에 대한 것으로, 趙廷賓(1623～?)에 관한 「湖亭趙公墓表」(62면), 崔應翼(1496～1564)에 관한 「回悟堂崔公墓銘」(68면), 林尊智(?～1710)에 관한 「溪隱林公墓銘」(87면) 등이다. 【참고】 오준선의 문인 가운데 서울출신 李璿鎬(1894～?)는 『순창군지』가 1957년에 발행될 때 서문을 지었다. 그리고 순창출신 인물에 대한 글과 사당 기문을 지었으니, 『순창군지』 중권에 수록된 「縣監李公墓銘」(67면), 「都正李公墓銘」(69면), 「淑夫人崔氏節行碑」(81면), 「農圃柳公墓銘」(83면), 「醒齋朴公墓銘」(84면), 「松川林公墓銘」(90면). 하권에 수록된 「玉山祠記」(10면) 등이다.

69) 이형성, 「大谷 金錫龜의 理一元的 思惟에서의 善惡論과 敬論」, 『東洋文化研究』 제34집(영산대학교 동양문화연구원, 2021년) 참조.

70) 『노사학파문집해제-蘆沙學派(1)』(근대호남유학연구단, 전남대학교출판문화원, 2021년), 「후석유고」 532～537쪽 참조.

문인이 14명에 이른다. 양석모는 1894년 동학이 일어나 이를 타개하려는 상소를 올렸고, 경술국치 이후 향리에 천산재(天山齋)를 마련하여 학문을 닦았다. 특히 우리나라 역사서 『국로항추(菊露抗秋)』[71]를 지어 후학들에게 역사의식을 고취시켰다. 그의 문인 가운데 『귀운유고(龜雲遺稿)』[72]를 남긴 양병익(楊秉益, 1890~1979)은 일제 치하에서 충효대의를 명분으로 삼아 명리를 구하지 않고 민족정신을 양성하는 데 노력하고 또한 일제탄압이 거세지자 향교와 서원 그리고 유림단체 등을 통해 우리의 도덕을 지키는 데 노력하였다.[73] 양장규(楊章圭, 1901~?)는 열부(烈婦) 남원진씨(南原晉氏, 1833~1897)의 곧은 행의를 지어 향촌사회의 규범으로 삼고자 하였다.[74]

다음으로 삼전문인과 사전문인을 살펴보자. 먼저 순창에서 삼전을 계도한 인물은 설진영, 공기진(孔琪鎭, 1875~?, 호는 松圃), 이병민(李秉萬, 1879~?, 호는 後梓) 등이다. 설진영과 공기진은 기우만의 문인이고, 이병만은 기기진의 문인이다. 설진영은 학문과 행실이 뛰어나기도 하였지만 절의로 일제에 항거한 의사(義士)[75]이기도 하다. 1895년(고종 32) 명성황후 시해사건이 일어나자, 스승 기우만이 의병을 일으켰다. 설진영은 동지들을 규합하여 스승의 의병활동에 참여하여 장성과 나주 등지에서 왜병과 싸웠다.

71) 이 책은 楊錫謨가 졸한 뒤 손자 梁文圭가 출간하였다.

72) 이 책은 국립중앙도서관에 『龜雲楊公遺稿全』이란 이름으로 소장되었다.

73) 『20세기 호남 한문 문집 간명해제』(호남한문학연구소 편), 경인문화사, 2007년, 46~47쪽 참조.

74) 『淳昌郡誌』(下), 「記·烈婦晉氏事行記」 42면(뒤)~43면(앞) 참조.

75) 『淳昌郡誌』(上) 「義士·新贈」 107면(뒤) : 所養者學, 所守者節. 聞革姓令, 負石投井.

1910년 경술국치로 인하여 아미산(峨嵋山) 남쪽 기슭에 자리잡은 동전 마을에 남파서실(南坡書室)을 짓고 후진을 양성하며 국권 회복을 위한 독립의식을 고취 시켰다. 특히 면암(勉庵) 최익현(崔益鉉, 1833~1905), 연재(淵齋) 송병선(宋秉璿, 1836~1905), 계정(桂庭) 민영환(閔泳渙, 1861~1905)이 1905년 순국하자 그들을 위해 애도시를 짓기도 하였다.[76] 평소 독립지사들과 함께하지 못한 것을 부끄럽게 여겼는데, 1940년 일제가 조선민족말살정책의 일환으로 창씨개명을 강요하였다. 이러한 수모를 당하면서까지 살 수 없었던 그는 "맹세코 성씨를 바꾸지 않겠다"고 다짐하면서 두 편의 절명시(絕命詩)와 유서를 남기고 서실 앞 우물에 투신하여 자결하였다. 절명시는 다음과 같다.

繼統至吾絕 이어받은 종통(宗統) 나에 이르러 끊어지니
乾坤一罪人 하늘과 땅 사이에 죄지은 한 사람이로구나
擧頭何處去 머리 들고 어느 곳으로 갈 것인가
見水忽投身 물을 보자마자 갑자기 몸을 던지노라[77]

절의로 일제에 항거하면서 절명한 지사들이 적지 않게 있었지만, 민족을 말살하려는 창씨개명에 분함을 참지 못하고 절명한 이는 아마도 그가 처음일 것이다. 그의 의로운 죽음을 들은 선비들은 제문(祭文)과 만장(輓章)을 통해 애도하였고, 문인 정두섭(丁

---

76) 『淳昌郡誌』(下) 「題詠」 69면(뒤)~70면(앞) 참조.

77) 『欽齋文集』 卷7 「南坡薛公行狀」 참조. 【참고】 崔秉心(1874~1957)은 1945년 행장을 지으면서 절명시를 기록한 바, 본 시는 두 번째이다. 첫 번째 시는 "革姓若朝廟, 大驚父祖魂. 欲離陽界上, 直入夜臺昏."이다.

斗燮, 1907～?)은 1980년 스승의 행적을 기록하였다.[78]

타지역 출신으로 순창지역 노사학파의 삼전문인을 양성하였으니, 나주 출신 오동수(吳東洙, 1880～?, 호는 道湖), 옥과 출신 허섭(許燮, 1881～?, 호는 白齋)과 허병(許炳, 1881～?, 호는 直齋), 광주 출신 안종기(安鍾基, 1881～1949, 호는 述齋), 장성 출신 기노선(奇老善, 1895～1937, 호는 道南) 등이다. 오동수·허병·안종기는 1명, 허섭과 기노선은 4명의 문인을 길러냈다. 삼전문인 가운데 설진영의 문인 조정용(趙貞鏞, 1882～?)은 나주의 조화원(趙化元, 1874～1957)이 경술국치 이후 송재(松齋)를 짓고 은거할 적에 그와 교류하며 송재 편액에 차운하여 시를 짓기도 하였다. 설봉수(薛琫洙, 1901～?)와 조대익(趙大翼, 1909～?)은 1957년 『순창군지』 제작에 적극 참여하였다. 양상하(楊相夏, 1905～?)는 도암(陶菴) 이재(李縡, 1680～1746)의 제자인 선조 양응수(楊應秀, 1700～1767)의 문집을 간행하고 양문규(楊文圭)가 지은 『근조선사(近朝鮮史)』를 1961년에 교열하기도 하였다. 김경곤(金鏡坤, 1906～?)은 기우채(奇宇采, 호는 耕雲)가 호남의 유교 문화를 모두 모아 『호남누정총람(湖南樓旌總攬)』을 간행할 적에 발문을 지었다. 기노선의 문인 양만상(楊萬常, 1911～?)은 향교를 오래도록 유지하기 위한 『순창모성계안(淳昌慕聖契案)』을 만들 때 참여하고, 신용우(申庸雨, 1911～?)는 장성의 필암서원에 참여하여 선현의 정신을 본받고자 하였다. 설봉수·양상하·김경곤은 설진영의 문인이고, 조대익과 신용우는 남원 출신 허섭의 문인이며, 양만상은 장성출신 기노선의 문인이다. 순창의

78) 『南坡實記全』 「南坡薛先生行蹟」 21면 참조. 【참고】 『玉川文集叢刊(3)』 (玉川鄕土文化社會硏究所 編, 修書院 發行, 2001년), 237쪽.

삼전문인은 83명이다. 또한 사전문인을 양성한 인물은 공기표(孔基杓, 1884~?, 호는 訥史)와 공한식(孔漢植, 1885~?, 호는 靜齋)이다. 이들은 모두 순창 출신으로 설진영의 문인이다. 정창호의 문인이자 종제인 정재기(鄭載冀, 1886~?)는 사우들과 교류하며 학문을 권면하며 유교 진흥에 노력하였다.[79] 공기표는 9명, 정재기는 26명, 공한식은 13명의 제자를 훈도한 바, 사전문인은 현재 48명이다. 삼전과 사전문인은 총 131명에 이르는데 이들은 일제치하에서 유교적 결속을 통해 선현의 정신을 계승하고 선조의 얼을 지키는 데 일익을 담당하였을 것이다.

순창지역 노사학파의 문인들은 19세기 말 20세기를 거치면서 기정진에 배운 직전문인이 있고, 그 직전문인을 통해 재전과 삼전이 배출되고 사전문인까지 이르렀지만 확인하기 어려운 문인들도 적지 않을 것이다. 주지하다시피, 노사학은 그저 이론에 머물지 않고 현실에도 참여하여 '위정척사운동'을 태동시켰다. 노사학을 계승한 순창지역의 문인들도 격동하는 현실 속에서 향촌사회의 지식인으로 학문과 행실, 또는 품행을 지키면서 효와 충을 실천하고 나아가 흉년에 가난을 군색한 백성을 도우며 서로의 결속을 다졌다. 이러한 결속은 재전문인 양병익, 삼전문인 성봉수와 조대익이 1957년 『순창군지』 발간에 참여하여 순창의 유구한 역사와 문화, 그리고 선현들의 정신을 되새기도록 하는 것으로 드러났다.

79) 정창호의 저서로 『溪隱遺稿』가 있다. 이 책은 국립중앙도서관 소장본이 있고, 영인 수록된 『한국역대문집총서』(1492)가 있다.

순창의 무양서원과 노사학 계승

순창의 노사학파는 사전까지 면면히 이어졌다. 앞서 살펴본 바와 같이 재전과 삼전문인 가운데 학행이 뛰어난 문인은 강학을 통해 유학을 비롯한 노사학을 계승하면서 후학을 양성하였다. 몇몇 학인들은 타지역의 노사학파의 문인을 찾아가 수학하기도 하였다. 19세기 말 급격한 사회의 변화와 일제강점기 강압적인 전통문화 파괴 속에서 쉽지 않은 일이다. 순창의 문도들은 서로 절차탁마와 교학상장으로 화합하며 당시 일제의 불의에 타협하지 않고 의연하게 노사학을 이어받아 리를 지향하는 의리의 절대적인 가치를 몸소 이행하였다. 이러한 학문적 자세는 당시 노사학파의 문인들이 의병을 일으키거나 또는 참가하여 학문의 실천을 보여준 모습에서 확인할 수 있을 것이다.[80)]

1945년 광복 후, 남북 분단에 따른 6·25를 겪는 사회적 변화 속에서 전통의 유학은 제대로 정립되지 못하였다. 특히 국가가 새로운 교육체계를 구축하면서 유교적 교육은 점점 더 멀어졌다. 향촌에서 유교를 신봉하는 사람들 가운데 시대의 다양한 변화를 받아들이기도 하고 또는 도회지(都會地)로 떠난 사람들은 새로운 이념을 모색하는 경우가 많았다. 하지만 전통을 끝까지 수호하며 강학과 향사를 병행하는 유교인들이 있었다. 이들은 시대의 조류에서 멀어진 유교를 회복시키는 차원에서 이전 선현의 유덕(遺德)을 숭모하기 위해 원우(院宇)[81)]를 세워 견현제사(見賢齊思)의 정신

80) 『노사학파가 기록한 호남의병열전』, (사)노사학연구원, 2019년 참조.

81) 院宇란 書院, 祠宇, 精舍, 影堂 등을 통틀어 이르던 말이다. 순창의 원우

을 발휘하기도 하였다.

순창의 유교인들도 지역에 원우를 세워 유교의 재건과 그 정신을 도모하였다. 1910년 이후 순창에 세워진 원우를 살펴보면,[82] 1914년 동계면 신흥리에 세워진 경현사(景賢祠), 1925년 인계면 지산리에 세워진 지산사(芝山祠), 1940년 인계면 호계에 세워진 호계사(虎溪祠), 1949년 유등면 유촌리에 세워진 화남사(華南祠), 1972년 팔덕면 용산리에 자리한 무양서원(武陽書院) 등이 있다. 이 원우들 가운데 노사학파와 유관한 원우는 무양서원이다.[83] 본 서원은 강린(姜璘, 1901~1990)이 노사학을 계승한 아버지 취암(翠庵) 강대일(姜大一, 1871~1950)의 유지를 받들어 1971년에 완공하여 그다음 해에 창건하였다. 서원 내 무양사(武陽祠)에는 기정진과 기우만, 그리고 아버지 강대일을 배향하였다.

강대일은 3세 때 기정진의 문인 강인수(姜寅秀, 1820~?)에게 양자로 갔다. 가난한 생활 속에서도 양부모와 생부모를 극진히 모시며 가학을 계승하였다. 성장해서는 기우만에게 배우고 또 간

조사는 『유교대사전』(현황편, 유교사전편찬위원 편, 박영사, 1990년)을 참고하였다.

82) 순창에서 祠宇가 처음 세워진 것은 禮川祠이다. 본 사우는 1401년(태종 1) 팔덕면 덕천리에 세워졌다. 또한 순창의 유림은 1989년 순창읍 교성리에 檀君殿을 창건하여 한민족의 정신생활 속에서 天孫이라는 자부심을 갖도록 지역민들에게 민족의식을 고취 시켰다.

83) 순창의 서원은 花山書院이 1607년 유등면 오교리에 세워진 것이 효시가 되어, 팔덕면 청계리의 武夷書院(1788년), 적성면 지북리의 芝溪書院(1788년), 순창읍 가남리의 南山書院(1800년), 쌍치면 둔전리의 魚巖書院(1827년), 동계면 신흥리의 鰲山書院(1841년) 등이 세워졌다. 19세기 이전 창건된 서원은 1863년에 훼철되어 복설되지 않았고, 그 이후에 창건된 서원은 관리 부족으로 많이 훼손되었다.

재(艮齋) 전우(田愚, 1841~1922)에게도 수학하였다. 내우외환의 격동기와 암울한 일제강점기에 올곧은 유학자들은 그 활동에 많은 제약을 받았다. 그가 일찍이 황해도 해주에 이르렀는데 밤에 갑자기 마음이 동요되어 시급하게 고향으로 돌아오니 생모가 금(金)으로 구휼한 사건으로 원수들에게 부모가 곤욕을 당하였다. 집안이 어렵게 되자, 강대일은 친히 경작하며 향촌에서 편벽되게 자기의 문호를 주장하지 않으며 강학하였다. 1906년 면암(勉庵) 최익현(崔益鉉, 1833~1906)이 거의(擧義)가 실패로 돌아가자, 그는 큰아들 강정원(姜貞遠)과 함께 전사자에 대한 초혼(招魂)의 의식을 거행하였다.[84] 나라가 폐허가 되자, 강대일은 대관(大觀)의 뜻을 가지고 명산산천을 유람한 이후 일마다 무실(務實)에 힘쓰면서 영남 유학의 종장인 면우(俛宇) 곽종석(郭鍾錫, 1846~1919)을 종유(從遊)하기도 하였다. 그는 유교적 신념과 정열로써 유교 전통과 자신의 학통을 지키고자 무이산(武夷山) 기슭 조용한 곳에 정사(精舍)를 마련하여 사우들과 경전(經傳)을 강마하였다.[85] 옛 책을 외우며 학문에 임하면서 그곳을 취암(翠庵: 翠庵精舍)이라 하였다. 특히 그 주변의 좋은 경치를 팔경(八景)[86]으로 명명한 다음, 앞산의 푸른 기운을 보며 시 한수를 지어 자신의 뜻을 드러냈다.

枕山飮水遠腥塵 산 기대여 물 마시며 오랑캐 티끌 멀리하고

84) 『翠庵遺稿』 附錄 「翠庵姜公墓表」 참조.

85) 『翠庵遺稿』 卷1 「翠庵記」.

86) 『翠庵遺稿』 卷1 「翠庵八景」: 一日青溪九曲, 二日印臺淸風, 三日龍山雲深, 四日嵋山半月, 五日德山落照, 六日剛泉丹楓, 七日泉寺曉鍾, 八日桐川漁火.

中有疎庵學日新	그 속 확 트인 암자에선 학문이 날로 새롭네
庭竹元知千古節	뜰 대나무 천고의 절개를 원래 알고
澗松長帶四時春	시냇가 소나무 사시의 봄빛 길게 띠었어라
丹邱杖植尋源客	붉은 언덕에선 지팡이 짚고 근원 찾는 나그네이고
蒼壁歌登採藥人	푸른 벼랑에선 노래하며 오르니 약초 캐는 사람이로다
物外閒情於此足	세속 바깥 한가로운 정취 여기서 만족하니
雲根遊鹿好相隣	벼랑이나 바위에 노니는 사슴 사이좋게 서로 이웃하네[87]

오랑캐인 일제를 멀리하며 학문에 임하겠다는 자세는 대나무와 소나무와 같이 변치 않는 유교적 정신을 추구하겠다는 의지를 표출한 것이다. 강대일은 이곳에서 중국 송나라 성리학자 주희(朱熹, 1130~1200)의 서책을 외우고 도(道)를 실천하고자 하면서 후학들에게 강학하였다.[88] 특히 여말선초에 절의를 지킨 포은(圃隱) 정몽주(鄭夢周, 1337~1392)에 대한 시를 짓는가 하면, 민영환(閔泳渙, 1861~1905), 최익현(崔益鉉, 1833~1906), 이준(李儁, 1859~1907), 안중근(安重根, 1879~1910), 이석용(李錫庸, 1878~1914) 등과 같은 순국지사 또는 애국지사, 의병장에 관한 만시를 지어 절의를 본받고자 하였다. 또한 19세기 말 20세기 초 산림 유학의 종장인 스승 기우만과 전우, 그리고 곽종석 등이 서거하였을 때 애도의 시를 짓기도 하였다.[89] 1916년 스승 기우만 사후, 스승의 영정을

87) 『翠庵遺稿』 卷1 「翠庵原韻」.

88) 『翠庵遺稿』 附錄 「翠庵精舍記」 참조.

89) 이에 관한 시들은 『翠庵遺稿』 권2에 수록된 「追悼圃隱鄭先生(夢周)」, 「輓烈

취암정사에 모시고 아침저녁으로 성경(誠敬)의 예를 올리며 사우들과 서로 교류에 힘썼다. 일제가 패망하고 나라가 경사를 맞이하자 시로 그 기쁨을 표현하기도 하였다.[90] 향촌에서 유학 진흥에 힘쓰다가 1950년 5월 30일 향년 80세의 일기로 삶을 마쳤다.

강대일이 세상을 뜬 후 그의 아들 강린은 아버지의 유지를 받들어 서원을 세워 전통 유교를 재건하며 노사학을 보급하고자 하였다. 주지하다시피 기정진과 그의 고족 문인을 처음 배향한 곳은 1927년 장성군 진원면 진원리에 세워진 고산서원(高山書院)이다.[91] 이후 노사학파의 문인들은 호남의 여러 지역에 배향되었으니, 전남에는 9곳, 전북에는 무양서원을 비롯하여 5곳이 있다.[92]

士李(儁)」, 「輓忠正公閔(泳煥)」, 「輓勉庵崔先生(益鉉)」, 「挽義士安(重根)」, 「挽義士靜齋李(錫庸)」, 「哭俛宇郭先生(鍾錫)」, 「哭艮齋田先生(愚)」, 「哭松沙奇先生(宇萬)」 참조.

90) 『翠庵遺稿』 卷1 「國慶」 : 受命于天李博士, 逐倭建國漢陽京. 漢時照烈曾如此, 昔日孔明意更生. 豆滿江邊征馬嘶, 白頭山下暗雲時. 無窮花發三千里, 春蒲乾坤樂太平.

91) 고산서원은 현재 기정진을 비롯하여 月皐 趙性家(1824~1904), 石田 李最善(1825~1883), 莘湖 金錄休(1827~1899), 東塢 曺毅坤(1832~1893), 大谷 金錫龜(1835~1885), 老柏軒 鄭載圭(1843~1911), 日新 鄭義林(1845~1910), 松沙 奇宇萬(1846~1916) 8인이 봉안되었다.

92) 『유교대사전』(현황편)에 의하면, 서원에 배향된 인물은 보이지 않고 사우에 배향된 경우가 많은 바, 먼저 전남지역의 사우를 열거하면 道林祠(奇正鎭·吳繼洙·吳駿善 배향. 1934년 창건, 광주시 광산구 도덕동), 五峰祠(奇正鎭·李泰魯 배향. 1935년 창건, 나주군 세지면 오봉리), 金谷祠(奇正鎭·金錫九·鄭義林 배향. 1935년 창건, 담양군 대전면 금곡), 楊林祠(奇宇萬·朴淇靑 배향. 1976년 창건, 무안읍 사창리), 平山祠(奇宇萬·朴琳相 배향. 1946년 창건, 무안군 현경면 평산리), 장성군 북이면 만무리: 書林祠(奇宇萬·孔學源 배향. 1970년 창건, 장성군 북이면 만무리), 高岡祠(奇正鎭·奇宇萬·梁會甲 배향. 1919년 창건, 화순군 이양면 초방리), 三山祠(奇正鎭·鄭義林·裵玄基 배향, 1948년 창긴, 화순군 도곡면 천암리), 龜巖影堂(奇宇

무양서원은 강린이 1969년 취암정사 자리에 서원을 기공하여 1971년 완공하였다. 기우만의 문인 동초(東樵) 정철환(鄭喆煥, 1901~?)은 학문에 매진하도록 하는 「진수당기(進修堂記)」를 짓고, 또 서원에서 학문을 연마하면서 향사를 위해 계를 조직한 「진수계서(進修契序)」를 노원태(蘆源泰)가 기록하였다. 서원이 최종 마무리되자 노사학을 계승한 옥과의 정의림 제자, 운사(雲沙) 여창현(呂昌鉉, 1897~1975)이 1972년 「무양서원창건기(武陽書院刱建記)」를 지어 그 공정의 과정을 밝혔다.[93]

강대일의 아들 강린은 가학을 계승하면서도 역사의식을 고취시키기 위해 32종의 서책을 참고하여 1928년 28세 때 『국로추사(菊露秋寫)』[94]를 지었다. 이 책의 내용 체제는 단군조선에서 신라 말까지의 역사를 시간 순서에 따라 역사적 사건들을 서술하였다. 특히 각 시대별로 조선이라는 명칭을 사용함으로써 조선의 정통성이 연면히 이어졌음을 보이려고 했던 점 등이 특징적이다.[95] 이와 같이 강린은 노사학을 계승한 조부 강인수와 부친 강

萬·徐丙章 배향. 창건미상, 화순군 도곡면 신성리) 등이다. 다음으로 전북 지역의 사우를 열거하면, 箕山祠(申漢均·申鉉中 배향. 1932년 창건, 고창군 아산면 대동리), 德林祠(鄭官源·鄭枋珪 배향. 1934년 창건, 무장면 덕림리), 松陽祠(成卿修 배향. 1946년 창건, 해리면 송산리), 士山祠(蔡寅永·蔡冕黙 배향. 1975년 창건, 부안군 주산면 사산리), 永光祠(奇參衍·吳仁洙·洪範植·金道鉉·薛鎭永 배향, 1925년 창건, 진안군 마령면 동촌리) 등이 있다. 노사학파 배향인물에 대한 자세한 조사는 추후로 미룬다.

93) 무양서원에 소장된 193종 427책은 그 후손이 순창군립도서관에 기증하였다. 현재 이 책들은 전남대학교 철학연구교육센터에서 해제 작업을 진행하고 있다.

94) 이 책은 규장각, 장서각, 국립중앙도서관 등에 소장되었다.

95) 『한국민족문화대백과』 '菊露秋寫朝鮮歷史' 조목 참조.

대일의 학문과 정신을 계승하였다. 더 나아가 부친의 유훈에 따라 향촌에 서원을 창건하여 사우들과 서로 교류하며 결속하고자 하였으니 유교 재건에도 적지 않은 노력을 펼쳤을 것이다. 1990년에 작고한 강린은 저서로 『국사집(菊史集)』(1968)을 남겼다.

맺는 말

유학은 안으로 성인의 덕을 배양하고 밖으로 도덕적 가치를 실현하는 내성외왕(內聖外王)의 학문이다. 이러한 학문을 이어 '성즉리(性卽理)'를 추구한 학자들은 리(理)와 기(氣)로 사유하며 우주의 본체론과 인간의 심성론을 탐구하였다.

19세기 전라남도 장성에서 활약한 기정진은 이전 학자의 성리학을 반추하며 리일원적(理一元的) 학문체계를 구축하고 '외정척사론'를 전개하였다. 이러한 학문을 계승한 그의 직전과 재전·삼전·사전 문인은 헤아릴 수 없을 정도로 많다. 이들은 일제가 조선을 병탄하려는 기미를 보이자 의병 봉기로 항거하였다. 1910년 이후 일제강점기에는 학파의 결속을 통해 전통 유교를 수호하고, 나라 잃은 울분을 한시로 표현하면서 암암리 일제에 항거하기도 하였다.

『노사선생연원록』(『사상문인록』 포함)과 『순창군지』, 그리고 문집에 수록된 문인록 등을 통해 순창지역의 노사학파 문인을 조사한 바, 총 265명에 이른다. 이들은 직간접으로 학파의 영향을 받아 순창지역에서 서로의 결속과 유대를 통해 외세에 대응하고자 하였다. 특히 향촌사회의 질서를 모색하며 전통 유교를 수호하고 나아가 노사학파의 명맥을 이어나갔다.

순창 출신으로 후학들을 양성한 직전문인은 기기진이 있고, 재전문인은 정창호·설진영·공기진·이병만 등이 있으며, 삼전문인은 공기표·정재기·공한식 등이 있다. 다음으로 타지역 출신으로 순창의 후학을 훈도하는 직전문인은 장성 출신의 기우만, 남원 출신의 김석구·양석모, 광산 출신의 오준선이 있고, 재전문인은 나주 출신 오동수, 옥과 출신의 허섭과 허병, 광주 출신의 안종기, 장성 출신의 기노선이 있다.

유교는 일제강점기를 지나 산업사회가 되면서 시대의 조류에서 멀어졌다. 더욱이 국가의 새로운 교육체계는 유교의 역할을 배려하지 않았다. 향촌에서 유교를 신봉하는 사람들 가운데 시대의 다양한 변화를 받아들이면서 도회지(都會地)로 떠나 새로운 이념을 모색하는 경우가 많았다. 하지만 전통을 끝까지 수호하며 강학과 향사(享祀)를 병행하려는 유교인들도 있었다. 1971년에 완공된 순창의 무양서원은 기정진과 기우만, 그리고 기우만의 문인 강대일을 배향하고 유교와 노사학파의 학통을 향촌사회에 보급하고 계승하도록 그 역할을 마다하지 않았다. 이러한 노사학파의 역할은 시대의 조류에서 멀어진 전통 유교를, 선현의 유덕(遺德)을 통해 그 유학사상을 발휘한 것이라 하겠다.

결론적으로 순창지역의 노사학파는 학문이 그저 이념에 머물지 않고 위기의 시대에 춘추의리를 지향하며 전통 유교를 지키고 학통을 계승하고자 하였다. 이러한 학파 연구는 추후 타지역의 학파와 그 후학, 즉 재전·삼전·사전문인까지 전관적(全觀的)으로 탐구하는 데 약간의 보탬이 될 것이다. 나아가 19세기 말에서 근현대까지의 호남유학사상의 발현 양상도 살펴볼 수 있는 자료가 될 것이다.

부록 1.

순창지역 노사학파 문인 조사 자료

1. 기정진의 순창 지역 직전문인[1)]

① 강인수(姜寅秀, 1820~?, 晉州人, 자는 倫聖, 호는 肄而齋. 순창)

② 서흥옥(徐興玉, 1827~?, 利川人, 자는 光先, 호는 耕坡. 순창)

③ 김재열(金在烈, 1829~?, 光山人, 자는 聖憲, 호는 林窩. 순창)

④ 기기진(奇麒鎭, 1830~1903, 幸州人, 자는 元瑞, 호는 三石. 순창)

⑤ 강석회(姜錫會, 1832~?, 晉州人, 자는 成圭, 호는 柏圃. 순창)

⑥ 강대필(姜大弼, 1837~?, 晉州人, 자는 聖輔, 호는 松溪. 순창)

⑦ 조수민(趙壽民, 1838~?, 玉川人, 자는 國老, 호는 文南. 순창)

⑧ 김홍두(金洪斗, 1838~?, 金海人, 자는 敬文, 호는 羞菴. 순창)

⑨ 최시봉(崔時鳳, 1841~?, 草溪人, 자는 性贊, 호는 悟齋. 순창)

⑩ 박영동(朴永東, 1845~?, 順天人, 자는 化智, 호는 淸溪. 순창)

---

1) ⑰ 薛文佑), ⑱ 申瀚模, ⑲ 朴正錫 등은 『淳昌郡誌』(上) 「文行·新贈」에 의거하여 추가하였다. 다만 그 군지 52면(뒤)에 기록된 金錫龜(1835~1885)는 남원 출신으로 담양에서 활동하였기에 삭제하였음을 밝힌다.

⑪ 김영덕(金永悳, 1853~?, 光山人, 자는 孝淑, 호는 南岡. 순창)

⑫ 강봉회(姜鳳會, 1856~?, 晉州人, 자는 岐瑞, 호는 三悔齋. 순창)

⑬ 남계홍(南啓泓, 1856~?, 宜寧人, 자는 善仲, 호는 芝峯. 순창)

⑭ 이학제(李鶴濟, 1863~?, 全州人, 자는 景執, 호는 南隱. 순창)

⑮ 윤우태(尹宇泰, 坡平人, 호는 黃石. 순창)

⑯ 임시득(林始得, 平澤人, 자는 子興, 호는 愼菴. 순창)[2)]

⑰ 설문우(薛文佑, 玉川人, 자는 文炳, 호는 性理堂)

⑱ 신한모(申瀚模, 高靈人, 자는 士眞, 호는 竹川)

⑲ 박정석(朴正錫, 密陽人, 자는 鳴五, 호는 竹圃)

2. 순창지역 노사학파 재전문인

1) 순창 출신 기기진(奇麒鎭, 1830~1903)의 문인

① 이병만(李秉萬, 1879~?, 全州人, 자는 伯兼, 호는 後梓. 순창)

2) 남원[담양] 출신 김석구(金錫龜, 1835~1885)의 문인

① 김용일(金容日, 1850~?, 金海人, 호는 竹軒. 순창)

3) 장성 출신 기우만(奇宇萬, 1846~1916)의 문인[3)]

① 정창호(鄭昌鎬, 1856~1933, 慶州人, 자는 漢瑞, 호는 竹圃. 순창)[4)]

② 김기채(金箕采, 1859~?, 光山人, 자는 敬在, 호는 復齋. 순창)

---

2) 『노사선생연원록』에는 관향 및 자호 기록이 없다. 『淳昌郡誌』(上) 「孝子·新贈」 114면(뒤)에 의거하여 기록하였음을 밝힌다. 그의 관향은 密陽으로 일컬어진다.

3) ⑧③ 徐碩杓, ⑧④ 金秉坤, ⑧⑤ 裵東鎭, ⑧⑥ 薛亨基 등은 『淳昌郡誌』(上) 「儒行·新贈」(⑧③), 「行誼·新贈」(⑧④·⑧⑤), 「文行·新贈」(⑧⑥)에 의거하여 추가하였다.

4) 유집으로 『竹圃遺稿』가 있다.

③ 최이룡(崔二龍, 1861~?, 全州人, 자는 聖國, 호는 月溪. 순창)

④ 강대혁(姜大赫, 1863~?, 晉州人, 자는 建五, 호는 錦隱. 순창)

⑤ 이학제(李鶴濟, 1863~?, 全州人, 자는 京執, 호는 南隱. 순창)[5)]

⑥ 최시환(崔時煥, 1863~?, 草溪人, 자는 士賢, 호는 梅軒. 순창)

⑦ 김상수(金相水, 1867~?, 金海人, 자는 正澤, 호는 雪菴. 순창)

⑧ 조양탁(趙陽鐸, 1867~?, 玉川人, 자는 景云, 호는 玉峰. 순창)

⑨ 강영원(姜英遠, 1868~?, 晉州人, 자는 道允, 호는 農隱. 순창)

⑩ 강창원(姜昌遠, 1868~?, 晉州人, 자는 道有, 호는 武隱. 순창)

⑪ 김두환(金斗煥, 1868~?, 金海人, 자는 仲元, 호는 蘭坡. 순창)

⑫ 설진영(薛鎭永, 1869~1940, 淳昌人, 자는 道弘, 호는 南坡. 순창)[6)]

⑬ 조수중(趙壽中, 1870~?, 玉川人, 자는 正執, 호는 晦山. 순창)

⑭ 최봉수(崔峯秀, 1870~?, 草溪人, 자는 光局, 호는 華堂. 순창)

⑮ 강대일(姜大一, 1871~1905, 晉州人, 자는 良炫, 호는 翠庵. 순창)[7)]

⑯ 김교선(金敎宣, 1872~?, 慶州人, 자는 和○, 호는 武隱. 순창)

⑰ 김용린(金容麟, 1873~?, 金海人, 자는 士允, 호는 鰲山. 순창)

⑱ 김병현(金秉鉉, 1874~?, 光山人, 자는 乃潤, 호는 信齋. 순창)

⑲ 공기진(孔琪鎭, 1875~?, 曲阜人, 자는 昌叔, 호는 松圃. 순창)

⑳ 강문수(姜文秀, 1875~?, 晉州人, 자는 贊興, 호는 渭石. 순창)

㉑ 양재선(楊在瑄, 1876~?, 南原人, 자는 元七, 호는 白泉. 순창)

㉒ 임한주(林漢周, 1876~?, 平澤人, 자는 德弘, 호는 樵峰. 순창)

㉓ 이영신(李泳信, 1877~?, 全州人, 자는 行元, 호는 直庵. 순창)

---

5) 기정진에게 먼저 배우다가 나중에 기우만에 나아가 수학하였다.

6) 유집으로 『南坡實記全』이 있다.

7) 유집으로 『翠庵遺稿』가 있다. 강대일의 학문을 계승한 아들 강린은 저서로 『菊露秋寫』와 『菊史集』이 있다.

㉔ 강영식(姜永湜, 1878～?, 晉州人, 자는 詢明, 호는 省庵. 순창)

㉕ 조용섭(趙庸燮, 1878～?, 玉川人, 자는 仲煥, 호는 德隱. 순창)

㉖ 박주현(朴周炫, 1878～?, 密陽人, 자는 文伯, 호는 文岡. 순창)

㉗ 최재하(崔在夏, 1878～?, 草溪人, 자는 道益, 호는 芳溪. 순창)

㉘ 강성빈(姜聲濱, 1879～?, 晉州人, 자는 遇賢, 호는 渭隱. 순창)

㉙ 이찬용(李燦容, 1879～?, 全州人, 자는 元明, 호는 心溪. 순창)

㉚ 서도홍(徐道泓, 1879～?, 利川人, 자는 亨長, 호는 柳隱. 순창)

㉛ 김봉식(金鳳植, 1880～?, 慶州人, 자는 公實, 호는 百忍亭. 순창)

㉜ 이계학(李啓學, 1880～?, 咸平人, 자는 景禹, 호는 陽谷. 순창)

㉝ 김용호(金溶浩, 1880～?, 金寧人, 자는 文燮, 호는 斗隱. 순창)

㉞ 김용규(金容珪, 1880～?, 金海人, 자는 魯勛, 호는 藍玉. 순창)

㉟ 강치영(姜治永, 1881～?, 晉州人, 자는 平國, 호는 松隱. 순창)

㊱ 오종환(吳宗煥, 1881～?, 海州人, 자는 太俊, 호는 後松. 순창)

㊲ 최재한(崔在漢, 1881～?, 草溪人, 자는 士弘, 호는 止齋. 순창)

㊳ 김용길(金容吉, 1881～?, 金海人, 자는 仲鉉, 호는 新堂. 순창)

㊴ 유병열(柳炳烈, 1882～?, 文化人, 자는 道京, 호는 梧岡. 순창)

㊵ 김용석(金鎔石, 1882～?, 金寧人, 자는 永在, 호는 松菴. 순창)

㊶ 윤재근(尹在根, 1883～?, 南原人, 자는 聖天, 호는 松坡. 순창)

㊷ 김용환(金容煥, 1883～?, 金海人, 자는 子益, 호는 松溪. 순창)

㊸ 윤재구(尹在九, 1883～?, 南原人, 자는 敬魯, 호는 念齋. 순창)

㊹ 박규림(朴奎琳, 1885～?, 密陽人, 자는 昊翼, 호는 湖隱. 순창)

㊺ 박응규(朴膺圭, 1886～?, 順天人, 자는 泰炫, 호는 南軒. 순창)

㊻ 구인회(具仁會, 1887～?, 綾城人, 자는 正規, 호는 柏村. 순창)

㊼ 서권홍(徐權泓, 1887～?, 利川人, 자는 弼三, 호는 學山. 순창)

㊽ 유진묵(柳晉默, 1887～?, 文化人, 자는 相賢, 호는 青坡. 순창)

㊾ 이평순(李平純, 1887～?, 全州人, 자는 玟伯, 호는 愼菴. 순창)

㊿ 유병만(柳炳萬, 1888～?, 文化人, 자는 春三, 호는 雲圃. 순창)

51 박노원(朴魯源, 1888～?, 順天人, 자는 善定, 호는 鰲隱. 순창)

52 박환규(朴煥圭, 1889～?, 尙州人, 자는 正煥, 호는 農窩/小菴. 순창)

53 장형주(張亨柱, 1889～?, 興德人, 자는 道善, 호는 松菴. 순창)

54 허윤회(許鈗會, 1889～?, 陽川人, 자는 允京, 호는 農窩. 순창)

55 유도현(柳道鉉, 1890～?, 文化人, 자는 聲洪, 호는 竹史. 순창)

56 조행섭(趙行燮, 1890～?, 玉川人, 자는 文用. 순창)

57 조남순(趙南淳, 1891～?, 玉川人, 자는 士彦, 호는 石溪. 순창)

58 조봉주(趙鳳柱, 1891～?, 玉川人, 자는 泰瑞, 호는 潛谷. 순창)

59 소량열(蘇亮烈, 1891～?, 晉州人, 자는 文玉, 호는 淸溪. 순창)

60 김용주(金容朱, 1892～?, 金海人, 자는 敬晦, 호는 訓齋. 순창)

61 서후홍(徐垕洪, 1893～?, 利川人, 자는 東燮, 호는 後巖. 순창)

62 김기곤(金奇坤, 1893～?, 金海人, 자는 自成, 호는 竹軒. 순창)

63 김동근(金東根, 1893～?, 金寧人, 자는 位炫, 호는 壟軒. 순창)

64 설정수(薛楨洙, 1893～?, 玉川人, 자는 仁善, 호는 玉史. 순창)

65 김관두(金觀斗, 1893～?, 金海人, 자는 德三, 호는 蘭坡. 순창)

66 서준국(徐俊國, 1893～?, 利川人, 자는 文洙, 호는 柳汀. 순창)

67 이기영(李起寧, 1894～?, 全州人, 자는 俊明. 순창)

68 서승표(徐勝杓, 1894～?, 利川人, 자는 益洙, 호는 楸軒. 순창)

69 임학래(林鶴來, 1894～?, 平澤人, 자는 泰休, 호는 松塢. 순창)

70 임태휴(林泰休, 1894～?, 平澤人, 자는 企泰, 호는 松塢. 순창)

71 박종후(朴鍾厚, 1895～?, 密陽人, 자는 仲浩. 순창)

72 진영연(陳靈淵, 1895～?, 羅州人, 자는 洪贊, 호는 眉山. 순창)

73 공영진(孔泳鎭, 1895～?, 曲阜人, 자는 銀澤, 호는 石齋. 순창)

⑭ 전동홍(全東洪, 1895～?, 天安人, 자는 洪奇. 순창)

⑮ 노경현(盧炅鉉, 1896～?, 豊川人, 자는 性沃, 호는 學川. 순창)

⑯ 이현량(李鉉亮, 1896～?, 全州人, 자는 明汝, 호는 九溪. 순창)

⑰ 정만영(鄭萬永, 1896～?, 草溪人, 자는 致玉. 순창)

⑱ 정용환(鄭龍煥, 1896～?, 慶州人, 자는 泰鉉. 순창)

⑲ 권영순(權永洵, 1897～?, 安東人, 자는 信叔, 호는 松齋. 순창)

⑳ 김영태(金永泰, 1897～?, 光山人, 자는 永初, 호는 松窩. 순창)

㉑ 김재옥(金在玉, 1897～?, 金海人, 자는 相默, 호는 秋江. 순창)

㉒ 최방옥(崔方鈺, 1898～?, 草溪人, 자는 聲甫, 호는 晩松. 순창)

㉓ 최재욱(崔在旭. 1899～?, 草溪人, 자는 光鐸, 호는 陽圃. 순창)

㉔ 진홍연(陳弘淵, 1900～?, 羅州人, 자는 致弘, 호는 春岡. 순창)

㉕ 안종선(安鍾善, 1900～?, 順興人, 자는 應遠, 호는 晩宇. 순창)

㉖ 유영찬(柳永燦, 1900～?, 瑞山人, 자는 瑞章. 순창)

㉗ 김서곤(金西坤, 1901～?, 金海人, 자는 元局, 호는 華亭. 순창)

㉘ 강성묵(姜聲默, 1901～?, 晉州人, 자는 鎭洪, 호는 禽隱. 순창)

㉙ 양만술(楊萬述, 1901～?, 南原人, 자는 允善, 호는 稼亭. 순창)

㉚ 김용규(金溶奎, 1901～?, 金寧人, 자는 明官. 순창)

㉛ 설정기(薛正基, 1901～?, 淳昌人, 자는 均正, 호는 正菴. 순창)

㉜ 홍관표(洪官杓, 1902～?, 南陽人, 자는 重祿. 순창)

㉝ 서영홍(徐盈泓, 1902～?, 利川人, 자는 桂泓, 호는 後溪. 순창)

㉞ 김용원(金容元, 1904～?, 金海人, 자는 元三, 호는 湖隱. 순창)

㉟ 오종근(吳鍾根, 海州人, 자는 彦章, 호는 雲崗. 순창)

96 서석표(徐碩杓, 利川人, 자는 良集. 순창)

97 김병곤(金秉坤, 金海人, 자는 致寬, 호는 樗翁. 순창)

98 배동진(裵東鎭, 星山人, 자는 泰魯, 호는 海隱. 순창)

⑲ 설형기(薛亨基, 玉川人, 자는 光國, 호는 溪坡. 순창)

4) 남원 출신 양석모(楊錫謨, 1848~1918)의 문인

① 김교우(金敎禹, 1864~?, 慶州人, 자는 允七, 호는 楓陽. 순창)

② 황동현(黃東顯, 1870~?, 長水人, 자는 擎鐸, 호는 雪樵. 순창)

③ 임영규(林永珪, 1878~?, 羅州人, 자는 元景, 호는 菊圃. 순창)

④ 황석현(黃錫顯, 1882~?, 長水人, 자는 敬範, 호는 雪湖. 순창)

⑤ 김봉희(金奉喜, 1887~?, 慶州人, 자는 昌叔, 호는 楚菴. 순창)

⑥ 김은형(金銀炯, 1889~?, 慶州人, 자는 光述, 호는 艾溪. 순창)

⑦ 양병익(楊秉益, 1890~1979, 南原人, 자는 允謙, 호는 龜雲. 순창)[8]

⑧ 최영(崔楹, 1898~?, 和順人, 자는 允林, 호는 愚齋. 순창)

⑨ 임종배(林鍾培, 1898~?, 羅州人, 자는 在亨, 호는 竹圃. 순창)

⑩ 김은상(金銀相, 1898~?, 慶州人, 자는 光玉, 호는 艾川. 순창)

⑪ 김종덕(金種德, 1899~?, 慶州人, 자는 鎭龍, 호는 晩醒. 순창)

⑫ 양장규(楊章圭, 1901~?, 南原人, 자는 士得, 호는 芝軒. 순창)

⑬ 김태식(金泰植, 1902~?, 慶州人, 자는 士吉, 호는 松窩. 순창)

⑭ 김원식(金元植, 1902~?, 慶州人, 자는 汝貞, 호는 松齋. 순창)

5) 광산 출신 오준선(吳駿善, 1851~1931)의 문인

① 서낙종(徐樂鍾, 1919~?, 利川人, 자는 南烈, 호는 楸坡. 순창).

---

8) 유집으로 『龜雲楊公遺稿全』(『龜雲遺稿』)가 있다.

3. 순창지역 노사학파 삼전문인

1) 순창 출신 정창호(鄭昌鎬, 1856～1933)의 문인[9]

① 정재수(鄭載壽, 1873～?, 慶州人, 자는 極魯. 순창 外靈)

② 정재표(鄭載杓, 1874～?, 慶州人, 자는 成七. 순창 外靈)

③ 정철조(鄭徹朝, 1883～?, 慶州人, 자는 國燮, 호는 雲庵. 순창 外靈)

④ 정흥조(鄭興朝, 1883～?, 慶州人, 자는 權七, 호는 蘭汀. 순창 外靈)

⑤ 정재기(鄭載冀, 1886～?, 慶州人, 자는 贊一, 호는 溪隱. 순창 外靈)[10]

⑥ 한기석(韓琦錫, 1892～?, 淸州人, 자는 處仲, 호는 蘭坡. 순창 外靈)

---

9) 鄭昌鎬의 문인은 『노사선생연원록』에 수록되지 않은 바, 『竹圃遺稿』「門人錄」에 의거한다. 정창호가 순창[동계]에서 강학할 당시 인근지역에서 찾아온 문인은 다음과 같다. 현 임실지역 三溪·江村·德峙 출신이 있었다. 삼계출신은 1 鄭日朝(1909～?, 慶州人. 자는 鳳朝)이다. 강촌출신은 1 鄭愼朝(1880～?, 慶州人, 자는 仕仲), 2 鄭根朝(1882～?, 慶州人, 자는 昌憲, 호는 楓溪), 3 金洪斗(1883～?, 金海人, 자는 明七), 4 鄭愸朝(1889～?, 慶州人, 사는 元善), 5 鄭應朝(1891～?, 慶州人, 자는 公三), 6 朱南明(1892～?, 新安人, 자는 南瑞), 7 鄭順朝(1893～?, 慶州人, 자는 正國), 8 嚴周學(1894～?, 寧越人, 자는 伯現), 9 鄭同朝(1896～?, 慶州人, 자는 允朝), 10 牟斗煥(1900～?, 咸平人, 자는 京振), 11 鄭炳喆(1902～?, 慶州人), 12 鄭炳善(1905～?, 慶州人. 자는 所有, 호는 農隱), 13 鄭炳文(1906～?, 慶州人. 자는 孟蓮, 호는 靑風), 14 鄭載判(1914～?, 慶州人. 자는 載龍), 15 鄭炳珠(1915～?, 慶州人. 임실 江村), 16 鄭炳春(1920～?, 慶州人. 자는 德蓮, 호는 松隱), 17 鄭炳千(1921～?, 慶州人, 임실 江村) 등이 있다. 덕치출신은 1 金奉柱(1915～?, 金海人)이다. 정읍 출신은 1 鄭光朝(1875～?, 慶州人, 자는 權三)이고, 전주 출신은 1 全大鎬(1881～?, 天安人, 자는 大有)이며, 곡성 출신은 1 柳海柱(1894～?, 高興人, 자는 仲三, 호는 桐江)이고, 일본 출신은 1 鄭載龍(1905～?, 慶州人. 자는 双童)이며, 남원출신은 1 金龍八(1910～?, 慶州人)이다. 출신지 미상의 4인이 있으니 1 全炯鎬(1880～?, 天安人, 자는 士文), 2 吳昌黙(1882～?, 海州人), 3 崔在完(1890～?, 草溪人, 자는 琪現), 4 趙華鉉(1896～?, 玉川人, 자는 化局) 등이다.

10) 유집으로 『溪隱遺稿』가 있다.

⑦ 정수조(鄭守朝, 1893～?, 慶州人, 자는 國燮, 호는 雲庵. 순창 外靈)

⑧ 정택조(鄭澤朝, 1894～?, 慶州人, 자는 景花. 순창 外靈)

⑨ 정재권(鄭載權, 1894～?, 慶州人, 자는 載烈. 순창 外靈)

⑩ 정재언(鄭載彦, 1898～?, 慶州人. 순창 外靈)

⑪ 정경조(鄭敬朝, 1900～?, 慶州人. 순창 外靈)

⑫ 정운조(鄭雲朝, 1901～?, 慶州人, 자는 逸現, 호는 楓運. 순창 外靈)

⑬ 김봉권(金奉權, 1901～?, 金寧人, 자는 基主. 순창 外靈)

⑭ 최재권(崔在權, 1901～?, 草溪人, 자는 月岩. 순창 外靈)

⑮ 유동춘(柳東春, 1902～?, 傳注人. 순창 外靈)

⑯ 김길두(金吉斗, 1903～?, 金海人, 자는 判斗, 호는 蘭汀. 순창 外靈)

⑰ 정병원(鄭炳元, 1905～?, 慶州人. 자는 宗綠, 호는 花汀. 순창 外靈)

⑱ 정영조(鄭英朝, 1905～?, 慶州人. 자는 戸朝, 호는 省竹. 순창 外靈)

⑲ 정병열(鄭炳烈, 1906～?, 慶州人. 자는 宗業. 순창 外靈)

⑳ 정원조(鄭源朝, 1909～?, 慶州人. 호는 水溪. 순창 外靈)

㉑ 정병우(鄭炳于, 1913～?, 慶州人. 호는 東湖. 순창 外靈)

㉒ 조영규(趙永奎, 1914～?, 玉川人. 순창 大福洞)

㉓ 정병순(鄭炳順, 1915～?, 慶州人, 자는 炳秀, 호는 隱岩. 순창 外靈)

㉔ 오봉석(吳奉錫, 1917～?, 海州人, 자는 仁奉, 호는 月汀. 순창 外靈)

㉕ 정병기(鄭炳起, 1919～?, 慶州人, 자는 光昭, 호는 竹谷. 순창 外靈)

㉖ 정홍조(鄭洪朝, 1922～?, 慶州人. 순창 外靈)

㉗ 정한조(鄭漢朝, 1922～?, 慶州人. 순창 外靈)

㉘ 정맹균(鄭孟均, 1923～?, 慶州人. 순창 外靈)

㉙ 정병신(鄭炳伩, 1923～?, 慶州人. 자는 光政, 호는 春圃. 순창 外靈)

㉚ 최송학(崔松鶴, 1923～?, 慶州人, 순창 玄圃)

㉛ 박원묵(朴源黙, 1924～?, 密陽人, 순창 外靈)

2) 순창 출신 설진영(薛鎭永, 1869~1940)의 문인

① 공순대(孔淳大, 1881~?, 曲阜人, 자는 亨五, 호는 橘齋. 순창)

② 조정용(趙貞鏞, 1882~?, 咸安人, 자는 允明, 호는 松齋. 순창)

③ 공기표(孔基杓, 1884~?, 曲阜人, 자는 文三, 호는 訥史. 순창)

④ 박춘배(朴春培, 1884~?, 密陽人, 자는 寬叔, 호는 春齋. 순창)

⑤ 공한식(孔漢植, 1885~?, 曲阜人, 자는 正鉉, 호는 靜齋. 순창)

⑥ 김형덕(金炯德, 1885~?, 金寧人, 자는 仲善, 호는 星齋. 순창)

⑦ 공순철(孔淳哲, 1888~?, 曲阜人, 자는 在鉉, 호는 淸逸. 순창)

⑧ 박노경(朴魯敬, 1890~?, 密陽人, 자는 漢燮, 호는 瑞菴. 순창)

⑨ 김영준(金永俊, 1891~?, 金海人, 호는 嵋隱. 순창)

⑩ 설일환(偰日煥, 1891~?, 慶州人, 자는 光遠, 호는 蘭坡. 순창)

⑪ 설진경(薛鎭敬, 1894~?, 淳昌人, 자는 元善, 호는 玉軒. 순창)

⑫ 설영환(偰永煥, 1894~?, 慶州人, 자는 永三, 호는 閑堂. 순창)

⑬ 설춘환(偰春煥, 1899~?, 慶州人, 자는 景化, 호는 春坡. 순창)

⑭ 양학수(楊鶴洙, 1899~?, 南原人, 자는 淳泳, 호는 謹齋. 순창)

⑮ 설봉수(薛琫洙, 1901~?, 淳昌人, 자는 孝秀, 호는 衡齋. 순창)

⑯ 양상하(楊相夏, 1905~?, 南原人, 자는 公禹, 호는 曉岸. 순창)

⑰ 공순도(孔淳道, 1905~?, 曲阜人, 자는 京道, 호는 性齋. 순창)

⑱ 김일판(金一判, 1906~?, 彦陽人, 자는 亨國, 호는 守隱. 순창)

⑲ 김경곤(金鏡坤, 1906~?, 金海人, 자는 國重, 호는 知庭. 순창)

⑳ 홍원균(洪元均, 1907~?, 南陽人, 자는 聖哲, 호는 三休堂. 순창)

㉑ 정두섭(丁斗燮, 1907~?, 昌原人, 자는 峰燮, 호는 樵隱. 순창)

㉒ 조현채(趙顯彩, 1912~?, 咸安人, 자는 仁玉. 순창)

㉓ 양상곤(楊相坤, 1912~?, 南原人, 호는 石浦. 순창)

㉔ 김태봉(金泰奉, 1915~?, 彦陽人, 자는 來守, 호는 春圃. 순창)

㉕ 신연식(申錬植, 1917～?, 高靈人, 호는 錦坡. 순창)

3) 순창 출신 공기진(孔琪鎭, 1875～?)의 문인[11)]

① 홍우표(洪禹杓, 1899～?, 南陽人, 자는 汝善, 호는 玉齋. 순창)

② 공윤식(孔允植, 1909～?, 曲阜人, 자는 成莊, 호는 松雲. 순창)

③ 송채모(宋彩模, 1909～?, 新平人, 자는 光烈, 호는 桐雲. 순창)

④ 공경식(孔慶植, 1914～?, 曲阜人, 자는 在述, 호는 敎堂. 순창)

⑤ 공헌규(孔憲圭, 1915～?, 曲阜人, 자는 泰瑞, 호는 梅軒. 순창)

⑥ 공명열(孔明烈, 1892～?, 曲阜人, 자는 允善, 호는 一波. 순창)

4) 순창 출신 이병만(李秉萬, 1879～?)의 문인[12)]

① 이장문(李長文, 1896～?, 全州人, 자는 百宗, 호는 玉川. 순창)

② 이봉문(李奉文, 1900～?, 全州人, 호는 南溪. 순창)

③ 이건문(李健文, 1903～?, 全州人, 자는 玉男, 호는 信齋. 순창)

④ 이상철(李尙澈, 1908～?, 全州人, 호는 裕齋. 순창)

⑤ 기우성(奇宇性, 1911～?, 幸州人, 호는 可菴. 순창)

⑥ 이용문(李用文, 1913～?, 全州人, 호는 玉山. 순창)

⑦ 이희문(李喜文, 1915～?, 全州人, 호는 訥庵. 순창)

⑧ 이광문(李光文, 1916～?, 全州人, 호는 謙齋. 순창)

⑨ 이영문(李榮文, 1917～?, 全州人, 호는 華菴. 순창)

⑩ 김병일(金炳日, 1921～?, 安東人, 호는 松圃. 순창)

---

11) 곡성 출신 沈宜瑢(1894～?, 靑松人, 자는 鎭國, 호는 農菴)과 장성 출신 韓哲南(1908～?, 淸州人, 자는 永準, 호는 綠亭)이 있다.

12) 정읍 출신 문인 李在根(1911～?, 鳳山人, 자는 斗行, 호는 靜齋)이 있다.

5) 나주 출신 오동수(吳東洙, 1880～?)의 문인

① 김상우(金相禹, 1913～?, 蔚山人, 순창)

6) 옥과 출신 허섭(許燮, 1881～1946)의 문인

① 유중현(柳重鉉, 1902～?, 文化人, 자는 士衡, 호는 小澗. 순창)

② 유한영(柳漢永, 1904～?, 文化人, 자는 方日, 호는 溪南. 순창)

③ 조대익(趙大翼, 1909～?, 玉川人, 자는 鵬擧, 호는 松谷. 순창)

④ 신용우(申庸雨, 1911～?, 高靈人, 자는 性圭, 호는 嵋南. 순창)

7) 옥과 출신 허병(許炳, 1881～1927)의 문인

① 조일훈(趙日勳, 1904～?, 玉川人, 자는 仁寬, 호는 慬菴. 순창)

8) 광주 출신 안종기(安鍾基, 1881～1949)의 문인

① 김병식(金炳植, 1913～?, 蔚山人, 자는 公立. 순창)

9) 장성 출신 기노선(奇老善, 1895～1937)의 문인

① 최상옥(崔庠鈺, 1901～?, 草溪人, 자는 亨三, 호는 竹溪. 순창)

② 양만상(楊萬常, 1911～?, 南原人, 자는 元善, 호는 仁山. 순창)

③ 유한춘(柳漢春, 1913～?, 文化人, 자는 承元, 호는 下石. 순창)

④ 조광훈(趙光勳, 1917～?, 玉川人, 자는 炳逸, 호는 春耕. 순창)

4. 순창지역 노사학파 사전문인

1) 순창 출신 공기표(孔基杓, 1884～?)의 문인

① 공순중(孔淳重, 1910～?, 曲阜人, 자는 良範. 순창)

② 공병학(孔炳鶴, 1914～?, 曲阜人, 자는 正烈. 순창)

③ 김상기(金相基, 1919~?, 金寧人, 자는 相圭, 호는 雪隱. 순창)

④ 공성수(孔性洙, 1923~?, 曲阜人, 자는 宇善, 호는 松谷. 순창)

⑤ 공병섭(孔炳燮, 1926~?, 曲阜人, 자는 用善, 호는 松岩. 순창)

⑥ 허상욱(許尙旭, 1932~?, 陽川人, 자는 容俊, 호는 瑞隱. 순창)

⑦ 김동수(金東秀, 1933~?, 金寧人, 자는 鎭東, 호는 柳明. 순창)

⑧ 김인기(金仁基, 1941~?, 金寧人, 자는 仁圭, 호는 德齋. 순창)

⑨ 김은규(金銀圭, 1937~?, 金寧人, 자는 銀錄, 호는 澤月. 순창)

2) 순창 출신 정재기(鄭載冀, 1886~?)의 문인[13)]

① 정병주(鄭炳朱, 1929~?, 慶州人, 순창 大卜[福]洞)

② 정기균(鄭淇均, 1931~?, 慶州人, 순창 外靈)

③ 정재주(鄭載周, 1932~?, 慶州人, 순창 外靈)

④ 이남재(李南宰, 1932~?, 慶州人, 순창)

⑤ 조기운(趙奇雲, 1933~?, 玉川人, 순창 外靈)

⑥ 박규영(朴圭榮, 1936~?, 密陽人, 순창 外靈)

⑦ 조태봉(趙泰鳳, 1936~?, 玉川人, 순창 大卜[福]洞)

⑧ 김형진(金炯珍, 1936~?, 金寧人, 순창 外靈)

⑨ 정병환(鄭炳煥, 1937~?, 慶州人, 순창 外靈)

⑩ 정창균(鄭昌均, 1937~?, 慶州人, 순창 外靈)

⑪ 정형석(鄭炯碩, 1938~?, 慶州人, 순창 外靈)

⑫ 우남길(禹南吉, 1939~?, 丹陽人, 순창 外靈)

⑬ 정부균(鄭富均, 1940~?, 慶州人, 순창 外靈)

---

13) 鄭載冀의 문인은 『노사선생연원록』에 수록되지 않은 바, 『溪隱遺稿』「門人錄」에 의거한다. 정재기가 강학할 당시 인근지역에서 2명의 문인이 찾아왔다. 남원 周生 출신 방극순(房極順, 1928~?, 南原人)과 출신 미상의 정병윤(鄭炳允, 1936~?, 慶州人)이 있다.

⑭ 정진균(鄭鎭均, 1940～?, 慶州人, 순창 外靈)

⑮ 정병준(鄭炳俊, 1940～?, 慶州人, 순창 外靈)

⑯ 정병하(趙白雲, 1940～?, 玉川人, 순창 外靈)

⑰ 정병운(鄭炳雲, 1941～?, 慶州人, 순창 外靈)

⑱ 김일수(金一洙, 1941～?, 光山人, 순창 外靈)

⑲ 정영균(鄭榮均, 1942～?, 慶州人, 순창 外靈)

⑳ 정택균(鄭澤均, 1942～?, 慶州人, 순창 外靈)

㉑ 정순균(鄭淳均, 1943～?, 慶州人, 순창 外靈)

㉒ 정병균(鄭炳均, 1943～?, 慶州人, 순창 外靈)

㉓ 오종택(吳鍾澤, 1943～?, 慶州人, 순창 外靈)

㉔ 정인조(鄭仁朝, 1943～?, 慶州人, 순창 外靈)

㉕ 정병래(鄭炳來, 1947～?, 慶州人, 순창 外靈)

㉖ 정병하(鄭炳河, 1948～?, 慶州人, 순창 外靈)

3) 순창 출신 공한식(孔漢植, 1885～?)의 문인[14)]

① 남정호(南廷浩, 1912～?, 宜寧人, 자는 春光, 호는 芝堂. 순창)

② 김길주(金吉周, 1913～?, 金寧人, 자는 周圭, 호는 東巖. 순창)

③ 공석근(孔碩根, 1914～?, 曲阜人, 자는 成述, 호는 瑞隱. 순창)

④ 김용주(金龍周, 1914～?, 金寧人, 자는 月守, 호는 信齋. 순창)

⑤ 공명식(孔明植, 1916～?, 曲阜人, 자는 元植, 호는 完堂. 순창)

⑥ 공순헌(孔淳憲, 1916～?, 曲阜人, 자는 斗愼, 호는 玉堂. 순창)

⑦ 공양식(孔良植, 1922～?, 曲阜人, 자는 相述, 호는 月波. 순창)

⑧ 조연용(趙淵龍, 1923～?, 玉川人, 자는 鍾善, 호는 蘭齋. 순창)

---

14) 곡성 출신 金斗鉉(1925～?, 金海人, 자는 吉星, 호는 愼齋)과 창평 출신 朴天鎬(1927～?, 咸陽人, 자는 雲善, 호는 成齋)이 있다.

⑨ 박인조(朴仁祚, 1924~?, 密城人, 자는 光瑞. 순창)

⑩ 박건수(朴建守, 1924~?, 密城人, 자는 貞先, 호는 雲溪. 순창)

⑪ 공용규(孔龍圭, 1928~?, 曲阜人, 자는 泰述, 호는 金谷. 순창)

⑫ 공병선(孔炳善, 1929~?, 曲阜人, 자는 炳武, 호는 學隱. 순창)

⑬ 공병기(孔炳奇, 1930~?, 曲阜人, 자는 祥善, 호는 貞溪. 순창)

부록 2.

순창지역 노사학파 문인 성씨별 분류

1. 순창 관향 성씨

1) 순창설씨(淳昌薛氏, 玉川薛氏 포함)

① 설진영(薛鎭永, 1869~1940, 자는 道弘, 호는 南坡). 기우만의 문인.

② 설정수(薛楨洙, 1893~?, 사는 仁善, 호는 玉史). 기우만의 문인.

③ 설진경(薛鎭敬, 1894~?, 자는 元善, 호는 玉軒). 설진영의 문인.

④ 설정기(薛正基, 1901~?, 자는 均正, 호는 正菴). 기우만의 문인.

⑤ 설봉수(薛琫洙, 1901~?, 자는 孝秀, 호는 衡齋). 설진영의 문인.

⑥ 설형기(薛亨基, ?~?, 자는 光國, 호는 溪坡). 기우만의 문인.

2. 옥천조씨(玉川趙氏, 옥천, 순창의 옛이름)

① 조수민(趙壽民, 1838~?, 자는 國老, 호는 文南). 기정진의 문인.

② 조양탁(趙陽鐸, 1867~?, 자는 景云, 호는 玉峰). 기우만의 문인.

③ 조수중(趙壽中, 1870~?, 자는 正執, 호는 晦山). 기우만의 문인.

④ 조용섭(趙庸燮, 1878~?, 자는 仲煥, 호는 德隱). 기우만의 문인.

⑤ 조행섭(趙行燮, 1890～?, 자는 文用). 기우만의 문인.

⑥ 조남순(趙南淳, 1891～?, 자는 士彦, 호는 石溪). 기우만의 문인.

⑦ 조봉주(趙鳳柱, 1891～?, 자는 泰瑞, 호는 潛谷). 기우만의 문인.

⑧ 조일훈(趙日勳, 1904～?, 자는 仁寬, 호는 懂菴). 허병의 문인.

⑨ 조대익(趙大翼, 1909～?, 자는 鵬擧, 호는 松谷). 허섭의 문인.

⑩ 조영규(趙永奎, 1914～?). 정창호의 문인.

⑪ 조광훈(趙光勳, 1917～?, 자는 炳逸, 호는 春耕). 기노선의 문인.

⑫ 조연용(趙淵龍, 1923～?, 자는 鍾善, 호는 蘭齋). 공한식의 문인.

⑬ 조기운(趙奇雲, 1933～?). 정재기의 문인.

⑭ 조태봉(趙泰鳳, 1936～?). 정재기의 문인.

2. 순창 외 관향 성씨

1) 경주김씨(慶州金氏)

① 김교우(金敎禹, 1864～?, 자는 允七, 호는 楓陽). 양석모의 문인.

② 김교선(金敎宣, 1872～?, 자는 和○, 호는 武隱). 기우만의 문인.

③ 김봉식(金鳳植, 1880～?, 자는 公實, 호는 百忍亭). 기우만의 문인.

④ 김봉희(金奉喜, 1887～?, 자는 昌叔, 호는 楚菴). 양석모의 문인.

⑤ 김은형(金銀炯, 1889～?, 자는 光述, 호는 艾溪). 양석모의 문인.

⑥ 김은상(金銀相, 1898～?, 자는 光玉, 호는 艾川). 양석모의 문인.

⑦ 김종덕(金種德, 1899～?, 자는 鎭龍, 호는 晩醒). 양석모의 문인.

⑧ 김태식(金泰植, 1902～?, 자는 士吉, 호는 松窩). 양석모의 문인.

⑨ 김원식(金元植, 1902～?, 자는 汝貞, 호는 松齋). 양석모의 문인.

2) 경주설씨(慶州偰氏)

① 설일환(偰日煥, 1891~?, 자는 光遠, 호는 蘭坡). 설진영의 문인.

② 설영환(偰永煥, 1894~?, 자는 永三, 호는 閑堂). 설진영의 문인.

③ 설춘환(偰春煥, 1899~?, 자는 景化, 호는 春坡). 설진영의 문인.

3) 경주이씨(慶州李氏)

① 이남재(李南宰, 1932~?). 정재기의 문인.

4) 경주정씨(慶州鄭氏)

① 정창호(鄭昌鎬, 1856~?, 자는 漢瑞, 호는 竹圃). 기우만의 문인.

② 정용환(鄭龍煥, 1896~?, 자는 泰鉉). 기우만의 문인.

③ 정재수(鄭載壽, 1873~?, 자는 極魯). 정창호의 문인.

④ 정재표(鄭載杓, 1874~?, 자는 成七). 정창호의 문인.

⑤ 정철조(鄭徹朝, 1883~?, 자는 國燮). 정창호의 문인.

⑥ 정흥조(鄭興朝, 1883~?, 자는 權七, 호는 蘭汀). 정창호의 문인.

⑦ 정재기(鄭載冀, 1886~?, 자는 贊一, 호는 溪隱). 정창호의 문인.

⑧ 정수조(鄭守朝, 1893~?, 자는 國燮, 호는 雲庵). 정창호의 문인.

⑨ 정택조(鄭澤朝, 1894~?, 자는 景花). 정창호의 문인.

⑩ 정재권(鄭載權, 1894~?, 자는 載烈). 정창호의 문인.

⑪ 정재언(鄭載彦, 1898~?). 정창호의 문인.

⑫ 정경조(鄭敬朝, 1900~?). 정창호의 문인.

⑬ 정운조(鄭雲朝, 1901~?, 자는 逸現, 호는 楓運). 정창호의 문인.

⑭ 정병원(鄭炳元, 1905~?, 자는 宗綠, 호는 花汀). 정창호의 문인.

⑮ 정영조(鄭英朝, 1905~?, 자는 戶朝, 호는 省竹). 정창호의 문인.

⑯ 정병열(鄭炳烈, 1906~?, 자는 宗業). 정창호의 문인.

⑰ 정원조(鄭源朝, 1909~?, 호는 水溪). 정창호의 문인.

⑱ 정병우(鄭炳于, 1913~?, 호는 東湖). 정창호의 문인.

⑲ 정병순(鄭炳順, 1915~?, 자는 炳秀, 호는 隱岩). 정창호의 문인.

⑳ 정병기(鄭炳起, 1919~?, 자는 光昭, 호는 竹谷). 정창호의 문인.

㉑ 정홍조(鄭洪朝, 1922~?). 정창호의 문인.

㉒ 정한조(鄭漢朝, 1922~?). 정창호의 문인.

㉓ 정맹균(鄭孟均, 1923~?). 정창호의 문인.

㉔ 정병신(鄭炳伩, 1923~?, 자는 光政, 호는 春圃). 정창호의 문인.

㉕ 정병주(鄭炳朱, 1929~?, 慶州人, 순창 大卜[福]洞)

㉖ 정기균(鄭淇均, 1931~?, 慶州人, 순창 外靈)

㉗ 정재주(鄭載周, 1932~?, 慶州人, 순창 外靈)

㉘ 정병환(鄭炳煥, 1937~?, 慶州人, 순창 外靈)

㉙ 정창균(鄭昌均, 1937~?, 慶州人, 순창 外靈)

㉚ 정형석(鄭炯碩, 1938~?, 慶州人, 순창 外靈)

㉛ 정부균(鄭富均, 1940~?, 慶州人, 순창 外靈)

㉜ 정진균(鄭鎭均, 1940~?, 慶州人, 순창 外靈)

㉝ 정병준(鄭炳俊, 1940~?, 慶州人, 순창 外靈)

㉞ 정병하(趙炳河, 1940~?, 玉川人, 순창 外靈)

㉟ 정병운(鄭炳雲, 1941~?, 慶州人, 순창 外靈)

㊱ 정영균(鄭榮均, 1942~?, 慶州人, 순창 外靈)

㊲ 정택균(鄭澤均, 1942~?, 慶州人, 순창 外靈)

㊳ 정순균(鄭淳均, 1943~?, 慶州人, 순창 外靈)

㊴ 정병균(鄭炳均, 1943~?, 慶州人, 순창 外靈)

㊵ 정인조(鄭仁朝, 1943~?, 慶州人, 순창 外靈)

㊶ 정병래(鄭炳來, 1947~?, 慶州人, 순창 外靈)

㊷ 정병하(鄭炳河, 1948~?, 慶州人, 순창 外靈)

5) 고령신씨(高靈申氏)

① 신용우(申庸雨, 1911～?, 자는 性圭, 호는 嵋南). 허섭의 문인.

② 신연식(申鍊植, 1917～?, 호는 錦坡). 설진영의 문인.

6) 곡부공씨(曲阜孔氏)

① 공기진(孔琪鎭, 1875～?, 자는 昌叔, 호는 松圃). 기우만의 문인.

② 공순대(孔淳大, 1881～?, 자는 亨五, 호는 橘齋). 설진영의 문인.

③ 공기표(孔棊杓, 1884～?, 자는 文三, 호는 訥史). 설진영의 문인.

④ 공한식(孔漢植, 1885～?, 자는 正鉉, 호는 靜齋). 설진영의 문인.

⑤ 공순철(孔淳哲, 1888～?, 자는 在鉉, 호는 淸逸). 설진영의 문인.

⑥ 공명열(孔明烈, 1892～?, 자는 允善, 호는 一波). 공기진의 문인.

⑦ 공영진(孔泳鎭, 1895～?, 자는 銀澤, 호는 石齋). 기우만의 문인.

⑧ 공순도(孔淳道, 1905～?, 자는 京道, 호는 性齋). 설진영의 문인.

⑨ 공윤식(孔允植, 1909～?, 자는 成莊, 호는 松雲). 공기진의 문인.

⑩ 공순중(孔淳重, 1910～?, 자는 良範). 공기표의 문인.

⑪ 공경식(孔慶植, 1914～?, 자는 在述, 호는 敎堂). 공기진의 문인.

⑫ 공병학(孔炳鶴, 1914～?, 자는 正烈). 공기표의 문인.

⑬ 공석근(孔碩根, 1914～?, 자는 成述, 호는 瑞隱). 공한식의 문인.

⑭ 공헌규(孔憲圭, 1915～?, 자는 泰瑞, 호는 梅軒). 공기진의 문인.

⑮ 공명식(孔明植, 1916～?, 자는 元植, 호는 完堂). 공한식의 문인.

⑯ 공순헌(孔淳憲, 1916～?, 자는 斗愼, 호는 玉堂). 공한식의 문인.

⑰ 공양식(孔良植, 1922～?, 자는 相述, 호는 月波). 공한식의 문인.

⑱ 공성수(孔性洙, 1923～?, 자는 宇善, 호는 松谷). 공기표의 문인.

⑲ 공병섭(孔炳燮, 1926～?, 자는 用善, 호는 松岩). 공기표의 문인.

⑳ 공용규(孔龍圭, 1928～?, 자는 泰述, 호는 金谷). 공한식의 문인.

㉑ 공병선(孔炳善, 1929～?, 자는 炳武, 호는 學隱). 공한식의 문인.

㉒ 공병기(孔炳奇, 1930～?, 자는 祥善, 호는 貞溪). 공한식의 문인.

7) 광산김씨(光山金氏)

① 김재열(金在烈, 1829～?, 자는 聖憲, 호는 林窩). 기정진의 문인.

② 김영덕(金永悳, 1853～?, 자는 孝淑, 호는 南岡). 기정진의 문인.

③ 김기채(金箕采, 1859～?, 자는 敬在, 호는 復齋). 기우만의 문인.

④ 김병현(金秉鉉, 1874～?, 자는 乃潤, 호는 信齋). 기우만의 문인.

⑤ 김영태(金永泰, 1897～?, 자는 永初, 호는 松窩). 기우만의 문인.

⑥ 김일수(金一洙, 1941～?). 정재기의 문인.

8) 금령김씨(金寧金氏)

① 김용호(金溶浩, 1880～?, 자는 文燮, 호는 斗隱). 기우만의 문인.

② 김용석(金鎔石, 1882～?, 자는 永在, 호는 松菴). 기우만의 문인.

③ 김형덕(金炯德, 1885～?, 자는 仲善, 호는 星齋). 설진영의 문인.

④ 김동근(金東根, 1893～?, 자는 位炫, 호는 聾軒). 기우만의 문인.

⑤ 김용규(金溶奎, 1901～?, 자는 明官). 기우만의 문인.

⑥ 김봉권(金奉權, 1901～?, 자는 基主). 정창호의 문인.

⑥ 김길주(金吉周, 1913～?, 자는 周圭, 호는 東巖). 공한식의 문인.

⑦ 김용주(金龍周, 1914～?, 자는 月守, 호는 信齋). 공한식의 문인.

⑧ 김상기(金相基, 1919～?, 자는 相圭, 호는 雪隱). 공기표의 문인.

⑨ 김동수(金東秀, 1933～?, 자는 鎭東, 호는 柳明). 공기표의 문인.

⑩ 김형진(金炯珍, 1936～?). 정재기의 문인.

⑪ 김은규(金銀圭, 1937～?, 자는 銀錄, 호는 澤月). 공기표의 문인.

⑫ 김인기(金仁基, 1941～?, 자는 仁圭, 호는 德齋). 공기표의 문인.

9) 김해김씨(金海金氏)

① 김홍두(金洪斗, 1838～?, 자는 敬文, 호는 羞菴). 기정진의 문인.

② 김용일(金容日, 1850～?, 호는 竹軒). 김석구의 문인.

③ 김상수(金相水, 1867～?, 자는 正澤, 호는 雪菴). 기우만의 문인.

④ 김두환(金斗煥, 1868～?, 자는 仲元, 호는 蘭坡) 기우만의 문인.

⑤ 김용린(金容麟, 1873～?, 자는 士允, 호는 鰲山). 기우만의 문인.

⑥ 김용규(金容珪, 1880～?, 자는 魯勛, 호는 藍玉). 기우만의 문인.

⑦ 김용길(金容吉, 1881～?, 자는 仲鉉, 호는 新堂). 기우만의 문인.

⑧ 김용환(金容煥, 1883～?, 자는 子益, 호는 松溪). 기우만의 문인.

⑨ 김영준(金永俊, 1891～?, 호는 嵋隱). 설진영의 문인.

⑩ 김용주(金容朱, 1892～?, 자는 敬晦, 호는 訓齋). 기우만의 문인.

⑪ 김기곤(金奇坤, 1893～?, 자는 自成, 호는 竹軒). 기우만의 문인.

⑫ 김관두(金觀斗, 1893～?, 자는 德三, 호는 蘭坡). 기우만의 문인.

⑬ 김재옥(金在玉, 1897～?, 자는 相默, 호는 秋江). 기우만의 문인.

⑭ 김서곤(金西坤, 1901～?, 자는 元局, 호는 華亭). 기우만의 문인.

⑮ 김길두(金吉斗, 1903～?, 자는 判斗, 호는 蘭汀). 정창호의 문인.

⑮ 김용원(金容元, 1904～?, 자는 元三, 호는 湖隱). 기우만의 문인.

⑯ 김경곤(金鏡坤, 1906～?, 자는 國重, 호는 知庭). 설진영의 문인.

10) 나주임씨(羅州林氏)

① 임영규(林永珪, 1878～?, 자는 元景, 호는 菊圃). 양석모의 문인.

② 임종배(林鍾培, 1898～?, 자는 在亨, 호는 竹圃). 양석모의 문인.

11) 나주진씨(羅州陳氏)

① 진영연(陳靈淵, 1895～?, 자는 洪贊, 호는 眉山). 기우만의 문인.

② 진홍연(陳弘淵, 1900～?, 자는 致弘, 호는 春岡). 기우만의 문인.

12) 남양홍씨(南陽洪氏)

① 홍우표(洪禹杓, 1899~?, 자는 汝善, 호는 玉齋). 공기진의 문인.

② 홍관표(洪官杓, 1902~?, 자는 重祿). 기우만의 문인.

③ 홍원균(洪元均, 1907~?, 자는 聖哲, 호는 三休堂). 설진영의 문인.

13) 남원양씨(南原楊氏)

① 양재선(楊在瑄, 1876~?, 자는 元七, 호는 白泉). 기우만의 문인.

② 양학수(楊鶴洙, 1899~?, 자는 淳泳, 호는 謹齋). 설진영의 문인.

③ 양만술(楊萬述, 1901~?, 자는 允善, 호는 稼亭). 기우만의 문인.

④ 양장규(楊章圭, 1901~?, 자는 士得, 호는 芝軒). 양석모의 문인.

⑤ 양상하(楊相夏, 1905~?, 자는 公禹, 호는 曉岸). 설진영의 문인.

⑥ 양만상(楊萬常, 1911~?, 자는 元善, 호는 仁山). 기노선의 문인.

⑦ 양상곤(楊相坤, 1912~?, 호는 石浦). 설진영의 문인.

14) 남원윤씨(南原尹氏)

① 윤재근(尹在根, 1883~?, 자는 聖天, 호는 松坡). 기우만의 문인.

② 윤재구(尹在九, 1883~?, 자는 敬魯, 호는 念齋). 기우만의 문인.

15) 능성구씨(綾城具氏)

① 구인회(具仁會, 1887~?, 자는 正規, 호는 柏村). 기우만의 문인.

16) 단양우씨(丹陽禹氏)

① 우남길(禹南吉, 1939~?). 정재기의 문인.

17) 문화유씨(文化柳氏)

① 유병열(柳炳烈, 1882~?, 자는 道京, 호는 梧岡). 기우만의 문인.

② 유진묵(柳晉默, 1887～?, 자는 相賢, 호는 青坡). 기우만의 문인.

③ 유병만(柳炳萬, 1888～?, 자는 春三, 호는 雲圃). 기우만의 문인.

④ 유도현(柳道鉉, 1890～?, 자는 聲洪, 호는 竹史). 기우만의 문인.

⑤ 유중현(柳重鉉, 1902～?, 자는 士衡, 호는 小澗). 허섭의 문인.

⑥ 유한영(柳漢永, 1904～?, 자는 方日, 호는 溪南). 허섭의 문인.

⑦ 유한춘(柳漢春, 1913～?, 자는 承元, 호는 下石). 기노선의 문인.

18) 밀성박씨(密城朴氏)

① 박인조(朴仁祚, 1924～?, 자는 光瑞). 공한식의 문인.

② 박건수(朴建守, 1924～?, 자는 貞先, 호는 雲溪). 공한식의 문인.

19) 밀양박씨(密陽朴氏)

① 박주현(朴周炫, 1878～?, 자는 文伯, 호는 文岡). 기우만의 문인.

② 박춘배(朴春培, 1884～?, 자는 寬叔, 호는 春齋). 설진영의 문인.

③ 박규림(朴奎琳, 1885～?, 자는 昊翼, 호는 湖隱). 기우만의 문인.

④ 박노경(朴魯敬, 1890～?, 자는 漢燮, 호는 瑞菴). 설진영의 문인.

⑤ 박종후(朴鍾厚, 1895～?, 자는 仲浩). 기우만의 문인.

⑥ 박원묵(朴源默, 1924～?). 정창호의 문인.

⑦ 박규영(朴圭榮, 1936～?). 정재기의 문인.

20) 상주박씨(尙州朴氏)

① 박환규(朴煥圭, 1889～?, 자는 正煥, 호는 農窩). 기우만의 문인.

21) 서산유씨(瑞山柳氏)

① 유영찬(柳永燦, 1900～?, 자는 瑞章). 기우만의 문인.

22) 순천박씨(順天朴氏)

① 박영동(朴永東, 1845~?, 자는 化智, 호는 淸溪). 기정진의 문인.

② 박응규(朴膺圭, 1886~?, 자는 泰炫, 호는 南軒). 기우만의 문인.

③ 박노원(朴魯源, 1888~?, 자는 善定, 호는 鰲隱). 기우만의 문인.

23) 신평송씨(新平宋氏)

① 송채모(宋彩模, 1909~?, 자는 光烈, 호는 桐雲). 공기진의 문인.

24) 안동권씨(安東權氏)

① 권영순(權永洵, 1897~?, 자는 信叔, 호는 松齋). 기우만의 문인.

25) 안동김씨(安東金氏)

① 김병일(金炳日, 1921~?, 호는 松圃). 이병만의 문인.

26) 양천허씨(陽川許氏)

① 허윤회(許鈗會, 1889~?, 자는 允京, 호는 農窩). 기우만의 문인.

② 허상욱(許尙旭, 1932~?, 자는 容俊, 호는 瑞隱). 공기표의 문인.

27) 언양김씨(彦陽金氏)

① 김일판(金一判, 1906~?, 자는 亨國, 호는 守隱). 설진영의 문인.

② 김태봉(金泰奉, 1915~?, 자는 來守, 호는 春圃). 설진영의 문인.

28) 울산김씨(蔚山金氏)

① 김상우(金相禹, 1913~?). 오동수의 문인.

② 김병식(金炳植, 1913~?, 자는 公立). 안종기의 문인.

29) 의령남씨(宜寧南氏)

① 남계홍(南啓泓, 1856～?, 자는 善仲, 호는 芝峯). 기정진의 문인.

② 남정호(南廷浩, 1912～?, 자는 春光, 호는 芝堂). 공한식의 문인.

30) 이천서씨(利川徐氏)

① 서흥옥(徐興玉, 1827～?, 자는 光先, 호는 耕坡). 기정진의 문인.

② 서도홍(徐道泓, 1879～?, 자는 亨長, 호는 柳隱). 기우만의 문인.

③ 서권홍(徐權泓, 1887～?, 자는 弼三, 호는 學山). 기우만의 문인.

④ 서후홍(徐垕洪, 1893～?, 자는 東燮, 호는 後巖). 기우만의 문인.

⑤ 서준국(徐俊國, 1893～?, 자는 文洙, 호는 柳汀). 기우만의 문인.

⑥ 서승표(徐勝杓, 1894～?, 자는 益洙, 호는 楸軒). 기우만의 문인.

⑦ 서영홍(徐盈泓, 1902～?, 자는 桂泓, 호는 後溪). 기우만의 문인.

⑧ 서낙종(徐樂鍾, 1919～?, 자는 南烈, 호는 楸坡). 오준선의 문인.

31) 장수황씨(長水黃氏)

① 황동현(黃東顯, 1870～?, 자는 擎鐸, 호는 雪樵). 양석모의 문인.

② 황석현(黃錫顯, 1882～?, 자는 敬範, 호는 雪湖). 양석모의 문인.

32) 전주유씨(全州柳氏)

① 유동춘(柳東春, 1902～?). 정창호의 문인.

33) 전주이씨(全州李氏)

① 이학제(李鶴濟, 1863～?, 자는 景執, 호는 南隱). 기정진의 문인.

② 이영신(李泳信, 1877～?, 자는 行元, 호는 直庵). 기우만의 문인.

③ 이병만(李秉萬, 1879～?, 자는 伯兼, 호는 後梓). 기기진의 문인.

④ 이찬용(李燦容, 1879～?, 자는 元明, 호는 心溪). 기우만의 문인.

⑤ 이평순(李平純, 1887～?, 자는 玟伯, 호는 愼菴). 기우만의 문인.

⑥ 이기영(李起寧, 1894～?, 자는 俊明). 기우만의 문인.

⑦ 이현량(李鉉亮, 1896～?, 자는 明汝, 호는 九溪). 기우만의 문인.

⑧ 이장문(李長文, 1896～?, 자는 百宗, 호는 玉川). 이병만의 문인.

⑨ 이봉문(李奉文, 1900～?, 호는 南溪). 이병만의 문인.

⑩ 이건문(李健文, 1903～?, 자는 玉男, 호는 信齋). 이병만의 문인.

⑪ 이상철(李尙澈, 1908～?, 호는 裕齋). 이병만의 문인.

⑫ 이용문(李用文, 1913～?, 호는 玉山). 이병만의 문인.

⑬ 이희문(李喜文, 1915～?, 호는 訥庵). 이병만의 문인.

⑭ 이광문(李光文, 1916～?, 호는 謙齋). 이병만의 문인.

⑮ 이영문(李榮文, 1917～?, 호는 華菴). 이병만의 문인.

34) 전주최씨(全州崔氏)

① 최이룡(崔二龍, 1861～?, 자는 聖國, 호는 月溪). 기우만의 문인.

35) 진주강씨(晉州姜氏)

① 강인수(姜寅秀, 1820～?, 자는 倫聖, 호는 肆而). 기정진의 문인.

② 강석회(姜錫會, 1832～?, 자는 成圭, 호는 柏圃). 기정진의 문인.

③ 강대필(姜大弼, 1837～?, 자는 聖輔, 호는 松溪). 기정진의 문인.

④ 강봉회(姜鳳會, 1856～?, 자는 岐瑞, 호는 三悔齋). 기정진의 문인.

⑤ 강대혁(姜大赫, 1863～?, 자는 建五, 호는 錦隱). 기우만의 문인.

⑥ 강창원(姜昌遠, 1864～?, 자는 道有, 호는 武隱). 기우만의 문인.

⑦ 강영원(姜英遠, 1868～?, 자는 道允, 호는 農隱). 기우만의 문인.

⑧ 강대일(姜大一, 1871～1905, 자는 良炫, 호는 翠菴). 기우만의 문인.

⑨ 강문수(姜文秀, 1875～?, 자는 替興, 호는 渭石). 기우만의 문인.

⑩ 강영식(姜永湜, 1878～?, 자는 詢明, 호는 省庵). 기우만의 문인.

⑪ 강성빈(姜聲濱, 1879～?, 자는 遇賢, 호는 渭隱). 기우만의 문인.

⑫ 강치영(姜治永, 1881～?, 자는 平國, 호는 松隱). 기우만의 문인.

⑬ 강성묵(姜聲默, 1901～?, 자는 鎭洪, 호는 禽隱). 기우만의 문인.

36) 진주소씨(晉州蘇氏)

① 소량열(蘇亮烈, 1891～?, 자는 文玉, 호는 淸溪). 기우만의 문인.

37) 창원정씨(昌原丁氏)

① 정두섭(丁斗燮, 1907～?, 자는 峰燮, 호는 樵隱). 설진영의 문인.

38) 천안전씨(天安全氏)

① 전동홍(全東洪, 1895～?, 자는 洪奇). 기우만의 문인.

39) 청주한씨(淸州韓氏)

① 한기석(韓琦錫, 1892～?, 자는 處仲, 호는 蘭坡). 정창호의 문인.

40) 초계정씨(草溪鄭氏)

① 정만영(鄭萬永, 1896～?, 자는 致玉). 기우만의 문인.

41) 초계최씨(草溪崔氏)

① 최시봉(崔時鳳, 1841～?, 자는 性贊, 호는 悟齋). 기정진의 문인.

② 최시환(崔時煥, 1863～?, 자는 士賢, 호는 梅軒). 기우만의 문인.

③ 최봉수(崔峯秀, 1870～?, 자는 光局, 호는 華堂). 기우만의 문인.

④ 최재하(崔在夏, 1878～?, 자는 道益, 호는 芳溪). 기우만의 문인.

⑤ 최재한(崔在漢, 1881～?, 자는 士弘, 호는 止齋). 기우만의 문인.

⑥ 최방옥(崔方鈺, 1898～?, 자는 性甫, 호는 晩松). 기우만의 문인.

⑦ 최재욱(崔在旭, 1899～?, 자는 光鐸, 호는 陽圃). 기우만의 문인.

⑧ 최상옥(崔庠鈺, 1901～?, 자는 亨三, 호는 竹溪). 기노선의 문인.

⑨ 최재권(崔在權, 1901～?, 자는 月岩). 정창호의 문인.

42) 파평윤씨(坡平尹氏)

① 윤우태(尹宇泰, ?～?, 자는 ?, 호는 黃石). 기정진의 문인.

43) 평택임씨(平澤林氏)

① 임시득(林始得, 자는 子興, 호는 愼菴). 기정진의 문인.

② 임한주(林漢周, 1876～?, 자는 德弘, 호는 樵峰). 기우만의 문인.

③ 임태휴(林泰休, 1894～?, 자는 企泰, 호는 松塢). 기우만의 문인.

④ 임학래(林鶴來, 1894～?, 자는 泰休, 호는 松塢). 기우만의 문인.

44) 풍천노씨(豊川盧氏)

① 노경현(盧炅鉉, 1896～?, 자는 性沃, 호는 學川). 기우만의 문인.

45) 함안조씨(咸安趙氏)

① 조정용(趙貞鏞, 1882～?, 자는 允明, 호는 松齋). 설진영의 문인.

② 조현채(趙顯彩, 1912～?, 자는 仁玉). 설진영의 문인.

46) 함평이씨(咸平李氏)

① 이계학(李啓學, 1880～?, 자는 景浩, 호는 陽谷). 기우만의 문인.

47) 해주오씨(海州吳氏)

① 오종환(吳宗煥, 1881～?, 자는 太俊, 호는 後松). 기우만의 문인.

② 오봉석(吳奉錫, 1917～?, 자는 仁奉, 호는 月汀). 정창호의 문인.

③ 오종택(吳鍾澤, 1943～?). 정재기의 문인.

48) 행주기씨(幸州奇氏)

① 기기진(奇麒鎭, 1830～?, 자는 元瑞, 호는 三石). 기정진의 문인.

② 기우성(奇宇性, 1911～?, 호는 可菴). 이병만의 문인.

49) 화순최씨(和順崔氏)

① 최영(崔楹, 1898～?, 자는 允林, 호는 愚齋). 양석모의 문인.

50) 흥덕장씨(興德張氏)

① 장형주(張亨柱, 1889～?, 자는 道善, 호는 松菴). 기우만의 문인.

참고문헌

〖 한국원전류 〗

康熙鎭, 『止軒遺稿』, 刊寫者未詳, 1959.

高光洵, 『鹿川遺稿』 전남대학교 소장.

孔學源, 『道峰文集』(『韓國歷代文集叢書』 2830～2831), 경인문화사, 1999.

權命熙, 『三畏齋文集』, 국립중앙도서관 소장.

權雲煥, 『明湖文集』(『韓國歷代文集叢書』 2838～2840), 경인문화사, 1999.

金魯洙 編, 『扶闢錄』, 서울대학교 규장각 소장.

奇陽衍, 『柏石軒遺集』, 국립중앙도서관 소장.

奇宇萬, 『松沙先生文集拾遺』, 국립중앙도서관, 전남대학교 도서관 소장.

______, 『松沙文集』, 한국고전번역원, 2005.

奇宇承, 『普山遺稿』, 국립중앙도서관 소장.

奇正鎭, 『蘆沙先生全集』, 보경문화사, 1983.

______, 『蘆沙集』(『韓國文集叢刊』 310), 민족문화추진회, 2003.

______, 『答問類編』(『蘆沙先生文集』 수록), 아성문화사, 1976.

______, 『答問類編』(『蘆沙先生全集』 수록), 보경문화사, 1983.

______, 『蘆沙集』(『韓國文集叢刊』 310), 민족문화추진회, 2003.

奇浩元, 『省齋奇參衍先生傳』 한국문화사, 1990.

金祿休, 『莘湖集』(『韓國近代文集選刊』 2), 한국학호남진흥원, 2019.

金文鈺,『曉堂集』(『韓國近代文集選刊』 4), 한국학호남진흥원, 2020.
金錫龜,『大谷遺稿』(『韓國歷代文集叢書』 891), 경인문화사, 1993.
______,『大谷遺稿』(『韓國近代文集選刊』 2), 한국학호남진흥원, 2019.
金錫翼,『心齋集』(1～2), 제문문화, 1990.
金長生,『沙溪全書』, 경인문화사, 1989.
金珍鉉,『雲坡遺稿』, 雲坡遺稿編刊所, 1937.
金平默,『重菴集』(『韓國文集叢刊』 320), 민족문화추진회, 2003.
金漢燮,『吾南文集』(『韓國近代文集選刊』 5), 한국학호남진흥원, 2020.
南廷瑀,『立巖文集』, 경상대학교 문천각 소장.
羅燾圭,『德巖漫錄』, 국립중앙도서관, 전남대학교 도서관 소장.
朴世采,『南溪集』(『韓國文集叢刊』 141～142), 민족문화추진회, 1995.
朴廷奎,『野隱謾錄』, 국립중앙도서관, 전남대학교 도서관 소장.
朴海量,『律修齋集』(『韓國近代文集選刊』 5), 한국학호남진흥원, 2020.
徐敬德,『花潭集』(『韓國文集叢刊』 24), 민족문화추진회, 1996.
徐命瑞,『晚翁集』(『韓國文集叢刊』 續 79), 한국고전번역원, 민족문화추진회, 2009.
成　渾,『牛溪集』(『韓國文集叢刊』 43), 민족문화추진회, 1996.
宋炳瓘,『克齋續集』(『韓國歷代文集叢書』 2956～2958), 경인문화사, 1999.
宋秉珣,『心石齋集』, 국립중앙도서관 소장.
安達三,『小柏處士遺稿』, 문중소장.
安秉宅,『浮海文集』(1～3), 제주문화원, 2008～2013.
______,『浮海文集』(上·下), 제주대학교 탐라문화연구소, 2002.
梁會甲,『正齋集』(『韓國歷代文集叢書』 519～521), 경인문화사, 1993.
吳繼洙,『難窩遺稿』(『韓國近代文集選刊』 6), 한국학호남진흥원, 2020.
吳駿善,『後石遺稿』(『韓國近代文集選刊』 7～8), 한국학호남진흥원,

2020.

尹丁鍑, 『重軒遺稿』, 문중소장.

尹 拯, 『明齋遺稿』(『韓國文集叢刊』 135～136), 민족문화추진회, 1993.

李 柬, 『巍巖遺稿』(『韓國文集叢刊』 190), 민족문화추진회, 1997.

李 榘, 『活齋集』(『韓國文集叢刊』 續 32), 민족문화추진회, 2007.

李光秀, 『玉山集』(『韓國歷代文集叢書』 1718), 경인문화사, 1999.

李圭晙, 『石谷心書』, 국립중앙도서관 소장.

李炳壽, 『謙山遺稿』(『韓國近代文集選刊』 3), 한국학호남진흥원, 2020.

李 珥, 『栗谷全書』, 成均館大學校 大東文化研究院, 1959.

李 瀷, 『李子粹語』(『退溪全書』 續), 成均館大學校 大東文化研究院, 1971.

李正遠, 『樂吾齋遺稿』(『韓國歷代文集叢書』 1472), 경인문화사, 1995.

李 縡, 『陶菴集』(『韓國文集叢刊』 194～195), 민족문화추진회, 1997.

李震相, 『寒洲集』(『韓國文集叢刊』 317), 민족문화추진회, 2003.

______, 『寒洲集』, 아세아문화사, 1980.

李最善, 『石田集』(『韓國歷代文集叢書』 3033), 경인문화사, 2016.

李玄逸, 『葛庵集』(『韓國文集叢刊』 128), 민족문화추진회, 1994.

李 滉, 『退溪全書』, 成均館大學校 大東文化研究院, 1958.

李僖錫, 『南坡集』(『韓國近代文集選刊』 2), 한국학호남진흥원, 2019.

任聖周, 『鹿門集』(『韓國文集叢刊』 228), 민족문화추진회, 1999.

任 泳, 『滄溪集』(『韓國文集叢刊』 159), 민족문화추진회, 1995.

任泰柱, 『誠齋文集』(『韓國歷代文集叢書』 1384～1385), 경인문화사, 1995.

張三鉉 編著, 『華西淵源록』, 화서학회, 2019.

張 維, 『鷄谷集』(『韓國文集叢刊』 92), 민족문화추진회, 1991.

鄭 琦, 『栗溪集』(『韓國近代文集選刊』 9～10), 한국학호남진흥원, 2020.

丁若鏞, 『與猶堂全書』(『韓國文集叢刊』 281～286), 민족문화추진회, 2002.
蔣華植, 『復菴文集』, 국립중앙도서관 소장.
田 愚, 『艮齋集』(『韓國文集叢刊』 332～335), 민족문화추진회, 2004.
鄭冕奎, 『農山文集』, 국립중앙도서관 소장.
鄭時林, 『月坡集』, 국립중앙도서관 소장.
丁時翰, 『愚潭集』(『韓國文集叢刊』 126), 민족문화추진회, 1994.
鄭義林, 『日新齋集』(『韓國近代文集選刊』 1), 한국학호남진흥원, 2019.
鄭載圭, 『老柏軒集』, 국립중앙도서관 소장.
曺悳承, 『欽齋文藁』(『韓國歷代文集叢書』 524), 경인문화사, 1993.
趙性家, 『月皐先生文集』, 국립중앙도서관 소장.
曺毅坤, 『東塢遺稿』(『韓國歷代文集叢書』 514), 경인문화사, 1993.
______, 『東塢遺稿』(『韓國近代文集選刊』 2), 한국학호남진흥원, 2019.
崔琡民, 『溪南集』(『韓國歷代文集叢書』 501～503), 경인문화사, 1993.
崔益鉉, 『勉菴集』(『韓國文集叢刊』 326), 민족문화추진회, 2004.
韓 愉, 『愚山集』, 국립중앙도서관 소장.
韓元震, 『南塘先生文集』(『韓國文集叢刊』 201～202), 민족문화추진회, 1998.
______, 『朱子言論同異攷』(『南塘集』 수록), 아성문화사, 1976.
『承政院日記』(국사편찬위원회 편), 1961.
『沙上門人錄』(국립중앙도서관 소장), 1948.
『止軒先生門人錄』, 敬慕齋, 1964.

〖 문집역서류 〗

기정진 저, 안동교 외 譯, 『국역 노사집』(1～7), 경인문화사, 2015～2019.

기우만 저, 유영봉 외 역, 『국역 송사집』(1～11), 흐름출판사, 2021.
고광순 저, 박래호 역, 『국역 녹천유고』, 담양문화원, 1994.
이희석 저, 이병혁 역, 『남파집』, 전남대학교 대학원 학위논문, 2019.
변경붕 저, 허남춘 외 역, 『변경붕문집』, 보고서, 2009.
안병택 저, 오문복 역, 『부해문집』(1～4), 제주문화원, 2008～2015.
김석익 저, 오문복 외 역, 『제주속의 탐라』, 보고사, 2011.
김균배 저, 오문복 역, 『근재북학일기』, 북제주문화원, 2005.
김희정 저, 백규상 역, 『해은문집』, 제주문화원, 2015.

〖 중국원전류 〗

『小學集註』(『小學·孝經·孝經附傳』), 경문사, 1979.
『經書』(『大學』·『中庸』·『論語』·『孟子』), 성균관대학교 대동문화연구원, 1968.
『詩經』(『詩傳』), 보경문화사, 1983.
『書經』(『書傳』), 보경문화사, 1983.
『周易』, 보경문화사, 1983.
『禮記集說』(『文淵閣四庫全書』 117～120, 禮 3), 臺灣商務印書館, 中華民國 75.
『孟子字義疏證』(『戴東原先生全集』 수록), 臺北: 大化書局, 中華民國 67.
『性理大全』, 보경문화사, 1984.
『易傳』(『周易傳義大全』), 보경문화사, 1983.
『二程全書』, 보경문화사, 1986.
『二程集』, 臺北: 漢京文化事業有限公司, 1983.
『張載全書』, 臺北: 臺灣商務印書館, 1979.
『朱子大全』, 경문사, 1977.

『朱子大全』, 중화당, 1994.
『朱子語類』 北京: 中華書局, 1986.
『朱子語類』, 경문사, 1977.
『朱子全書』, 上海: 上海古籍出版社·安徽教育出版社, 2002.
『中文大辭典』, 臺北: 中華學術院印行, 中華民國 62.

〖 저서류 〗

고영진, 『조선시대 사상사를 어떻게 볼 것인가』, 풀빛, 1999.
고창군 편, 『고창의 유교』, 이회문화사, 1996년
곽신환 역주, 『주자언론동이고』, 곽신환 역주, 소명, 2003.
곽신환, 『주자언론동이고』, 소명, 2003.
권오영, 『조선후기 유림의 사상과 활동』, 돌베개, 2003.
琴章泰·高光植, 『儒學近百年』 박영사, 1984.
奇浩元, 『省齋奇參衍先生傳』 한국문화사, 1990.
金容燮, 『韓國近代農業史研究』 일조각, 1978.
다카하시 도루 지음, 『조선의 유학』, 소나무, 1999.
류승국, 『한국의 유교』, 세종대왕기념사업회, 1976), 243쪽.
武內義雄, 이동희 역, 『중국사상사』, 여강출판사, 1987.
문미희, 「수용사의 관점에서 본 『격몽요결』의 탄생과 전승의 의미」, 부산대학교 박사학위논문, 2016.
미조구치 유조 지음, 최진석 옮김, 『개념과 시대로 읽는 중국사상 명강의』, 소나무, 2004.
박학래, 『기정진, 한말 성리학의 거유』, 성균관대학교출판부, 2008.
배종호, 『한국유학사』, 연세대학교출판부, 1985.
______, 『韓國儒學의 哲學的 展開』 下, 연세대학교출판부, 1985.
안진오, 『호남유학의 탐구』, 이화문화사, 1996.

禹仁秀,『朝鮮後期 山林勢力研究』 일조각, 1999.
友枝龍太郎,『朱子の思想形成』, 東京: 春秋社, 1969.
劉明鍾,『朝鮮後期 性理學』, 이문출판사, 1985.
유봉학,『燕巖一派 北學思想研究』 일지사, 1995.
______,『조선 후기 학계와 지식인』 신구문화사, 1998.
윤사순,『한국유학사』(상·하), 지식산업사, 2013.
이동희,『한국의 철학적 사유의 전통—화이트헤드와 성리학의 만남』, 대구: 계명대출판부, 1999.
이병도,『한국유학사』, 아세아문화사, 1989.
이상익,『기호성리학연구』, 한울아카데미, 1998.
이향준,『조선의 유학자들 켄타우로스를 상상하며 리와 기를 논하다』, 예문서원, 2011.
______,『외필논쟁자료집』(Ⅰ), 전남대학교출판문화원, 2021.
임형택,『문명의식과 실학』, 돌베개, 2009.
장지연,『조선유교연원』, 아세아문화사, 1973.
錢 穆,『朱子新學案』(全5册), 臺北: 三民書局, 中華民國 67.
최석기 외,『19세기 경상우도 학자들』(상), 보고사, 2012.
________,『19세기 경상우도 학자들』(하), 보고사, 2016.
최영성,『한국유학사상사』(Ⅰ~Ⅴ), 아세아문화사, 1997.
崔英成,『韓國儒學思想史』, 아세아문화사, 1997.
최영성,『한국유학통사』(하), 심산, 2006.
현상윤 저·이형성 교주,『현상윤의 조선유학사』, 심산, 2010.
현상윤,『조선유학사』, 민중서관, 1949년(1982년 현암사에서 재간행).
______,『조선유학사』, 민중서림, 1976.
______,『조선유학사』, 현암사, 1982.
화이트헤드 저, 류기종 옮김,『종교론』, 종로서적, 1986.

__________, 오영환 역, 『과학과 근대세계』, 서광사, 1991.

〖 논문류 〗

강경현, 「천명(天命)에 대한 조선유학의 주목과 퇴계(退溪) 해석의 철학사적 의의」, 『퇴계학논집』 제20호, 영남퇴계학연구원, 2017.
권수용, 「노사학파의 누정 건립활동 연구」, 『석당논총』 제49집(석당학술원), 2011.
金根浩, 「華西 李恒老의 理學的 心論 연구」, 고려대학교 대학원, 박사학위논문, 2008.
金炯瓚, 「理氣論의 一元論化 연구－鹿門 任聖周와 蘆沙 奇正鎭을 중심으로」, 고려대학교 박사학위논문, 1996.
김 현, 「녹문 임성주의 사상 연구」, 고려대학교 박사학위논문, 1991.
김낙진, 「만물일체론과 인물성동이론을 통해 본 明 儒學과 朝鮮 儒學의 비교」, 『유교사상연구』 제39집, 한국유교학회, 2010.
김동윤, 「송산 김명식의 생애와 문학」, 『한국문학논총』 제63집, 한국문학회, 2013.
김봉곤, 「노사 기정진 사상의 형성과 위정척사운동」, 『조선시대사학보』 30, 조선시대사학회, 2004.
______, 「영남지역에서의 노사학파와 한주학파의 성립과 학설교류」, 『공자학』 제14집, 한국공자학회, 2007.
______, 「노사학파의 형성과 활동」, 한국학중앙연구원 박사학위논문, 2007.
______, 「호남지역의 기정진 문인집단의 분석」, 『호남문화연구』 제44집, 호남학연구원, 2009.
______, 「경상우도 노사학단 조성가, 최숙민을 중심으로: 조성가와 최숙민을 통해서 본 경상우도 지역에서의 노사학의 전개양상」,

『남명학연구』 제30집, 경상대학교 남명문화연구원 남명학연구소, 2010.

_____, 「서부경남지역의 동학농민혁명 확산과 향촌사회의 대응: 조성가의 『월고일기』를 중심으로」, 『남명학연구』 제41집, 경상대학교 남명문화연구원 남명학연구소, 2014.

김새미오, 「소백 안달삼의 교유와 그 의미」, 『탐라문화』 제51집, 제주대학교 탐라문화연구소, 2016.

_______, 「매계 이한우의 시문학 일고」, 『영주어문』 제11집, 영주어문학회, 2007.

_______, 「『일재 변경붕 문집』에 나타난 18～19세기의 제주사회 성격에 관한 일고 ― 유교사회로의 변화 양상을 중심으로」, 『영주어문』 제20집, 영주어문학회, 2010.

_______, 「구한말 제주 문인 부해 안병택의 삶과 교섭」, 『한국한문학연구』 제53집, 한국한문학회, 2014.

_______, 「제주유배시사 橘會 연구」, 『한국한문학연구』 제57집, 한국한문학회, 2015.

_______, 「浮海 安秉宅의 문학관과 한시 소고」, 『영주어문』 제29집, 영주어문학회, 2015.

_______, 「心齋 金錫翼의 삶과 저술에 대한 일고」, 『영주어문』 제31집, 영주어문학회, 2015.

김치완, 「梅溪 李漢雨의 '낯선 공간'으로서 영주」, 『역사민속학』 제39집, 한국역사민속회, 2012.

김형찬, 「理氣論의 一元論化 연구 ― 鹿門 任聖周와 蘆沙 奇正鎭을 중심으로」, 고려대학교 대학원 박사학위논문, 1996.

_____, 「이기론의 일원론화 연구」, 고려대학교 박사학위논문, 1996.

노관범, 「19세기 후반 호서산림의 위상과 '正學' 운동 ― 淵齋 宋秉璿

(1836～1905)을 중심으로」, 『한국사론』 38, 서울대학교 인문대학 국사학과, 1997.

李相益, 「기정진 성리학의 재검토」, 『철학』 제52집, 한국철학회, 1997년 가을.

朴圭棨, 「蘆沙 奇正鎭의 理一分殊 硏究」 연세대학교 석사학위논문, 1993.

박학래, 「근현대 湖南儒學의 地形과 전개 양상 ― 도학 계열 문인 집단의 형성과 지역별 분포에 주목하여」, 『동양고전연구』 제78집, 동양고전학회, 2020.

______, 「기정진의 '납량사의'를 둘러싼 기호학계의 논쟁」, 『유교사상문화연구』 제39집, 한국유교학회, 2010.

______, 「노사 기정진 성리설을 둘러싼 기호학계의 논쟁: 猥筆을 중심으로」, 『민족문화연구』 제48집, 고려대학교 민족문화연구소, 2008.

______, 「蘆沙 奇正鎭 哲學思想 硏究」, 고려대학교 대학원, 박사학위논문, 2001.

______, 「노사 기정진의 성리설을 둘러싼 기호학계의 논쟁 ― 「외필」을 중심으로」, 『민족문화연구』 48호, 고려대학교 민족문화연구원, 2008.

______, 「노사학 연구의 현황과 과제-한국 철학계의 연구를 중심으로-」, 『동양고전연구』 제70집, 동양고전학회, 2018.

______, 「노사학파의 지역적 전개양상과 사상적 특성」, 『국학연구』 제15호, 한국국학진흥원, 2009.

______, 「蘆沙 奇正鎭의 性理說을 둘러싼 기호학계의 논쟁」, 『민족문화연구』 제48집, 고려대학교 민족문화연구원, 2008.

______, 「蘆沙學 硏究의 現況과 課題」, 『동양고전연구』 제70집, 동

양고전학회, 2018.

______, 「蘆沙學派의 형성과 蘆沙學의 계승」, 『東洋古典研究』 제80집, 2020.

______, 「松沙 奇宇萬의 학문 활동과 蘆沙 性理說의 계승」, 전남대학교 철학연구교육센터·사단법인 노사학연구원 주최 학술대회 발표논문집, 2020.

______, 「勉菴 崔益鉉의 문인 집단 형성과 전개 ― 『苣薇淵源錄』을 중심으로」, 『한국철학논집』 제64집, 한국철학사연구회, 2020.

______, 「淵齋學派의 형성과 전개 ― 溪山淵源錄을 중심으로」, 『儒學研究』 제38집, 충남대학교 유학연구소, 2020.

______, 「鄭載圭의 講學 活動과 蘆沙學의 계승」, 『남명학연구』 제68집, 경상국립대학교 경남문화연구원, 남명학연구소, 2020.

______, 「조선말기 기호학파의 율곡 이기론 계승과 분화」, 『율곡사상연구』 제6집, 한국유교학회, 2003.

______, 「월고 조성가의 생애와 학문」, 『동양학』 제42집, 단국대학교 동양학연구원, 2007.

박홍식, 「明德理氣論辨」, 『동양철학연구』 제20집, 동양철학연구회, 1999.

부영근, 「한말의 제주문인 부해 안병택의 문집고찰」, 『제주문학』 제52집, 제주문학회, 2010.

宋寅昌, 「蘆沙 奇正鎭의 哲學과 現實認識」 『大田大學論文集』 2, 대전대학교, 1983.

안영상, 「매산 홍직필의 인물성론과 명덕설」 『인성물성론』, 한국사상사연구회편, 한길사, 1994.

______, 「외암 인간의 인물성동론과 이성이심론」, 『인성물성론』, 한국사상사연구회 편, 한길사, 1994.

안종수, 「리와 기에 대한 라이프니츠와 기정진의 해석」, 『철학연구』 제72집, 대한철학회, 1999.

安晋吾, 「奇蘆沙 理哲學에 관한 硏究 ― 理一分殊의 哲學體系를 中心으로―」, 동국대학교 박사, 1988.

야스다 지로 지음, 이원석 옮김, 『주자와 양명의 철학』, 논형, 2012.

吳錫源, 「華西學派의 心說論爭에 대한 고찰」 『朝鮮朝 儒學思想의 探究』 여강출판사, 1988.

友技龍太郎, 「朱子」, 『講座東洋思想(2)』[宇野精一 編], 東京大學出版會, 1967.

劉明鐘, 「大谷 金錫龜의 학문방법과 理氣心性說」 『蘆沙學派의 唯理哲學과 倫理的 實踐性向』 한국동양철학회 동계학술대회, 1998.

俞成翰, 「石田 李最善 硏究」, 조선대학교 석사학위논문, 2001.

윤사군, 「朝鮮末期 主理派 思想의 意義」, 『東洋學國際學術會議論文集』 2.1, 성균관대학교 대동문화연구원, 1980.

윤사순, 「인성 물성 동이논변에 대한 사상사적 고찰」, 1999년 동양철학회 하계 학술대회 발표논문.

______, 「朝鮮末期 主理派의 現實 實踐觀」 『한국유학사상론』 열음사, 1986.

______, 「寒洲 李震相의 性理學的 '心卽理說'」, 『孔子學』 제20호, 한국공자학회, 2011.

李坰丘, 「金昌翕의 學風과 湖洛論爭」 『韓國史論』 제36집, 서울대학교 한국사학회, 1996.

李起洵, 「奇蘆沙의 思想과 文學」, 고려대학교 석사학위논문, 1991.

이동희, 「녹문 임성주 유기론의 과정철학적 의미 고찰」, 『철학논총』 제32집 제2권, 새한철학회, 2003.

李相寔,「韓末의 民族運動 ― 長城地方의 義兵活動을 중심으로 ―」『人文科學』 2, 목포대학교, 1985.

이상은,「퇴계의 생애와 학문」,『李相殷先生全集』 2, 예문서원, 1998.

이상익,「기정진 성리학의 재검토」,『철학』 52, 한국철학회, 1997.

______,「畿湖性理學에 있어서 理의 主宰問題」,『철학』 제55집, 한국철학회, 1998년 봄.

______,「洛學에서 北學으로의 思想的 發展」,『철학』 제46집, 한국철학회, 1996년 봄.

______,「조선후기 明德論爭과 그 의의」,『동양철학연구』 제39집, 동양철학연구회, 2004.

______,「기정진(奇正鎭)의 「외필(猥筆)」과 이에 대한 전우(田愚)와 정재규(鄭載圭)의 논변」,『퇴계학논총』 제35집, 퇴계학부산연구원, 2020.

이상호,「노사 기정진의 성리설에 대한 재검토」,『유교사상연구』 제7집, 한국유교학회, 1994.

______,「朝鮮性理學派의 性理說 分化에 관한 研究」, 성균관대학교 박사학위논문, 1993.

李離和,「斥邪衛正論의 批判的 檢討 ― 華西 李恒老의 所論을 中心으로 ―」,『韓國史研究』 18, 1977.

이천승,「율곡 학파의 수양론에 관한 연구」,『유교사상연구』 35집, 한국유교학회, 2009.

李澤徽,「朝鮮後期 斥邪論議의 展開와 그 意義」『朝鮮朝政治思想研究』 韓國政治外交史學會論叢, 제4집, 평민사, 1987.

이향준,「「외필」 1902 ― 외필논쟁(猥筆論爭)의 시작」,『범한철학』 제100집, 범한철학회, 2021.

______,「「외필(猥筆)」의 기원(起源)」,『유학연구』 51집, 충남대학교

유학연구소, 2020.

______, 「외필(猥筆)의 외침 ― 기사(騎士)는 죽었는가? ―」, 『유학연구』 제54집, 충남대학교 유학연구소, 2021.

이형구, 「영조~순조 연간 호락논쟁의 전개」, 『한국학보』 제93집, 일지사, 1998.

정병련, 「栗溪 鄭琦의 학통과 학술적 특성」 『蘆沙學派의 唯理哲學과 倫理的 實踐性向』 한국동양철학회 동계학술대회, 1998.

______, 「石梧 權鳳熙의 「猥筆」에 대한 분석」, 『퇴계학보』 제96집, 퇴계학연구원, 1997.

______, 「湖南知性의 人脈과 學脈」, 『茶山學報』 제16집, 전남대학교 다산학보간행위원회, 1998.

趙南旭, 「老柏軒 鄭載圭의 학파적 位相과 思想」 『蘆沙學派의 唯理哲學과 倫理的 實踐性向』, 한국동양철학회 동계학술대회, 1998.

趙東杰, 「鹿川 高光洵義兵將의 戰迹地 紀行」, 『韓國近代史의 試鍊과 反省』, 지식산업사, 1989.

趙成山, 「18세기 湖洛論爭과 老論 思想界의 分化」 『韓國思想史學』 8, 1997.

주광호, 「주돈이 「태극도설」의 존재론 가치론 함의」, 『한국철학논집』 제20집, 한국철학사연구회, 2007.

______, 「주돈이의 '太極動靜'은 주희의 '天命流行'인가?」, 『철학연구』 제58집, 고려대학교 철학연구소, 2018.

최석기, 「老柏軒 鄭載圭의 學問精神과 대학 해석」, 『남명학연구』 제29호, 경상대학교 경남문화연구원, 남명학연구소, 2010.

崔英辰, 「蘆沙 奇正鎭의 理一分殊說에 관한 고찰」, 『朝鮮朝 儒學思想의 探究』, 여강출판사, 1988.

河岐洛, 「主理論의 展望」, 『哲學硏究』 제32집, 한국철학연구회, 1981.
허호준, 「일제유학시기(1915～1918) 송산 김명식의 사회인식과 활동」, 『탐라문화』 제39집, 탐라문화연구소, 2011.
洪英基, 「蘆沙學派의 형성과 衛正斥邪運動」 『한국근현대사연구』 10, 1999.
홍영기, 「韓末 湖南義兵의 蜂起와 그 活動」 『湖南精神과 國家發展』 다산학 학술세미나 자료집, 1997.

※ 전북지역 유물유적 조사 자료는 아래와 같다.
◦ 전북향토문화연구회 편, 『全北의 旌閭·忠孝烈碑』, 신아출판사, 2000.
◦ 한국문화원연합회 전북도지회, 『전북의 정려비각(충·효·열) 자료집』, 신아출판사, 2009.
◦ 전라북도향교재단 편, 『全北鄕校院宇大觀』, 이회출판사, 1994.
◦ 전북향토문화연구회 편, 『全北의 樓亭』, 신아출판사, 2000.
◦ 전북대학교 전라문화연구소, 『全羅文化의 脈과 全北人物』, 대흥정판사, 1990.
◦ 호남한문학연구소, 『20세기 호남 한문문집 간명해제』, 경인문화사, 2007.
◦ 유교사전편찬위원 편, 『유교대사전』(현황편), 박영사, 1990.
◦ 국립중앙도서관, 호남기록문화유산, 국가전자도서관, 한국고전적종합목록시스템 등의 인터넷 웹 서버를 통해 기정진 문인의 저서유무를 일일이 조사하였다. 국가전자도서관과 한국고전적종합목록시스템은 국내 대학 도서관과 연결되었다.

한국고전종합DB 홈페이지(http://db.itkc.or.kr/)

한국역대문집DB 홈페이지(http://db.mkstudy.com/)

호남기록유산 홈페이지(http://memoryhonam.co.kr/)

한국사데이터베이스(http://db.history.go.kr/)

디지털순창문화대전(http://sunchang.grandculture.net/)

디지털남원문화대전(http://namwon.grandculture.net/)

전남대학교 철학연구교육센터 근대호남유학연구 총서 3

노사학파 문인들의 삶과 사유 2

ㅣ 직전 제자를 중심으로 ㅣ

인　쇄 2022년 6월 20일
발　행 2022년 6월 25일

저　자 박학래·이향준·조우진
김새미오·양순자·이형성

발행인 정성택
발행처 전남대학교출판문화원

등　록 1981. 5. 21. 제53호
주　소 61186 광주광역시 북구 용봉로 77
전　화 (062) 530-0571~2
마케팅 (062) 530-0573
팩　스 (062) 530-0579
홈페이지 http://www.cnup.co.kr
이메일 cnup0571@hanmail.net

값 17,000 원

ISBN 978-89-6849-895-4 (93800)

이 저서는 2019년 대한민국 교육부와 한국연구재단의 지원을 받아 수행된 연구임
(NRF-2019S1A5C2A02082534)